Die Reihe „Schriften zum Steuer-, Rechnungs- und Prüfungswesen"

wird herausgegeben von
Prof. Dr. rer. pol. Franz Jürgen Marx
Prof. Dr. rer. pol. Christoph Löffler, LL.M.

Band 8

Heinz Richard Strate

Möglichkeiten und Grenzen der betriebswirtschaftlichen Prüfung von nichtfinanziellen Informationen

Die Deutsche Nationalbibliothek verzeichnet diese Publikation in
der Deutschen Nationalbibliografie; detaillierte bibliografische
Daten sind im Internet über http://dnb.d-nb.de abrufbar.

Zugl.: Bremen, Univ., Diss., 2015

ISBN 978-3-8487-2185-6 (Print)
ISBN 978-3-8452-6501-8 (ePDF)

1. Auflage 2016
© Nomos Verlagsgesellschaft, Baden-Baden 2016. Printed in Germany. Alle Rechte, auch
die des Nachdrucks von Auszügen, der fotomechanischen Wiedergabe und der Übersetzung, vorbehalten. Gedruckt auf alterungsbeständigem Papier.

Geleitwort

Neue Berichtspflichten und gestiegene Erwartungen der Stakeholder an die gesellschaftliche Verantwortung von Unternehmen führen zu wesentlichen Veränderungen in der Unternehmenskommunikation. Die unternehmerische Nachhaltigkeitsberichterstattung ist inzwischen fester Teil der nichtfinanziellen Berichterstattung, die nicht nur auf den Absatz- und Personalmarkt bezogen einen wesentlichen Wettbewerbsfaktor darstellt, sondern auch für den Kapitalmarkt Bedeutung hat. Durch nachhaltige Unternehmensführung werden Risiken vermindert und die wirtschaftliche Lage gestärkt. Gegenüber externen Anspruchsgruppen wird aufgezeigt, wie Unternehmen mit ökologischen, sozialen und ökonomischen Herausforderungen umgehen. Damit wird die Basis für Vertrauen und für einen zukunftsbezogenen Dialog geschaffen. Eine kontinuierliche Berichterstattung führt auch unternehmensintern zu notwendigen Veränderungsprozessen. Die Entwicklung geht inzwischen in Richtung eines Integrated Reporting als Standard für die Unternehmensberichterstattung, mit dem die Effizienz der Berichterstattung gesteigert, die Verantwortlichkeit und Rechenschaft für eine breite Basis von Kapitalarten gestärkt und eine auf Wertschaffung ausgerichtete integrierte Unternehmenssteuerung unterstützt wird. Die am 15.11.2014 veröffentlichte EU-Richtlinie 2014/95/EU, nach der bei Unternehmen von öffentlichem Interesse mit mehr als 500 Mitarbeitern ein „non financial statement" aufgestellt werden muss, zeigt die aktuelle Bedeutung des Themas.

Mit der wachsenden Bedeutung nichtfinanzieller Informationen in der Unternehmensberichterstattung verbunden ist die Frage der Beurteilung und Prüfung durch unabhängige Sachverständige, um die Glaubwürdigkeit der Berichterstattung zu erhöhen. Es lag daher nahe, Möglichkeiten und Grenzen der Prüfung nichtfinanzieller Informationen im Rahmen einer Dissertation intensiv zu erörtern. Richard Strate untersucht in seiner Arbeit solche Informationen im Hinblick auf ihre Überprüfbarkeit anhand eines eigenständig erarbeiteten Rahmenkonzepts. Die derzeit vorherrschenden Standards der Global Reporting Initiative (GRI-Standards, G4 (2013)) stellen mit ihren Leistungsindikatoren das Sollobjekt für die im Hauptteil der Arbeit erfolgende Analyse dar. Darüber hinaus stellt Herr Strate die Frage, ob ein bereits mit betriebswirtschaftlichen Prüfungen beauftragter Akteur aufgrund institutioneller oder funktionaler Anforderungen besonders geeignet erscheint, diese Prüfungen durchzuführen. Bislang fehlt eine solche intensive wissenschaftliche Auseinandersetzung mit der Prüfbarkeit nichtfinanzieller Informationen. Dabei belässt es Herr Strate nicht bei einer abstrakten Sicht auf Möglichkeiten und Grenzen von Berichterstattung und Prüfung, sondern bezieht die real existierende Berichterstattungspraxis der DAX 30-Gesellschaften der Geschäftsjahre 2012 und 2013 gekonnt in seine Analyse ein.

Es zeigt sich, dass die Mehrzahl der 91 ökonomischen, ökologischen und gesellschaftlichen Leistungsindikatoren mit finanzwirtschaftlichen Informationen unmittelbar oder mittelbar verknüpft ist. Nur bei sechs Prozent der Indikatoren wird eine Hinzuziehung von Sachverständigen empfohlen, da keine anderweitigen Nachweise zur Prüfung herangezogen werden konnten. Deutlich wird im Rahmen der fundierten Analyse auch, dass geprüfte Berichte teilweise offensichtliche Fehler enthalten, die im Rahmen der Prüfung nicht korrigiert worden sind. Es besteht somit noch erheblicher Verbesserungsbedarf bei Berichterstattung und Prüfung.

Richard Strate hat eine Arbeit auf sehr hohem Niveau zu einem relevanten Bereich des betriebswirtschaftlichen Prüfungswesens vorgelegt, die eine Lücke in der bestehenden Forschung schließt und vielfältige Anregungen für weitere Arbeiten in diesem Bereich geben kann.

Bremen, im Juli 2015   Prof. Dr. Franz Jürgen Marx

Meinem Vater

Inhaltsübersicht

Inhaltsverzeichnis .... **XI**

Abbildungsverzeichnis .... **XI**

Tabellenverzeichnis .... **XXV**

Abkürzungsverzeichnis .... **XXVII**

A Einführung **1**

    1 Problemstellung und Zielsetzung 1

    2 Begriffsexplikationen 7

    3 Gang der Untersuchung 10

B Betriebswirtschaftliche Grundlagen sowie Rahmenbedingungen der Berichterstattung **13**

    1 Grundlagen unternehmerischer Nachhaltigkeit 13

    2 Grundlagen der traditionellen externen Unternehmensberichterstattung 16

    3 Grundlagen der nichtfinanziellen Berichterstattung 19

    4 Grundlagen der betriebswirtschaftlichen Prüfung 31

    5 Entwicklung eines theoretischen Bezugsrahmens 61

C Möglichkeiten und Grenzen der Prüfung von nichtfinanziellen Informationen **83**

    1 Vorbemerkungen zum Analyseobjekt 83

    2 Analyse der Möglichkeiten und Grenzen der Prüfung der Leistungsindikatoren nach den G4 87

D Erkenntnisse aus der Analyse der Prüfung der Leistungsindikatoren nach den G4 .... **261**

    1 Zusammengefasste Erkenntnisse aus der Analyse und Zwischenfazit 261

    2 Entwicklung der DAX-30-Berichterstattung zum Geschäftsjahr 2013 265

E Zusammenfassung und Ausblick **273**

Anhang 277

Literaturverzeichnis 287

Entscheidungsregister 325

Verzeichnis der Unternehmensveröffentlichungen 327

Verzeichnis der Gesetze und Rechtsquellen der EG/EU 333

Inhaltsverzeichnis

Abbildungsverzeichnis .... **XXIII**

Tabellenverzeichnis .... **XXV**

Abkürzungsverzeichnis .... **XXVII**

A Einführung **1**

   1 Problemstellung und Zielsetzung 1

   2 Begriffsexplikationen 7

      2.1 Nichtfinanzielle Berichterstattung 7

         2.1.1 Nichtfinanzielle Informationen 7

         2.1.2 Berichterstattung 7

      2.2 Betriebswirtschaftliche Prüfung 8

   3 Gang der Untersuchung 10

B Betriebswirtschaftliche Grundlagen sowie Rahmenbedingungen der Berichterstattung **13**

   1 Grundlagen unternehmerischer Nachhaltigkeit 13

      1.1 Die Unternehmung 13

      1.2 Anspruchsgruppen der Unternehmung 14

      1.3 Nachhaltigkeit der Unternehmung 14

   2 Grundlagen der traditionellen externen Unternehmensberichterstattung 16

      2.1 Vorbemerkungen 16

      2.2 Ausprägungsformen 17

         2.2.1 Klassische Bilanztheorien 17

         2.2.2 Moderne Bilanztheorie 18

   3 Grundlagen der nichtfinanziellen Berichterstattung 19

      3.1 Historie 19

      3.2 Standardsetzer und Standards 21

3.3 Rechtliche Rahmenbedingungen 25
    3.3.1 Handelsrecht...25
    3.3.2 Unionsrecht..27
    3.3.3 Weitere regulatorische Entwicklungen 28
3.4 Adressaten und Zweck der Berichterstattung 29

4 Grundlagen der betriebswirtschaftlichen Prüfung...31
    4.1 Historie und Zweck der betriebswirtschaftlichen Prüfung 31
    4.2 Instrumente der Qualitätssicherung 32
        4.2.1 Zugang zum Beruf und die Berufspflichten................................32
        4.2.2 Berufsständische Organisationen und Normierungen................36
        4.2.3 Berufsaufsicht und Haftung...38
    4.3 Prüfungsprozess 40
        4.3.1 (Geschäfts-)Risikoorientierter Prüfungsansatz 40
        4.3.2 Strukturierung des Prüfungsprozesses 49
        4.3.3 Prüfungshandlungen..50
            4.3.3.1 Systemprüfung 50
            4.3.3.2 Aussagebezogene Prüfungshandlungen.......................53
            4.3.3.3 Ausgewählte Prüfungsnachweise.................................55
        4.3.4 Urteilsbildung und -mitteilung..58

5 Entwicklung eines theoretischen Bezugsrahmens...61
    5.1 Erkenntnisse aus der Neuen Institutionenökonomik 61
        5.1.1 Einordnung und Zusammenhang ausgewählter Ansätze der Neuen Institutionenökonomik 61
        5.1.2 Konzept der Verfügungsrechte..62
        5.1.3 Konzept der Transaktionskosten 63
        5.1.4 Konzept der relationalen (unvollständigen) Verträge................65
            5.1.4.1 Relationale Verträge...65
            5.1.4.2 Prinzipal-Agenten-Ansatz..66

Inhaltsverzeichnis

       5.1.4.3   Prinzipal-Steward-Ansatz 70

5.2 Referenzrahmen 72

   5.2.1   Nachhaltigkeitsberichterstattung nach den G4 72

   5.2.2   Ausgewählte aussagebezogene Beurteilungskriterien der betriebswirtschaftlichen Prüfung von Informationen 77

       5.2.2.1   Prüfungsziele nach IDW PS 300, ISA 315 und ISAE 3410 77

       5.2.2.2   Prüfungsziele nach IDW PS 821 79

   5.2.3   Rahmenkonzept 80

C Möglichkeiten und Grenzen der Prüfung von nichtfinanziellen Informationen 83

1 Vorbemerkungen zum Analyseobjekt 83

  1.1 Auswahl der Berichterstattung nach den G4 als Analyseobjekt 83

  1.2 Überblick über die Leistungsindikatoren 84

2 Analyse der Möglichkeiten und Grenzen der Prüfung der Leistungsindikatoren nach den G4 87

  2.1 Risikoanalyse und Systemprüfung 87

  2.2 Ökonomische Leistungsindikatoren 89

       2.2.1   Wirtschaftliche Leistung 89

           2.2.1.1   Direct economic value generated and distributed 89

           2.2.1.2   Financial implications and other risks and opportunities for the organization's activities due to climate change 93

           2.2.1.3   Coverage of the organization's defined benefit plan obligations 95

           2.2.1.4   Financial assistance received from government 97

       2.2.2   Marktpräsenz 98

           2.2.2.1   Ratios of standard entry level wage by gender compared to local minimum wage at significant locations of operation 98

		2.2.2.2	Proportion of senior management hired from the local community at significant locations of operations 100
	2.2.3		Mittelbare wirtschaftliche Auswirkungen 102
		2.2.3.1	Development and impact of infrastructure investments and services supported 102
		2.2.3.2	Significant indirect economic impacts, including the extent of impacts 104
	2.2.4		Beschaffung 106
		2.2.4.1	Proportion of spending on local suppliers at significant locations of operation 106
2.3	Ökologische Leistungsindikatoren 108
	2.3.1		Materialien 108
		2.3.1.1	Materials used by weight or volume 108
		2.3.1.2	Percentage of materials used that are recycled input materials 110
	2.3.2		Energie 112
		2.3.2.1	Energy consumption within the organization 112
		2.3.2.2	Energy consumption outside of the organization..... 115
		2.3.2.3	Energy intensity 117
		2.3.2.4	Reduction of energy consumption 118
		2.3.2.5	Reductions in energy requirements of products and services 120
	2.3.3		Wasser 121
		2.3.3.1	Total water withdrawal by source 121
		2.3.3.2	Water sources significantly affected by withdrawal of water 123
		2.3.3.3	Percentage and total volume of water recycled and reused 125
	2.3.4		Biodiversität 126

	2.3.4.1	Operational sites owned, leased, managed in, or adjacent to, protected areas of high biodiversity value outside protected areas 126
	2.3.4.2	Description of significant impacts of activities, products, and services on biodiversity in protected areas and areas of high biodiversity value outside protected areas 128
	2.3.4.3	Habitats protected or restored 131
	2.3.4.4	Total number of IUCN red list species and national conservation list species with habitats in areas affected by operations, by level of extinction risk 133
2.3.5	Emissionen 134
	2.3.5.1	Direct greenhouse gas (GHG) emissions (Scope 1) 134
	2.3.5.2	Energy indirect greenhouse gas (GHG) emissions (Scope 2) 141
	2.3.5.3	Other indirect greenhouse gas (GHG) emissions (Scope 3) 144
	2.3.5.4	Greenhouse gas (GHG) emissions intensity 158
	2.3.5.5	Reduction of greenhouse gas (GHG) emissions 160
	2.3.5.6	Emissions of ozone-depleting substances (ODS) 163
	2.3.5.7	NO_x, SO_x, and other significant air emissions 165
2.3.6	Abwasser und Abfall 167
	2.3.6.1	Total water discharge by quality and destination 167
	2.3.6.2	Total weight of waste by type and disposal method 169
	2.3.6.3	Total number and volume of significant spills 172
	2.3.6.4	Weight of transported, imported, exported, or treated waste deemed hazardous under the terms of the Basel Convention Annex I, II, III and VIII, and percentage of transported waste shipped internationally 174

2.3.6.5 Identity, size, protected status, and biodiversity value of water bodies and related habitats significantly affected by the organization's discharges of water and runoff 177

2.3.7 Produkte und Dienstleistungen 179

2.3.7.1 Extent of impact mitigation of environmental impacts of products and services 179

2.3.7.2 Percentage of products sold and their packaging materials that are reclaimed by category 180

2.3.8 Einhaltung von Rechtsvorschriften 182

2.3.8.1 Monetary value of significant fines and total number of non-monetary sanctions for non-compliance with environmental laws and regulations 182

2.3.8.2 Significant environmental impacts of transporting products and other goods and materials for the organization's operations, and transporting members of the workforce 184

2.3.9 Insgesamt 186

2.3.9.1 Total environmental protection expenditures and investments by type 186

2.3.10 Umweltbeurteilung der Lieferanten 188

2.3.10.1 Percentage of new suppliers that were screened using environmental criteria 188

2.3.10.2 Significant actual and potential negative environmental impacts in the supply chain and actions taken 189

2.3.11 Umwelt-Beschwerdemechanismen 191

2.3.11.1 Number of grievances about environmental impacts filed, addressed, and resolved through formal grievance mechanisms 191

2.4 Gesellschaftliche Leistungsindikatoren 192

2.4.1 Beschäftigung 192

	2.4.1.1	Total number and rates of new employee hires and employee turnover by age group, gender, and region 192
	2.4.1.2	Benefits provided to full-time employees that are not provided to temporary or part-time employees, by significant locations of operations ... 194
	2.4.1.3	Return to work and retention rates after parental leave, by gender 195
2.4.2	Arbeitnehmer-Arbeitgeber-Verhältnis 198	
	2.4.2.1	Minimum notice periods regarding operational changes, including whether these are specified in collective agreements 198
2.4.3	Arbeitsschutz 199	
	2.4.3.1	Percentage of total workforce represented in formal joint management-worker health and safety committees that help monitor and advise on occupational health and safety programs 199
	2.4.3.2	Type of injury and rates of injury, occupational diseases, lost days, and absenteeism, and total number of work-related fatalities, by region and by gender 200
	2.4.3.3	Workers with high incidence or high risk of diseases related to their occupation 203
	2.4.3.4	Health and safety topics covered in formal agreements with trade unions 204
2.4.4	Aus- und Weiterbildung 205	
	2.4.4.1	Average hours of training per year per employee by gender, and by employee category 205
	2.4.4.2	Programs for skills management and lifelong learning that support the continued employability of employees and assist them in managing career endings 207

	2.4.4.3	Percentage of employees receiving regular performance and career development reviews, by gender and by employee category.....................209
2.4.5	Vielfalt und Chancengleichheit..210
	2.4.5.1	Composition of governance bodies and breakdown of employees per employee category according to gender, age group, minority group membership, and other indicators of diversity.........210
2.4.6	Geschlechtsneutrale Entlohnung...211
	2.4.6.1	Ratio of basic salary and remuneration of women to men by employee category, by significant locations of operation............................211
2.4.7	Lieferantenauswahl nach Arbeitspraktiken...............................213
	2.4.7.1	Percentage of new suppliers that were screened using labor practices criteria 213
	2.4.7.2	Significant actual and potential negative impacts for labor practices in the supply chain and actions taken...213
2.4.8	Arbeitspraktiken-Beschwerdemechanismen 215
	2.4.8.1	Number of grievances about labor practices filed, addressed, and resolved through formal grievance mechanisms 215
2.4.9	Investitions- und Beschaffungspraktiken.................................215
	2.4.9.1	Total number and percentage of significant investment agreements and contracts that include human rights clauses or that underwent human rights screening 215
	2.4.9.2	Total hours of employee training on human rights policies or procedures concerning aspects of human rights that are relevant to operations, including the percentage of employees trained.........217
2.4.10	Gleichbehandlung..219
	2.4.10.1	Total number of incidents of discrimination and corrective actions taken..219

2.4.11 Vereinigungsfreiheit und Recht auf
Kollektivverhandlungen 220

    2.4.11.1 Operations and suppliers identified in which the right to exercise freedom of association and collective bargaining may be violated or at significant risk, and measures taken to support these rights 220

2.4.12 Kinderarbeit 223

    2.4.12.1 Operations and suppliers identified as having significant risk for incidents of child labor, and measures taken to contribute to the effective abolition of child labor 223

2.4.13 Zwangs- und Pflichtarbeit 224

    2.4.13.1 Operations and suppliers identified as having significant risk for incidents of forced or compulsory labor, and measures taken to contribute to the effective elimination of all forms of forced or compulsory labor 224

2.4.14 Sicherheitspraktiken 225

    2.4.14.1 Percentage of security personnel trained in the organization's human rights policies or procedures that are relevant to operations 225

2.4.15 Rechte der Ureinwohner 227

    2.4.15.1 Total number of incidents of violations involving rights of indigenous peoples and actions taken 227

2.4.16 Beurteilungen 228

    2.4.16.1 Total number and percentage of operations that have been subject to human rights reviews or impact assessments 228

2.4.17 Lieferantenauswahl nach Beachtung von Menschenrechten ... 229

    2.4.17.1 Percentage of new suppliers that were screened using human rights criteria 229

2.4.17.2 Significant actual and potential negative human rights impacts in the supply chain and actions taken 230

2.4.18 Menschenrechte-Beschwerdemechanismen...........................231

2.4.18.1 Number of grievances about human rights impacts filed, addressed, and resolved through formal grievance mechanisms..............................231

2.4.19 Lokale Gemeinschaften...232

2.4.19.1 Percentage of operations with implemented local community engagement, impact assessments, and development programs 232

2.4.19.2 Operations with significant actual or potential negative impacts on local communities...................234

2.4.20 Korruption 235

2.4.20.1 Total number and percentage of operations assessed for risks related to corruption and the significant risks identified...235

2.4.20.2 Communication and training on anti-corruption policies and procedures..237

2.4.20.3 Confirmed incidents of corruption and actions taken 239

2.4.21 Politik..241

2.4.21.1 Total value of political contributions by country and recipient/beneficiary...241

2.4.22 Wettbewerbswidriges Verhalten 243

2.4.22.1 Total number of legal actions for anti-competitive behavior, anti-trust, and monopoly practices and their outcomes......................................243

2.4.23 Einhaltung von Gesetzen...244

2.4.23.1 Monetary value of significant fines and total number of non-monetary sanctions for non-compliance with laws and regulations 244

2.4.24 Lieferantenauswahl nach Auswirkungen auf die
Gesellschaft 245
    2.4.24.1 Percentage of new suppliers that were screened
using criteria for impacts on society 245
    2.4.24.2 Significant actual and potential negative impacts
on society in the supply chain and actions taken 246

2.4.25 Beschwerdemechanismen für Auswirkungen auf die
Gesellschaft 247
    2.4.25.1 Number of grievances about impacts on society
filed, addressed, and resolved through formal
grievance mechanisms 247

2.4.26 Kundengesundheit und -sicherheit 248
    2.4.26.1 Percentage of significant product and service
categories for which health and safety impacts
are assessed for improvement 248
    2.4.26.2 Total number of incidents of non-compliance
with regulations and voluntary codes concerning
the health and safety impacts of products and
services during their life cycle, by type of
outcomes 249

2.4.27 Kennzeichnung von Produkten und Dienstleistungen 251
    2.4.27.1 Type of product and service information
required by the organization's procedures for
product and service information and labeling,
and percentage of significant product and
service categories subject to such information
requirements 251
    2.4.27.2 Total number of incidents of non-compliance
with regulations and voluntary codes concerning
product and service information and labeling, by
type of outcomes 253
    2.4.27.3 Results of surveys measuring customer
satisfaction 254

2.4.28 Werbung 255

2.4.28.1 Sale of banned or disputed products 255

2.4.28.2 Total number of incidents of non-compliance with regulations and voluntary codes concerning marketing communications, including advertising, promotion, and sponsorship, by type of outcomes 256

2.4.29 Schutz von Kundendaten..257

2.4.29.1 Total number of substantiated complaints regarding breaches of customer privacy and losses of customer data..257

2.4.30 Einhaltung von Gesetzesvorschriften....................................259

2.4.30.1 Monetary value of significant fines for non-compliance with laws and regulations concerning the provision and use of products and services 259

D Erkenntnisse aus der Analyse der Prüfung der Leistungsindikatoren nach den G4 261

1 Zusammengefasste Erkenntnisse aus der Analyse und Zwischenfazit 261

2 Entwicklung der DAX-30-Berichterstattung zum Geschäftsjahr 2013 265

E Zusammenfassung und Ausblick..273

Anhang 277

Literaturverzeichnis..287

Entscheidungsregister...325

Verzeichnis der Unternehmensveröffentlichungen...............................327

Verzeichnis der Gesetze u.a. Rechtsquellen der EG/EU 333

Abbildungsverzeichnis

Abbildung 1: Zusammenhang der ausgewählten Konzepte der Neuen Institutionenökonomik 61

Abbildung 2: Differenzierte Betrachtung der Transaktionskosten 64

Abbildung 3: Berichtsprinzipien nach den G4 73

Abbildung 4: Inhalte der Leistungsindikatoren nach den G4 85

Abbildung 5: Gesellschaftliche Leistungsindikatoren nach den G4 86

Abbildung 6: Differenzierung der Scope-3-Kategorien (Aktivitäten) zu Prüfungszwecken 154

Abbildung 7: Verknüpfung zu finanzwirtschaftlichen Informationen 261

Tabellenverzeichnis

Tabelle 1: Inhärentes Risiko: Allgemeine Einflussfaktoren 42

Tabelle 2: Überschneidungen der G4-Prinzipien 76

Tabelle 3: Beurteilungskriterien gem. PS 300 / ISA 315 78

Tabelle 4: Beurteilungskriterien zur Analyse der Aussagen nach den G4 81

Tabelle 5: Zusammensetzung des Indikators G4-EC1 90

Tabelle 6: Wertschöpfung des Volkswagen Konzerns 2012 in Mio. EUR 91

Tabelle 7: Kraftstoffverbrauch für Transporte der Deutsche Post AG 2012 109

Tabelle 8: Primär- und Sekundärenergieverbrauch der Siemens AG 2012 in Mio. GJ 113

Tabelle 9: Nettoaufnahme von Wasser nach Bezugsquelle der Bayer AG 2012 in Mio. m³ 122

Tabelle 10: Scope-3-Emissionen auf Konzernebene der Volkswagen AG 2012 153

Tabelle 11: NO_x, SO_x u.a. Emissionen in 1.000 Tonnen CO_{2E} der LANXESS AG 2012 166

Tabelle 12: Abfall und Recycling der Linde AG 2012 170

Tabelle 13: Abfallmengen der Daimler AG 2012 in 1.000 t 175

Tabelle 14: Transportleistungen und CO_2-Emissionen der BMW AG 2012 185

Tabelle 15: Transportleistungen und CO_2-Emissionen der BMW AG 2012 in t CO_2 185

Tabelle 16: Aufwendungen für Umweltschutz, Sicherheit und Gesundheit der Merck KGaA 2012 in Mio. EUR 186

Tabelle 17: Fluktuation der Belegschaft der Deutsche Börse AG 2012 193

Tabelle 18: Arbeitsschutz: Unfalldaten der Deutsche Post AG 2012 202

Tabelle 19: Mitarbeiterentwicklung der Henkel AG & Co. KGaA 2012 206

Tabelle 20: Altersstruktur der Mitarbeiter der BASF SE 2012 211

Tabelle 21: Berichterstattung der DAX-30 2012 und 2013 (1) 266

Tabelle 22: Berichterstattung der DAX-30 2012 und 2013 (2) 268

Tabelle 23: Berichterstattung der DAX-30 2012 und 2013 (3) 270

Tabelle 24: Erkenntnisse aus der Analyse der G4-Leistungsindikatoren 277

Abkürzungsverzeichnis

A4S	The Prince's Accounting for Sustainability Project
Abb.	Abbildung
ABl.	Amtsblatt der Europäischen Union
Abs.	Absatz
Acad. Manage. Rev.	Academy of Management Review (Zeitschrift)
AER	American Economic Review (Zeitschrift)
AG	Aktiengesellschaft
AGG	Allgemeines Gleichbehandlungsgesetz
AICPA	American Institute of Certified Public Accountants
AktG	Aktiengesetz
APAK	Abschlussprüferaufsichtskommission
Art.	Artikel
ASiG	Gesetz über Betriebsärzte, Sicherheitsingenieure und andere Fachkräfte für Arbeitssicherheit
Aust. J. Manag.	Australian Journal of Management (Zeitschrift)
BB	Betriebs-Berater (Zeitschrift)
BCSD	Business Council for Sustainable Development
Bd.	Band
BDI	Bundesverband der Deutschen Industrie e.V.
BDSG	Bundesdatenschutzgesetz
BEEG	Bundeselterngeld- und Elternzeitgesetz
BetrVG	Betriebsverfassungsgesetz
BFH	Bundesfinanzhof
BFuP	Betriebswirtschaftliche Forschung und Praxis (Zeitschrift)
BGBl.	Bundesgesetzblatt
BImSchG	Bundes-Immissionsschutzgesetz

BImSchV	Verordnung über genehmigungsbedürftige Anlagen
BiokraftNachV	Biokraftstoff-Nachhaltigkeitsverordnung
BioSt-NachV	Biomassestrom-Nachhaltigkeitsverordnung
BMU	Bundesministerium für Umwelt, Naturschutz, Bau und Reaktorsicherheit
BMWi	Bundesministerium für Wirtschaft und Energie
BNatSchG	Bundesnaturschutzgesetz
Brem. GBl.	Bremisches Gesetzblatt (Zeitschrift)
BremSchulG	Bremisches Schulgesetz
BremWG	Bremisches Wassergesetz
bspw.	beispielsweise
Bus. Ethics Eur. Rev.	Business Ethics: A European Review (Zeitschrift)
bzgl.	bezüglich
bzw.	beziehungsweise
CERES	Coalition on Environmentally Responsible Economics
CFB	Corporate Finance biz (Zeitschrift)
ChemOzon-SchichtV	Chemikalien-Ozonschichtverordnung
ChemSanktionsV	Chemikalien-Sanktionsverordnung
CH_4	Methan
CO_2	Kohlenstoffdioxid
CO_{2E}	Kohlenstoffdioxidäquivalente
DB	Der Betrieb (Zeitschrift)
DBW	Die Betriebswirtschaft (DBW)
d. h.	das heißt
DRS	Deutsche Rechnungslegungs Standards
DRSC	Deutsche Rechnungslegungs Standards Committee e.V.

DStR	Deutsches Steuerrecht (Zeitschrift)
EntgFG	Entgeltfortzahlungsgesetz
EnWG	Energiewirtschaftsgesetz
EPA	Environmental Protection Agency
EQM	Environmental Quality Management (Zeitschrift)
ERM CVS	ERM Certification and Verification Services
EStG	Einkommensteuergesetz
etc.	et cetera
EUR	Euro
EuZW	Europäische Zeitschrift für Wirtschaftsrecht (Zeitschrift)
e. V.	eingetragener Verein
f., ff.	folgend, fortfolgend(e)
FASB	Financial Accounting Standards Board
Fn.	Fußnote(n)
FR	Finanz-Rundschau (Zeitschrift)
FS	Festschrift
gem.	gemäß
ggf.	gegebenenfalls
GHG	Greenhouse Gas
GRI	Global Reporting Initiative
GVBl.	Gesetz- und Verordnungsblatt (Zeitschrift)
GWB	Gesetz gegen Wettbewerbsbeschränkungen
GWP	Global Warming Potential
HAP	Hazardous Air Pollutants
HFC	Fluorkohlenwasserstoffe
HGB	Handelsgesetzbuch
Hrsg.	Herausgeber
hrsg. v.	herausgegeben von

HWG	Hessisches Wassergesetz
HWR	Handwörterbuch der Revision
HWRP	Handwörterbuch der Rechnungslegung und Prüfung
i. A. a.	in Anlehnung an
IAASB	International Auditing and Assurance Standards Board
IASB	International Accounting Standards Board
i. d. R.	in der Regel
IDW	Institut der Wirtschaftsprüfer e.V.
i. H. v.	in Höhe von
IIRC	International Integrated Reporting Council, ehemals International Integrated Reporting Committee
IKS	Internes Kontrollsystem
ILO	International Labour Organization
InsO	Insolvenzordnung
IPCC	Intergovernmental Panel on Climate Change
IR	Integrated Report (Integrierter Bericht)
IRZ	Zeitschrift für Internationale Rechnungslegung (Zeitschrift)
i. S. d.	im Sinne des / der
ISO	International Organization for Standardization
IUCN	International Union for Conservation of Nature
i. V. m.	in Verbindung mit
JAC	Journal of Accountancy (Zeitschrift)
JAR	Journal of Accounting Research (Zeitschrift)
J. Financ. Econ.	Journal of Financial Economics (Zeitschrift)
JITE	Journal of Institutional and Theoretical Economics (Zeitschrift)
J. L. & Econ.	Journal of Law & Economics (Zeitschrift)
Kap.	Kapitel

KoR	Zeitschrift für internationale und kapitalmarktorientierte Rechnungslegung (Zeitschrift)
KöR	Körperschaft des öffentlichen Rechts
KStG	Körperschaftsteuergesetz
KPI	Key Performance Indicator
KrWG	Kreislaufwirtschaftsgesetz
lit.	littera
MiLoG	Mindestlohngesetz
Mio.	Million(en)
Mrd.	Milliarde(n)
m. w. N.	mit weiteren Nachweisen
NachwV	Nachweisverordnung
N_2O	Distickstoffmonoxid
NF_3	Stickstofftrifluorid
NO_x	Stickstoffoxid
Nr.	Nummer
NZG	Neue Zeitschrift für Gesellschaftsrecht (Zeitschrift)
NZI	Neue Zeitschrift für das Recht der Insolvenz und Sanierung (Zeitschrift)
ODS	Ozone-depleting substances
o. g.	oben genannte (n)
PartG	Parteiengesetz
PFC	Perlfluorcarbone
PH	Prüfungshinweis
Pkw-EnVKV	Pkw-Energieverbrauchskennzeichnungsverordnung
plc	Public limited company
PM	Particulate Matter
PMR	Public Management Review (Zeitschrift)

Polit. Ökol.	Politische Ökologie (Zeitschrift)
POP	Persistent organic pollutants
PS	Prüfungsstandard
Q. J. Econ.	Quarterly Journal of Economics (Zeitschrift)
Rev. Econ. Stat.	The Review of Economics and Statistics (Zeitschrift)
RIW	Recht der internationalen Wirtschaft (Zeitschrift)
RNE	Rat für Nachhaltige Entwicklung
Rz.	Randziffer
S.	Seite(n), Satz/Sätze
SF_6	Schwefelhexafluorid
sog.	sogenannte (es / er)
SO_x	Schwefeloxide
Sp.	Spalte
ST	Der Schweizer Treuhänder (Zeitschrift)
StGB	Strafgesetzbuch
Tz.	Textziffer
TVG	Tarifvertragsgesetz
u. a.	unter anderem
UNEP	United Nations Environment Programme
USD	United States Dollar
u.U.	unter Umständen
v.	von
VerpackV	Verpackungsverordnung
VCI e.V.	Verband der Chemischen Industrie e.V.
v. H.	vom Hundert
vgl.	vergleiche
VJ	Vorjahr
VOC	Volatile Organic Compounds

WBCSD	World Business Council for Sustainable Development
WCED	World Commission on Environment and Development
West Eur. Polit.	West European Politics (Zeitschrift)
WHG	Wasserhaushaltsgesetz
WiPrPrüfV	Wirtschaftsprüferprüfungsverordnung
WiSt	Wirtschaftswissenschaftliches Studium (Zeitschrift)
WP	Wirtschaftsprüfer
WPK	Wirtschaftsprüferkammer, KöR
WPK-Mitt.	Wirtschaftsprüferkammer-Mitteilungen (Zeitschrift)
WPO	Wirtschaftsprüferordnung
WRI	World Resources Institute
z. B.	zum Beispiel
ZfB	Zeitschrift für Betriebswirtschaft (Zeitschrift)
zfbf	Zeitschrift für betriebswirtschaftliche Forschung (Zeitschrift)
zfwu	Zeitschrift für Wirtschafts- und Unternehmensethik (Zeitschrift)
ZP	Zeitschrift für Planung & Unternehmenssteuerung (Zeitschrift)
z. T.	zum Teil
ZUR	Zeitschrift für Umweltrecht (Zeitschrift)
ZWS	Zeitschrift für Wirtschafts- und Sozialwissenschaften (Zeitschrift)
zzgl.	zuzüglich

A Einführung

1 Problemstellung und Zielsetzung

Bereits vor mehr als zwei Jahrzehnten wurde das heutige Begriffsverständnis der Nachhaltigkeit in dem Brundtland-Bericht[1] definiert als „(...) to meet the needs and aspirations of the present without compromising the ability to meet those of the future"[2]. Diese ökologische Interpretation der Nachhaltigkeit fand insbesondere in Verbindung mit einer vom *Club of Rome* in Auftrag gegebenen Studie zur Erforschung der Grenzen wirtschaftlichen Wachstums Beachtung, die zu dem Ergebnis kam, dass das Ökosystem innerhalb eines Jahrhunderts kollabieren würde[3]. Ursächlich für das Problem ist aus ökonomischer Sicht das Abweichen einzelwirtschaftlicher Kosten von gesellschaftlichen Kosten, wodurch tatsächliche Opportunitätskosten unzureichend in Güterpreisen widergespiegelt werden, mit der Folge, dass das Allokationsoptimum nicht erreicht wird, bzw. im Kontext der Problemstellung eine Übernutzung der Umwelt und des Produktionsfaktors Humankapital stattfindet[4]. Aus einzelwirtschaftlicher Sicht wird so zum Beispiel im Rahmen der Produktion die kostenlos und frei zur Verfügung stehende Luft als Aufnahmemedium für Abgase genutzt. Die Inanspruchnahme der Luft geht jedoch nicht als Kostenfaktor in die Kosten der Produktion ein, da sie als freies Gut scheinbar unbegrenzt zur Verfügung steht[5]. Mit zunehmender Inanspruchnahme wird die Nutzung freier Güter jedoch an ihre Grenzen stoßen und so letztlich auch in einzelwirtschaftliche Kosten eingehen, zum Beispiel mittelbar durch auf Emissionen folgende Klimaveränderungen, die darüber hinaus die gesamte Gesellschaft betreffen. Gegenwärtig ist in diesem Kontext der Erkenntnisstand der Wissenschaft, dass der Temperaturanstieg auf maximal zwei Grad Celsius gegenüber dem vorindustriellen Niveau begrenzt werden

---

[1] Der Brundtland-Bericht, benannt nach der damaligen Vorsitzenden *Gro Harlem Brundtland*, wurde 1987 von der World Commission on Environment and Development (WCED) veröffentlicht, vgl. **Jonker/Stark/Tewes** (2011), S. 69 i.V.m. **Leug** (2010), S. 201.

[2] Vgl. **WCED** (1987), S. 51.

[3] Zur Studie vgl. **Meadows et al**, The limits to growth: a report for the Club of Rome's project on the predicament of mankind, New York 1972. Wenngleich Datenbasis und Prämissen kritisch hinterfragt werden, vgl. mit weiteren Nachweisen **Rabbe** (2010), S. 40. Zur Breitenwirkung vgl. z.B. **Burschel/Losen/Wiendl** (2004), S. 18.

[4] Vgl. **Siebert** (1978), S. 2.

[5] Vgl. **Steven**, ZfB 1991, S. 511.

müsste, um verheerende Folgen aus dem Klimawandel zu vermeiden[6]. Dieses Ziel könne nach dem aktuellen Bericht des Weltklimarates nur dann erreicht werden, wenn anthropogene Treibhausgasemissionen bis zum Ende dieses Jahrhunderts sukzessive auf nahezu null reduziert werden[7]. Abzuwarten, bis gesellschaftliche Kosten in einzelwirtschaftliche Kosten eingehen, kann nicht als befriedigend angesehen werden. Stattdessen sollten gesellschaftliche Kosten bereits zuvor in betriebswirtschaftliches Handeln einbezogen werden.

Die Politik sieht die Nachhaltigkeit, bestehend aus der ökonomischen, ökologischen und sozialen Dimension[8], als eines ihrer Leitprinzipien an[9]. Laut dem Umweltexpertenpanel des Instituts der deutschen Wirtschaft Köln ist Nachhaltigkeit in vier von fünf Unternehmungen fester Bestandteil des Leitbildes[10]. Als zentraler Akteur nachhaltiger Entwicklung sind Unternehmungen einerseits selbst auf Informationen angewiesen, um eigene Zielvorgaben zu kontrollieren[11]. Andererseits ist die Informationsbasis notwendige Bedingung für regulatorische Vorgaben und deren Durchsetzung[12]. Als tradiertes Instrument zur Dokumentation, Kapitalerhaltung und Rechenschaft (bzw. Information) liegt der Versuch nahe, das betriebliche Rechnungswesen und den sich daraus ergebenden Jahresabschluss heranzuziehen[13]. Zurzeit vermag das betriebliche Rech-

---

6 Vgl. mit weiteren Nachweisen **Ziehm**, ZUR 2010, S. 411. Die Erkenntnisse beruhen auf Sachstandsberichten des Weltklimarates, an denen staatenübergreifend mehr als 1000 Autoren und 2500 Gutachter beteiligt sind, vgl. **Schlacke**, ZUR 2010, S. 225. Zum Fünften Sachstandsbericht des Weltklimarates (Intergovernmental Panel on Climate Change, IPCC) siehe Fn. 7.
7 Vgl. **IPCC** (2014), abrufbar unter http://www.ipcc.ch, S. 15.
8 Diese dimensionale Dreiteilung hat bereits implizit Einzug in das Handelsgesetzbuch genommen, siehe § 289 Abs. 1 HGB i.V.m. BT-Drs. 15/3419 vom 24.06.2004, S. 30.
9 Vgl. **Bundesregierung** (2012), S. 12. Im Jahr 2001 berief die Bundesregierung bereits einen Rat für Nachhaltige Entwicklung ein, um sie bei ihrer Nachhaltigkeitspolitik zu unterstützen, vgl. **Leuering/Stein**, NJW-Spezial 2011, S. 719. Auf europäischer Ebene verpflichten sich die Mitgliedstaaten in Art. 191 Abs. 1 AEUV im Rahmen der Umweltpolitik der Union u.a. die Umwelt zu erhalten und zu schützen und natürliche Ressourcen umsichtig und rationell zu verwenden.
10 Vgl. Institut der deutschen Wirtschaft Köln, iw-dienst Nr. 24 2012, S. 8.
11 Das Eigeninteresse der Unternehmungen ist u.a. in Kundenerwartungen begründet. Ohne Berücksichtigung dieser Erwartungen würde sich die Unzufriedenheit der Stakeholder negativ auf bspw. Absatz und Ertragslage des Unternehmens auswirken können, vgl. **Baetge/Schmidt**, IRZ 2010, S. 293 f.
12 Vgl. **Schmidheiny/BCSD** (1992), S. 138.
13 Zu den genannten Funktionen vgl. **Baetge/Kirsch/Thiele** (2012), S. 94 ff.

1 Problemstellung und Zielsetzung

nungswesen die gestiegenen Informationsbedürfnisse indes nicht zu erfüllen[14]. Um das Bewertungsproblem des wertmäßigen Kostenbegriffs von *Schmalenbach* zu lösen, bedient sich das betriebliche Rechnungswesen des pagatorischen (auf Zahlungsvorgängen beruhenden) Kostenbegriffs[15]. Aufgrund unvollständiger Informationen spiegeln Marktpreise und folglich Zahlungsvorgänge ökologische und soziale Aspekte nur unzureichend wider, daher fehlen dem gegenwärtigen Rechnungswesen wesentliche Teile dieser Informationsdimensionen[16]. Diese Tatsache ist letztlich – verbunden mit der steigenden Erwartungshaltung der Gesellschaft bzgl. ökologischer und sozialer Informationen[17] – der Grund dafür, dass Nachhaltigkeitsberichte veröffentlicht werden, die über die Informationen im traditionellen Jahresabschluss hinaus berichten[18].

Die steigende Erwartungshaltung der Gesellschaft lässt sich wissenschaftlich durch das Problem sozialer Kosten ergänzen[19]. Aufgrund von Transaktionskosten im Zusammenhang mit Markttransaktionen, wie bspw. die Identifikation der Vertragsparteien, Informationsbeschaffung und –verarbeitung, Vertragszeichnung und Überwachung der Einhaltung der Vertragskonditionen[20], wird die allokationseffiziente Lösung durch Interaktion der Vertragsparteien in vielen Fällen nicht erreicht. Als Beispiel für derartige Verträge führt *Coase* jene bzgl. Rauchemissionen an, die eine Vielzahl beteiligter Vertragsparteien (Betroffene der Emissionen) berücksichtigen müssten[21]. Aufgrund prohibitiv hoher Transak-

---

14 Wenngleich ökologische Informationen teilweise bereits in dem betrieblichen Rechnungswesen berücksichtigt werden, wie z.B. im Rahmen der Bildung von Rückstellungen für Altlastenbeseitigungen, vgl. **Schubert**, in: Förschle/Grottel/Schmidt/Winkeljohann (2014), § 249 Rz. 100.
15 Vgl. **Zimmermann** (1998), S. 12 f.; **Kämpfer/Hoffmann**, in: FS Ballwieser (2014), S. 399.
16 Anders gewendet: Die einzelwirtschaftliche Leistungserstellung profitiert gegenwärtig davon, dass gesellschaftliche Aufwendungen abgewälzt werden und nicht in die betriebswirtschaftliche Kostenlehre eingehen, vgl. **Pfriem** (1989), S. 58.
17 Vgl. **Europäische Kommission** (2011), S. 3. Sie konstatiert steigende Erwartungen in der EU bzgl. vergleichbarer, verlässlicher und relevanter Informationen über Nachhaltigkeit.
18 Vgl. **Haller/Ernstberger**, BB 2006, S. 2516. Nachhaltigkeitsberichte werden in praxi nicht nur separat erstellt, sondern auch in die Finanzberichterstattung integriert zu einem sog. „Integrated Report", vgl. **Krzus**, IRZ 2011, S. 271 ff.
19 Die im Rahmen der Transaktionskostentheorie, die der Problemstellung zugrunde gelegt wird, aufgestellten Annahmen beschränkter Rationalität und Opportunismus sind bei der betrachteten Problemstellung gegeben. Zu den Annahmen vgl. **Williamson** (1985), S. 44 ff.
20 Angelehnt an **Coase**, J.L. & Econ. 1960, S. 15. Williamson differenziert in diesem Zusammenhang nach ex ante und ex post Transaktionskosten, vgl. **Williamson** (1985), S. 20.
21 Vgl. **Coase**, J.L. & Econ. 1960, S. 17.

tionskosten könnte das Problem unter Umständen nicht durch den Markt (oder durch Zwischenschaltung einer weiteren Unternehmung, welche die Transaktionskosten gegenüber dem Markt senken könnte[22]) gelöst werden, weshalb *Coase* anregt, eine politische Regulierung zumindest in Betracht zu ziehen[23].

Als Antwort auf die steigende Erwartungshaltung der Gesellschaft und als möglicher Beitrag zur Lösung des Problems der Internalisierung sozialer Kosten könnte als notwendige Bedingung zunächst die Informationsproduktion gewährleistet werden[24]. Insofern stellt sich die Frage, nach welchen Standards die Informationen erstellt werden könnten[25]. Neben der handelsrechtlichen Pflicht großer Kapitalgesellschaften gemäß § 289 Abs. 3 HGB und der entsprechenden Pflicht für Konzerne gemäß § 315 Abs. 1 S. 3 i.V.m. S. 4 HGB über nichtfinanzielle Leistungsindikatoren zu berichten[26], stellt die 1997 gegründete Global Reporting Initiative (GRI) mit ihren Richtlinien die derzeit bedeutendsten Stan-

---

[22] Nach *Coase* existieren Unternehmungen aufgrund der Tatsache, dass sie Verträge gegenüber dem Markt zu günstigeren Konditionen abschließen können, vgl. **Coase**, Economica 1937, S. 390 f.

[23] Vgl. **Coase**, J.L. & Econ. 1960, S. 18. Seine Zurückhaltung bzgl. der Regulierung ist darin begründet, dass er sie als bloße Alternative zur Problemlösung durch den Markt sieht, die insofern erst dann herangezogen werden sollte, wenn sie – begründet – gegenüber dem Markt zu einer besseren Gesamtlösung führt, vgl. **Coase**, J.L. & Econ. 1960, S. 18. Damit widerlegt er zugleich den Ansatz der „unsichtbaren Hand" im Sinne von *Adam Smith* (vgl. **Smith** (1759), S. 264 f.) für die Verträge, die (zu) hohe Transaktionskosten aufweisen. Auch *Samuelson* negiert in diesem Zusammenhang die Existenz einer unsichtbaren Hand, vgl. **Samuelson**, Rev. Econ. Stat. 1958, S. 334.

[24] Analog argumentiert *Scott*, jedoch im Kontext der Beziehungen zwischen Investoren und Unternehmungen. So führt er externe Effekte als Grund dafür an, dass Marktkräfte keine „first-best information production" erzeugen, weshalb regulatorische Maßnahmen notwendig werden, um das gesamtgesellschaftlich beste Niveau der Informationsproduktion zu erreichen, vgl. **Scott** (2014), S. 492.

[25] Explizit wird hier bereits von Standards gesprochen, da nur durch Standardisierung der Berichterstattung zwischenbetriebliche Vergleiche und Vergleiche im Zeitablauf möglich werden, vgl. **Schmidt**, IRZ 2012, S. 138. Auch der Rat für nachhaltige Entwicklung schlägt der Bundesregierung insofern vor, einen verbindlichen Rahmen für die Berichterstattung zu etablieren, um so sachgerechte Vergleiche zu ermöglichen, vgl. **RNE** (2006), S. 7.

[26] Ohne jedoch darauf einzugehen, was genau unter nichtfinanziellen Leistungsindikatoren zu verstehen ist, respektive worüber zu berichten ist. Spiegelbildlich zeigt sich auch die dürftige Behandlung in der Kommentierung, vgl. z.B. **Ellrott**, in: Förschle/Grottel/Schmidt/Winkeljohann (2014), § 289 Rz. 100-108.

dards zur Berichterstattung über nichtfinanzielle Informationen bereit[27]. Die GRI setzt es sich zum Ziel, die nachhaltige wirtschaftliche Entwicklung im Sinne der einleitend angeführten Definition durch Transparenz zu fördern[28]. Mit umfangreichen Vorgaben zu ökologischen, ökonomischen und sozialen Sachverhalten versucht die GRI mit ihrem aktuellen Standard G4 Stakeholder umfangreich zu informieren, um so die Beziehungen zwischen Unternehmungen und Stakeholdern, Investitionsentscheidungen sowie andere Marktbeziehungen zu unterstützen[29].

Die Notwendigkeit der Prüfung der produzierten Informationen kann anhand der Prinzipal-Agenten-Beziehung zwischen dem Adressaten der Berichtsinformationen (Prinzipal) und dem Berichtsersteller (Agent) beschrieben werden[30]. Aufgrund der asymmetrischen Informationsverteilung könnte der Berichtsersteller seinen Informationsvorsprung zu seinem Vorteil nutzen, und so zum Beispiel Sachverhalte nicht der Wahrheit entsprechend in der Berichterstattung abbilden[31]. Um ein vertrauenswürdiges Urteil über die Prüfung zu erhalten, müssen Anforderungen hinsichtlich Urteilsfähigkeit, Urteilsfreiheit und sachgerechter Urteilsbildung gestellt werden[32]. Die Prüfung von ökologischen und sozialen Informationen stellt – im Vergleich zur Prüfung von finanzwirtschaftlichen Informationen – eine besondere Herausforderung dar. Während nichtfinanzielle Informationen kaum hinsichtlich ihrer Prüfbarkeit untersucht worden sind, kann die Jahresabschlussprüfung aus mehreren Jahrzehnten Forschung schöpfen. Die vorliegende Arbeit soll insofern einen ersten Schritt in diese Richtung gehen und den Weg für weitere Auseinandersetzungen mit der Prüfung von nichtfinanziellen Informationen ebnen. Vor diesem Hintergrund sollen die Möglichkeiten und Grenzen der Prüfung der ökologischen und sozialen Informationen untersucht werden. Die Möglichkeiten können durch unmittelbar oder mittelbar bestehende

---

27 Vgl. z.B. **Eiselt/Kaspereit**, KoR 2010, S. 380 und **Beiersdorf** (2012), S. 137.
28 Die GRI sieht Transparenz insofern als fundamentalen Baustein zur Lösung des Problems der nachhaltigen wirtschaftlichen Entwicklung an, vgl. **GRI** (2011a), S. 2.
29 Vgl. **GRI** (2011a), S. 2.
30 Vgl. zur Argumentation im Kontext der Finanzberichterstattung **Marten**, ZfB 1995, S. 707 f.; **Ewert/Stefani** (2001), S. 148. Zum Problem grundsätzlich bei Vertragsbeziehungen vgl. **Jensen/Meckling**, J. Financ. Econ 1976, S. 308.
31 Vgl. zur Gefahr opportunistischen Verhaltens im Zusammenhang mit Informationsasymmetrien **Fischer**, WiSt 1995, S. 320 und zu Ausprägungsformen der Asymmetrien **Herzig/Watrin**, zfbf 1995, S. 789-793.
32 Vgl. **Leffson** (1988), S. 61.

Verknüpfungen bzw. systematische Zusammenhänge mit finanzwirtschaftlichen Informationen (wie beispielsweise CO_2-Emissionen aus Dienstreisen als nichtfinanzielle Information und Reisekosten als finanzielle Information) beschrieben werden, während die Grenzen durch die Notwendigkeit der Hinzuziehung von Sachverständigen konstatiert werden könnten. Zudem soll festgestellt werden, ob ein bereits mit betriebswirtschaftlichen Prüfungen beauftragter Akteur aufgrund bereits vorliegender institutioneller oder funktionaler Voraussetzungen besonders geeignet erscheint, diese Prüfungen durchzuführen.

Weder die Frage der Prüfung von ökologischen und sozialen Informationen, wie bereits angeführt, noch die der besonderen Eignung eines Akteurs wurde bislang erörtert. Die jüngere wissenschaftliche Auseinandersetzung mit nichtfinanziellen Informationen beschränkte sich bislang unter anderem auf ein Konzept einer periodisierten Ökobilanzierung[33], die Zielerreichung der Standards der GRI[34], die Modifikation des Gewinnbegriffs nach IFRS[35], die Integration der Finanz- und Nachhaltigkeitsberichterstattung[36], die Auswirkungen der Berichterstattung auf den Kapitalmarkt[37] sowie die empirische Analyse der Prüfung mittels Befragung von Prüfern und Unternehmungen[38].

---

33 Vgl. **Azuma** (2007).
34 Vgl. **Hoffmann** (2011).
35 Vgl. **Beiersdorf** (2012).
36 Vgl. **Schmidt** (2012) und **Stawinoga** (2013).
37 Vgl. **Lackmann** (2010).
38 Vgl. **Schmitz** (2013).

1.1 Begriffsexplikationen

1.1.1 Nichtfinanzielle Berichterstattung

1.1.1.1 Nichtfinanzielle Informationen

Zur Überleitung auf den Begriff der nichtfinanziellen Informationen soll zunächst der Begriff der Nachhaltigkeit erläutert werden. In der forstwirtschaftlichen Literatur wurde zu Beginn des 18. Jahrhunderts gefordert, dass nur so viel Holz geschlagen werden dürfe, wie auch nachwachse, um so der Befürchtung einer Holzknappheit zu entgegnen[39]. Diese substanzerhaltende Weise des Holzschlags wurde als nachhaltig verstanden. Das im Rahmen der Arbeit zugrunde gelegte Begriffsverständnis geht indes auf den *Rat für Nachhaltige Entwicklung* zurück, der 2001 von der Bundesregierung berufen wurde und diese in ihrer Nachhaltigkeitspolitik beraten sollte[40]. Danach wird nachhaltige Entwicklung durch die gleichwertige Berücksichtigung von ökologischen, ökonomischen und sozialen Gesichtspunkten charakterisiert[41]. Aufgrund der undifferenzierten[42] Verwendung des Begriffs der „Nachhaltigkeit" wird im weiteren Verlauf der Arbeit der Begriff der nichtfinanziellen Informationen verwendet, womit Informationen gemeint sind, die als Handlungsgrundlage herangezogen werden können, um wirtschaftliches Handeln unter Berücksichtigung der vom *Rat für Nachhaltige Entwicklung* genannten Charakteristika zu unterstützen.

1.1.1.2 Berichterstattung

Die Berichterstattung kann etymologisch als eine sachliche Darstellung eines Geschehens oder eines Sachverhalts, um jemanden in Kenntnis zu setzen, verstanden werden[43]. Im Rahmen der Untersuchung bezieht sich die Berichterstat-

---

39   Vgl. **von Hauff/Kleine** (2009), S. 3 f.
40   Vgl. **Leuering/Stein**, NJW-Spezial 2011, S. 719.
41   Vgl. **RNE** (2006), vorderer Umschlag.
42   Siehe z.B. die „nachhaltige Unternehmenssanierung", **Nimwegen/Sanne**, DB 2012, S. 1821; „nachhaltige Unternehmensentwicklung" und „nachhaltige Wertschöpfung", **Hecker/Peters**, NZG 2012, S. 55 m.w.N.; „nachhaltige Gewinne", **IDW** (2012), Kap. R, Tz. 52; „nachhaltige Produktion", **Franken**, ZUR 2010, S. 66; „nachhaltiger Wettbewerbsvorteile", **Freiling** (2006), S. 152; **Louven/Ingwersen**, BB 2013, S. 1219 m.w.N.; **Streck/Demisch**, zfwu 2012, S. 92; siehe z.B. auch die „Biokraftstoff-*Nachhaltigkeits*verordnung" und die „Biomassestrom-*Nachhaltigkeits*verordnung".
43   Vgl. zum Begriff „berichten" **Pfeifer** (1989), S. 154.

tung ausschließlich auf die Weitergabe von Informationen über Sachverhalte, die durch die unternehmerische Tätigkeit veranlasst sind. Die Produktion und Weitergabe der Informationen erfolgt durch die Unternehmung. Sie erfolgt adressatenorientiert und ist an diese Adressaten gerichtet mit dem Ziel, bestehende Informationsasymmetrien zu reduzieren. Da die Adressierung der Berichterstattung im weiteren Verlauf der Arbeit auf die Eigenkapitalgeber[44] reduziert wird, kann die Form der Berichterstattung ferner als Publizität oder Rechenschaftslegung bezeichnet werden[45]. Die Berichterstattung kann freiwillig oder durch gesetzliche Vorschriften zwangsweise erfolgen. In Anlehnung an die grundsätzliche Voraussetzung der verfassungsrechtlich geschützten Grundfreiheit der Berichterstattung gem. Art. 5 Abs. 1 S. 2 GG, keine falschen Tatsachenmitteilungen zu tätigen[46], soll die Berichterstattung nur dann als Berichterstattung verstanden werden, wenn sie Sachverhalte sachlich richtig und zutreffend darstellt.

1.1.2 Betriebswirtschaftliche Prüfung

Die Prüfung (synonym auch Revision[47]) kann – neben der Kontrolle – als Unterbegriff der Überwachung interpretiert werden[48]. Überwachung bezieht sich im Kontext der vorliegenden Arbeit auf in Unternehmungen realisierte Vorgänge[49]. Der zu überwachende wirtschaftliche Sachverhalt wird als Ist-Objekt definiert, welches mit einem Soll-Objekt verglichen und ggf. bezüglich vorliegender Abweichungen beurteilt wird[50]. Während das Ist-Objekt durch Nachweise rekonstruiert werden kann, z.B. anhand von Eingangsrechnungen oder Beobachtungen von Prozessen, ist das Soll-Objekt durch den Prüfer zu konstruieren[51]. Durch die

---

44 Dies geschieht jedoch explizit unter Wahrung der Interessen der Stakeholder, siehe ausführlich Abschnitt B.3.4.
45 Vgl. zur Publizität und Rechenschaft **Moxter** (1962), S. 1.
46 Vgl. ausführlich **Herrmann** (1975), S. 56 f.; „grundsätzlich" soll in diesem Zusammenhang darauf hinweisen, dass die Voraussetzung nach *Münch/Kunig* nur dann Wirkung entfalten sollte, wenn eine Kollisionslage besteht, vgl. **Wendt**, in: Münch/Kunig (2012), Art. 5 Rz. 10.
47 Vgl. z.B. **Lück** (1991), S. 22.
48 Vgl. **Wöhe** (2013), S. 155.
49 Vgl. **von Wysocki** (1988), S. 1.
50 Vgl. **Hömberg**, in: Lexikon der Betriebswirtschaftslehre (2008), S. 712.
51 Vgl. **Leffson** (1988), S. 15 f. Das Soll-Objekt soll zeigen, wie das Ist-Objekt beschaffen sein müsste, basierend auf bspw. gesetzlichen Bestimmungen, vgl. **ebenda**.

1 Problemstellung und Zielsetzung

Ergebnisse von Soll-Ist-Vergleichen kann sodann ein Urteil erlangt und abgegeben werden[52].

Wesentliches Unterscheidungsmerkmal der Prüfung und Kontrolle ist die Prozessabhängigkeit: Während Kontrollen von Institutionen vorgenommen werden, die unmittelbar an der Entwicklung des Ist-Objekts beteiligt sind (auch „Prüfungssystem vom Typ I"[53] genannt), werden Prüfungen von prozessunabhängigen Institutionen vorgenommen[54]. Ergänzt man die Prüfung wiederum um das Merkmal der Abhängigkeit von der Unternehmung, in der das Ist-Objekt ermittelt wird, kann die Prüfung weiter differenziert werden: Sofern die Instanz organisatorisch zur Unternehmung zuzuordnen ist, in der das Ist-Objekt ermittelt wird, handelt es sich um eine interne Prüfung (auch „Prüfungssystem vom Typ II"[55] genannt), andernfalls um eine externe Prüfung (auch „Prüfungssystem vom Typ III"[56] genannt), welche im Mittelpunkt der vorliegenden Arbeit steht[57].

Der Vergleich zwischen Ist- und Soll-Objekt kann in seiner einfachsten Form durch den messtheoretischen Ansatz beschrieben werden, wonach Ist- und Soll-Objekt ermittelt, ggf. Abweichungen zwischen Ist- und Soll-Objekt verglichen und beurteilt werden und das Ergebnis kommuniziert wird[58]. Komplexe Soll-Ist-Vergleiche, wie sie z.B. bei Systemprüfungen vorgenommen werden, können durch Ergänzung des heuristischen Informationsverarbeitungsansatzes beschrieben werden: Es werden keine einfachen „Messungen" vorgenommen und Abweichungen festgestellt, sondern hypothesengeleitet komplexe Ist-Objekte iterativ approximiert, die wiederum mit komplexen, hypothesengeleitet approximierten Soll-Objekten verglichen und sodann beurteilt werden[59].

Durch die Eingrenzung auf betriebswirtschaftliche Prüfungen soll eine Konkretisierung in mehreren Hinsichten stattfinden. Zunächst handelt es sich um Prü-

---

52 Vgl. **von Wysocki**, in: HWR (1992), Sp. 1545.
53 **Sieben/Bretzke**, BFuP 1973, S. 626.
54 Vgl. **von Wysocki** (1988), S. 3 f.; **Egner** (1980), S. 18.
55 **Sieben/Bretzke**, BFuP 1973, S. 627.
56 **Sieben/Bretzke**, BFuP 1973, S. 628.
57 Vgl. **von Wysocki** (1988), S. 4.
58 Vgl. **von Wysocki**, in: HWR (1992), Sp. 1546. Wenngleich der Begriff der „Theorie" Relativierung bedarf, da diese im Bereich der betriebswirtschaftlichen Prüfung gegenwärtig nicht existiert; die „Theorien" sind mehr als Ansätze zu interpretieren, vgl. **Marten/Quick/Ruhnke** (2011), S. 48.
59 Vgl. **Gans** (1986), S. 503.

fungen, die an Sachverhalte (Ist-Objekte) anknüpfen, die innerhalb von Unternehmungen konstruiert werden, die wiederum Gegenstand der Betriebswirtschaftslehre sind[60]. Daneben soll die betriebswirtschaftliche Prüfung von einfachen Prüfungen abgegrenzt werden: Betriebswirtschaftliche Prüfungen werden als mehrere zusammengesetzte, teils iterative Soll-Ist-Vergleiche verstanden, die durch Zusammenführung zu einem Gesamturteil führen[61]. Die Analyse der institutionellen und funktionalen Aspekte der Prüfung ist wiederum Gegenstand der Betriebswirtschaftslehre[62].

Zusammengefasst definiert *Leffson* die betriebswirtschaftliche Prüfung als einen *„Prozeß zur Gewinnung eines vertrauenswürdigen Urteils über gegebene wirtschaftliche Sachverhalte durch Vergleich eines vom Prüfer nicht selbst herbeigeführten Istobjektes mit einem vorgegebenen oder zu ermittelnden Sollobjekt und anschließender Urteilsbildung und der Urteilsmitteilung an diejenigen, die aufgrund der Prüfung Entscheidungen fällen"*[63].

2 Gang der Untersuchung

Zunächst werden in Kapitel (B) Unternehmungen und ihre potentiellen Stakeholder definiert und im Kontext der Nachhaltigkeit zusammengeführt. Sodann wird die traditionelle externe Unternehmensberichterstattung in der Ausprägungsform der Finanzberichterstattung beschrieben, wobei der Zweck der Berichterstattung im Vordergrund der Ausführungen steht. Im Anschluss wird die nichtfinanzielle Berichterstattung durch ihre Historie und ihre gegenwärtigen Standardsetzer, durch rechtliche Rahmenbedingungen sowie Adressaten und Zweck der Berichterstattung konkretisiert. Schließlich werden Grundzüge der betriebswirtschaftlichen Prüfung aufgezeigt. Die Schwerpunkte liegen dabei auf den Zielen der Prüfung und den damit zusammenhängenden Voraussetzungen zur Zielerreichung sowie auf dem Prüfungsprozess und seinen Bestandteilen.

Zur Begründung der Berichterstattung durch Unternehmungen und zur Rechtfertigung der unabhängigen, externen Prüfung der Berichterstattung wird auf ausgewählte Ansätze der Neuen Institutionenökonomik im letzten Abschnitt des

---

60 Die Überwachung von Ist-Objekten ist darüber hinaus unmittelbar Gegenstand der Lehre der Betriebswirtschaft, vgl. **Wöhe** (2013), S. 154.
61 Vgl. zu den Eigenschaften der hier beschriebenen sog. „komplexen Prüfung" **von Wysocki** (1988), S. 145.
62 Vgl. **Selchert**, WiSt 1972, S. 106.
63 **Leffson** (1988), S. 13.

Kapitels (B) Bezug genommen. Daran anknüpfend wird ein Bezugsrahmen aus Berichtsprinzipien und Prüfungszielen entwickelt, welcher der Analyse zugrunde gelegt wird.

In Kapitel (C) wird die Forschungsfrage durch eine kritische Analyse der Möglichkeiten und Grenzen der Prüfung von nichtfinanziellen Informationen bearbeitet. Hierzu wird eingangs die Auswahl der 91 Leistungsindikatoren der G4 als Prüfungsobjekt begründet. Daraufhin werden die allgemeine Risikoanalyse und die Systemprüfung im Kontext nichtfinanzieller Informationen erörtert sowie die 91 Leistungsindikatoren aussagebezogen untersucht.

Die Ergebnisse der Analyse werden in Kapitel (D) tabellarisch zusammengefasst. Zudem wird die Entwicklung der nichtfinanziellen Berichterstattung der DAX-30-Unternehmungen anhand der Geschäftsjahre 2012 und 2013 tabellarisch dargestellt.

Kapitel (E) schließt die Arbeit mit einer Zusammenfassung der wesentlichen Forschungsergebnisse sowie einem Ausblick.

B Betriebswirtschaftliche Grundlagen sowie Rahmenbedingungen der Berichterstattung

1 Grundlagen unternehmerischer Nachhaltigkeit

1.1 Die Unternehmung

Bevor auf den Aspekt der unternehmerischen Nachhaltigkeit eingegangen wird, soll der Begriff der Unternehmung[64] erläutert werden. Die Unternehmung wird relational zum Markt definiert: Sie stellt eine Alternative zur ökonomischen Organisation durch den Markt dar und besitzt ihre Existenzberechtigung in der Möglichkeit, die ökonomische Organisation zu einem geringeren Preis durchführen zu können[65]. Die ökonomische Organisation, die durch Vertragsbeziehungen bestimmt wird, definiert letztlich die Unternehmung als Vertragsgeflecht[66]. Die Unternehmung als Teilmenge der Betriebe bezieht sich in diesem Kontext ausschließlich auf solche Betriebe, die im marktwirtschaftlichen Wirtschaftssystem agieren[67]. Durch diese Begriffsdefinition wird festgelegt, dass die Ausführungen im Rahmen dieser Arbeit nicht unmittelbar auf öffentliche Betriebe[68] übertragen werden können und sich nicht auf Haushalte beziehen.

---

[64] Wenngleich an anderer Stelle z.B. die „unternehmerische" Berichterstattung oder die Prüfung „unternehmensbezogener" Informationen genannt wird, sei dies stets im Kontext der Unternehmung und ist lediglich darin begründet, dass kein Pendant mit dem Begriff der Unternehmung existiert.

[65] Die hier verwendete relationale Betrachtungsweise und Rechtfertigung der Existenz geht auf *Coase* zurück, vgl. **Coase**, J.L. & Econ. 1960, S. 16.

[66] Inhaltlich wird diese Tatsache bereits durch *Coase* umschrieben, vgl. **Coase**, Economica 1937, S. 390. Explizit wird das Vertragsgeflecht erst durch *Jensen* und *Meckling* genannt, vgl. **Jensen/Meckling**, J. Financ. Econ. 1976, S. 311. Zur Übersetzung des Begriffs „Vertragsgeflecht" siehe z.B. **Haar** (2006), S. 33. *Schneider* umschreibt das Vertragsgeflecht als „Bündelungen unvollständiger Verträge", vgl. **Schneider** (1997b), S. 23.

[67] Zur Abgrenzung zwischen Betrieb und Unternehmung siehe z.B. **Wöhe** (2013), S. 30 und **Schneider** (1995), S. 96. Die Abgrenzung entspricht dem Ansatz von *Gutenberg*, der die Unternehmung als „kapitalistischen Betriebstyp" definiert, vgl. **Gutenberg** (1983), S. 511 f., Zitat siehe **ebenda**, S. 512.

[68] Die öffentlichen Betriebe grenzen sich durch das Kostendeckungsprinzip und Zuschussprinzip von Unternehmungen ab, vgl. **Wöhe** (2013), S. 30. Zur Abgrenzung gegenüber dem Haushalt siehe **ebenda**, S. 27.

1.2 Anspruchsgruppen der Unternehmung

Nach der Stakeholder-Theorie werden die Anspruchsgruppen der Unternehmung als Gruppen definiert, die entweder eine Auswirkung auf die Unternehmung haben oder von Auswirkungen der Unternehmung betroffen sind[69]. Der Eigenkapitalgeber (Shareholder), der im Mittelpunkt der Shareholder-Theorie[70] steht, ist somit als einzelnes Individuum oder als Gruppe von Individuen in dieser Betrachtung inkludiert[71]. Weitere Stakeholder sind z.b. Lieferanten, Kunden, die lokale Gesellschaft, Wettbewerber, Arbeitnehmer oder Regierungen[72].

In die zuvor dargestellte Definition der Unternehmung fügen sich die Anspruchsgruppen durch das Vorhandensein von expliziten oder impliziten Vertragsbeziehungen über die Organisationseinheit der Unternehmung ein.

1.3 Nachhaltigkeit der Unternehmung

Unternehmungen können, wie zuvor dargestellt, Auswirkungen auf verschiedene Stakeholder haben und ihrerseits von Auswirkungen der Stakeholder betroffen sein. Die Auswirkungen, die Unternehmungen auf Stakeholder haben, können wiederum im Kontext der Nachhaltigkeit betrachtet werden. Nachhaltigkeit der Unternehmung wird hier durch die „Triple bottom line" konkretisiert, die folgende Aspekte umfasst: Wirtschaftlicher Wohlstand (ökonomische Dimension), Umweltqualität (ökologische Dimension) und Sozialkapital (soziale Dimension)[73]. Das unternehmerische Handeln mit gleichberechtigter[74] Berücksichtigung der drei Dimensionen wird als nachhaltig interpretiert. Die Auswirkungen innerhalb der drei Dimensionen können sowohl auf Ebene der betrachteten Un-

---

69 Vgl. **Freeman** (2010), S. 25. Stellvertretend für Gruppen können auch einzelne Individuen als Stakeholder angesehen werden, vgl. **Freeman**, zfwu 2004, S. 25.

70 Die Shareholder-Theorie stellt den Eigenkapitalgeber in den Mittelpunkt und fundamentiert damit das einzige Ziel der Unternehmung: „there is one and only one social responsibility of business – to use its resources and engage in activities designed to *increase profits* (…)". Zitat nach **Friedman**, New York Times Magazine vom 13. September 1970, kursiv durch den Autor eingefügt. Zur Shareholder-Theorie und der Abgrenzung von der Stakeholder-Theorie siehe **Freeman et al** (2010), S. 10-12.

71 Vgl. **Freeman**, zfwu 2004, S. 231.

72 Die Aufzählung ist nicht als abschließend zu interpretieren und wurde vorgenommen nach der grafischen Darstellung bei **Freeman** (2010), S. 25.

73 Vgl. **Europäische Kommission** (2001), S. 30.

74 Die explizite Gleichberechtigung der drei Dimensionen geht auf den Rat für Nachhaltige Entwicklung (RNE) zurück, vgl. **RNE** (2006), vorderer Umschlag.

ternehmung, als auch auf Ebene vor- oder nachgelagerter[75] Unternehmungen hervorgerufen werden, oder weiter auf Ebene der Haushalte[76] durch die Nutzung oder den Verbrauch der Produkte bzw. Dienstleistungen, wobei der betrachteten Unternehmung auch in letzteren beiden Fällen die Verantwortung zugewiesen werden kann. Indizien hierfür sind bspw. die Skandale um Kinderarbeit in Zuliefererbetrieben der Textilindustrie[77].

Der Begriff der Nachhaltigkeit wird demnach nicht in seiner ursprünglichen Bedeutung aus der Forstwirtschaft, wonach nur so viel Holz geschlagen werden dürfe, wie auch nachgepflanzt werde – um langfristig die Ressourcenbasis zu erhalten – verwendet[78]. Stattdessen wird die oben gezeigte, die gleichberechtigte ökonomische, ökologische und soziale Dimension beinhaltende Interpretation verwendet. Beide Interpretationen können jedoch zueinander geführt werden, indem unterstellt wird, dass durch die Berücksichtigung von sozialen und ökologischen Auswirkungen im Rahmen des wirtschaftlichen Handelns ein langfristiges, also nachhaltiges im Sinne der Forstwirtschaft, ökonomisches Handeln ermöglicht wird.

---

75 Zur Betrachtung vor- und nachgelagerter Unternehmungen kann z.B. auf den Wertschöpfungskreis zurückgegriffen werden, siehe hierzu **Günther** (2008), S. 172 ff.

76 Siehe z.B. **Müller-Wenk** (1978), S. 12 und 23, der die Unternehmung für die Beschaffenheit der angebotenen Produkte und Dienstleistungen und somit auch für die Auswirkungen hieraus verantwortlich macht.

77 Siehe z.B. **Spitzeck** (2008), S. 68; **Fassin**, Bus. Ethics Eur. Rev. 2008, S. 369; **BMU** (2011), S. 108; **Rieth** (2009), S. 20. Insbesondere durch moderne Kommunikationskanäle können sich derartige Informationen rapide verbreiten und zu langfristigen Reputationsschäden führen, vgl. **Grunwald/Hennig**, zfwu 2012, S. 86 f. und **Schauf/Malsbender** (2011), S. 1. Auch Banken werden für Handlungen der Unternehmungen, in die sie investieren, verantwortlich gemacht, vgl. **Kuhndt/Tuncer/Snorre Andersen/Liedtke** (2003), S. 13 und **Meuche** (1996), S. 142. Zur Praxisrelevanz siehe z.B. auch den Staatlichen Pensionsfonds Norwegens, der im Jahr 2008 seine gesamten Anteile an Rio Tinto plc im Wert von 850 Mio. USD verkauft hat – vor dem Hintergrund ökologischer Schäden in einer Goldmine in Indonesien, für die Rio Tinto plc verantwortlich gemacht wurde. Paradox ist jedoch die Tatsache, dass der Staatliche Pensionsfond Norwegens wiederum aus dem Verkauf der Ölreserven Norwegens (daher auch als „Ölfond" bezeichnet) finanziert wird. Siehe zu beiden Informationen z.B. **Thomson Reuters** (2008), abrufbar unter http://www.reuters.com.

78 Zu seinem Ursprung in der Forstwirtschaft (begründet durch *von Carlowitz* im Jahre 1713, „nachhaltende Nutzung gebe", **von Carlowitz** (1713), S. 105) siehe z.B. **Pufé** (2014), S. 34 f.

2 Grundlagen der traditionellen externen Unternehmensberichterstattung

2.1 Vorbemerkungen

Bereits vor 5000 Jahren führten Sumerer Vermögensverzeichnisse auf Tontafeln, die als erste Schritte zu einem Rechnungswesen gedeutet werden können[79]. Jene Vermögensverzeichnisse konnten sowohl intern verwendet werden, in etwa zur Planung künftiger Beschaffungen, oder extern, z.b. als Rechenschaftsinstrument durch Berichterstattung gegenüber einem Auftraggeber. Die Differenzierung kann auf das gesamte Rechnungswesen übertragen werden: Das interne Rechnungswesen dient der Informationsbereitstellung für interne Entscheidungen sowie der internen Verhaltenssteuerung, während das externe Rechnungswesen – in Abhängigkeit der Zielsetzung – bspw. der Information von Kapitalgebern und anderen Stakeholdern dienen kann[80]. Unter der „traditionellen externen Unternehmensberichterstattung" wird im Rahmen dieser Arbeit das Instrumentarium verstanden, welches sich aus dem externen Rechnungswesen erstellen lässt. Insbesondere die verhältnismäßig jungen[81] Instrumente der Bilanz und Gewinn- und Verlustrechnung und ihre Anlagen, die zu einem Jahresabschluss[82] zusammengefasst werden, stehen hier im Fokus. Sie können vergangenheits-, gegenwarts- oder zukunftsorientierte Informationen enthalten und können als Mittel zur Reduktion von Informationsasymmetrien dienen[83].

---

79 Vgl. **Schneider** (2001), S. 69 f. m.w.N.; **ders**, in: HWRP (2002), Sp. 950.
80 Zur Differenzierung des Rechnungswesens siehe z.B. **Eberlein** (2010), S. 7. Zur Informationsfunktion des Konzernabschlusses nach deutschem Recht siehe **von Wysocki/Wohlgemuth/Brösel** (2014), S. 8 f. Einen Überblick über weitere externe Funktionen des Konzernabschlusses zeigt **Scherrer** (2012), S. 14-16.
81 Die Trennung in (Vermögens-)Bilanz und „Wirthschaftsbilanz" [Zitat nach **Brand** (1790), S. 44], die sich bis heute zur Gewinn- und Verlustrechnung fortentwickelte, ist erst seit dem 18. Jahrhundert bekannt, vgl. **Schneider** (2001), S. 95 m.w.N.
82 Vgl. zur Zusammenfassung der Instrumente **Pellens/Fülbier/Gassen/Sellhorn** (2014), S. 3. Im Rahmen der handelsrechtlichen Rechnungslegung sind gem. §§ 242 Abs. 3 und 264 Abs. 1 S. 1 HGB Bilanz, Gewinn- und Verlustrechnung sowie ggf. Anhang Bestandteile des Jahresabschlusses, während der Lagebericht lediglich als Ergänzung hierzu gesehen wird, vgl. **Selchert/Erhardt** (2003), S. 44.
83 Vgl. **Kormaier** (2008), S. 7 und **Penno**, JAR 1985, S. 240. Teils wird die Reduktion von Informationsasymmetrien als grundlegender Zweck der Rechnungslegung bezeichnet, siehe z.B. **Küting/Lam**, DB 2013, S. 1737. Hierbei handelt es sich jedoch um ein Ziel, nicht um einen Zweck.

2.2 Ausprägungsformen

2.2.1 Klassische Bilanztheorien

Wie bereits ausgeführt, kann das externe Rechnungswesen in Abhängigkeit der definierten Zielsetzung auf verschiedenen Zwecken aufbauen und demnach heterogen ausgestaltet sein. Aufgrund ihrer Bedeutung für die moderne Bilanzierung werden zunächst ausgewählte klassische Ansätze vorgestellt[84].

Die statische Bilanztheorie nach *Simon* dient der Vermögensermittlung, aus der als „Nebenprodukt"[85] der Gewinn anfällt[86]. Innerhalb der statischen Bilanztheorie kann das Vermögen unter Zerschlagungsgesichtspunkten oder unter der Annahme der Unternehmensfortführung aufgestellt werden[87]. Nach der dynamischen Bilanztheorie von *Schmalenbach* hingegen steht die Ermittlung eines dynamischen, vergleichbaren Gewinns im Fokus[88]. Die Bilanz wird lediglich als Hilfsinstrument hierzu genutzt, indem sie schwebende Vor- und Nachleistungen zum Zwecke der Periodisierung „speichert"[89].

Sowohl der statische als auch der dynamische Ansatz setzen einen Rechnungslegungszweck voraus, um Sinnhaftigkeit entfalten zu können[90]. Dieser Rech-

---

[84] Einen Überblick über die klassischen Bilanztheorien nebst weiterer Nachweise bietet **Moxter** (1984), S. 6 ff.

[85] **Moxter** (1984), S. 5.

[86] Vgl. **Moxter** (1984), S. 5. Zum Zweck der statischen Bilanztheorie siehe **Simon** (1899), S. 2.

[87] Vgl. **Moxter** (1984), S. 6. Nach dem Verständnis von *Simon* interessiert sich der rechnungslegende Kaufmann jedoch nicht für das bloße Gläubigerzugriffsvermögen, welches sich unter Zerschlagungssicht ergibt; stattdessen sei das Kaufmannsvermögen unter Fortführungsgesichtspunkten gesucht, vgl. **Moxter** (1984), S. 6. Dies kommt z.B. zum Ausdruck, indem *Simon* die vom Reichsoberhandelsgericht geforderte Bilanzierung zu Zerschlagungswerten als „nicht zutreffend erachtet", siehe **Simon** (1899), S. 296. Die Fortführungsprognose ist im heutigen HGB kodifiziert in § 252 Abs. 1 Nr. 2 und wirkt sich ferner auf die heutige Insolvenzordnung aus, siehe § 19 Abs. 2 InsO. Zur inhaltlichen Überschneidung beider Kodifizierungen der Fortführungsprognose siehe **Ehlers**, NZI 2011, S. 166.

[88] Vgl. **Schmalenbach**, S. 28 f. Zum Begriff des dynamischen, vergleichbaren Gewinns vgl. **Moxter** (1984), S. 31.

[89] Vgl. **Schmalenbach** (1962), S. 63 (Aktiven) und S. 70 (Passiven). „Speichert" i.A.a. die Bezeichnung „Kräftespeicher" für die Bilanz nach **Schmalenbach** (1962), S. 74. Er schreibt in diesem Zusammenhang von „Evidenz (...) erhalten", will also Erinnerungsposten kreieren, **Schmalenbach** (1962), S. 74.

[90] Vgl. **Schneider** (2001), S. 1007; abstrahiert auch **Küting/Lam**, DStR 2011, S. 991, 993 und *Moxter*, der bei einheitlicher Zwecksetzung Unterschiede zwischen der statischen und dynami-

nungslegungszweck wird anhand der gegenwärtigen handelsrechtlichen Rechnungslegung ausgeführt.

2.2.2 Moderne Bilanztheorie

Die moderne Bilanztheorie wird hier ausschließlich im Kontext der handelsrechtlichen Rechnungslegung[91] betrachtet. Zweck der modernen Bilanztheorie ist es, durch Vermittlung entscheidungsnützlicher[92] Informationen und Ermittlung eines ausschüttungsfähigen Gewinns[93] Kapitalgeber zu schützen[94]. Dabei greift die moderne Rechnungslegung sowohl auf statische, als auch auf dynamische Elemente zurück[95]. Durch die Zwecksetzung können sodann die Informations- und Zahlungsbemessungsfunktion als Ziele abgeleitet werden[96].

---

schen Bilanztheorie negiert, siehe **Moxter** (1962), S. 170, 177. *Moxter* zustimmend vgl. **Schneider**, in: FS Moxter (1994), S. 1152. Zur Zweckbestimmung als notwendige Bedingung der Konkretisierung der Rechnungslegung siehe auch **Hommel/Berndt**, BB 2009, S. 2190.

[91] Die ihre Grundlage in der Vierten (Richtlinie 78/660/EWG, Bilanzrichtlinie) und Siebten EG-Richtlinie (Richtlinie 83/349/EWG, Konzernbilanzrichtlinie) hat, vgl. z.B. **Zwirner**, DStR 2014, S. 439; **Ekkenga** (1998), S. 106. Die Bilanz- und Konzernbilanzrichtlinie wurden im Juli 2013 durch die EU-Bilanzrichtlinie (Richtlinie 2013/34/EU) gem. Art. 52 EU-Bilanzrichtlinie ersetzt, siehe auch **Luttermann**, NZG 2013, S. 1129.

[92] Informationen sind im Kontext dieser Arbeit dann entscheidungsnützlich, wenn sie A-priori-Wahrscheinlichkeiten ergänzen und mit dem Satz von Bayes zur Herleitung von A-posteriori-Wahrscheinlichkeiten genutzt werden können, vgl. **Scott** (2014), S. 77, 163. Vgl. zur Entscheidungsnützlichkeit von finanzwirtschaftlichen Informationen auch **Busse von Colbe** (1993), S. 13. Die Entscheidungsnützlichkeit setzt weiter voraus, dass die Informationen verlässlich sind, vgl. z.B. **Oberdörster** (2009), S. 27 und **Moxter**, in: FS Leffson (1976), S. 96. Zur Verlässlichkeit durch betriebswirtschaftliche Prüfungen siehe Abschnitt B.4.

[93] Vgl. **Marx**, BB 2012, S. 563; **Marx** (1998), S. 17 f. Zur (vorsichtigen) Bestimmung eines entziehbaren Betrags (= Gewinn) siehe auch **Moxter**, in: FS Goerdeler (1987), S. 373 f. Die Ermittlung eines ausschüttungsfähigen Gewinns könnte durch Gläubigerschädigungen in der Vergangenheit begründet werden. Siehe zum „Aktiendividenden-Schwindel im 19. Jahrhundert" **Schneider** (2001), S. 1016 m.w.N. Die Verfolgung verschiedener Zwecke wird unionsrechtlich explizit berücksichtigt, siehe Erwägungsgrund Nr. 4 der EU-Bilanzrichtlinie, und wird durch die durch die Richtlinie umzusetzenden Änderungen nicht tangiert, vgl. **Jessen/Haaker**, DB 2013, S. 1618 f.

[94] Vgl. **Marx** (1998), S. 20.
[95] Vgl. **Baetge/Kirsch/Thiele** (2012), S. 97.
[96] Vgl. **Marx** (1998), S. 20.

Da der Gewinn als zentrale Information interpretiert werden kann, lassen sich beide Ziele innerhalb der Rechnungslegung vereinen[97]. Unter der Prämisse der zuvor genannten Zwecksetzung kann eine Verdichtung der ökonomischen Realität[98] – die berichterstattende Unternehmung betreffend – in Bilanz und Gewinn- und Verlustrechnung zu einem bestimmten Zeitpunkt[99] bzw. einem Zeitraum vorgenommen werden, ergänzt durch Anlagen wie Anhang und Lagebericht[100]. Diese Instrumente können schließlich dem Ziel der Berichterstattung, der Vermittlung entscheidungsnützlicher Informationen, dienen[101].

Die zuvor getroffenen Aussagen zu Zwecksetzung und Funktionen betreffen lediglich den Jahresabschluss. Der Konzernabschluss hingegen, der von der rechtlichen Struktur abstrahiert die wirtschaftliche Einheit betrachtet, dient ausschließlich der Informationsvermittlung[102].

Als notwendige Bedingung der zuvor dargestellten Zwecksetzungen gilt die Ermittlung nach allgemeingültigen, objektivierten Regeln, die zugleich notwendige Bedingung für die intersubjektive Nachprüfbarkeit ist[103].

3 Grundlagen der nichtfinanziellen Berichterstattung

3.1 Historie

Der Ursprung der heutigen Berichterstattung über nichtfinanzielle Informationen kann in der Sozialberichterstattung[104] gesehen werden, die in den 1970er Jahren

---

97 Vgl. **Marx**, BB 2012, S. 563. Welche Informationen diese Zentralgröße bereitstellt, ist, wie bereits ausgeführt, abhängig von der Konkretisierung der Rechnungslegungsnormen, vgl. **Schneider** (1997a), S. 240.

98 Bilanzieren kann als „zweckgerichtetes Abbilden der ökonomischen Realität einer wirtschaftenden Einheit" beschrieben werden, **Marx/Löffler**, DB 2012, S. 1338.

99 Durch die Betrachtung eines Zeitpunkts bzw. eines Zeitraums wird die Totalperiode der Unternehmung künstlich eingegrenzt, vgl. **Marx**, FR 2011, S. 267.

100 Zur Verdichtung vgl. **Marx**, DB 1996, S. 1150.

101 Nach *Leffson* sind die sog. Rahmengrundsätze der Rechenschaft, welche die Grundlage der Analyse des Hauptteils bilden, ferner notwendige Bedingung jeder entscheidungsnützlichen Information, vgl. **Leffson** (1987), S. 179.

102 Vgl. **Moxter** (1986), S. 109 und **Ewelt-Knauer** (2010), S. 39 f. Zur Möglichkeit der fehlenden Entscheidungsnützlichkeit der Informationen eines Jahresabschlusses siehe ausführlich **Ewelt-Knauer** (2010), S. 39 ff.

103 Zu objektivierten Regeln und intersubjektiver Nachprüfbarkeit grundsätzlich vgl. **Marx**, FR 2013, S. 971.

vermehrt in der Literatur thematisiert wurde[105]. Im Kern behandeln die verschiedenen Konzepte einer Sozialberichterstattung die quantitative und qualitative Berichterstattung über die Auswirkungen unternehmerischen Handelns auf die Gesellschaft, da diese durch die traditionelle externe Unternehmensberichterstattung nur unzulänglich erfasst würden[106]. Ende der 1970er Jahre wurde ebenfalls die Unzulänglichkeit hinsichtlich ökologischer Auswirkungen als Grund für die Entwicklung einer ökologischen Berichterstattung angeführt[107]. Die Berichterstattung über soziale und ökologische Auswirkungen in Sozial- oder Umweltberichten ist wiederum Teilmenge[108] der in der Analyse betrachteten nichtfinanzi-

---

104 In der Literatur wird zumeist der Begriff der „Sozialbilanz" verwendet, siehe z.b. **Müller-Christ** (2001), S. 367 und weitere in Fn. 105, wenngleich der Begriff der „Bilanz" im Kontext der meisten Ansätze der sozialen und ökologischen Berichterstattung unzutreffend ist, siehe z.b. **Haarlaender** (1978), S. 289. Zum Begriff der Bilanz siehe z.b. **Kosiol** (1999), S. 27 f. Die im Rahmen dieser Arbeit vorgenommene Abkehr vom Bilanzbegriff (Sozialbilanz, Ökobilanz) hin zur „Berichterstattung" ist vor diesem Hintergrund explizit vorgenommen worden. So auch im Kontext der Sozialberichterstattung **Leipert** (1978), S. 232 f.

105 Siehe z.B. **Dierkes** (1974), S. 18 f.; **von Wysocki** (1981), S. 2 f.; **Wenkebach** (1979), S. 16 ff.; **Welbergen**, ZfB 1978, S. 610 f.; **Eichhorn** (1978), S. 77, 81; **Leipert** (1978), S. 145 und **Zapf** (1976), S. 37 die jedoch beide bewusst die Begriffe der „gesellschaftlichen *Berichterstattung*" bzw. „Sozial*berichterstattung*" wählen. Vgl. auch **Burschel/Losen/Wiendl** (2004), S. 548 und **Azuma** (2007) m.w.N.

106 Zur Unzulänglichkeit siehe z.B. **Pieroth** (1978), S. 8 und **von Wysocki** (1978), S. 15. Zu den verschiedenen Ansätze siehe **von Wysocki** (1981), S. 67 ff.

107 Vgl. **Müller-Wenk** (1978), S. 10 ff.; **Lamson** (1973), S. 230 ff. zur Erweiterung der Sozialberichterstattung um ökologische Auswirkungen; auch **Ziehm** (1978), S. 116 erweitert die Sozialberichterstattung um „Verpflichtungen gegenüber der Gesellschaft aus Umweltbelastungen (…)"; *Müller-Wenk* gilt auf dem Gebiet der ökologischen Berichterstattung als Pionier mit dem Konzept seiner ökologischen Buchhaltung, vgl. z.B. **Hallay/Osterod** (1990), S. 9 und **Pfriem** (1992), S. 55, bzw. wird ihm eine „Sonderstellung" eingeräumt, **Müller-Christ** (2001), S. 371. Zu einem Überblick verschiedener Konzeptionen einer ökologischen Berichterstattung siehe z.B. **Wagner** (1992), S. 5 ff.

108 Es ist zwar keine vollumfängliche ökologische Buchführung in die Berichterstattung nach den G4 übernommen worden, wie sie *Müller-Wenk* vorstellte, vgl. einleitend **Müller-Wenk** (1978), S. 17, aber die G4 enthalten Grundgedanken der Sozial- und Umweltberichterstattung, siehe z.B. Fn. 682 und 693, und konkretisieren die inhaltlichen Anforderungen. Siehe auch **Herzig/Schaltegger** (2007), S. 583.

ellen Berichterstattung, welche den Unzulänglichkeiten der Finanzberichterstattung entgegnen soll[109].

3.2 Standardsetzer und Standards

A4S und das IIRC

Das „Prince's Accounting for Sustainability Project", kurz A4S[110], wurde im Jahr 2004 gegründet und machte es sich zur Aufgabe, Nachhaltigkeit in die Entscheidungsprozesse der Unternehmungen zu implementieren, u.a. durch einen Standard zur integrierten Berichterstattung[111]. Der im Jahr 2009 veröffentlichte Standard „Connected Reporting: A Practical guide with worked examples"[112] beschreibt die kombinierte Finanz- und nichtfinanzielle Berichterstattung sehr abstrakt und gibt keinerlei Hinweise die konkrete Berichterstattung betreffend[113]. Das Projekt wurde indes nach Veröffentlichung des Standards nicht weiter verfolgt. Stattdessen wurde von dem Gründer des A4S die Gründung eines weiteren, in der Literatur in jüngster Zeit häufig diskutierten[114], Projekts initiiert, das „International Integrated Reporting Committee", kurz IIRC, welches sich im Jahr 2011 in das „International Integrated Reporting Council" umbenannte[115]. Die Aufgabe des A4S fortführend veröffentlichte das IIRC den Standard „The International <IR> Framework" (im Folgenden: IR-Framework), „<IR>" für den

---

109 Zur Unzulänglichkeit siehe z.B. **Krzus**, IRZ 2011, S. 275 und **Dolderer/Rieth/Schmidt**, in: Baetge/Wollmert/Kirsch/Oser/Bischof, Kap. XI Tz. 377 (2014).
110 Gründer des Projekts ist der Thronfolger des Vereinigten Königreiches, *Charles Philip Arthur George*, vgl. **Fries/McCulloch/Webster** (2010), S. 30.
111 Vgl. **Haller/Zellner**, KoR 2011, S. 523 i.V.m. **A4S** (2014), abrufbar unter http://www.accountingforsustainability.org.
112 Siehe **A4S** (2009), abrufbar unter http://www.accountingforsustainability.org.
113 Siehe z.B. die abstrakte Vorgabe, Leistungsindikatoren zu benennen, **A4S**, abrufbar unter http://www.accountingforsustainability.org, S. 6, ohne jedoch inhaltlich auf einen einzigen Leistungsindikator einzugehen. Zutreffend wurde das vorherige Diskussionspapier bereits als „Minimalstandardisierung" bezeichnet, **Schmidt**, IRZ 2012, S. 138.
114 Siehe z.B. **Behncke/Hoffmann/Wulf**, BB 2012, S. 3063 ff.; **Haller/Fuhrmann**, KoR 2012, S. 461 ff.; **Nolden/Richter**, WPg 2012, S. 978 ff.; **Beyhs/Barth**, WPg 2011, S. 2857 ff.; **Haller/Zellner**, DB 2013, S. 1125 ff.; **Maniora**, KoR 2013, S. 360 ff.; **Berndt/Bilolo/Müller**, BB 2014, S. 363 ff.; **Kajüter**, DStR 2014, S. 222 ff.; **Bohn/Ratzinger-Sakel**, WPg 2014, S. 881 ff.; **Simon-Heckroth**, WPg 2014, S. 311 ff.
115 Vgl. **IASB** (2013), abrufbar unter http://www.ifrs.org, S. 3; **Schmidt** (2012), S. 3. An der Gründung waren IASB, FASB, GRI und internationale Großunternehmen beteiligt, vgl. **Slotta**, KoR 2012, S. 302.

integrierten Bericht stehend, im Jahr 2013[116]. Analog zum Standard des A4S enthält das IR-Framework keine konkreten inhaltlichen Vorgaben, wie z.B. zu Leistungsindikatoren[117]. Hierfür enthält der Standard einerseits Prinzipien und andererseits einen Fragenkatalog[118]. Aufgrund fehlender inhaltlicher Vorgaben – die Prinzipienorientierung und der Fragenkatalog werden nicht als hinreichend konkret angesehen – wird das IR-Framework im Folgenden lediglich als Form der Berichterstattung gesehen, nämlich der verknüpften Finanzberichterstattung mit der nichtfinanziellen Berichterstattung[119].

GRI

Die 1997 gegründete „Global Reporting Initiative", kurz GRI[120], veröffentlichte ihren ersten Standard, die „Guidelines", im Jahr 2000[121]. Proklamiertes Ziel der GRI ist es, die Berichterstattung über nichtfinanzielle Informationen als Standard für alle Unternehmungen und andere Organisationsformen zu etablieren[122]. Mittlerweile in der vierten Version, veröffentlichte die GRI ihre sog. G4 (die

---

116 Siehe **IIRC** (2013), abrufbar unter http://www.theiirc.org.
117 Zur nunmehr expliziten Negierung konkreter Vorgaben siehe **IIRC** (2013), abrufbar unter http://www.theiirc.org, S. 4. Diese Tatsache hat die GRI dazu veranlasst, an einem Leitfaden zur Integration der G4 in das IR-Framework zu arbeiten, vgl. **GRI** (2014c), abrufbar unter http://www.globalreporting.org.
118 Vgl. **IIRC** (2013), abrufbar unter http://www.theiirc.org, S. 24-32.
119 Teils wird aus diesem Grund kritisiert, dass durch das IIRC der „dritte Schritt vor dem zweiten" vollzogen wird, **Braun/Poppe** (2011), S. 28. Die Interpretation des IR-Framework als „Soll-Objekt" anzweifelnd vgl. auch **Nolden/Richter**, WPg 2012, S. 984. Auch wird der Vorläufer des Frameworks bereits als „vage" bezeichnet, **Beyhs/Barth**, DB 2011, S. 2862 und **Nolden/Richter**, WPg 2012, S. 984. Teils wird auch ein „riesiger Spannungsbogen" mangels Konkretisierung gesehen, **Haller/Zellner**, DB 2013, S. 1127. **Haller/Zellner** bezeichnen das IR-Framework daher auch nur als „Basis" für Konkretisierungen, **Haller/Zellner**, DB 2014, S. 258. Siehe auch **Maniora**, KoR 2013, S. 369 und **Kajüter**, DStR 2014, S. 225.
120 Die GRI wurde durch „CERES", ein Netzwerk welches sich mit Nachhaltigkeitsthemen beschäftigt, und „UNEP", dem Umweltprogramm der Vereinten Nationen, gegründet, vgl. **Eiselt/Kaspereit**, KoR 2010, S. 380. Seit 2002 firmiert die GRI als Stiftung niederländischen Rechts, vgl. **Haller/Ernstberger**, BB 2006, S. 2517 i.V.m. **GRI** (2014b), abrufbar unter http://www.globalreporting.org. Nach eigenen Angaben werden die Standards im Rahmen eines globalen Dialogprozesses verschiedener Stakeholder (Unternehmensvertreter, Anleger, Arbeitgeber- und Arbeitnehmervertretungen, Zivilgesellschaft, Wirtschaftsprüfer, Wissenschaft und andere) erarbeitet, vgl. **Lackmann** (2010), S. 41 i.V.m. **GRI** (2013a), S. 5.
121 Vgl. **Eccles/Krzus** (2010), S. 102 und **Günther/Hoppe**, WiSt 2008, S. 507.
122 Vgl. **GRI** (2014a), abrufbar unter http://www.globalreporting.org.

vierte (*4*) Version der „*G*uidelines") im Jahr 2013[123]. Neben Prinzipien und grundlegenden Informationsanforderungen enthalten die Standards der GRI als wesentlichen Inhalt Leistungsindikatoren betreffend die ökonomischen, ökologischen und sozialen Auswirkungen der Geschäftstätigkeit einer Unternehmung, sowohl auf Ebene der berichterstattenden Unternehmung als auch auf Ebene vor- und nachgelagerter Unternehmungen sowie auf Ebene von Haushalten. In ihrer Breitenwirkung sind die Standards der GRI führend: Wie die Analyse zeigen wird, sind nahezu sämtliche nichtfinanziellen Berichte der DAX-30-Unternehmungen nach den Standards der GRI aufgestellt. Auch eine Studie der KPMG aus dem Jahr 2013 zeigt, dass 82 % der von den 250 weltweit umsatzstärksten Unternehmungen aufgestellten Berichte über nichtfinanzielle Auswirkungen nach den Standards der GRI aufgestellt worden sind[124]. Die im Mittelpunkt der GRI stehenden Leistungsindikatoren wurden als Soll-Objekt für die Analyse im Hauptteil der vorliegenden Arbeit ausgewählt[125].

---

123 Vgl. **GRI** (2013a) und **GRI** (2013b).
124 Vgl. **KPMG** (2013a), S. 31. Tendenz steigend: Die gleiche Studie der KPMG aus dem Jahr 2011 kam noch zu dem Ergebnis, dass 80 % der Unternehmungen die GRI-Standards anwenden, vgl. **KPMG** (2011), S. 20.
125 Zur Begründung siehe Abschnitt C.1.1. Ebenfalls als Mittelpunkt ansehend vgl. z.B. **Hoffmann** (2011), S. 71 und **Rieth** (2009), S. 227.

WRI/WBCSD

Die 1997 gegründete Partnerschaft aus „World Resources Institute" (WRI)[126] und „World Business Council for Sustainable Development" (WBCSD)[127] veröffentlicht seit 2001 Standards zur unternehmerischen Berichterstattung über Treibhausgasemissionen[128]. Der Standard zur Berichterstattung über unternehmerisch veranlasste Treibhausgasemissionen, „A Corporate Accounting and Reporting Standard"[129] (im Folgenden: GHG Protocol), wurde 2004 veröffentlicht und zuletzt 2013 durch einen Nachtrag zur Aufnahme der chemischen Verbindung Stickstofftrifluorid geändert[130]. Neben dem GHG Protocol existiert ein weiterer für die vorliegende Arbeit relevanter Standard, der Treibhausgasemissionen auf Ebene vor- und nachgelagerter Unternehmungen sowie auf Ebene von Haushalten behandelt, der 2011 veröffentlichte „Corporate Value Chain (Scope 3) Accounting and Reporting Standard"[131] (im Folgenden: Scope-3-Standard). Wie die Analyse zeigen wird, basieren die Vorgaben der GRI-Standards im Bereich der Treibhausgasemissionen auf den zuvor genannten Standards und verweisen ferner bei Zweifelsfragen auf diese. Auch über den Einbezug in die GRI-Standards hinaus ist das GHG Protocol weitverbreitet[132].

---

126 Das WRI, eine gemeinnützige Organisation, ist nach eigenen Angaben eine Umwelt-Expertenkommission mit der Absicht, die Erde zu schützen und die Lebensbedingungen der Menschen zu verbessern, vgl. **WRI/WBCSD** (2014b), abrufbar unter http://www.ghgprotocol.org.
127 Der WBCSD ist ein Zusammenschluss von 200 internationalen Unternehmensvorständen mit dem Ziel, wirtschaftlichen Fortschritt mit sozialem Fortschritt und ökologischer Balance zu vereinen, vgl. **WRI/WBCSD** (2014b), abrufbar unter http://www.ghgprotocol.org.
128 Vgl. **WRI/WBCSD** (2014a), abrufbar unter http://www.ghgprotocol.org.
129 **WRI/WBCSD** (2004).
130 **WRI/WBCSD** (2013).
131 **WRI/WBCSD** (2011).
132 Vgl. **BMU** (2012), S. 19.

ISO

Die ISO[133], eine internationale Organisation zur Erarbeitung von Normen in verschiedensten Bereichen, veröffentlichte den im Rahmen dieser Arbeit relevanten Standard 14064[134] im Jahr 2006, der die Berichterstattung über unternehmerisch veranlasste Treibhausgasemissionen behandelt. Inhaltlich kann der ISO-Standard lediglich als komprimierte Wiedergabe des GHG Protocol interpretiert werden, bei Zweifelsfragen wird ferner auf das GHG Protocol verwiesen[135]. Auch enthalten die GRI-Standards keinen Verweis auf den ISO-Standard, sondern wie bereits ausgeführt auf das GHG Protocol[136]. Dennoch ist der Verweis auf den ISO-Standard innerhalb der Analyse nützlich, denn die Analyse der G4 (die wiederum in Teilen auf dem GHG Protocol und dem Scope-3-Standard aufbauen, welche wiederum Grundlage für den ISO-Standard sind) ist zugleich eine Analyse des ISO-Standards[137]. Die Ausführungen der Analyse können demnach unmittelbar auf den ISO-Standard übertragen werden.

3.3 Rechtliche Rahmenbedingungen

3.3.1 Handelsrecht

Im Rahmen der handelsrechtlichen Rechnungslegung sind bereits de lege lata nichtfinanzielle Informationen unter Umständen berichtspflichtig. Gemäß § 289 Abs. 3 HGB müssen große Kapitalgesellschaften i.S.d. § 267 Abs. 3 HGB die bedeutsamsten nichtfinanziellen Leistungsindikatoren unter Bezugnahme auf die im Jahresabschluss ausgewiesenen Beträge und Angaben, beispielhaft werden Umwelt- und Arbeitnehmerbelange genannt[138], im Lagebericht zum Jahresab-

---

133 Die gemeinnützige International Organization for Standardization (ISO) mit Sitz in Genf wurde 1946 gegründet und befasste sich ursprünglich nur mit der Erarbeitung von technischen Standards, die in einer voranschreitend globalisierten Wirtschaft als notwendig erachtet wurden, vgl. **Murphy/Yates** (2009), S. 1, 11.
134 **ISO** 14064-1 (2006), **ISO** 14064-2 (2006) und **ISO** 14064-3 (2006).
135 Vgl. **ISO** 14064-1 (2006), S. VI. So verwundert es nicht, dass das GHG Protocol mehr Anwendung findet als der ISO-Standard, siehe **Henderson-Sellers/McGuffie** (2012), S. 40.
136 Als Begründung hierfür wurde im Rahmen der erstmaligen Vorstellung der G4 im Mai 2013 in Amsterdam, bei der der Autor zu Gast war, mündlich auf Nachfrage angeführt, dass nur frei verfügbare Quellen Eingang in die GRI-Standards finden würden. Die Standards der ISO hingegen sind kostenpflichtig, vgl. **Murphy/Yates** (2009), S. 42 f.
137 Siehe Fn. 646.
138 Aus der Gesetzesbegründung ergibt sich, dass ökologische und soziale Bezüge stärker in die Berichterstattung einbezogen werden sollten, vgl. BT-Drs. 15/3419, S. 30. Die Aufzählung ist fer-

schluss erläutern, soweit sie für das Verständnis des Geschäftsverlaufs (einschließlich des Geschäftsergebnisses[139]) oder der Lage von Bedeutung sind. Entsprechendes gilt für den Konzernlagebericht gemäß § 315 Abs. 1 S. 4 HGB. Der Begriff der nichtfinanziellen Leistungsindikatoren ist sehr weit gefasst und kann sich weiter z.B. auf Fluktuation der Belegschaft, Aus- und Weiterbildung, Gesundheits- und Arbeitsschutz, Kundenzufriedenheit, Sponsoring und andere karitative Zuwendungen, oder beschlossene Umweltschutzprogramme beziehen[140]. Ähnliche Beispiele werden auch in DRS 20.107 genannt[141].

Berichtspflichtig sind die nichtfinanziellen Informationen wie bereits erwähnt dann, wenn sie für das Verständnis des Geschäftsverlaufs (einschließlich des Geschäftsergebnisses) oder der Lage von Bedeutung sind[142]. Dies soll immer dann der Fall sein, wenn sie kapitalmarktrelevant sind, für die Adressaten Entscheidungsrelevanz besitzen oder zur internen Steuerung herangezogen werden[143].

---

ner nicht als abschließend zu interpretieren, vgl. BT-Drs. 15/3419, S. 31. Die Gesetzesbegründung verweist zu Anhaltspunkten hinsichtlich der Berichterstattung über Umweltbelange auf eine Empfehlung der Kommission, welche wiederum als besonders relevant „in absoluten Zahlen ausgedrückte quantitative Angaben über Emissionen und Energie-, Material- und Wasserverbrauch in der Berichtsperiode, jeweils mit Vergleichswerten (…) vorzugsweise in physikalischen Einheiten" nennt, vgl. BT-Drs. 15/3419, S. 31 i.V.m. Empfehlung 2001/453/EG, S. 40. Derartige physikalische quantitative Angaben werden durch die G4 konkretisiert und standardisiert.

139 So Art. 46 Abs. 1 lit. b) der Richtlinie 78/660/EWG.
140 Vgl. **Grottel**, in: Förschle/Grottel/Schmidt/Winkeljohann (2014), § 289 Rz. 101-106.
141 Ferner wird gem. DRS 20.110 darauf hingewiesen, dass Anhaltspunkte für die Berichterstattung in allgemein anerkannten Rahmenkonzepten gefunden werden können. Der Entwurf zum DRS 20 hingegen enthielt noch einen konkreten Verweis auf die Richtlinien der GRI in E-DRS 27.112, siehe auch **Lackmann/Stich**, KoR 2013, S. 237.
142 Gemäß DRS 20.11 bezieht sich der Geschäftsverlauf dabei auf den vergangenen Berichtszeitraum, und das Geschäftsergebnis auf das Jahresergebnis der Gewinn- und Verlustrechnung. Die Lage der Gesellschaft ist abschlussstichtagsbezogen zu interpretieren, vgl. **Grottel**, in: Förschle/Grottel/Schmidt/Winkeljohann (2014), § 289 Rz. 17.
143 Vgl. **Grottel**, in: Förschle/Grottel/Schmidt/Winkeljohann (2014), § 289 Rz. 107. Im Ergebnis übereinstimmend mit DRS 20.108, wonach als Tatbestandsmerkmale die Verwendung zur internen Steuerung und Wesentlichkeit für Adressaten angeführt werden. Die sehr abstrakte Formulierung dürfte hierbei wesentliche Ermessensspielräume eröffnen. Diese Tatsache wird u.a. als Grund für die große Bedeutung einer Prüfung des Lageberichts angeführt, vgl. z.B. **Fink/Kajüter/Winkeljohann** (2013), S. 287 und **Lackmann/Stich**, KoR 2013, S. 238.

3.3.2 Unionsrecht

Über die bereits beschriebenen handelsrechtlichen Rahmenbedingungen hinaus ist die am 15.11.2014 veröffentlichte Richtlinie 2014/95/EU von Bedeutung für die Berichterstattung über nichtfinanzielle Informationen[144]. Mit Wirkung für Unternehmungen von öffentlichem Interesse mit mehr als 500 Arbeitnehmern regelt die Richtlinie, dass der Lagebericht bzw. Konzernlagebericht ein „non-financial statement" enthalten muss[145]. Innerhalb der Grenzen eines „Comply-or-Explain"-Ansatzes sind innerhalb des „non-financial statement" unter anderem Unternehmenspolitiken, Risiken und Leistungsindikatoren hinsichtlich nichtfinanzieller Informationen zu berichten[146]. Nach Einschätzung der Kommission sind von der Berichterstattungspflicht ca. 6.000 Unternehmungen betroffen[147]. Bezüglich der Leistungsindikatoren verweist die Richtlinie dabei unter anderem explizit auf die Richtlinien der GRI und die dort aufgeführten Leis-

---

144 Richtlinie 2014/95/EU. Die Richtlinie wurde am 16. April 2013 von der Europäischen Kommission vorgeschlagen, die Zustimmung des Europäischen Parlaments erfolgte am 15. April 2014, vgl. **Böhm**, EuZW 2014, S. 445 i.V.m. **Europäische Kommission** (2014a), abrufbar unter http://europa.eu; die Zustimmung des Europäischen Rates erfolgte am 29. September 2014, vgl. **Europäische Kommission** (2014b), abrufbar unter http://europa.eu, S. 1. In der kurzen Zeitspanne zwischen der erstmaligen Veröffentlichung des Vorschlags und der bereits ein Jahr später vorliegenden Zustimmung des Parlaments wird der hohe Stellenwert für (unionsrechtliche) Regulierungen in diesem Bereich gesehen, vgl. **Hillmer**, KoR 2014, S. 284. Motiviert wird die Kommission dadurch, dass sie unternehmerisch verantwortungsvolles Handeln als zunehmenden Erfolgsfaktor für die Wettbewerbsfähigkeit europäischer Unternehmungen ansieht, vgl. **Europäische Kommission** (2011), S. 3. Grundlegend bekennt sich die EU bereits im EU-Arbeitsweisevertrag, Art. 191 Abs. 1, zur Erhaltung der Umwelt und zum Schutz der menschlichen Gesundheit, insbesondere auch zur Bekämpfung des Klimawandels; vgl. auch **Ankele** (1992), S. 84 zum vorherigen Pendant im EG-Vertrag. Durch die Berichterstattung, so die Kommission, würden wesentliche soziale und ökologische Risiken unternehmerischen Handelns identifiziert werden können, vgl. **Europäische Kommission** (2011), S. 11. Um ein europäisches „Level-playing-field" zu schaffen, kündigte die Kommission bereits 2011 den Richtlinienvorschlag 2013/0110 an, vgl. **Europäische Kommission** (2011), S. 12.

145 Vgl. Art. 1 Abs. 1 Nr. 1 der Richtlinie 2014/95/EU i.V.m. **Europäische Kommission** (2014c), abrufbar unter http://www.europaparl.europa.eu, S. 328 f. und 336 f.; ursprünglich bezog sich der Vorschlag auf alle Unternehmungen mit mehr als 500 Mitarbeitern und einer Bilanzsumme von über 20 Mio. EUR oder Umsatzerlösen von über 40 Mio. EUR, vgl. Art. 1 Abs. 1 lit. a) und b) des Richtlinienvorschlags 2013/0110.

146 Vgl. Art. 1 Abs. 1 Nr. 1 lit. b), d) und e) der Richtlinie 2014/95/EU.

147 Vgl. **Europäische Kommission** (2014a), abrufbar unter http://europa.eu.

tungsindikatoren, die im Rahmen der Analyse dieser Arbeit untersucht werden[148].

3.3.3 Weitere regulatorische Entwicklungen

Die Berichterstattung über nichtfinanzielle Informationen wird zunehmend reguliert. Schwedens Unternehmungen in Staatsbesitz sind seit dem 1. Januar 2008 dazu verpflichtet, jährlich Berichte nach den GRI-Standards zu veröffentlichen[149]. In Dänemark sind Unternehmungen der Berichtsklasse C und D seit 1. Januar 2009 dazu verpflichtet, nichtfinanzielle Informationen in den Jahresabschluss zu integrieren[150]. Frankreich verpflichtet alle Unternehmungen mit mehr als 500 Arbeitnehmern beginnend mit dem Stichtag 31.12.2013 dazu, im Rahmen eines „Comply-or-Explain"-Ansatzes zu 42 Themengebieten zu berichten, die soziale und ökologische Aspekte betreffen[151]. Auch abseits politischer Entwicklungen sind Absichten zur Regulierung zu erkennen: Die Johannesburger Börse verpflichtete beginnend mit dem 1. März 2010 mehr als 450 dort gelistete Unternehmungen zur Veröffentlichung von Integrierten Berichten[152]. Auch die zunehmende Anzahl Indizes, die neben ökonomischen auch ökologische und soziale Aspekte zur Auslese der Unternehmungen berücksichtigen, zeigt das steigende Bedürfnis der Eigenkapitalgeber nach nichtfinanziellen Informationen[153].

---

148 „(…) the Global Reporting Initiative, or other recognised international frameworks", **Europäische Kommission** (2014c), abrufbar unter http://www.europaparl.europa.eu, S. 320. Dass die Global Reporting Initiative der Standardsetzer ist, und nicht der Standard, scheint die Europäische Kommission in der Formulierung nicht zu berücksichtigen. Andererseits zeigt die Aufnahme der GRI-Richtlinien, dass die Kommission sich der Bedeutung der GRI-Richtlinien bewusst ist.
149 Vgl. Borglund/Frostenson/Windell (2010), S. 9.
150 Vgl. **Danish Business Authority** (2013), S. 29. Dies betrifft Unternehmungen, die zwei der drei Größenkriterien (19,2 Mio. EUR Bilanzsumme, 38,3 Mio. EUR Umsatzerlöse, 250 Vollzeitbeschäftigte) überschreiten, vgl. **Danish Business Authority** (2013), S. 29. Die GRI-Guidelines werden dabei zunehmend zur Berichterstattung herangezogen, so stieg der Anteil von 9 % in 2009 auf 25 % in 2011, vgl. **Danish Business Authority** (2013), S. 10.
151 Vgl. **KPMG** (2013b), S. 31.
152 Wiederum im Rahmen eines „Comply-or-Explain"-Ansatzes, vgl. **Krzus**, IRZ 2011, S. 273.
153 Zu Indizes siehe z.B. die FTSE4GOOD-Reihe, Dow Jones Sustainability Indizes, STOXX ESG Leaders und Sustainability Indizes; vgl. auch **Baetge/Schmidt**, IRZ 2010, S. 293, **Clausen/Loew** (2007), S. 616, **Ballou/Heitger/Landes**, JAC 2006, S. 65, **Beiersdorf/Schwedler** (2012), S. 54 und **Nietsch/Weiffenbach**, OrganisationsEntwicklung 2011, S. 68. Zum Bedürfnis der Investoren siehe z.B. **Bassen**, CFB 2011, Editorial Heft 6; **Gebauer/Glahe** (2011), S. 4;

3.4 Adressaten und Zweck der Berichterstattung

Die Schutzfunktion der Berichterstattung bedingt die Bestimmung von Adressaten, denn: „Ohne einen wohldefinierten Adressaten ist keine sinnvolle Rechenschaft denkbar"[154]. Der im Vordergrund der Arbeit stehende Zweck der Berichterstattung, die Vermittlung von entscheidungsnützlichen Informationen zum Schutze der Eigenkapitalgeber, impliziert bereits den Eigenkapitalgeber als Adressaten[155]. Aus dem Kreis der Kapitalgeber werden die Fremdkapitalgeber aus zwei Gründen ausgenommen: Zunächst dürfte angenommen werden, dass sie aufgrund der Fristigkeit der überlassenen Mittel im Vergleich zu Eigenkapitalgebern eine vergleichsweise kürzere Perspektive einnehmen. Der zweite Grund wird zugleich als Begründung für die Fokussierung auf Eigenkapitalgeber gegenüber anderen Stakeholdern herangezogen[156]: Es wird davon ausgegangen, dass ein Eigenkapitalgeber an der langfristigen Nutzenmaximierung aus seiner Investition interessiert ist und folglich danach strebt, höchstmögliche Zahlungsmittelrückflüsse aus der Eigenkapitalhingabe bezogen auf die Totalperiode der Unternehmung zu generieren[157]. Aus der langfristigen Perspektive ergibt sich,

---

Hillmer, KoR 2011, S. 435; **Isaac-Kesseli/Ziltener**, ST 2012, S. 458; **Krzus**, IRZ 2011, S. 274; **Riedel**, Polit. Ökol. 2008, S. 48. Seitens der Unternehmungen wird das verstärkte Interesse wahrgenommen: So erwarten laut einer Umfrage von Deloitte 61 % der befragten 250 Finanzvorstände, dass ihr Engagement im Bereich Nachhaltigkeit in den nächsten zwei Jahren zunehmen wird, vgl. **Deloitte** (2012), abrufbar unter http://www.deloitte.com, S. 1.

154 **Moxter**, in: FS Leffson (1976), S. 94. Weiterhin führt *Moxter* aus, dass für ihn adressatenneutrale und sinnentleerte Rechenschaft gleichzusetzen sind, vgl. **Moxter**, in: FS Leffson (1976), S. 95.

155 In der Literatur werden auch Ansätze vertreten, die als primären Zweck die „Konkretisierung des unternehmerischen Verantwortungsbewusstseins" und als Adressat „interne und externe Anspruchsgruppen" formulieren, so **Müller/Stawinoga**, Stbg 2013, S. 463. Der Nutzen einer derartigen Zweck- und Adressatensetzung erschließt sich nicht.

156 Die Argumentation kann schließlich auf die Konvergenz der Interessen von Stakeholdern und Shareholdern als Teilmenge der Stakeholder zurückgeführt werden: „since shareholders are stakeholders, and (...) stakeholder interests have to move in the same general direction over time", **Freeman**, zfwu 2004, S. 231. Siehe auch *Slater/Gilbert*, „Good investors understand that the fate of the companies they own is tied to the nature of the relationships these companies have with other stakeholders", **Slater/Gilbert**, EQM 2004, S. 45.

157 Zur Bewertung der Zahlungsmittelrückflüsse können u.a. Discounted-Cash-Flow-Methoden verwendet werden, die auf Grundlage des Kapitalwertkalküls die erwarteten Zahlungsmittelrückflüsse diskontieren, siehe zu einem hervorragenden Überblick z.B. **Braun** (2004), S. 55 ff. m.w.N.

dass auch langfristige Konsequenzen aus dem unternehmerischen Handeln berücksichtigt werden müssen. Die kurz- oder mittelfristige Erzielung hoher Zahlungsmittelrückflüsse, die langfristig Zahlungsmittelrückflüsse gefährden, wie z.B. durch die Ausbeutung von erschöpflichen Ressourcen (langfristig: Erschöpfung der Ressourcen, Reputationsschäden), die Beschäftigung von Kindern (langfristig: Reputationsschäden) oder die Produktion in Verbindung mit hohen Treibhausgasemissionen (langfristig: Risiken aus dem Klimawandel, Reputationsschäden) widerspräche dieser Auffassung. Es wird angenommen, dass durch Bereitstellung adäquater nichtfinanzieller Informationen Handlungsgrundlagen geschaffen werden können, um langfristige Konsequenzen aus sozialen und ökologischen Auswirkungen unternehmerischen Handelns in Entscheidungen zu berücksichtigen[158]. Insofern kann durch Information der Eigenkapitalgeber implizit das Ziel verfolgt werden, weitere Stakeholderinteressen zu wahren, da Eigenkapitalgeber im Interesse der Stakeholder handeln sollten, um langfristig Zahlungsmittelrückflüsse sicherzustellen[159].

Dass die langfristige Sicherung von Zahlungsmittelrückflüssen nicht durch ausschließliche Beachtung von finanziellen Informationen gewahrt wird, kann auch durch den pagatorischen Kostenbegriff erklärt werden. Demnach werden Sachverhalte durch Zahlungsmitteleingänge und Zahlungsmittelausgänge bewertet und erfasst[160]. Der Jahresüberschuss bzw. Jahresfehlbetrag als zentrale Informationsgröße der handelsrechtlichen Rechnungslegung kann somit nur vor dem Hintergrund seiner Definition interpretiert werden, nämlich im Wesentlichen als Ergebnis gegenwärtiger bzw. antizipierter künftiger pagatorischer Sachverhal-

---

158 Zum Interesse der Eigenkapitalgeber an ökologischen und sozialen Risiken, die sich potentiell auf die künftige Ertragslage auswirken, vgl. z.B. **Burschel/Losen/Wiendl** (2004). Zur Berücksichtigung von nichtfinanziellen Informationen in Entscheidungsprozessen siehe auch **Roloff**, KoR 2014, S. 205 und **Haller/Schnabel/Koch**, DB 2014, S. 2545. Zum Umweltschutz als „Erlösfaktor" siehe auch **Förschle**, in: HWRP (2002), Sp. 2374.
159 Vgl. **Dolderer/Rieth/Schmidt**, in: Baetge/Wollmert/Kirsch/Oser/Bischof, Kap. XI Tz. 10 (2014) und **Simon-Heckroth**, WPg 2014, S. 312. Dies kann auch als Chance für den Kapitalmarkt gesehen werden: Unternehmungen, die ceteris paribus schwerwiegendere negative soziale und ökologische Auswirkungen verursachen, könnten mit höheren Risikoprämien belastet werden, vgl. **Kuhndt/Tuncer/Snorre Andersen/Liedtke** (2003), S. 40. Die dargestellte Orientierung kann auch auf die Erhaltung der „license-to-operate" zurückgeführt werden, Zitat siehe **Wieland** (2005), S 11. Zur Legitimation gegenüber der Öffentlichkeit siehe auch **Daub** (2008), S. 84.
160 Vgl. **Zimmermann** (1998), S. 13.

te[161]. Ökologische und soziale Auswirkungen ohne Veränderung der Zahlungsmittel finden demnach in der gegenwärtigen Berichterstattung keine Berücksichtigung[162]. Die sachgerechte Ermittlung von Erfolgsgrößen, die der Unternehmung ohne die Selbsterhaltung zu gefährden entzogen werden können[163], hängt insoweit auch davon ab, dass ökologische und soziale Auswirkungen nicht in späteren Perioden – entgegen vorheriger Erwartungen – zahlungswirksam werden[164].

4 Grundlagen der betriebswirtschaftlichen Prüfung

4.1 Historie und Zweck der betriebswirtschaftlichen Prüfung

Erste Prüfzeichen, die Prüfung als solche motiviert durch die Sicherung des Abgabenaufkommens und das Handeln im Sinne des Auftraggebers bei der Trennung von Verfügungsmacht und Eigentum, finden sich bereits u.a. auf Abrechnungen im alten Ägypten[165]. Die betriebswirtschaftliche Prüfung mit dem Gegenstand der Prüfung von betriebswirtschaftlichen Sachverhalten[166] ist ein komplexer Vorgang zahlreicher z.T. iterativer Vergleiche von Soll- und Ist-Objekten, die mit der Beurteilung ggf. vorliegender Abweichungen zu einem Gesamturteil aggregiert werden[167]. Die Notwendigkeit solcher Prüfungen ergibt

---

161 Zur Grenze der Interpretation des Periodenerfolgs und der Bedeutung des Periodenerfolgs siehe Abschnitt B.2.2.2. „Im Wesentlichen" soll an dieser Stelle darauf hinweisen, dass auch nicht pagatorische Vorgänge, wie z.B. Abschreibungen, Gegenstand der handelsrechtlichen Rechnungslegung sind und den Periodenerfolg somit beeinflussen.

162 Dies scheint die Europäische Kommission erkannt zu haben, da sie an einem Finanzsystem arbeitet, welches nicht nur stabil ist, sondern auch „nachhaltiges" Wirtschaftswachstum fördern soll, vgl. **Europäische Kommission** (2010), S. 6.

163 Zum handelsrechtlichen Ziel der Ermittlung jener Erfolgsgrößen siehe z.B. **Marx/Dallmann**, Stbg 2010, S. 453.

164 Zwar nicht auf soziale und ökologische Auswirkungen konkret bezogen, aber grundsätzlich als Anmerkung zum ausschüttungsfähigen Gewinn, dessen Verwendung mangels „besserer Maßstäbe" begründet sei, vgl. **Moxter** (1993), S. 73. Siehe auch Rieger, der nur den Totalgewinn als verlässlich ansieht und den ausgeschütteten Jahreserfolg als „Abschlagszahlungen auf den Totalgewinn" interpretiert und weiter ausführt, man lebe „vorerst nur in der geheimen Hoffnung, daß es auch wirklich Gewinn ist, was da ausgeschüttet wird", **Rieger** (1964), S. 220.

165 Vgl. **Loitlsberger**, in: HWRP (2002), Sp. 934; **Richter** (1997), S. 13 m.w.N.

166 Im Folgenden wird die betriebswirtschaftliche Prüfung grundsätzlich im Kontext der gesetzlichen Jahresabschlussprüfung bzw. Konzernabschlussprüfung gem. § 316 Abs. 1 und Abs. 2 HGB beschrieben.

167 Vgl. **von Wysocki** (1988), S. 9.

sich unter anderem aus der bereits im alten Ägypten gegebenen Trennung von Verfügungsmacht und Eigentum, wenngleich in anderer Form[168]. Die 1931 durch Notverordnung erlassene Pflichtprüfung für Aktiengesellschaften war als Reaktion auf Untreue und Bilanzverschleierungen durch Vorstände eingeführt worden[169]. Durch die Prüfung sollte das Vertrauen der Öffentlichkeit in die berichteten Informationen zurückgewonnen und somit ein Erliegen des Kapitalmarktes verhindert werden[170]. Das vertrauenswürdige Urteil unter Berücksichtigung der Wirtschaftlichkeit der Urteilsgewinnung ist das Formalziel der Prüfung[171]. Die Forderung nach Vertrauenswürdigkeit stellt dabei mannigfaltige Anforderungen an die Person des Prüfers sowie an den Prozess der Prüfung, die im Folgenden aufgezeigt werden[172].

4.2 Instrumente der Qualitätssicherung

4.2.1 Zugang zum Beruf und die Berufspflichten

Die Jahresabschlussprüfung bestimmter Unternehmungen ist als Vorbehaltsaufgabe gem. § 319 Abs. 1 S. 1 HGB ausschließlich Wirtschaftsprüfern gestattet[173]. Aus der Vorbehaltsaufgabe für Wirtschaftsprüfer und dem öffentlichen Interesse

---

168 Vgl. **Lück** (1991), S. 3.
169 Vgl. **Leffson** (1988), S. 4 f.; zuvor wurde bereits 1884 die Gründungsprüfung für Aktiengesellschaften vorgeschrieben, vgl. **Markus** (1996), S. 8. Der freie Beruf des Wirtschaftsprüfers (WP) wurde mit der Einführung der Pflichtprüfung für Aktiengesellschaften erschaffen, vgl. **Ludewig**, in: FS Baetge (2007), S. 992.
170 Vgl. **Ruhnke** (2000), S. 1. *Ewert* streitet der Rechnungslegung sogar ihre Wirkungen ab, wenn keine unabhängige Prüfung durchgeführt wird, vgl. **Ewert**, zfbf 1993, S. 717. Aufgrund vielfältiger Wirkungen der Rechnungslegung erscheint die Ablehnung jedoch zu undifferenziert.
171 Vgl. **Quick** (1996), S. 14; **Leffson** (1988), S. 8. Die Adressaten müssen auf die Aussagekraft des Urteils „vertrauen" können, vgl. **Velte**, WiSt 2011, S. 289. Können diese auf das Urteil nicht vertrauen, ist dieses für sie wertlos, vgl. **Quick**, in: FS Baetge (2007), S. 1131 und **Leffson** (1998), S. 61. Mithin wird die Qualität (hier: wahrgenommene Qualität aus Sicht der Adressaten) der Prüfung anhand der Vertrauenswürdigkeit beurteilt, vgl. **Marten/Maccari-Peukert/Ratzinger-Sakel**, WPg 2012, S. 968.
172 Zur Verknüpfung der Vertrauenswürdigkeit mit den Berufspflichten des Wirtschaftsprüfers vgl. z.B. **Lück** (1999), S. 32.
173 Siehe auch **Hopt/Merkt**, in: Baumbach/Hopt (2012), Einleitung, Rz. 4.

an dem Ergebnis der Prüfung ergibt sich die Notwendigkeit, bestimmte Normen festzulegen, die bei der Tätigkeit zu berücksichtigen sind[174].

Wesentliche Determinanten der Vertrauenswürdigkeit des Urteils sind Urteilsfähigkeit (fachliche Kompetenz) und Urteilsfreiheit des Prüfers sowie die sachgerechte Urteilsbildung[175]. Die fachliche Kompetenz wird eingangs, also mit Zulassung zum Wirtschaftsprüferexamen, durch die Vorbildungsvoraussetzungen, grundsätzlich eine abgeschlossene Hochschulausbildung (studienfachunabhängig[176]), mehrjährige Berufserfahrung[177], sowie durch das Bestehen des Examens berücksichtigt[178]. Das Examen, gegliedert in eine schriftliche und eine mündliche Prüfung, besteht aus den Prüfungsgebieten „Wirtschaftliches Prüfungswesen, Unternehmensbewertung und Berufsrecht", „Angewandte Betriebswirtschaftslehre, Volkswirtschaftslehre", „Wirtschaftsrecht" und „Steuerrecht"[179]. Das Ausbildungsniveau ist mithin wesentlicher Einflussfaktor der Glaubwürdigkeit der Wirtschaftsprüfer[180]. Die Durchfallquote in Höhe von rund 47 % könnte als Indikator für den hohen Anspruch des Examens gesehen werden[181]. Während der Berufsausübung wird weiterhin gem. § 43 Abs. 2 S. 4 WPO eine kontinuierliche Fortbildung gefordert[182]. Mit Bestehen des Examens kann die Bestellung zum Wirtschaftsprüfer beantragt werden, die wiederum mit der Prüfung der per-

---

174 Vgl. **Egner** (1980), S. 201; **Ruhnke/Böhm/Lebe**, WPg 2010, S. 1099; Zur Gewährleistung von „Qualität" der Abschlussprüfung durch Normen vgl. z.B. **Niehus**, DB 2000, S. 1133.
175 Vgl. **Pfitzer/Schneiß**, in: FS Baetge (2007), S. 1090; **Sieben/Russ**, in: HWR (1992), Sp. 1974; **Leffson** (1988), S. 61; **Quick**, BFuP 2006, S. 42.
176 Vgl. **Ruhnke/Böhm/Lebe**, WPg 2010, S. 1151.
177 Vgl. §§ 8 und 9 WPO; **Marten/Quick/Ruhnke** (2011), S. 57. Durch die Zulassungsvoraussetzungen wird insofern eine „Vorauslese" der Bewerber vorgenommen, vgl. **Elkart/Schmidt**, in: HWRP (2002), Sp. 178.
178 Vgl. **Marten/Köhler/Klaas**, WPg 2001, S. 1117. Dem Examen wird z.T. Signalfunktion (aus Adressatensicht) zugeschrieben, vgl. **Richter/Bahr** (2000), S. 339.
179 Siehe §§ 4 und 5 WiPrPrüfV.
180 Vgl. **Schneider/Bareis/Rückle/Siegel/Sigloch**, WPg 2002, S. 402.
181 Die Durchfallquote bezieht sich auf die Ergebnisse der Wirtschaftsprüferprüfung I / 2014, unabhängig von der gewählten Prüfungsart, vgl. **WPK** (2014a), abrufbar unter http://www.wpk.de, S. 1.
182 Vgl. auch **Siepe**, in: HWR (1992), Sp. 1582, der dies insbesondere auf die Fortentwicklung der Anforderungen an den Beruf zurückführt. Die Fortbildungsmaßnahmen erstrecken sich u.a. auf Fachveranstaltungen und Selbststudium und sind angemessen zu dokumentieren, vgl. **Silva-Schmidt**, in: Hense/Ulrich (2013), § 43 Rz. 370, 373.

sönlichen Eignung einhergeht[183] und dem Leisten des Berufseides verbunden ist[184].

Durch die Urteilsfreiheit als zweite Determinante soll sichergestellt werden, dass das Urteil ausschließlich auf sachlichen Erwägungen beruht[185]. Urteilsfreiheit kann durch die innere Unabhängigkeit (auch Unbefangenheit genannt) und die äußere Unabhängigkeit konkretisiert werden: Während die innere Unabhängigkeit an die innere Einstellung des Prüfers anknüpft, basiert die äußere Unabhängigkeit auf beobachtbaren Sachverhalten, wie z.b. Verträgen, die bei einem verständigen Dritten den Anschein erwecken, der Prüfer könne nicht urteilsfrei sein[186]. Da die innere Einstellung schwer greifbar ist, postuliert der Gesetzgeber unwiderlegbare Vermutungen der Befangenheit in § 319 HGB, die bspw. gem. Abs. 3 Nr. 3 lit. a) bei der Führung der Bücher oder der Mitwirkung an der Aufstellung des Jahresabschlusses vorliegt[187]. Insbesondere Eigeninteressen, Selbstprüfung, Interessenvertretung und persönliche Vertrautheit sind als Einflussfaktoren zu nennen[188].

---

183 So muss der Bewerber sich z.B. gem. § 16 Abs. 1 Nr. 7 WPO in geordneten wirtschaftlichen Verhältnissen befinden.

184 Gem. § 17 Abs. 1 S. 1 und 2 WPO haben Bewerber vor Aushändigung der Urkunde grundsätzlich die folgende Eidesformel zu leisten: „Ich schwöre, daß ich die Pflichten eines Wirtschaftsprüfers verantwortungsbewußt und sorgfältig erfüllen, insbesondere Verschwiegenheit bewahren und Prüfungsberichte und Gutachten gewissenhaft und unparteiisch erstatten werde, so wahr mir Gott helfe."

185 Vgl. **Leffson** (1988), S. 67.

186 Vgl. **Ewert**, in: HWRP (2002), Sp. 2387; **IDW** (2012), Kap. A, Tz. 280. Der Prüfer muss insofern gegenüber den Adressaten des Urteils auch als unabhängig erscheinen, um ein vertrauenswürdiges Urteil aussprechen zu können, vgl. **Buchner** (1997), S. 39.

187 Vgl. **Dörner**, in: FS Stehle (1997), S. 83 i.V.m. **Bormann**, BB 2002, S. 190. Die Selbstprüfung wird zum Teil auch als „Befangenheit durch die Sache selbst" bezeichnet, da der Prüfer nicht ausreichend zwischen Soll- und Ist-Objekt trennen könne, vgl. **Jacobs**, DB 1975, S. 2237 f., Zitat **ebenda**. Im Gegensatz zu „Unbefangenen" könnte der befangene Prüfer u.U. bspw. aus psychologischen Gründen eigene, zuvor begangene Fehler nicht entdecken, vgl. **Haegert**, in: FS von Wysocki (1985), S. 217. Nach § 319a HGB bestehen darüber hinaus weitere unwiderlegbare Vermutungen für die Prüfung von kapitalmarktorientierten Unternehmungen aufgrund des besonderen öffentlichen Interesses und dem großen Adressatenkreis des Urteils, vgl. **Veltins**, DB 2004, S. 447. Diese werden zukünftig durch die sog. „Black List" der verbotenen Nichtprüfungsleistungen gem. Art. 5 Abs. 1 der VO (EU) Nr. 537/2014 ergänzt werden, vgl. **Velte**, DStR 2014, S. 1690.

188 Vgl. ausführlich **IDW** (2012), Kap. R, Tz. 279-326.

Die Unabhängigkeit und die Verpflichtung zur Fortbildung als Bestandteile der Berufspflichten wurden bereits genannt. Daneben gehören zu den Berufspflichten gem. § 43 WPO[189]: Gewissenhaftigkeit, Verschwiegenheit, Eigenverantwortlichkeit, Unparteilichkeit und das berufswürdige Verhalten. Weiterhin können Teil 1 der Berufssatzung für Wirtschaftsprüfer[190] sowie für Jahresabschlussprüfungen die §§ 318, 319, 319a, 319b und 323 HGB zu den allgemeinen Berufspflichten gezählt werden[191].

Zur Einhaltung der Berufspflichten sind Wirtschaftsprüfer gem. § 55b S. 1 und 2 WPO dazu verpflichtet, ein dokumentiertes Qualitätssicherungssystem zu schaffen, welches die Einhaltung der Berufspflichten überwacht und durchsetzt[192]. Zur inhaltlichen Ausgestaltung eines solchen Systems haben die Wirtschaftsprüferkammer (WPK) und das IDW gemeinsam mit der „VO 1/2006 Anforderungen an die Qualitätssicherung der Wirtschaftsprüferpraxis"[193] Stellung genommen[194]. Zur Umsetzung des Qualitätssicherungssystems wurde der Prozess der Prüfung in operative Abschnitte strukturiert, von der Auftragsannahme bis zur Archivierung der Arbeitspapiere nach Abschluss der Auftrags, sowie übergeordnet die Einhaltung der Berufspflichten[195]. Sofern gesetzlich vorgeschriebene Abschlussprüfungen durch den Wirtschaftsprüfer vorgenommen werden, ist gem. § 57a Abs. 1 S. 2 WPO eine als Systemprüfung ausgestaltete externe Qualitätskontrolle durchführen zu lassen, die gem. § 57a Abs. 3 S. 1 WPO von einem bei der WPK registrierten Wirtschaftsprüfer in eigener Praxis oder Wirtschaftsprüfungsgesellschaften durchgeführt und bei erfolgreicher Durchführung gem. § 57a Abs. 6 S. 7 WPO durch die WPK bescheinigt wird[196]. Die Beschei-

---

189 Vgl. auch **IDW** PS 201, Tz. 25, wonach die Berufspflichten unter den Berufsgrundsätzen subsumiert werden. Zu den einzelnen Berufspflichten ausführlich vgl. z.B. **IDW** (2012), Kap. A, Tz. 276-465 und **von Wysocki** (1988), S. 70-78.

190 Die Berufssatzung i.S.d. § 57 Abs. 3 WPO hat Bindungswirkung für Berufsangehörige, Verwaltung und Gerichte, vgl. **Ludewig**, in: HWRP (2002), Sp. 286.

191 Vgl. **IDW** PS 201, Tz. 24.

192 Die Dokumentation dient einerseits der Nachvollziehbarkeit für einzelne Anwender sowie andererseits der ggf. durchzuführenden externen Qualitätskontrolle, vgl. **Lehwald**, Stbg 2005, S. 507.

193 Zur VO siehe WPg 2006, S. 629. Die VO 1/2006 ist grundsätzlich mit der internationalen Norm für Qualitätssicherung, der ISQC 1, siehe auch Fn. 211, kompatibel, vgl. VO 1/2006, Tz. 176.

194 Vgl. **Farr/Niemann**, DStR 2006, S. 1242.

195 Siehe Struktur der VO 1/2006 sowie ergänzend **Niehus** (1993), S. 37.

196 Vgl. auch **IDW** (2012), Kap. A, Tz. 498. Die externe Qualitätskontrolle wird auch als „Peer Review" bezeichnet, also eine Prüfung durch einen ebenfalls Berufsangehörigen, vgl. **Niehus**, in:

nigung ist zugleich Voraussetzung zur Durchführung von Abschlussprüfungen gem. § 319 Abs. 1 S. 3 HGB[197].

4.2.2 Berufsständische Organisationen und Normierungen

In Deutschland zugelassene Wirtschaftsprüfer sind gem. § 58 Abs. 1 S. 2 WPO Zwangsmitglied der WPK, einer Körperschaft des öffentlichen Rechts, die zur Erfüllung der beruflichen Selbstverwaltungsaufgaben der Wirtschaftsprüfer gebildet wurde[198]. Zum 1. Juli 2014 zählte sie 21.632 Mitglieder (davon 14.591 Wirtschaftsprüfer[199]). Der staatliche Einfluss wird – neben der Rechtsform – durch die in § 66 S. 1 und 2 WPO normierte Aufsicht des BMWi über die WPK deutlich. Hierdurch hat der Staat die direkte Aufsicht über die Zulassungs- und Bestellungsverfahren sowie die laufende Überwachung der Wirtschaftsprüfer[200]. Die WPK wahrt gem. § 57 Abs. 1 WPO die Belange ihrer Mitglieder und überwacht die Einhaltung der beruflichen Pflichten (unter anderem die bereits genannten Berufspflichten), wozu ihr die fachliche und disziplinarische Berufsaufsicht eingeräumt wird[201]. Ihr obliegt das bereits angeführte Zulassungsverfahren nebst Prüfung und Bestellung der Wirtschaftsprüfer gem. § 57 Abs. 2 Nr. 15 und 16 WPO.

Neben der WPK ist insbesondere das privatrechtlich organisierte Institut der Wirtschaftsprüfer in Deutschland e.V. (IDW) und seine für den Berufsstand wichtige Facharbeit zu nennen[202]. Aus der Facharbeit gehen die Verlautbarungen des IDW hervor, insbesondere die Prüfungsstandards (IDW PS) und die erläuternden Prüfungshinweise (IDW PH)[203]. Wenngleich ohne gesetzliche Bindungswirkung für Wirtschaftsprüfer, wird ein abweichendes Vorgehen nur in begründeten Ausnahmefällen empfohlen[204]. Dies wird dadurch begründet, dass

---

HWR (1992), Sp. 1339. Mithin wird ihr ein nicht unerheblicher Beitrag zur Sicherung des Vertrauens der Öffentlichkeit in den Berufsstand zugeschrieben, vgl. **Dörner**, in: FS Brönner (2000), S. 106 und **Heininger/Bertram**, WPg 2003, S. 1057.

197 Vgl. auch **Marten/Köhler**, WPg 2002, S. 241.
198 Vgl. § 4 Abs. 2 S. 1 WPO.
199 Vgl. **WPK** (2014b), abrufbar unter http://www.wpk.de, S. 2.
200 Vgl. **von Wysocki** (1988), S. 57.
201 Vgl. **Leffson** (1988), S. 37 und **Buchner** (1997), S. 71.
202 Vgl. **Lück** (1991), S. 67. Zur bedeutenden Rolle des IDW in der Nachkriegszeit vgl. **Markus** (1996), S. 105.
203 Vgl. **IDW** (2012), Kap. A, Tz. 383.
204 Vgl. **Marten/Quick/Ruhnke** (2011), S. 101 f.

die Verlautbarungen auf Fachmeinungen besonders sachverständiger Berufsträger beruhen und daher von Gerichten als Verkehrs- und Berufspflicht eingestuft werden können[205]. Die Verlautbarungen des IDW zählen regelmäßig zu den Grundsätzen ordnungsmäßiger Abschlussprüfung[206].

Schließlich ist die International Federation of Accountants (IFAC) aufgrund unionsrechtlicher Entwicklungen einerseits und der Mitgliedschaft des IDW und der WPK andererseits zu nennen[207]. Die IFAC mit Sitz in Genf verfolgt das Ziel, international einheitliche Richtlinien im fachlichen und berufsethischen Bereich zu etablieren[208]. Der IFAC gehören 179 Organisationen aus 130 Ländern an, die mehr als 2,5 Mio. „accountants" weltweit repräsentieren[209]. Für die Jahresabschlussprüfung sind als fachliche Richtlinien der IFAC die International Standards on Auditing (ISA) maßgeblich[210]. Unionsrechtlich wird unmittelbar auf die ISA Bezug genommen: So müssen die Mitgliedstaaten gem. Art. 26 Abs. 1 und 3 der Richtlinie 2006/43/EG (Abschlussprüferrichtlinie) die Abschlussprüfer und Prüfungsgesellschaften dazu verpflichten, Abschlussprüfungen insbesondere unter Beachtung der von der Kommission angenommenen ISA durchzuführen[211]. Die ISA werden somit unionsrechtlich die anzuwendende Gesetzesgrundlage[212]. Der Gesetzgeber ist dieser Verpflichtung in § 317 Abs. 5 HGB

---

205 Vgl. **IDW** (2012), Kap. A, Tz. 384 f.; **Hopt**, WPg 1986, S. 503. Konkret wird die Berufspflicht der Gewissenhaftigkeit gemeint, vgl. **Schmidt/Feldmüller**, in: Förschle/Grottel/Schmidt/Winkeljohann (2014), § 323 Rz. 12.
206 Vgl. **Niemann**, DStR 2003, S. 1456 i.V.m. **Marten/Quick/Ruhnke** (2011), S. 107.
207 Zur Mitgliedschaft vgl. **Ruhnke**, DB 2006, S. 1169.
208 Vgl. **Buchner** (1997), S. 100. Herausgegeben werden die Normen durch das International Auditing and Assurance Standards Board (IAASB), einem Ausschuss der IFAC, vgl. **Ruhnke**, KoR 2002, S. 158.
209 Vgl. **IFAC** (2014), abrufbar unter http://www.ifac.org.
210 Vgl. **Ruhnke** (1997), S. 116. Die Mitgliedsorganisationen der IFAC, also unter anderem das IDW, haben sich dazu verpflichtet, die ISA in nationale Grundsätze zu transformieren, vgl. **IDW** PS 201, Tz. 32. Die IDW PS beinhalten so zumeist als letzten Abschnitt den Punkt „Übereinstimmung mit ISA", siehe z.B. **IDW** PS 205, Tz. 19.
211 „Insbesondere" soll an dieser Stelle darauf hinweisen, dass gem. Art. 26 Abs. 2 Abschlussprüferrichtlinie nicht nur ISA, sondern auch der International Standard on Quality Control 1 (ISQC 1) und andere damit zusammenhängende Standards, die von der IFAC erarbeitet wurden, von der Kommission angenommen werden können und in diesem Sinne von den Abschlussprüfern zu beachten sind.
212 Vgl. **Orth/Müller** (2009), S. 639. Sofern sich ISA und Standards des IDW überschneiden, sind die internationalen Standards zu beachten, vgl. **Schmidt/Almeling**, in: Försch-

nachgekommen. Mit einer kurzfristigen Annahme der ISA wird zwar nicht gerechnet[213], langfristig dürften sie jedoch die Grundlage für Abschlussprüfungen werden.

4.2.3 Berufsaufsicht und Haftung

Die Berufsaufsicht über Wirtschaftsprüfer obliegt gem. § 61a S. 1 WPO der WPK. Sie ermittelt nach § 61a S. 2 Nr. 1 und 2 WPO bei konkreten Anhaltspunkten für einen Verstoß gegen die Berufspflichten sowie stichprobenartig ohne besonderen Anlass (sog. Sonderuntersuchung nach § 62b Abs. 1 S. 1 WPO)[214]. Konkrete Anhaltspunkte können sich gem. § 61a S. 3 WPO auch durch Mitteilungen der Prüfstelle nach § 342b Abs. 8 S. 2 HGB oder der Bundesanstalt für Finanzdienstleistungsaufsicht nach § 37r Abs. 2 S. 1 WpHG ergeben[215]. Zur Sanktionierung kann die WPK gem. § 61a S. 2 WPO das Rügeverfahren i.S.d. § 63 WPO einleiten oder das Verfahren an die Berufsgerichtsbarkeit i.S.d. § 84a WPO abgeben. Sofern Ermittlungen nach § 61a S. 2 Nr. 1 und 2 WPO eingestellt werden sollen, so sind die Vorgänge vor Bekanntgabe der Entscheidung gem. § 61a S. 4 WPO der Abschlussprüferaufsichtskommission[216] vorzulegen.

---

le/Grottel/Schmidt/Winkeljohann (2014), § 317 Rz. 93. Teils wird aus diesem Grund angeführt, dass das IDW künftig auf Regelungsgebiete außerhalb der Abschlussprüfung bzw. innerhalb der Abschlussprüfung bei nationalen Besonderheiten gedrängt werden könnte, vgl. **Niemann**, DStR 2006, S. 814.

213 Vgl. **Plath**, WPg 2012, S. 175; **Weimann** (2013), S. 44; **Schmidt/Almeling**, in: Förschle/Grottel/Schmidt/Winkeljohann (2014), § 317 Rz. 91.

214 Die anlassunabhängige Sonderuntersuchung wird jedoch nur bei Berufsangehörigen und Wirtschaftsprüfungsgesellschaften vorgenommen, die gesetzlich vorgeschriebene Abschlussprüfungen bei Unternehmen von öffentlichem Interesse nach § 319a Abs. 1 S. 1 HGB durchgeführt haben, vgl. § 61a S. 1 Nr. 2 WPO.

215 Hier wird auf bereits vorliegende Informationen des zweistufigen „Enforcement-Verfahrens" zurückgegriffen: Die Deutsche Prüfstelle für Rechnungslegung DPR e.V. auf freiwilliger Mitwirkungsbasis der Unternehmen und die BaFin auf Basis hoheitlicher Befugnisse, vgl. **Grottel**, in: Förschle/Grottel/Schmidt/Winkeljohann (2014), § 342b Rz. 1 f.

216 Die seit März 2005 existierende „zweite Überwachungsebene" (**Böcking/Dutzi**, BFuP 2006, S. 9), die „Kommission für die Aufsicht über die Abschlussprüfer in Deutschland" (Abschlussprüferaufsichtskommission, APAK), führt gem. § 66a Abs. 1 S. 1 WPO eine öffentliche fachbezogene Aufsicht über die Wirtschaftsprüferkammer. Sie ist gem. § 66a Abs. 2 S. 6 WPO von der WPK unabhängig und nicht weisungsgebunden; ihre Mitglieder dürfen gem. § 66a Abs. 2 S. 2

Das Rügerecht obliegt gem. § 63 Abs. 1 S. 1 WPO dem Vorstand der WPK, der bei Verletzungen der Berufspflichten eine Rüge, ggf. in Verbindung mit einer Geldbuße von bis zu 50.000 EUR gem. § 63 Abs. 1 S. 3 WPO, gegen ein Mitglied aussprechen kann, sofern die Pflichtverletzung keine schwere ist. Sofern es sich um eine schwere Pflichtverletzung handelt, ist gem. § 84a Abs. 1 S. 1 WPO ein berufsgerichtliches Verfahren einzuleiten[217]. Dieses führt gem. §§ 72 Abs. 1, 73 Abs. 1 und § 74 Abs. 1 WPO über das Land- und Kammergericht in Berlin bis zum Bundesgerichtshof[218]. Die Entscheidung des berufsgerichtlichen Verfahrens lautet gem. § 103 Abs. 2 WPO auf Freispruch, Verurteilung oder Einstellung des Verfahrens und kann im Falle einer Verurteilung gem. § 68 Abs. 1 Nr. 1-4 WPO mit Geldbuße bis zu 500.000 EUR, mit Verbot auf bestimmten Tätigkeitsgebieten für die Dauer von einem Jahr bis zu fünf Jahren tätig zu werden, mit Berufsverbot von einem bis zu fünf Jahren sowie als ultima ratio mit Ausschließung aus dem Beruf geahndet werden.

Weiterhin kann der Wirtschaftsprüfer für im Rahmen seiner Tätigkeit entstandene Schäden zivil- und strafrechtlich in Anspruch genommen werden[219]. Zivilrechtlich kann der Wirtschaftsprüfer aus dem Vertragsverhältnis, ergänzt durch spezielle Rechtsvorschriften wie § 323 HGB, für Schäden gegenüber dem Auftraggeber (und ggf. verbundenen Unternehmungen) bei Vorliegen von vorsätzlicher oder fahrlässiger Pflichtverletzung in Anspruch genommen werden[220]. Aus dem Rechtsinstitut des Vertrages mit Schutzwirkung zugunsten Dritter kann u.U. – entgegen der Begrenzung durch § 323 Abs. 1 S. 3 HGB – eine Haftung gegenüber Dritten entstehen, jedoch nach gegenwärtigem Stand nur innerhalb

---

WPO in den letzten fünf Jahren vor Ernennung nicht persönliche Mitglieder der WPK gewesen sein. Ihre Mitglieder werden gem. § 66a Abs. 2 S. 4 WPO vom BMWi für die Dauer von vier Jahren ernannt. Sofern die WPK Weisungen der APAK für rechtswidrig hält, hat sie den Vorgang gem. § 66a Abs. 4 S. 3 WPO dem BMWi vorzulegen. Siehe zum Aufsichtssystem auch die hervorragende Übersicht in **Paulitschek** (2009), S. 80.

217 Daneben kann ein berufsgerichtliches Verfahren gem. § 63a Abs. 1 S. 1 WPO auf Antrag eines Mitglieds gegen einen durch den Vorstand der WPK zurückgewiesenen Rügebescheid eingeleitet werden. Zudem sei auf die Selbstanzeige hingewiesen, siehe hierzu **IDW** (2012), Kap. A, Tz. 578 f. m.w.N.

218 Die erste und zweite Instanz sind in Berlin, da die WPK ihren Sitz in dessen Bezirk i.S.d. § 72 Abs. 1 WPO hat, vgl. auch **IDW** (2012), Kap. A, Tz. 585. Vor der Sitzverlegung nach Berlin waren die Instanzen in Düsseldorf, vgl. **von Wysocki** (1988), S. 79.

219 Vgl. **von Wysocki** (1988), S. 78.

220 Vgl. **Hopt**, in: HWRP (2002), Sp. 1072; **IDW** (2012), Kap. A, Tz. 635.

restriktiver Anforderungen[221]. Neben der vertraglichen ist die deliktische Haftung in diesem Zusammenhang zu nennen, die auf Basis der unerlaubten Handlung gem. § 823 Abs. 2 BGB i.V.m. der Verletzung eines Schutzgesetzes beruhen kann[222]. Die deliktische Haftung außerhalb des zuvor genannten Rechtsinstituts, also die Haftung nach § 823 Abs. 2 BGB ohne einen Vertrag mit Schutzwirkung respektive die sittenwidrige Pflichtverletzung nach § 826 BGB, kommt lediglich zur Anwendung, wenn die Pflichtverletzung vorsätzlich vorgenommen wurde, daher wird dieses (Haftungs-)Risiko aus Sicht des Abschlussprüfers als gering eingeschätzt[223].

4.3 Prüfungsprozess

4.3.1 (Geschäfts-)Risikoorientierter Prüfungsansatz

Wie bereits einleitend ausgeführt, ist die sachgerechte Urteilsbildung eine Determinante der Vertrauenswürdigkeit des Urteils[224]. Die sachgerechte Urteilsbildung verlangt hinsichtlich der Urteilsbildung die Einbeziehung relevanter Sachverhalte (Vollständigkeit) – unwesentliche Fragen können vernachlässigt werden (Wesentlichkeit) – sowie logische, nachprüfbare Urteilsprozesse und Ergebnisse der Urteilsbildung (Objektivität)[225]. In praxi wird hierzu regelmäßig auf den geschäftsrisikoorientierten Prüfungsansatz zurückgegriffen[226]. Das Risiko wird darin gesehen, dass der Prüfer eine Aussage oder Aggregation von Aussagen akzeptiert, obwohl wesentliche Fehler enthalten sind (sog. β-Risiko)[227]. Zur

---

221 Vgl. **IDW** (2012), Kap. A, Tz. 661, 664; **BGH**, Urteil vom 06.04.2006, DStR 2006, S. 1464. Zur möglichen Abkehr vom beschriebenen Rechtsinstitut und Heranziehung des Verschuldens bei Vertragsverhandlung (culpa in contrahendo) i.S.d. § 311 Abs. 2 und 3 BGB vgl. **Mirtschink** (2006), S. 149.
222 Vgl. **Quick**, BFuP 2000, S. 526; **IDW** (2012), Kap. A, Tz. 655 f. Ausführlich zu Schutzgesetzen und insbesondere zu kontroversen Auffassungen bzgl. des § 323 HGB in diesem Zusammenhang vgl. **Schmidt/Feldmüller**, in: Förschle/Grottel/Schmidt/Winkeljohann (2014), § 323 Rz. 174 ff.
223 Vgl. **Quick/Solmecke**, JfB 2007, S. 141.
224 Siehe Abschnitt B.4.2.1.
225 Vgl. **Leffson** (1988), S. 86 f.
226 Vgl. **IDW** (2012), Kap. R, Tz. 35.
227 Vgl. **Wiedmann**, WPg 1993, S. 15. Das α-Risiko, also das Risiko der fälschlichen Zurückweisung einer richtigen Aussage bzw. Aussagenaggregation, wird i.d.R. vernachlässigt, da die fälschliche Zurückweisung zumeist aufgedeckt wird, vgl. **von Wysocki** (1988), S. 172 f.

Komplexitätsreduktion[228] – bei betriebswirtschaftlichen Prüfungen handelt es sich zumeist um komplexe Prüfungen, d.h. Prüfungen, die eine Vielzahl von Einzelvergleichen bedingen[229] – wird im Rahmen der Jahresabschlussprüfung das Prüfungsrisikomodell verwendet[230]:

$$AR = IR * CR * DR.$$

Das zuvor bereits genannte β-Risiko kann in der Formel durch das Prüfungsrisiko (AR, „audit risk") repräsentiert werden. Auf höchster Aggregationsebene bezeichnet es die Abgabe eines unberechtigten Bestätigungsvermerks[231]. Das Prüfungsrisiko besteht demnach aus dem Risiko des Vorliegens wesentlicher Fehler einerseits, konkretisiert durch das inhärente Risiko (IR, „inherent risk") und das Kontrollrisiko (CR, „control risk"), sowie dem Entdeckungsrisiko andererseits (DR, „detection risk")[232].

Das inhärente Risiko steht für die Wahrscheinlichkeit, dass der Jahresabschluss wesentliche Fehler beinhaltet, unter der Annahme, dass kein internes Kontrollsystem vorhanden ist[233]. Es kann sich um verschiedenartigste quantitative oder qualitative Informationen handeln, „die sich aus der Situation des Unternehmens ergeben"[234]. Die möglichen Risikoquellen lassen sich in allgemeine (mehrere Prüffelder tangierende) und prüffeldspezifische (ein spezifisches Prüffeld tangierende) Faktoren unterteilen, wobei die allgemeinen Faktoren wiederum in makroökonomische, branchenspezifische und mandantenspezifische Faktoren

---

228 Hierdurch soll verdeutlicht werden, dass lediglich der Nutzen der präskriptiven Eigenschaft des Modells, also die Zerlegung des Risikos und die Beschreibung der Risikoarten, im Vordergrund steht. Zur präskriptiven Eigenschaft vgl. z.B. **Quick**, WiSt 1998, S. 248, **IDW** (2012), Kap. R, Tz. 89, **Göbel** (1997), S. 48 und **Wolz** (2003), S. 77.
229 Vgl. **von Wysocki** (1988), S. 145.
230 Vgl. **AICPA** AU 312.26. Zu einer Zusammenfassung der Kritik an der deskriptiven Eignung des Modells siehe **Quick** (1996), S. 87 ff.
231 Vgl. **Dörner**, in: HWR (1992), Sp. 82. Gleichwohl kann das Modell sich auch auf einzelne Prüffelder beziehen und das Prüfungsrisiko damit die Annahme eines Prüffeldes bezeichnen, obwohl wesentliche Fehler vorliegen, vgl. **Quick/Monroe/Ng/Woodliff**, BFuP 1997, S. 210.
232 Vgl. **Wiedmann**, WPg 1993, S. 17. Teilweise wird das IR und CR daher auch zusammengefasst als Fehlerrisiko bezeichnet, daneben werden z.T. weitere Differenzierungen des Entdeckungsrisikos vorgenommen, vgl. **Dörner**, in: HWR (1992), Sp. 82 f. m.w.N.
233 Vgl. **Simon-Heckroth** (1997), S. 64.
234 Vgl. **Quick** (1997), S. 185; Zitat nach **Wiedmann**, WPg 1993, S. 17.

differenziert werden können[235]. Die folgende Tabelle zeigt diverse potentielle allgemeine Einflussfaktoren:

Tabelle 1: Inhärentes Risiko: Allgemeine Einflussfaktoren

	Kategorie allgemeiner Faktoren		
	Makroökonomisch	Branchenspezifisch	Mandantenspezifisch
Einflussfaktoren	Konjunkturelle Lage	Wettbewerbssituation	Wirtschaftliche Lage der Unternehmung
	Regulatorische Rahmenbedingungen	Wirtschaftliche Lage innerhalb der Branche	Art der Unternehmung
		Kapitalintensität innerhalb der Branche	Größe der Unternehmung
		Länge der Produktlebenszyklen	Integrität und Qualität der Führung
			Qualität des Personals
			Prüfungserfahrung

Quelle: Eigene Darstellung, inhaltlich i.A.a. die Zusammenführung bei **Quick** (1996), S. 228-277.

In Abhängigkeit des jeweiligen Prüffeldes können die Art und Verwertbarkeit der Vermögensposten, Komplexität der Berechnungen, Schätzungen und Ermessensspielräume das prüffeldspezifische inhärente Risiko beeinflussen[236].

Das inhärente Risiko einleitend wurde von der Existenz eines internen Kontrollsystems abstrahiert. Ursächlich hierfür ist die separate Erfassung des internen Kontrollsystems innerhalb des Modells als Kontrollrisiko. Demnach wird das Kontrollrisiko als die Wahrscheinlichkeit definiert, dass das interne Kontrollsystem wesentliche Fehler ex ante nicht verhindert oder ex post nicht aufdeckt und korrigiert[237].

Die dritte Risikokomponente, das Entdeckungsrisiko, beschreibt schließlich die Wahrscheinlichkeit dafür, dass trotz aussagebezogener Prüfungshandlungen wesentliche Fehler unentdeckt bleiben[238]. Da das Prüfungsrisiko von den Erwar-

---

235 Vgl. **Buchner** (1997), S. 162; **Quick** (1995), S. 37.
236 Vgl. **Buchner** (1997), S. 162.
237 Vgl. **Dörner**, in: HWRP (2002), Sp. 1746.
238 Vgl. **Ruhnke**, DB 2002, S. 437.

tungen der Adressaten abhängig ist und das inhärente Risiko und Kontrollrisiko zu schätzen sind, stellt das Entdeckungsrisiko die einzige beeinflussbare Variable dar und ist auf das geforderte Prüfungsrisiko abzustimmen[239]. Prüfungshandlungen in Bezug auf das Fehler- sowie das Entdeckungsrisiko werden in Abschnitt B.4.3.3 gezeigt.

Bislang wurde der risikoorientierte Prüfungsansatz lediglich anhand des Risikomodells beschrieben. Der geschäftsrisikoorientierte Prüfungsansatz ergänzt das bereits vorgestellte Modell um eine übergeordnete Perspektive, die der Unternehmensleitung[240]. Es wird angenommen, dass ausgehend von einem Verständnis für die Geschäftstätigkeit und damit für die Risiken aus der Geschäftstätigkeit eine bessere Risikoidentifikation vorgenommen werden kann, welche sodann Schwerpunktsetzungen für einzelne Prüfungshandlungen erlaubt (sog. Top-Down-Vorgehen)[241]. Das Risiko aus der Geschäftstätigkeit wird indes bereits durch das Fehlerrisiko, also das inhärente Risiko und das Kontrollrisiko, in dem traditionellen Risikomodell erfasst[242]. Auch nach dem traditionellen risikoorientierten Prüfungsansatz wurden Geschäftsrisiken[243] als Quelle für Fehlerrisiken gesehen[244]. Als Erkenntnis des geschäftsrisikoorientierten Prüfungsansatzes kann demnach nur verbleiben, dass eine stärkere Fokussierung auf die Analyse der Geschäftstätigkeit und des Umfelds und damit auf Geschäftsrisiken erfolgt[245]. Die Analyse soll sich auf das System erstrecken, in dem die Unternehmung agiert: Sie ist Teil eines komplexen Netzes ökonomischer Aktivität mit

---

239 Vgl. **Quick**, WiSt 1998, S. 245. Das Vorhandensein eines Prüfungsrisikos impliziert bereits, dass keine lückenlose Prüfung sämtlicher Geschäftsvorfälle durchgeführt und zuvor nicht erwartet wird. Zur Erwartungshaltung vgl. **IDW** (2012), Kap. R, Tz. 30 m.w.N.
240 Vgl. **Ruhnke**, DB 2002, S. 439. Dabei wird vom Berufsstand eingeschränkt, dass der Wissensstand nicht dem der gesetzlichen Vertreter entsprechen müsse, vgl. **IDW** PS 230, Tz. 8.
241 Vgl. **IDW** (2012), Kap. R, Tz. 35; **Ruhnke**, JfB 2006, S. 192; **Dyckerhoff**, in: FS Otte (2001), S. 119; **Heese**, WPg-Sonderheft 2003, S. S227.
242 Vgl. **Ruhnke**, DBW 2002, S. 697.
243 Der Begriff des Geschäftsrisikos ist in diesem Zusammenhang abzugrenzen von dem Geschäftsrisiko des Wirtschaftsprüfers, welches auf die Erfolgssituation des Wirtschaftsprüfers abstellt, siehe hierzu **Wiedmann**, WPg 1993, S. 16.
244 Und damit ein Verständnis der Geschäftstätigkeit Grundvoraussetzung der risikoorientierten Prüfung, vgl. **Wiedmann**, WPg 1998, S. 344. A.A. **Dyckerhoff**, in: FS Otte (2001), S. 119.
245 Vgl. **Ruhnke**, KoR 2007, S. 157 f.

verschiedensten Beziehungen zu diversen anderen Einheiten innerhalb des Netzes[246].

Zur Operationalisierung werden verschiedene Aspekte vorgestellt, die im Einzelfall relevant sein können[247]:

A. Gesamtwirtschaftliche Rahmenbedingungen:

- Konjunkturelle Situation (z.B. Rezession, Wachstum),
- Zinsniveau und Kapitalmarktsituation,
- Geldmarktentwicklung,
- Wirtschaftspolitische Maßnahmen:
    o Geldpolitik,
    o Haushaltspolitik,
    o Steuerpolitik,
    o Subventionspolitische Maßnahmen,
    o Sozial- und Arbeitsmarktpolitische Maßnahmen,
- Wechselkurse, Beschränkungen des Kapitalverkehrs.

B. Branchenentwicklung mit Einfluss auf die Unternehmung:

- Wettbewerbs- und Marktverhältnisse,
- besondere Aspekte der Branchenkonjunktur in den für die Unternehmung relevanten Märkten (z.B. Branchenumsatz, Rentabilität, Produktionsleistung, Preis- und Lohnentwicklung innerhalb der Branche, saisonale Schwankungen),
- Veränderungen der Produktionstechnologie einschließlich Veränderungsgeschwindigkeit,
- Phase im Produktlebenszyklus,
- Besondere Branchenrisiken (z.B. hohe Bedeutung innovativer Technologien, Abhängigkeit von Änderungen des modischen Geschmacks, niedrige Markteintrittsbarrieren),

---

[246] Vgl. **Arricale/Bell/Solomon/Wessels** (1999), S. 13. Hierdurch wird die Tatsache berücksichtigt, dass Unternehmungen u.a. als Vertragsgeflechte definiert werden können, siehe auch Fn. 341.

[247] **IDW** PS 230, Anhang. Die Aufzählung ist nicht als abschließend zu interpretieren und ist daher im Einzelfall zu erweitern. Nach **ISA** 315 A24 und A26 werden als weitere Beispiele u.a. Energieintensität der Branche und Preis der Energie sowie rechtliche Umweltanforderungen genannt. Zur Analyse der Geschäftstätigkeit werden auch PEST-Analysen, SWOT-Analysen und Porters-Modell vorgeschlagen, vgl. **Wiedmann**, WPg 1998, S. 346 und **IDW** (2012), Kap. R, Tz. 246.

- Wachstums- oder Schrumpfungsbranche,
- Position der Unternehmung in der Branche (z.B. Marktanteil, gewählte Marktstrategie),
- Besondere Bilanzierungsvorschriften und -probleme,
- Besondere rechtliche Rahmenbedingungen,
- Sonstige Besonderheiten (z.B. Tarifverträge, Finanzierungsmöglichkeiten und -usancen).

C. Unternehmensspezifische Merkmale:
1. Eigentümerstruktur, Führung und Überwachung der Unternehmung
    - Gesellschaftliche Organisationsform einschließlich vollzogener oder geplanter Änderungen (z.B. privat-rechtlich, öffentlich-rechtlich mit weiterer Präzisierung),
    - Eigentümer und nahe stehende Unternehmungen oder Personen (z.B. Inländer, Ausländer, Mehrheitsbesitz, Streubesitz, Beteiligung der öffentlichen Hand, Konzernzugehörigkeit),
    - Organisationsstruktur,
    - Ziele und Philosophie der Geschäftsführung einschließlich Unternehmensstrategie,
    - Vollzogene oder geplante Beteiligungserwerbe/-veräußerungen und Umstrukturierungen (z.B. Verschmelzungen, Stilllegung von Unternehmensteilen),
    - Finanzierungsquellen und -arten einschließlich Änderungen im Zeitablauf (z.B. Banken, Kapitalmarkt, Gesellschafter, Innenfinanzierung, Eigenkapital, Fremdkapital),
    - Geschäftsführendes Organ:
        o Zusammensetzung,
        o Reputation und Erfahrungen der einzelnen Mitglieder,
        o Unabhängigkeit und Kontrolle der nachgeordneten Führungsebenen,
        o Sitzungshäufigkeit,
        o Existenz einer Unternehmensphilosophie und -politik,
        o Risikoeinstellung,
        o Wechsel externer Berater (z.B. Rechtsanwälte),
    - Existenz erfolgsabhängiger Vergütungssysteme,

- Aufsichtsorgan und ggf. Bilanzausschuss:
  - Entsprechende Angaben wie beim geschäftsführenden Organ,
- Nachgeordnete Führungsebenen:
  - Reputation und Erfahrung,
  - Fluktuation,
  - Besetzung von Schlüsselpositionen im Finanz- und Rechnungswesen und Stellung dieser Personen in der Unternehmung,
  - Besondere Entlohnungssysteme (z.B. gewinnabhängige Bonuspläne),
  - Verwendung von Prognoserechnungen und Budgetierungssystemen,
  - Belastende Einflüsse (z.B. Arbeitsüberlastung, Dominanz einzelner Personen, zu enge Berichtsterminierung),
- Interne Revision (Existenz, Qualität),
- Kontrollbewusstsein und -umfeld,
- Management-Information-System.

2. Geschäftsaktivitäten (Produkte, Märkte, Zulieferer, Aufwandsstruktur):
   - Art der Geschäftsaktivitäten (z.B. produzierendes Gewerbe, Großhandel, Finanzdienstleister, Import/Export),
   - Produktions-, Vertriebs- und Verwaltungsstandorte,
   - Personalbereich, ggf. differenziert nach Standorten (z.B. Lohn- und Gehaltsniveau, Tarifverträge, Versorgungszusagen, arbeitsrechtliche Vorschriften),
   - Produkte oder Dienstleistungen und Absatzmärkte (Hauptabnehmer, bedeutsame Verträge, Zahlungsbedingungen, Gewinnspannen, Marktanteil, Wettbewerber, Exportanteil, Preispolitik, Marketingstrategie und -politik, Ruf der Produkte, Garantien, Auftragsbestand, Markttrends, Produktionsprozess),
   - Beschaffungsmarkt (z.B. wichtige Zulieferer, langfristige Beschaffungskontrakte, besondere Beschaffungsrisiken, Zahlungsbedingungen, Bedeutung des Imports, besondere Zulieferungsverfahren wie *just in time*),
   - Vorräte (z.B. Arten, Mengen, Standorte),
   - Lizenzen, Patente, Franchise-Verträge,

- Bedeutsame Aufwands- bzw. Kostenarten,
- Forschung und Entwicklung,
- Fremdwährungstransaktionen und auf Fremdwährung lautende Vermögenswerte und Verpflichtungen einschließlich Sicherungsgeschäfte, ggf. nach Währungen differenziert,
- Eingesetzte Informationstechnologie einschließlich geplanter Änderungen,
- Finanzierungsstruktur und -möglichkeiten.
3. Finanzielle Leistungskraft (Analyse von für die Vermögens-, Finanz- und Ertragslage bedeutsamen Einflussfaktoren):
    - Bedeutsame Kennziffern,
    - Entwicklung im Zeitablauf.
4. Externe Faktoren von wesentlichem Einfluss auf die Berichterstattung der Unternehmung (insbesondere auf den Jahresabschluss und Lagebericht, z.B. bei Inanspruchnahme internationaler Kapitalmärkte).
5. Rechtlicher Rahmen:
    - Bedeutsame rechtliche Anforderungen,
    - Charakteristika des Gesetzgebungsverfahrens und hieraus resultierende Einflüsse,
    - Besteuerung,
    - Besondere Rechnungslegungs- und Berichterstattungspflichten,
    - Anforderungen an die Berichterstattung des Abschlussprüfers,
    - Schutzvorschriften für die Adressaten von Jahresabschluss und Lagebericht.

Die Vielzahl möglicher Aspekte für ein Verständnis der Geschäftstätigkeit zeigt, dass eine geschäftsrisikoorientierte Prüfung sich nicht nur mit Buchungsvorgängen im Rechnungswesen auseinandersetzt, sondern übergeordnet ein betriebswirtschaftliches Verständnis der Unternehmung erfordert.

Mit dem Prüfungsrisiko eng verbunden ist das Konzept der Wesentlichkeit. Rechnungslegungsinformationen werden nach IDW PS 250, Tz. 5 dann als wesentlich angesehen, wenn zu erwarten ist, dass ihre falsche Darstellung (bzw. ihr Weglassen) im Einzelnen oder insgesamt die durch Adressaten auf Basis der Informationen getroffenen wirtschaftlichen Entscheidungen beeinflusst[248]. Sie kann quantitativ oder qualitativ[249] konkretisiert werden und ist nach den IDW-Verlautbarungen auf Ebene des Abschlusses und ggf. des Lageberichts, sowie bei der Prüfung einzelner Prüffelder zu beachten[250]. Ihre konkrete Ausgestaltung liegt gem. IDW PS 250, Tz. 6 in dem pflichtgemäßen Ermessen des Prüfers[251]. In praxi wird die Wesentlichkeit anhand der aus Sicht des Prüfers vermuteten Erwartungen der Adressaten approximiert[252]. Häufig wird hierzu 5 % einer Bezugsgröße, wie bspw. Umsatzerlöse oder Jahresüberschuss, als wesentlich angesehen[253]. Ausgehend von der zuvor genannten „Wesentlichkeit für den Abschluss als Ganzes" werden zur Operationalisierung weitere Grenzen wie spezifische Wesentlichkeiten für einzelne Prüffelder sowie Toleranzwesentlichkeiten ermittelt[254]. Durch das Konzept der Wesentlichkeit wird schließlich dem Formalziel der Wirtschaftlichkeit der Urteilsgewinnung entsprochen[255].

Dem Formalziel der Wirtschaftlichkeit der Urteilsgewinnung soll es ferner entsprechen, die Prüfungshandlungen in einer bestimmten Reihenfolge (nach abnehmendem Sicherheitsbeitrag pro Prüfungszeiteinheit) vorzunehmen[256].

---

[248] In diesem Zusammenhang wird auch der Begriff der „Entscheidungsnützlichkeit" verwendet; es wird darauf abgestellt, ob die Informationen voraussichtlich entscheidungsrelevant sind, vgl. **Leffson**, in: Handwörterbuch unbestimmter Rechtsbegriffe im Bilanzrecht des HGB (1986), S. 437.

[249] Bspw. könnten (quantitativ) geringfügige Fehler Hinweise auf Kontrollschwächen geben, die zu wesentlichen Fehlern führen können, vgl. **IDW** (2012), Kap. R, Tz. 94.

[250] Vgl. **IDW** PS 250, Tz. 8, 10.

[251] Zur Kritik hieran siehe **Quick** (1996), S. 212.

[252] Vgl. **Ruhnke/Pronobis/Michel**, WPg 2013, S. 1077; **Wolz** (2003), S. 220.

[253] Vgl. **IDW** (2012), Kap. R, Tz. 97. Siehe auch **Ruhnke/Pronobis/Michel**, WPg 2013, S. 1083 zur Kritik. Zu weiteren Bezugsgrößen nebst Nachweisen vgl. z.B. **Buchner** (1997), S. 246. Durch heterogene Bezugsgrößen und abweichende Grenzwerte für die Wesentlichkeit hat letztlich nur der Abschlussprüfer selbst Kenntnis über die Wesentlichkeit. Diese Informationslücke ließe sich wiederum durch Offenlegung schließen, vgl. **Ruhnke/Pronobis/Michel**, WPg 2013, S. 1077 m.w.N.

[254] Siehe z.B. **Toebe/Lorson**, WPg 2012, S. 1202 f.

[255] So ist theoretisch der Informationsumfang an dem Punkt optimal, an dem sich Grenzkosten und Grenznutzen überschneiden, vgl. **Ossadnik**, WPg 1993, S. 618.

[256] So weisen *Dörner* und *Stibi* der allgemeinen Risikobeurteilung die höchste Effizienz zu und Einzelfallprüfungen die niedrigste Effizienz; während *Dörner* die analytischen Prüfungshandlungen der Systemprüfung vorzieht, ordnet *Stibi* der Systemprüfung einen höheren Sicherheitsbeitrag

4.3.2 Strukturierung des Prüfungsprozesses

Zur weiteren Komplexitätsreduktion soll der Prüfungsprozess im Folgenden strukturiert werden. Der Prüfungsprozess kann in zeitlicher, sachlicher und personeller Hinsicht beschrieben werden, wobei im Folgenden der sachliche Aspekt vorrangig dargestellt wird[257]. Ferner kann er in die Teilprozesse Prüfungsplanung[258], Prüfungsdurchführung und -überwachung, sowie Berichterstattung differenziert werden, wobei sich folgende Ausführungen auf die Prüfungsplanung beschränken[259]. Ausgangspunkt der Prüfungsplanung sind Informationen über die Geschäftstätigkeit, das rechtliche und wirtschaftliche Umfeld sowie die bestehenden internen Kontrollsysteme, um hierauf aufbauend eine vorläufige Risikoanalyse vornehmen zu können[260]. Die Ergebnisse der Risikoanalyse werden sodann in Verbindung mit weiteren Erkenntnissen, wie bspw. der Notwendigkeit sachverständige Dritte hinzuzuziehen, zu einer Prüfungsstrategie formuliert, welche die grundsätzliche Herangehensweise an eine Prüfung beschreibt[261]. Auf Basis der vorliegenden Informationen wird schließlich ein Prüfungsprogramm entwickelt, welches das Gesamtproblem in Teilprobleme zerlegt und konkrete Prüfungshandlungen und Prüfungsziele mit der Maxime, ausreichende und angemessene Prüfungsnachweise zu erlangen, vorgibt[262]. In diesem Zusammenhang können Prüffelder gebildet werden, die sachlich miteinander in Verbindung stehen, wie bspw. die Prüfung von Anlagevermögen und Abschreibungen auf das Anlagevermögen oder die Prüfung der erhaltenen Darlehen und der Zinsaufwendungen[263]. In zeitlicher Hinsicht verläuft die Prüfungsplanung simultan zur Prüfungsdurchführung und -überwachung, da aufgrund der Unsicherheit

---

    pro Prüfungszeiteinheit zu. Siehe **Dörner** (1989), S. 343 und **Stibi** (1995), S. 181. Eine fundierte Begründung für die Abstufung steht jedoch aus.

257 Zur Objektteilung vgl. z.B. **Drexl** (1990), S. 2.

258 Im Rahmen der Prüfungsplanung ist hier von der Gesamtplanung aller Aufträge (aus Sicht des Wirtschaftsprüfers) abzugrenzen. Zur Gesamtplanung siehe **IDW PS 240**, Tz. 25.

259 Zur Differenzierung siehe z.B. **IDW** (2012), Kap. R, Tz. 36. Die Prüfungsdurchführung und Berichterstattung sind Gegenstand der nachfolgenden Abschnitte.

260 Vgl. **Marten/Quick/Ruhnke** (2011), S. 239.

261 Vgl. **IDW** (2012), Kap. R, Tz. 73; **IDW PS 240**, Tz. 14.

262 Vgl. **Bönkhoff**, in: HWR (1992), Sp. 1921; **IDW** (2012), Kap. R, Tz. 101. Da die Merkmale ausreichend und angemessen nur vor dem Hintergrund der Wesentlichkeit interpretiert werden können, ist diese hier ebenso festzulegen, vgl. **Leffson** (1988), S. 160. Die Prüfungsstrategie wird demnach durch das Programm umgesetzt, siehe **IDW PS 240**, Tz. 18.

263 Vgl. **von Wysocki** (1988), S. 271; **IDW** (2012), Kap. R, Tz. 157; **Leffson** (1988), S. 163.

über zukünftige Ereignisse die Ergebnisse der laufenden Prüfung ex ante nicht in der Planung berücksichtigt werden können und die Planung demnach ggf. iterativ fortschreiben[264]. In praxi werden die erlangten Informationen über die Unternehmung, die identifizierten Risiken und weitere Erkenntnisse in einem Planungsmemorandum dokumentiert, welches zusammen mit dem Prüfungsprogramm (üblicherweise als Anlage) die wichtigsten Informationen der Prüfungsplanung dokumentiert[265].

4.3.3 Prüfungshandlungen

4.3.3.1 Systemprüfung

Basierend auf der Differenzierung des Risikomodells wird der Teilprozess Prüfungsdurchführung in die Systemprüfung (IR und CR des Risikomodells tangierend) sowie aussagebezogene Prüfungshandlungen (DR tangierend) eingeteilt.

Im Allgemeinen werden im Rahmen der Systemprüfung „betriebswirtschaftliche Organisationsstrukturen mit einem zugeteilten Aufgabenbereich", die für die Verarbeitung der Geschäftsvorfälle zuständig sind, untersucht[266]. Speziell handelt es sich um ein von der Unternehmung implementiertes Internes Kontrollsystem (IKS), welches alle Methoden und Maßnahmen umfasst, die das Ziel haben, das Vermögen zu schützen, die Genauigkeit und Zuverlässigkeit der Abrechnungsdaten zu gewährleisten, die Effizienz der Arbeitsabläufe zu fördern sowie die Einhaltung der Geschäftspolitik zu unterstützen[267]. So kann bspw. zur Verarbeitung der Geschäftsvorfälle im Personalbereich ein Internes Kontrollsystem implementiert werden[268]. Aus der Kenntnis über die Funktionsfähigkeit des IKS

---

264 Vgl. **Leffson** (1988), S. 156; **Bönkhoff**, in: HWR (1992), Sp. 1525; **Lück** (1999), S. 74.
265 Vgl. **IDW** (2012), Kap. R, Tz. 159.
266 Vgl. **Pfitzer/Schmidt**, in: HWRP (2002), Sp. 2336; Zitat **ebenda**. Durch die Systembetrachtung, die es erlaubt Subsysteme zu isolieren und zu analysieren, kann eine Komplexitätsreduktion erreicht werden, die jedoch keine Rückschlüsse der Subsysteme auf das Gesamtsystem verhindert, vgl. **Leffson** (1988), S. 226 f.
267 Vgl. **Pougin**, in: FS von Wysocki (1985), S. 224; **Wanik**, in: HWR (1992), Sp. 896 f.
268 In praxi werden Systemprüfungen zumeist transaktionskreisbezogen durchgeführt, wie Beschaffung/Einkauf, Produktions- und Lagermanagement, Personalmanagement, Beteiligungsmanagement, Finanzmanagement, Investitions- und Instandhaltungsmanagement sowie Rechnungswesen/Jahresabschlusserstellung, vgl. **IDW** (2012), Kap. R, Tz. 348.

wird angenommen, über die Verarbeitung einer Vielzahl einzelner Geschäftsvorfälle schließen zu können[269].

Im Vergleich zum klassischen Soll-Ist-Vergleich handelt es sich bei Systemprüfungen um komplexe Vergleichsprozesse[270]. Grundsätzlich wird ein Soll-Objekt in Form einer befriedigenden Lösung (anstatt eines „Idealsystems") für das IKS formuliert, ein weiteres Soll-Objekt für das von der Unternehmung gewollte IKS sowie schließlich das Ist-Objekt als tatsächlich vorhandenes IKS, weshalb man von einem integralen Vergleichsprozess von drei Vergleichsobjekten ausgeht[271]. In praxi wird häufig die Fragebogentechnik[272] herangezogen, der ein allgemein gehaltenes befriedigendes Soll-Objekt zugrunde liegt[273]. Als weitere Informationsquellen zur Erfassung des von der Unternehmung gewollten IKS kommen z.B. Organigramme und Stellenbeschreibungen, Verfahrens- und Prozessbeschreibungen, Richtlinien und Arbeitsanweisungen, Zeichnungsberechtigungen sowie Formulare in Frage[274]. Zusätzlich können Arbeitsabläufe beobachtet werden, Mitarbeiter befragt werden und im IKS verarbeitete Geschäftsvorfälle eingesehen bzw. komplett nachverfolgt werden (sog. Walkthrough)[275]. Neben der Erfassung des eigentlichen Systems ist das Kontrollumfeld zu analysieren, da ein IKS nur in einem günstigen Kontrollumfeld funktionieren kann[276].

---

269 Vgl. **Egner** (1980), S. 108.
270 Vgl. **Buchner** (1997), S. 239. Aufgrund der Komplexität wird der Systemprüfung daher teils die Einstufung als „Soll-Ist-Vergleich" verweigert, so z.B. **Gans** (1986), S. 440. Die Herangehensweise an den komplexen, iterativen Soll-Ist-Vergleich im Rahmen der Systemprüfung kann durch den Informationsverarbeitungsansatz beschrieben werden, siehe zu einer besonders gelungenen Darstellung **Gans** (1986), S. 345.
271 Vgl. **Knop**, WPg 1984, S. 316 und **Quick** (1996), S. 361.
272 Mögliche Fragestellungen finden sich z.B. in **IDW** (2012), Kap. R, Tz. 350-356.
273 Vgl. **Leffson** (1988), S. 231; **von Wysocki** (1988), S. 167; **Buchner** (1997), S. 230. Unter Berücksichtigung der Besonderheiten der jeweiligen Unternehmung durch Anpassung des Fragebogens kann diese Herangehensweise als grundsätzlich geeignet angesehen werden, sofern die Grenzen der Fragebogentechnik beachtet werden; wenngleich sie Risiken birgt, siehe **Quick** (1996), S. 364.
274 Vgl. **IDW** (2012), Kap. R, Tz. 308; **Pfitzer/Schmidt**, in: HRWP (2002), Sp. 2346.
275 Vgl. **IDW** (2012), Kap. R, Tz. 313 und 325. Teilweise wird damit bereits das tatsächlich implementierte – gemeinsam mit dem gewollten – IKS geprüft.
276 Vgl. **IDW** PS 261 n.F., Tz. 43. So sind z.B. die Bedeutung von Integrität und ethischen Werten, die Bedeutung fachlicher Kompetenz der Mitarbeiter und der Führungsstil Einflussfaktoren auf das Kontrollumfeld, vgl. **IDW** (2012), Kap. R, Tz. 276.

Im Anschluss an die sog. Aufbauprüfung wird untersucht, ob das von der Unternehmung gewollte IKS tatsächlich dem Ist-Objekt entspricht (sog. Transformationsprüfung), da hiervon nicht in allen Fällen ohne weitere Nachweise ausgegangen werden kann[277]. Hierzu werden in der Regel Funktionstests (im Rahmen der sog. Funktionsprüfung) von Kontrollen durchgeführt[278]. Eine Kontrolle kann bspw. die Zählung der Anzahl von Gegenständen sein, bevor diese an einen Kunden ausgeliefert werden, um so eine korrekte Rechnungsstellung zu gewährleisten[279]. Im Rahmen der Prüfung der Kontrolle wird u.a. untersucht, ob der Ablauf der Kontrolle dem zuvor im Rahmen der Aufbauprüfung beschriebenen Ablauf entspricht, ob auf Fehler reagiert wird und ob die Reaktion auf Fehler angemessen ist[280]. Ergeben sich aus der Funktionsprüfung keine wesentlichen Abweichungen, so ist das von der Unternehmung gewollte Soll-Objekt auf das Ist-Objekt übertragbar[281]. Abweichungen zwischen dem zuvor durch den Prüfer konstruierten, befriedigenden Soll-Objekt (z.B. approximiert durch einen Fragebogen) und dem Ist-Objekt sind festzustellen und zu bewerten[282].

Aufgrund der Tatsache, dass selbst als Idealsystem ausgestaltete IKS nicht deterministisch sind, sondern stochastischen Einflüssen unterliegen (z.B. durch menschliche Fehlleistungen), kann keine ausreichende Prüfungssicherheit auf Basis eines IKS erreicht werden und es sind weitere, sog. aussagebezogene Prüfungshandlungen erforderlich[283]. Diese können jedoch zielbezogener durchgeführt werden, wenn zeitlich vorgelagert Systembeurteilungen vorgenommen worden sind[284].

---

277 Vgl. **von Wysocki** (1988), S. 167.
278 Vgl. **IDW** (2012), Kap. R, Tz. 337.
279 Vgl. **Knop**, WPg 1984, S. 318 mit weiteren Beispielen. Sofern die Kontrollen nicht gekennzeichnet werden (sichtbarer Prüfungspfad), können fehlerbehaftete Geschäftsvorfälle fingiert werden, vgl. **Leffson** (1988), S. 234. Besondere Bedeutung kommt der Funktionstrennung zu: Durch Aufgabenverteilung von operativen, verwaltenden und abrechnenden Funktionen auf mehrere Personen kann den Zielen eines IKS entsprochen werden, vgl. **Horváth**, in: HWR (1992), Sp. 890.
280 Vgl. **IDW** (2012), Kap. R, Tz. 338.
281 Vgl. **Knop**, WPg 1984, S. 350.
282 Vgl. **Kroneberger** (1980), S. 210.
283 Vgl. **Pfitzer/Schmidt**, in: HWRP (2002), Sp. 2342; **Quick** (1996), S. 43.
284 Vgl. z.B. **Sperl** (1978), S. 233.

4.3.3.2 Aussagebezogene Prüfungshandlungen

Aussagebezogene Prüfungshandlungen sind (im Prüfungsrisikomodell) als Reaktion auf das geschätzte Fehlerrisiko zu interpretieren, um das gewünschte Prüfungsrisiko zu erreichen. Art und Intensität der aussagebezogenen Prüfungshandlungen hängen damit unmittelbar vom geschätzten Fehlerrisiko ab[285]. Aussagebezogene Prüfungshandlungen sind zunächst in die analytischen Prüfungshandlungen und die Einzelfallprüfungen (sog. Detailprüfungen) zu differenzieren[286]. Analytische Prüfungshandlungen können insbesondere dadurch charakterisiert werden, dass sie keine einzelnen Geschäftsvorfälle detailliert untersuchen, sondern auf aggregierten Größen, also einer Vielzahl von Geschäftsvorfällen, beruhen (sog. Globalprüfung)[287]. Es werden Daten zueinander ins Verhältnis gesetzt, um die wirtschaftliche Plausibilität zu beurteilen und ggf. auffällige Abweichungen zu untersuchen[288]. Die Grundstruktur einer analytischen Prüfungshandlung kann in die Prognose des Soll-Objekts, den Vergleich des Soll-Objekts mit dem Ist-Objekt sowie ggf. die Beurteilung einer Differenz zerlegt werden[289]. Voraussetzung für die Durchführung von analytischen Prüfungshandlungen ist das Vorliegen von Zusammenhängen zwischen den Daten sowie ein fundiertes Verständnis der Zusammenhänge[290]. So könnten z.B. Bestände dadurch untersucht werden, dass die maximale Lagerkapazität mit den angegebenen Lagermengen verglichen wird[291]. Aufgrund der Nutzung von Vergleichsgrößen als Soll-Objekt (statt unmittelbar normabgeleitete Soll-Objekte) handelt es sich um sog. indirekte Prüfungshandlungen[292]. Mögliche analytische Prüfungshandlun-

---

285 Vgl. **Leffson** (1988), S. 264. Aus diesem Grund wird darauf verwiesen, dass aussagebezogene Prüfungshandlungen im Anschluss an Systemprüfungen sachgerechter und gezielter angewendet werden können, vgl. **Heese**, WPg-Sonderheft 2003, S. S227.
286 Vgl. **Lück** (1999), S. 115.
287 Vgl. **Quick** (1999), S. 210.
288 Vgl. **Marten/Quick/Ruhnke** (2011), S. 291 f.
289 Vgl. **IDW** (2012), Kap. R, Tz. 358. Dabei handelt es sich nicht um einen klassischen Soll-Ist-Vergleich, sondern wiederum um einen iterativen Soll-Ist-Vergleich, bei dem Abweichungen ggf. zu Soll-Objekt-Anpassungen und neuen Soll-Ist-Vergleichen führen, vgl. **Marten/Quick/Ruhnke** (2011), S. 296, die basierend auf dem Informationsverarbeitungsansatz den iterativen Soll-Ist-Vergleich visualisieren.
290 Vgl. **IDW** PS 312, Tz. 6; **IDW** (2012), Kap R, Tz. 360 mit Beispielen.
291 Vgl. **Leffson** (1988), S. 138.
292 Vgl. **Peemöller**, in: HWR (1992), Sp. 344. Im Gegensatz dazu wird bei direkten Prüfungshandlungen das Soll-Objekt unmittelbar aus Normen konstruiert, vgl. **ebenda**.

gen können z.B. als Trendanalyse (chronologisch, bspw. Umsatzerlöse des Vorjahres zu denen des aktuellen Jahres) oder Kennzahlenanalyse (bspw. Verhältnis von Personalaufwand zu Umsatzerlösen) ausgestaltet sein[293]. Auch können Daten herangezogen werden, die unabhängig von der Finanzbuchhaltung sind, wie bspw. verkaufte Stückzahlen, Zinssätze, Arbeitsstunden oder Anzahl Arbeitnehmer[294].

Neben analytischen Prüfungshandlungen werden die einzelfallbezogenen Prüfungshandlungen zu den aussagebezogenen Prüfungshandlungen gezählt. Im Gegensatz zur Systemprüfung und zur analytischen Prüfung werden – abgesehen von den dort durchführbaren sog. „dual-purpose-tests"[295] – im Rahmen der einzelfallbezogenen Prüfung einzelne Sachverhalte detailliert untersucht. Gem. IDW PS 300, Tz. 14 zählen die Einsichtnahme/Inaugenscheinnahme, Beobachtung, Befragung/Bestätigung, Berechnung sowie das Nachvollziehen zu den Techniken der Einzelfallprüfung. Die Maßnahmen führen zu einem „klassischen" Soll-Ist-Vergleich von einzelnen Geschäftsvorfällen und Beständen, die sich als einzelne Aussage in der Rechnungslegung wiederfinden[296]. Aufgrund der Tatsache, dass Vollprüfungen, also Prüfungen sämtlicher Geschäftsvorfälle, i.d.R. weder erwartet noch praktikabel sind, werden Teilmengen der Gesamtmenge der Geschäftsvorfälle herangezogen[297]. Hierzu werden Methoden der bewussten Auswahl sowie der Zufallsauswahl genutzt[298]. Bei der bewussten Auswahl können die Konzentrationsauswahl (relative oder absolute Bedeutung der Sachverhalte maßgeblich), die Auswahl typischer Elemente (ähnlich der Klumpenauswahl, bei der repräsentative Klumpen entnommen werden) sowie die detektivische Auswahl (aufgrund des „Spürsinns"[299] des Prüfers als potentiell fehlerbehaftet eingestufte Sachverhalte werden entnommen) zur Anwendung

---

293 Vgl. **IDW** (2012), Kap. R, Tz. 365.
294 Vgl. **IDW** (2012), Kap. R, Tz. 372; **IDW** PS 312, Tz. 7. Ähnliche Verfahren wendet die Finanzverwaltung im Rahmen der Schätzung von Steuerbemessungsgrundlagen an, vgl. **Peemöller**, in: HWR (1992), Sp. 345.
295 Siehe hierzu z.B. **Leffson** (1988), S. 234 f.
296 Vgl. **IDW** PS 300, Tz. 25.
297 Siehe z.B. **Lanfermann**, in: HWR (1992), Sp. 1855; **Schmidt**, in: HWRP (2002), Sp. 2279; **von Wysocki** (1988), S. 171; **Leffson** (1988), S. 165 f.; **IDW** PS 300, Tz. 26. In bestimmten Fällen bietet sich die lückenlose Prüfung indes an, vgl. **Lück** (1999), S. 126.
298 Vgl. **Peemöller**, in: HWR (1992), Sp. 345.
299 **Loitlsberger** (1966), S. 92.

gelangen[300]. Ein wesentlicher Nachteil der bewussten Auswahl ist, dass die Ergebnisse nicht repräsentativ für die Gesamtpopulation sind[301]. Durch eine Zufallsauswahl können hingegen aufgrund von statistischen Gesetzmäßigkeiten mit einer quantifizierbaren Sicherheit Aussagen über die Gesamtpopulation getroffen werden[302].

Als Sonderfall sei auf die Prüfung von geschätzten Werten hingewiesen, die bspw. in zukünftigen Abschreibungsverläufen oder zur Ermittlung von Rückstellungen benötigt werden[303]. Sie setzen sich aus den Komponenten „Daten" und „Annahmen" zusammen, die mittels Berechnungen zu Aussagen führen[304]. Ansetzend an den Komponenten sind die Daten einerseits zu prüfen (z.B. durch Abgleich mit der Quelle aus dem Rechnungswesen) und andererseits Annahmen zu plausibilisieren (z.B. anhand der Erfahrung aus vergangenen Geschäftsjahren)[305].

4.3.3.3 Ausgewählte Prüfungsnachweise

Als ausgewählte Prüfungsnachweise werden Nachweise Dritter im Folgenden beschrieben (mit Ausnahme der Vollständigkeitserklärung, welche von einem Unternehmensorgan stammt), die in der Regel einen höheren Zuverlässigkeitsgrad aufweisen als interne Informationen[306]. Im Rahmen der Abschlussprüfung können z.B. Vollständigkeitserklärungen, Bestätigungen für von Dritten verwahrte Vermögen (nach Art, Anzahl und ggf. Zustand), Saldenbestätigungen

---

300 Vgl. **Leffson** (1988), S. 168; **Marten/Quick/Ruhnke** (2011), S. 314 f.; **von Wysocki** (1988), S. 176-179. Die „Auswahl aufs Geratewohl", die auf keinerlei sachlichen Erwägungen beruht, wird abgelehnt, vgl. **IDW** (2012), Kap. R, Tz. 122.
301 Vgl. **Loitlsberger** (1966), S. 92.
302 Vgl. **Lück** (1999), S. 129; **Lanfermann**, in: HWR (1992), Sp. 1858. Zu verschiedenen Verfahren vgl. z.B. **Marten/Quick/Ruhnke** (2011), S. 315-319 und **IDW** (2012), Kap. R, Tz. 133 f.
303 Vgl. **Witte**, in: FS von Wysocki (1985), S. 182.
304 Vgl. **Ruhnke/Schmidt**, WPg 2003, S. 1045.
305 Vgl. **IDW** PS 314, Tz. 41, 48. Zur Schwierigkeit der Prüfung von Annahmen vgl. ausführlich **Ruhnke/Schmidt** (2005), S. 586 f.
306 Dennoch sind auch Nachweise externer Dritter nicht als absolut sicher einzustufen, da bewusste oder unbewusste Fehler vorliegen können, vgl. **Leffson** (1988), S. 274. Interne Informationen können wiederum in Abhängigkeit ihrer Art (Inaugenscheinnahme, schriftliche Erklärungen oder mündliche Auskünfte) sowie ihrer Quelle (gesetzliche Vertreter, Mitarbeiter) verschiedene Verlässlichkeitsgrade aufweisen, vgl. **IDW** PS 300, Tz. 39. Die Prüfung der Echtheit der Nachweise ist nach Verlautbarung des IDW nicht gefordert, sofern hierfür keine Anhaltspunkte bestehen, vgl. **IDW** PS 300, Tz. 9, 40.

(für Forderungen und Verbindlichkeiten), Bankbestätigungen, Rechtsanwaltsbestätigungen, Bestätigungen von Sachverständigen und Tätigkeiten von Teilbereichsprüfern als solche Nachweise angefordert werden[307].

Während bei den Nachweisen von Dritten (verwahrte Vermögen, Salden-, Bank- und Rechtsanwaltsbestätigungen) vergleichsweise geringe Anforderungen gestellt werden (Durchführung der Anfrage sowie Qualifikation des Antwortenden[308]), ist das „verwerten"[309] von Arbeiten von Sachverständigen und Tätigkeiten von Teilbereichsprüfern an restriktive Voraussetzungen geknüpft[310]. So muss z.B. bei der Verwertung von Tätigkeiten eines Teilbereichsprüfers im Rahmen der Konzernabschlussprüfung i.S.d. § 317 Abs. 3 S. 2 HGB bei bedeutenden Teilbereichen eine direkte Beteiligung des Abschlussprüfers gegeben sein[311]. Bei der Verwertung von Arbeiten eines für den Abschlussprüfer tätigen Sachverständigen, z.B. zur Schätzung von Öl- und Gasreserven, zur Bewertung von Umweltverpflichtungen oder Grundstücken und Gebäuden, wird ein Verständnis über das Fachgebiet des Sachverständigen verlangt, um insbesondere die Eignung der Arbeit des Sachverständigen selbständig beurteilen zu können[312]. Wiederum wird verlangt, dass der Sachverständige hinsichtlich seiner Kompetenz, seiner Fähigkeiten und seiner Qualifikation untersucht wird[313]. Anhaltspunkte können z.B. Gespräche mit dem Sachverständigen oder mit Personen, die mit

---

307 Vgl. z.B. **Lück** (1999), S. 149, 154 . Zu den Methoden der positiven und negativen Anfrage und zu Anforderungen an die Durchführung siehe z.B. **Breycha**, in: HWR (1992), Sp. 1736-1740. Das IDW teilt die Nachweise anhand der Nachweiserteilenden in „Dritte" gem. **IDW** PS 302 n.F., „Teilbereichsprüfer" gem. **IDW** PS 320 n.F. sowie „Sachverständige" gem. **IDW** PS 322 n.F. ein. Zur inhaltlichen Ausgestaltung der verschiedenen Anfragen siehe z.B. **Niemann** (2008), S. 175-180.

308 Siehe z.B. **Marten/Quick/Ruhnke** (2011), S. 398 f.

309 Durch den Begriff „Verwertung" im Gegensatz zum vorherigen Begriff der „Übernahme" wird diesem Umstand Rechnung getragen, vgl. **Bieg et al** (2009), S. 214 f.

310 Grundsätzlich sind die Untersuchungsmerkmale identisch: Die Würdigung des Dritten und die Würdigung seiner Arbeit, wobei in Abhängigkeit des Umfangs der Verwendung restriktive oder weniger restriktive Untersuchungen vom Abschlussprüfer gefordert werden. Zu den Merkmalen vgl. **Rusch**, in: FS von Wysocki (1985), S. 263.

311 Vgl. **Schmidt**, in: Förschle/Grottel/Schmidt/Winkeljohann (2014), § 317 Rz. 202; zu den Mindestanforderungen einer „direkten Beteiligung" siehe **ebenda**. Wie über die Unternehmung eine „Gewinnung eines Verständnisses der Geschäftstätigkeit" gefordert wird, fordert **IDW** PS 320 n.F., Tz. 16 eine „Gewinnung eines Verständnisses über Teilbereichsprüfer".

312 Vgl. **IDW** PS 322 n.F., Tz. 13, A1.

313 Vgl. **IDW** PS 322 n.F., Tz. 12.

Arbeiten des Sachverständigen vertraut sind, Qualifikationen des Sachverständigen (Berufszulassungen oder Mitgliedschaften) sowie wissenschaftliche Veröffentlichungen sein[314]. Schließlich wird die Verantwortung des Abschlussprüfers für ein Prüfungsurteil nicht dadurch verringert, dass er die Arbeiten Sachverständiger oder Teilbereichsprüfer bei seiner Urteilsfindung berücksichtigt[315].

Der einzige genannte Nachweis, der nicht aus einer externen Quelle stammt, ist die sog. Vollständigkeitserklärung[316]. Im Rahmen der Abschlussprüfung würde sie regelmäßig eingeholt, um „Lücken (zu) schließen, die erfahrungsgemäß auch bei fachgerechter Prüfung und kritischer Untersuchung des Jahresabschlusses offen bleiben"[317]. Inhaltlich entspricht sie einer schriftlichen Erklärung der gesetzlichen Vertreter der Unternehmung, dass die erteilten Nachweise und Aufklärungen vollständig sind, dass alle relevanten Informationen zur Verfügung gestellt worden sind, alle Geschäftsvorfälle erfasst und im Abschluss wiedergegeben sind und nach dem Abschlussstichtag eingetretene Ereignisse entsprechend im Abschluss oder Lagebericht berücksichtigt worden sind[318]. Im Kern dürften die Funktionen der Vollständigkeitserklärung, insbesondere, da sie nicht als Ersatz für Prüfungshandlungen, sondern lediglich als Ergänzung zur Prüfung anzusehen ist[319], auf zwei Aspekte beschränkt sein: Zum einen auf die Hinweisfunktion und zum anderen auf die Exkulpationsfunktion. Die Hinweisfunktion ist darin zu sehen, dass die gesetzlichen Vertreter ausdrücklich schriftlich erklären, dass sie keine Vorgänge kennen, die Auswirkungen auf die Darstellungen im Abschluss oder Lagebericht hätten[320]. Die Exkulpationsfunktion leitet sich

---

314 Vgl. **IDW** PS 322, Tz. A10.
315 Vgl. **Rusch**, in: FS von Wysocki (1985), S. 265; **IDW** PS 322 n.F., Tz. 7; **IDW** PS 320 n.F., Tz. 11.
316 Die hier beschriebene Vollständigkeitserklärung ist nicht mit der Vollständigkeitserklärung i.S.d. § 10 VerpackV zu verwechseln, die u.a. über Materialart und Gewicht von Verkaufsverpackungen informiert, vgl. **Noodt/Lohmann**, WPg 2009, S. 454. Auf die Vollständigkeitserklärung besteht, auch nicht aus § 320 HGB, kein Rechtsanspruch.
317 **IDW** (2012), Kap. R, Tz. 884; **Strieder**, BB 2000, S. 299; **Schmidt/Heinz**, in: Förschle/Grottel/Schmidt/Winkeljohann (2014), § 320 Rz. 13.
318 Vgl. **IDW** PS 303 n.F., Tz. 24-26.
319 Vgl. zur Ergänzungsfunktion z.B. **Adler/Düring/Schmaltz** (2000), § 320 Tz. 33 und **Baetge/Göbel**, in: Küting/Pfitzer/Weber, § 320 Tz. 22 (2014).
320 Vgl. **Leffson** (1988), S. 271 f., ohne jedoch explizit auf die „Hinweisfunktion" einzugehen. Gleichzeitig werden die gesetzlichen Vertreter nochmals darauf hingewiesen, dass die Rechnungslegung in ihrer Verantwortung steht, vgl. **Leffson** (1988), S. 272.

insbesondere daraus ab, dass Geschäftsvorfälle ohne direkten Bezug zur Rechnungslegung nur schwerlich im Rahmen einer Prüfung zu entdecken sind, oder im Falle der absichtlichen Nichtoffenlegung kaum greifbar sind[321]. In diesen Fällen könnte eine Erklärung der gesetzlichen Vertreter über die Vollständigkeit der erteilten Auskünfte und Nachweise Ansatzpunkt für Exkulpationsversuche sein[322].

4.3.4 Urteilsbildung und -mitteilung

Das vom Prüfer abzugebende vertrauenswürdige Urteil basiert auf einer Vielzahl Soll-Ist-Vergleiche in heterogener Ausgestaltung[323]. Die Vergleiche führen zu Übereinstimmungen oder zu qualitativen oder quantitativen Abweichungen, die einer Aggregation zum Gesamturteil bedürfen[324]. Dies erscheint in Abwesenheit von Abweichungen aus den einzelnen Soll-Ist-Vergleichen unmittelbar aus den Einzelurteilen möglich: Das Gesamturteil muss ebenfalls auf „richtig" lauten[325]. Bei Vorliegen von Abweichungen kann das Gesamturteil über Zwischenschritte erreicht werden: So könnten ordnungsmäßige Verbuchungen auf einem Konto die Einstufung des Kontos als zuverlässig erlauben, welches wiederum in Verbindung mit anderen geprüften Konten zur Zuverlässigkeit eines Jahresabschlusspostens führen kann, welcher wiederum in Verbindung mit anderen Jahresabschlussposten zur Zuverlässigkeit des geprüften Abschlusses aggregiert werden kann[326]. Einzelne Abweichungen können, sofern Homogenität vorliegt, zu einem Fehler zusammengefasst werden, der vor dem Hintergrund der Wesentlichkeit beurteilt werden könnte[327]. Qualitative Abweichungen können einerseits mit quantitativen Abweichungen verbunden sein, wie z.B. bei Vorliegen von Schwächen im IKS, andererseits können sie aufgrund ihrer Bedeutung unmittelbar Auswirkung auf das Gesamturteil haben, wie z.B. eine un-

---

321 Vgl. **IDW** (2012), Kap. R, Tz. 884 zu den Geschäftsvorfällen ohne Niederschlag in der Rechnungslegung.
322 Siehe z.B. zu einem Exkulpationsversuch **BGH**, Urteil vom 10.12.2009, DStR 2010, S. 340.
323 Vgl. **Drexl** (1990), S. 23.
324 Vgl. **Lück** (1991), S. 164.
325 Vgl. **von Wysocki** (1988), S. 154. Et vice versa im Falle ausschließlich vorliegender Abweichungen, vgl. **ebenda**.
326 Vgl. **Leffson** (1988), S. 310.
327 Vgl. **Leffson** (1988), S. 310.

zutreffende Darstellung der Lage der Unternehmung im Lagebericht[328]. In praxi wird der komplexe Prozess der Aggregation der Einzelurteile regelmäßig dadurch simplifiziert, dass auf die Korrektur (wesentlicher) aufgedeckter Soll-Ist-Abweichungen hingewirkt wird, sodass letztlich eine Aggregation von positiven Einzelurteilen vorgenommen werden kann[329].

Im Anschluss an die Urteilsbildung erfolgt die Urteilsmitteilung. Gemäß § 322 Abs. 1 S. 1 HGB hat der Abschlussprüfer das Ergebnis der Prüfung in einem Bestätigungsvermerk[330] zum Jahresabschluss oder zum Konzernabschluss zusammenzufassen. Aus dem Bestätigungsvermerk müssen gem. § 322 Abs. 1 S. 2 HGB Gegenstand, Art und Umfang der Prüfung und die dabei angewandten Rechnungslegungs- und Prüfungsgrundsätze hervorgehen; ferner hat er eine Beurteilung des Prüfungsergebnisses zu enthalten[331]. Der Bestätigungsvermerk enthält gem. IDW PS 400, Tz. 17 die folgenden Bestandteile: Überschrift, einleitender Abschnitt, beschreibender Abschnitt, Beurteilung durch den Abschlussprüfer, ggf. Hinweis zur Beurteilung des Prüfungsergebnisses sowie ggf. Hinweis auf Bestandsgefährdung; er ist ferner gem. § 322 Abs. 7 S. 1 HGB eigenhändig unter Angabe von Ort und Datum zu unterzeichnen und gem. § 48

---

328 Vgl. **Leffson** (1988), S. 312. Zur Einschränkung eines Bestätigungsvermerks bei Vermittlung einer unzutreffenden Lage der Unternehmung im Lagebericht siehe **Grottel**, in: Förschle/Grottel/Schmidt/Winkeljohann (2014), § 289 Rz. 170.

329 Vgl. **von Wysocki** (1988), S. 251. Hierbei handelt es sich jedoch nicht um eine simple Summe der Beurteilungen, sondern um gewichtete Einzelergebnisse mit der abschließenden Würdigung, ob die Buchführung, der Jahresabschluss sowie der Lagebericht den gesetzlichen Vorschriften u.a. Normen entsprechen, vgl. **IDW PS 400**, Tz. 9.

330 Sofern es sich nicht um eine Abschlussprüfung i.S.d. § 317 HGB handelt, d.h. es liegen ein anderer Prüfungsgegenstand oder eine geringere Prüfungsintensität vor, darf kein Bestätigungsvermerk erteilt werden, stattdessen werden in diesem Fall Bescheinigungen erteilt, die ebenso formelhaft aufgebaut sind, vgl. **IDW** (2012), Kap. Q, Tz. 1352, 1359 sowie **IDW PS 400**, Tz. 5 und **Schmidt/Poullie**, in: Förschle/Grottel/Schmidt/Winkeljohann (2014), § 321 Rz. 128. Neben dem Bestätigungsvermerk ist der Prüfungsbericht i.S.d. § 321 HGB Gegenstand der Urteilsmitteilung, welcher jedoch nicht für eine breite Öffentlichkeit bestimmt ist, vgl. **Gmelin** (1980), S. 139.

331 Die Beurteilung kann nach § 322 Abs. 2 S. 1 HGB in Ausgestaltung eines uneingeschränkten (Nr. 1), eingeschränkten (Nr. 2) Bestätigungsvermerks, oder eines Versagungsvermerks (Nr. 3 und 4 in Abhängigkeit der Ursache) vorgenommen werden. Zu den Voraussetzungen eines eingeschränkten Bestätigungsvermerks sowie Gründe für die Erteilung von Versagungsvermerken siehe z.B. **Schmidt/Küster**, in: Förschle/Grottel/Schmidt/Winkeljohann (2014), § 322 Rz. 50-53 sowie Tz. 70 und § 322 Abs. 4 u. 5 HGB.

Abs. 1 WPO zu siegeln[332]. Die formelhafte Ausgestaltung soll eine möglichst homogene Interpretation und damit homogene Erwartungen an das vertrauenswürdige Urteil des Prüfers hervorrufen[333]. Dass Erwartungen an das vertrauenswürdige Urteil existieren, die nicht den Erwartungen des Gesetzgebers an die Abschlussprüfung entsprechen, zeigt sich zumeist durch die öffentliche Kritik an dem Berufsstand der Wirtschaftsprüfer, wenn diese uneingeschränkte Bestätigungsvermerke erteilen und die geprüften Unternehmungen zeitnah nach Erteilung in wirtschaftliche Schieflage geraten[334].

In diesem Zusammenhang sei auf die Möglichkeit eines niedrigeren Sicherheitsniveaus hingewiesen, das Wirtschaftsprüfer im Rahmen von freiwilligen Prüfungsleistungen ihrem Urteil zugrunde legen können. Auf den Umstand des geringen Sicherheitsniveaus wird in der Bescheinigung durch die sog. negativ formulierte Aussage hingewiesen, „daß der Wirtschaftsprüfer nach kritischer Würdigung mit einer gewissen Sicherheit ausschließen kann, daß der Abschluß und ggf. der Lagebericht in wesentlichen Belangen nicht in Übereinstimmung mit den angewandten Rechnungslegungsgrundsätzen erstellt worden ist"[335]. Im Vergleich zur Abschlussprüfung stützt sich die sog. „limited assurance" im Wesentlichen auf eine Risikobeurteilung, analytische Prüfungshandlungen und Befragungen[336]. Kritisch ist darauf hinzuweisen, dass sich die Erwartungslücke durch intransparente Modifikationen des Sicherheitsniveaus verstärken dürfte.

Insgesamt ist festzuhalten, dass der Wirtschaftsprüfer aufgrund strenger Voraussetzungen an die fachliche Kompetenz, die persönliche Eignung und die Urteilsfreiheit, flankiert durch die Aufsicht durch das BMWi und die WPK, besonders geeignet ist, Prüfungen betriebswirtschaftlicher Informationen durchzuführen. Zudem kann der Wirtschaftsprüfer auf eine wissenschaftliche Auseinanderset-

---

332 Das Siegel darf gem. § 48 Abs. 1 S. 1 WPO grundsätzlich nur bei sog. Vorbehaltsaufgaben verwendet werden.
333 Vgl. **Bolsenkötter**, in: HWR (1992), Sp. 210; **Gross**, in: FS von Wysocki (1985), S. 272.
334 Vgl. **Ruhnke/Schmiele/Schwind**, zfbf 2010, S. 394; **Ruhnke/Deters**, ZfB 1997, S. 925. Die Erwartung des Gesetzgebers kommt in § 317 Abs. 1 S. 1 HGB zum Ausdruck. Hingegen scheinen die Erwartungen der Öffentlichkeit z.T. an die „Überlebenschancen" der Unternehmung geknüpft, vgl. **Loitlsberger**, JfB 1985, S. 164. Die Diskrepanz wird auch als „Erwartungslücke" bezeichnet, siehe z.B. **Marten/Köhler**, in: HWRP (2002), Sp. 703.
335 **IDW** PS 900, Tz. 6. Die Formulierung bezieht sich auf die Prüfung von Jahresabschluss und ggf. Lagebericht.
336 Vgl. **Marten/Quick/Ruhnke** (2011), S. 719 und **IDW** PS 900, Tz. 10.

zung mit dem Prüfungsprozess, dem risikoorientierten Prüfungsansatz, verschiedenen Prüfungshandlungen sowie der Urteilsbildung und -mitteilung zurückgreifen.

5 Entwicklung eines theoretischen Bezugsrahmens

5.1 Erkenntnisse aus der Neuen Institutionenökonomik

5.1.1 Einordnung und Zusammenhang ausgewählter Ansätze der Neuen Institutionenökonomik

Zur Begründung der Rechenschaft durch Berichterstattung über nichtfinanzielle Informationen und der Prüfung der Berichterstattung kann auf die Erkenntnisse der Neuen Institutionenökonomik zurückgegriffen werden. Der Begriff der Neuen Institutionenökonomik geht auf *Williamson* zurück, der in diesem Zusammenhang wesentliche Beiträge leistete[337]. Die hier betrachteten Konzepte der Neuen Institutionenökonomik beziehen sich auf Verfügungsrechte, Transaktionskosten sowie auf relationale Verträge, deren Zusammenhang durch die folgende Abbildung veranschaulicht wird[338].

Abbildung 1: Zusammenhang der ausgewählten Konzepte der Neuen Institutionenökonomik

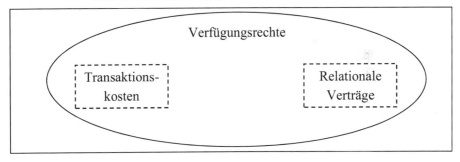

Quelle: Eigene Darstellung i.A.a. **Fischer et al.**, BFuP 1993, S. 446.

Das Konzept der Verfügungsrechte kann demnach als übergeordneter Rahmen interpretiert werden, welcher durch die Überlegungen zu Transaktionskosten und relationalen Verträgen ergänzt oder konkretisiert wird[339]. Aus diesem Grund

---

337 Vgl. **Richter**, ZWS 1990, S. 576 mit Verweis auf **Williamson** (1975), S. 1.
338 Vgl. **Burschsel/Losen/Wiendl** (2004), S. 185.
339 Vgl. **Richter**, ZWS 1990, S. 588.

sind letztgenannte Konzepte stets im Kontext der Verfügungsrechte zu würdigen.

5.1.2 Konzept der Verfügungsrechte

Anhand einer produktionsfaktorbasierten Betrachtungsweise können die Grundgedanken der Verfügungsrechte folgendermaßen abgeleitet werden: Produktionsfaktoren können als Verfügungsrechte interpretiert werden, die das Recht gewähren, über die Produktionsfaktoren durch ein Tun oder Unterlassen zu verfügen[340]. Darüber hinaus können sämtliche zwischen Individuen[341] verhandelbare Sachverhalte unter dem Begriff der Verfügungsrechte subsumiert werden[342]. Ergänzt man die Unterscheidung zwischen Privatgütern und freien bzw. öffentlichen Gütern[343], so ergibt sich eine wesentliche Erkenntnis, die zum Teil als Raison d´être der Verfügungsrechte bezeichnet wird[344]: Durch die Verteilung der Verfügungsrechte auf Individuen entstehen Privatgüter, deren Eigentümer unter Berücksichtigung zukünftiger Konsequenzen danach streben, den Nutzen aus dem Verfügungsrecht zu maximieren[345]. Die Gefahr in der Nutzung öffentlicher Güter besteht demgegenüber darin, dass zukünftige Konsequenzen unzureichend in das Nutzenkalkül der einzelnen Individuen eingehen könnten, da die Konsequenzen von vielen Individuen getragen werden und das einzelne Individuum insoweit nur partiell tangieren[346].

---

340 Vgl. **Coase**, J.L. & Econ. 1960, S. 44. Konkretisierungsformen der Verfügungsrechte können z.B. die Rechte des „Gebrauchs", der „Veränderung" und der „Übertragung" sein, vgl. **Richter/Furubotn** (2010), S. 90.

341 Individuen sind im Rahmen dieser Arbeit von Unternehmungen abzugrenzen. Letztere werden lediglich als Vertragsgeflechte gesehen, die aus Beziehungen zwischen verschiedenen Individuen bestehen, vgl. **Jensen/Meckling**, J. Financ. Econ. 1976, S. 311.

342 Vgl. **Schneider** (1997b), S. 21.

343 Öffentliche Güter sind – im Gegensatz zu freien Gütern – unter volkswirtschaftlichen Gesichtspunkten grundsätzlich begrenzt (mit Ausnahme der frei zugänglichen knappen Güter als Teilmenge der freien Güter), vgl. **Hardes/Uhly** (2007), S. 55 f.

344 Siehe **Demsetz**, AER 1967, S. 350. A.A. *Schneider*, der die Lehre der Verfügungsrechte als „kaum mehr als ein Sprachgerüst" ansieht, vgl. **Schneider** (1997b), S. 21.

345 Vgl. **Demsetz**, AER 1967, S. 355. Aufgrund (neuro-)physiologischer Grenzen können Individuen jedoch lediglich begrenzt rational handeln, vgl. **Simon** (1997), S. 331 i.V.m. **Williamson** (1975), S. 21.

346 Vgl. **Demsetz**, AER 1967, S. 354 f.; bzgl. der Umweltnutzung vgl. auch **Siebert** (1978), S. 19.

Zusammenfassend beschreiben Verfügungsrechte folglich Beziehungen zwischen Individuen und deren Handlungsspielraum in der Nutzung wirtschaftlicher Güter[347]. Die konkrete Ausgestaltung der Verteilung von Verfügungsrechten durch Vertragsbeziehungen sowie die damit verbundenen Kosten sind Gegenstand der Konzepte der Transaktionskosten und relationalen Verträge.

5.1.3 Konzept der Transaktionskosten

Unter dem Begriff der Transaktionskosten werden die Kosten der Bereitstellung und Änderung sowie der Nutzung der Institutionen subsumiert[348]. Die Institution beschreibt in diesem Zusammenhang „ein System miteinander verknüpfter, formgebundener (formaler) und formungebundener (informeller) Regeln (Normen) einschließlich der Vorkehrungen zu deren Durchsetzung", welches das Handeln der Individuen beeinflusst[349]. Transaktionskosten beschreiben demnach die Kosten, die mittelbar oder unmittelbar mit der Verteilung von Verfügungsrechten entstehen. Die folgende Abbildung zeigt weitere Differenzierungen der Transaktionskosten.

---

347 Vgl. **Richter**, ZWS 1990, S. 575.
348 Vgl. **Richter**, ZWS 1990, S. 576.
349 Vgl. **Richter/Furubotn** (2010), S. 7 m.w.N., Zitat **ebenda**, inhaltlich angelehnt an **North**, JITE 1989, S. 239. Zu umfangreicher Kritik am Konzept der Transaktionskosten siehe **Schneider** (1995), S. 265 ff.

Abbildung 2: Differenzierte Betrachtung der Transaktionskosten

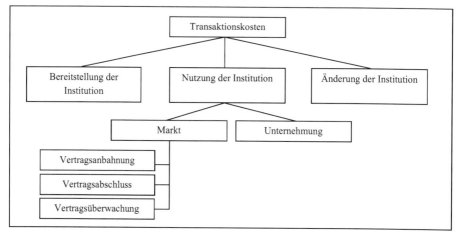

Quelle: Eigene Darstellung.

Insbesondere die Kosten der Nutzung der Institution sind im Rahmen der vorliegenden Arbeit von Bedeutung. Zunächst ist die Institution in ihren Konkretisierungsformen des Marktes und der Unternehmung abzugrenzen. Die Unternehmung stellt eine Alternative zum Markt dar. Der Markt bzw. transparent betrachtet die Marktteilnehmer bieten zu einem bestimmten Preis etwas an, das die Unternehmung konkurrierend ebenfalls zu einem bestimmten Preis anbieten kann, indem sie die Prozesse, die die Marktteilnehmer durchführen, selbst durchführt. Über die eigentlichen Kosten hinaus, die die Prozesse verursachen, bringt die Nutzung des Marktes kosten mit sich[350]. Das Korrelat hierzu bezogen auf die Unternehmung sind die Kosten für die Organisation der Prozesse in der Unternehmung[351].

Innerhalb der Transaktionskosten für die Nutzung des Marktes werden die Kosten für die Vertragsanbahnung, für den Vertragsabschluss und für die Vertragsüberwachung unterschieden. Die Kosten für die Vertragsanbahnung betreffen z.B. die Suche nach einem Vertragspartner und die Informationsbeschaffung, während die Kosten für den Vertragsabschluss unter anderem Verhandlungskos-

---

[350] Dieser Gedanke geht bereits auf **Coase**, Economica 1937, S. 390, zurück, der dieses Argument zur Rechtfertigung der Existenz der Unternehmung verwendet.

[351] Der Vergleich der Kosten innerhalb der Unternehmung und der Kosten durch die Nutzung des Marktes limitiert letztlich, so *Coase*, die Größe der Unternehmungen, vgl. **Coase**, Economica 1937, S. 395.

ten betreffen[352]. Die letzte Kategorie betrifft die Kosten für die Vertragsüberwachung, wie bspw. die Einhaltung der vereinbarten Vertragskonditionen[353].

Das Konzept der Transaktionskosten ergänzt bzw. konkretisiert die zuvor dargestellten Erläuterungen zu Verfügungsrechten. In Anknüpfung an das zuvor beschriebene Problem der unzureichenden Berücksichtigung langfristiger Konsequenzen in der Nutzung öffentlicher Güter leisten die Erkenntnisse aus dem Konzept der Transaktionskosten einen wichtigen Beitrag zum Verständnis des Problems. In einer (hypothetischen) Welt ohne Transaktionskosten gäbe es das beschriebene Problem nicht, da die Individuen aufgrund der kostenlos verfügbaren Informationen, also dem Zugang zu Informationen und der Verarbeitung von Informationen, über die Verteilung der Verfügungsrechte dafür sorgen würden, dass das Ergebnis letztlich unter Berücksichtigung langfristiger Konsequenzen optimal wäre[354]. Da eine Welt ohne Transaktionskosten lediglich eine theoretische Annahme darstellt, existieren in der Realität unzählige Fälle prohibitiv hoher Transaktionskosten, in denen die unsichtbare Hand im Sinne von *Adam Smith*[355] zu keiner optimalen Lösung führt[356].

5.1.4 Konzept der relationalen (unvollständigen) Verträge

5.1.4.1 Relationale Verträge

Im Kontext der Verfügungsrechte sind Verträge Instrumente zur Übertragung von Verfügungsrechten[357]. Relationale bzw. unvollständige Verträge zeichnen sich dadurch aus, dass – im Gegensatz zu vollständigen Verträgen – ex ante nicht alle möglichen zukünftigen Ereignisse mit ihrer Wahrscheinlichkeit ge-

---

352 Vgl. **Coase**, J.L. & Econ. 1960, S. 15 i.V.m. **Richter**, ZWS 1990, S. 577.
353 Vgl. **Coase**, J.L. & Econ. 1960, S. 15 i.V.m. **Ekkenga** (1998), S. 34.
354 Zur Welt ohne Transaktionskosten vgl. **Richter/Furubotn** (2010), S. 14.
355 Vgl. **Smith** (1759), S. 264 f.
356 Auch *Samuelson* negiert in diesem Zusammenhang die Existenz einer unsichtbaren Hand, vgl. **Samuelson**, Rev. Econ. Stat. 1958, S. 334. Als Beispiel für derart prohibitiv hohe Transaktionskosten führt *Coase* Rauchemissionen an. Die Vielzahl betroffener Vertragsparteien würde zu derart hohen Transaktionskosten führen, dass eine optimale Problemlösung im Sinne der Verteilung der Verfügungsrechte unmöglich erreicht werden könnte, vgl. **Coase**, J.L. & Econ. 1960, S. 17.
357 *Richter* vertritt die Ansicht, dass Verfügungsrechte durch Verträge auch „entstehen und vergehen", vgl. **Richter**, ZWS 1990, S. 580. Im Kern existieren diese Verfügungsrechte jedoch bereits ex ante und werden durch den Vertrag lediglich (ggf. temporär) übertragen.

wichtet berücksichtigt werden[358]. Die Berücksichtigung sämtlicher Ereignisse ist in einigen Fällen der Verteilung von Verfügungsrechten weder praktikabel, noch wünschenswert[359]. Dies betrifft insbesondere langfristige Verträge, die sich auf unsichere Ereignisse beziehen[360]. Der Arbeitsvertrag bspw. enthält als relationaler Vertrag insbesondere die Rahmenbedingungen (Arbeitsleistung und Entlohnung) und gewährt Flexibilität, statt alle zukünftigen Ereignisse ex ante zu berücksichtigen und darauf aufbauend die Leistung des Arbeitnehmers zu spezifizieren[361].

Die Vertretung eines Individuums durch ein anderes Individuum, vertraglich unter anderem wie eben als Beispiel angeführt durch einen Arbeitsvertrag regelbar, ist Gegenstand des Prinzipal-Agenten-Ansatzes bzw. des Prinzipal-Steward-Ansatzes.

5.1.4.2 Prinzipal-Agenten-Ansatz

Das dem Prinzipal-Agenten-Ansatz zugrunde liegende Problem lässt sich formal auf eine Vertragsbeziehung zwischen Individuen reduzieren, die die Vertretung zum Vertragsgegenstand hat[362]. Dabei vertritt ein Individuum (Agent) ein anderes Individuum oder mehrere andere Individuen (Prinzipal bzw. Prinzipale) und erhält hierzu Entscheidungsfreiheit[363]. Dies geschieht unter der Maxime, dass der Agent im Sinne des Prinzipals, also nutzenmaximierend für diesen, handelt[364]. Wird die Annahme eingeführt, dass der Agent selbst eine Nutzenfunktion aufweist, die er bestrebt ist zu maximieren und die von der Nutzenfunktion des Prinzipals abweichen kann, so ergibt sich zumindest theoretisch die Möglichkeit[365], dass der Agent (ggf. partiell oder situativ) in Konfliktfällen zu Guns-

---

358 Vgl. **Williamson**, J.L. & Econ. 1979, S. 236.
359 Die konkrete Abgrenzung führt *Williamson* nach den drei Kriterien Häufigkeit der Transaktionen („recurrent"), Spezifität der Investitionen („entail idiosyncratic investment") und Unsicherheit („are executed under great uncertainty") durch, vgl. **Williamson**, J.L. & Econ. 1979, S. 236. Zur Übersetzung der Begriffe siehe z.B. **Matthes** (2007), S. 19.
360 Vgl. **Williamson**, J.L. & Econ. 1979, S. 237.
361 Vgl. **Jost** (2008), S. 540 f.
362 Vgl. **Jensen/Meckling**, J. Financ. Econ. 1976, S. 309.
363 Vgl. **Jensen/Meckling**, J. Financ. Econ. 1976, S. 308.
364 Vgl. **Jensen/Meckling**, J. Financ. Econ. 1976, S. 309.
365 Durch die lediglich *theoretische Möglichkeit* soll im Rahmen des weiteren Verständnisses der Prinzipal-Agenten-Beziehungen die Annahme des Opportunismus relativiert werden. Es wird nicht angenommen, dass Individuen stets opportunistisch handeln, sondern es wird lediglich auf

ten seines eigenen Nutzens und zu Lasten des Nutzens seines Prinzipals handelt[366]. Unter der weiteren Annahme der asymmetrischen Informationsverteilung[367] zu Gunsten des Agenten ergibt sich nunmehr die Notwendigkeit, Vorkehrungen gegen opportunistisches Verhalten zu treffen[368].

Tatsächlich zeigte sich diese Notwendigkeit hinsichtlich der bekanntesten Ausprägungsform der Prinzipal-Agenten-Beziehung, der Trennung von Eigentum und Verfügungsgewalt in einer fremdgeführten Kapitalgesellschaft[369], bereits im frühen letzten Jahrhundert. Diverse Bilanzdelikte zu Gunsten der Vorstände und zu Lasten der Eigentümer von Kapitalgesellschaften führten schließlich zur Einführung einer aktienrechtlichen Abschlussprüfung im Jahre 1931[370].

Bevor auf die Vorkehrungen gegen opportunistisches Verhalten eingegangen wird, sollen zunächst die Ausprägungsformen der Informationsasymmetrien in Abhängigkeit von dem Zeitpunkt des Vertragsabschlusses und ihre Konsequenzen aufgezeigt werden. Informationsasymmetrien vor Vertragsabschluss („hidden characteristics") führen zum Problem der adversen Selektion, während ex post Informationsasymmetrien („hidden action" und „hidden intention") zum Problem des moralischen Risikos führen[371].

---

die Möglichkeit opportunistischen Handelns Bezug genommen. So auch *Fama/Jensen*, die lediglich eine höhere Wahrscheinlichkeit opportunistischen Handelns sehen, wenn Prinzipale keine Kontrollmechanismen installieren, vgl. **Fama/Jensen**, J.L. & Econ. 1983, S. 304.

366 Vgl. **Jensen/Meckling**, J. Financ. Econ. 1976, S. 308; **Elschen** (2011), S. 599.

367 Ohne Informationsasymmetrien ist der Opportunismus irrelevant, da der Prinzipal über seine Ausprägungsformen informiert ist und entsprechend handeln kann, vgl. **Fischer**, WiSt 1995, S. 321.

368 Vgl. **Richter/Furubotn** (2010), S. 100. Dabei sind die „agency costs" insgesamt zu verringern, d.h. die Zusammensetzung aus „monitoring expenditures", „bonding expenditures" und „residual loss" gilt es zu minimieren („agency costs" nach **Jensen/Meckling**, J. Financ. Econ. 1976, S. 308).

369 Die Ausführungen gelten analog für Personengesellschaften mit ähnlich ausgestalteter Trennung von Eigentum und Verfügungsgewalt.

370 Vgl. **Leffson** (1988), S. 4 f. i.V.m. **Westhoff**, DStR 2003, S. 2086. Letzterer sieht die Ursache für die Einführung der Abschlussprüfung in einem „Vertrauensverlust". Im Kern ist die Ursache jedoch sachlich auf das zuvor beschriebene Problem zurückzuführen. Der subjektive Vertrauensverlust ergibt sich aufgrund fehlender Vorkehrungen gegen bestehende Anreizstrukturen in einem nächsten Schritt.

371 Vgl. **Williamson** (1975), S. 34 i.V.m. **Richter/Furubotn** (2010), S. 218.

Ex ante Informationsasymmetrien können dazu führen, dass nur noch Agenten schlechter Qualität verbleiben, wodurch Marktversagen resultieren kann[372]. Zur Reduktion der Informationsasymmetrien können Prinzipal und Agent beiderseits Maßnahmen ergreifen[373]. Seitens des Prinzipals kann das „screening" genutzt werden, um Agenten guter Qualität von Agenten schlechter Qualität zu unterscheiden[374]. Agenten können durch „signaling" ihrerseits versuchen, dem Prinzipal ihre gute Qualität zu signalisieren[375].

Ex post Informationsasymmetrien beschreiben den abweichenden Informationsstand zwischen Prinzipal und Agent nach Vertragsabschluss. Die Leistungsabsicht und Leistungsausführung des Agenten sind nicht ohne Weiteres beobachtbar, wodurch opportunistischem Handeln Raum geschaffen wird, wie die bereits geschilderten Bilanzskandale andeuten[376]. Diesem Problem kann durch glaubhafte[377] Rechenschaft entgegnet werden, die das Informationsgefälle zwischen Agent und Prinzipal reduziert und den Prinzipal über die Leistungsabsicht und die Leistungsausführung des Agenten informiert[378].

Im Rahmen der vorliegenden Arbeit wird eine Prinzipal-Agenten-Beziehung zwischen Eigenkapitalgebern (Prinzipale) und Geschäftsführern oder Vorständen (Agenten) einer Kapitalgesellschaft betrachtet. Im Mittelpunkt steht die Reduktion der Informationsasymmetrien nach Vertragsabschluss durch glaubhafte Rechenschaft über Abschnitte innerhalb der Totalperiode der Unternehmung. Die nichtfinanzielle Berichterstattung lässt sich dadurch begründen, dass die damit verbundenen finanziellen Auswirkungen bereits in der betrachteten Teilperiode berücksichtigt werden. Als Beispiel sei die Nutzung der Luft als Aufnahmemedium für Emissionen genannt. Die Umsatzerlöse aus der Produktion (die zu Emissionen führt) werden in der Periode kommuniziert. Die nichtfinan-

---

372 Vgl. **Akerlof**, Q. J. Econ. 1970, S. 489; **Walz** (1993), S. 98.
373 Vgl. **Mühlbacher** (2007), S. 773. Als konkrete Maßnahme nennt der Autor, über die hier genannten hinaus, die „Self-selection". Diese wird jedoch hier unter dem „screening" subsumiert, da „Self-selection" als Ausprägungsform des „screening" interpretiert werden kann. Zur Beschreibung der Maßnahmen siehe auch **Schneider** (1995), S. 44 f.
374 Vgl. **Stiglitz**, AER 1975, S. 292.
375 Vgl. **Spence**, Q. J. Econ. 1973, S. 357.
376 Vgl. **Scholz/Stein**, BFuP 2010, S. 132.
377 Der Begriff der „Glaubhaftigkeit" wird im Kontext von Tatsachen, die „Glaubwürdigkeit" im Kontext von Personen verwendet, vgl. hierzu **Wünsch**, in: Koenig (2014), § 94 Rz. 6.
378 Vgl. **Ewert/Stefani** (2001), S. 153; **Busse von Colbe** (1993), S. 14.

5 Entwicklung eines theoretischen Bezugsrahmens

ziellen Auswirkungen der Umsatzerlöse, hier die Emissionen, sind ebenfalls aufzuzeigen, da sie ökonomisch derselben Periode zuzuordnen sind, auch wenn bislang keine finanziellen Auswirkungen hierdurch eingetreten sind. Der mögliche Einfluss der Emissionen in der Totalperiode wird insoweit nicht in der Teilperiode antizipiert und kommuniziert, in der das korrespondierende Ereignis (Umsatzerlös) aufgezeigt wird. Insofern ist die ausschließlich finanzielle Berichterstattung unvollständig[379] und ermöglicht Raum für opportunistisches Handeln, denn die aus Sicht des Prinzipals langfristig orientierte Wertschöpfung[380], die nichtfinanzielle Aspekte berücksichtigen müsste, könnte zu Konfliktsituationen mit der tendenziell[381] kurzfristigeren Orientierung des Agenten führen.

Die gewählte Perspektive kann darüber hinaus Informationsasymmetrien zwischen einer weiteren Vertretungsbeziehung reduzieren. Unter der Annahme, dass das Eigentum an der natürlichen Umwelt auf alle Menschen gleichermaßen verteilt ist, kann Eigentum und Verwendung auseinanderfallen[382]. So ist z.B. das Eigentum an der Luft als Aufnahmemedium für Emissionen gleichermaßen auf alle Menschen verteilt, die Verwendung wird indes – unter anderem – vielen Unternehmungen gestattet. Zwar wird in der konkreten Vertretungsbeziehung kein Vertrag zwischen Prinzipal und Agent geschlossen, dennoch kann letzterer als De-facto-Agent angesehen werden, da er (ausgenommen von seinem verhältnismäßig geringen eigenen Anteil an der natürlichen Umwelt) fremdes Vermögen verwaltet[383]. Glaubhafte Rechenschaft über die Verwendung der natürlichen Umwelt gegenüber den Eigentümern kann wiederum zur Reduktion der In-

---

379 Vgl. auch **Eiselt/Kaspereit**, KoR 2010, S. 379, zur Reduktion von Informationsasymmetrien durch Nachhaltigkeitsberichte.

380 *Haller/Ernstberger* verweisen darauf, dass insbesondere langfristige Investoren Interesse an der Nachhaltigkeitsleistung haben, vgl. **Haller/Ernstberger**, BB 2006, S. 2517. Zur Auffassung, dass Shareholder-Value-Maximierung und Nachhaltigkeit unvereinbar seien, vgl. **Beyer/Höpner**, West Eur. Polit. 2003, S. 195.

381 Unter der Annahme, dass die nichtfinanziellen Konsequenzen in der Totalperiode ohne Auswirkungen für die Unternehmung bleiben, z.B. aufgrund einer vorangehenden Liquidation, dürften Prinzipal und Agent ähnlichere Zeithorizonte aufweisen und das zuvor beschriebene Problem in diesen Fällen in seiner Intensität reduzieren.

382 Vgl. **Schellhorn** (1995), S. 28.

383 Der De-facto-Agent ist nach B73 f. des IFRS 10 eine Partei, die im Namen des Prinzipals handeln kann. Vgl. auch **Dietrich/Krakuhn/Sierleja**, IRZ 2011, S. 523. Das IIRC scheint sich als einziger Standardsetzer dieser Tatsache bewusst, siehe **IIRC** (2013), Rz. 3.21.

formationsasymmetrien beitragen und darauf aufbauend dem bereits im Rahmen der Erläuterung der Verfügungsrechte und der Transaktionskosten erläuterten Versagen der unsichtbaren Hand entgegenwirken[384]. Zwar ergeben sich aus dieser ergänzenden Perspektive keine besonderen Erkenntnisse für die im Mittelpunkt der Arbeit stehende Prüfung der Berichterstattung, freilich können sich Implikationen für eine gesetzliche Verpflichtung zur Berichterstattung und Prüfung ergeben.

Aus der Möglichkeit opportunistischen Handelns ergibt sich die Notwendigkeit einer glaubhaften Berichterstattung. Der Agent könnte seinen Informationsvorsprung nach Vertragsabschluss nutzen, um die kommunizierten Informationen zu seinen Gunsten zu manipulieren[385]. Während dies in der Finanzberichterstattung durch Bilanzskandale verdeutlicht wurde, bleiben ähnliche Konsequenzen in der Berichterstattung von nichtfinanziellen Informationen rar. Als ähnlich kritische zukünftige Konsequenz opportunistischen Verhaltens könnte bspw. die irreversible Übernutzung der Luft als Aufnahmemedium für Emissionen angesehen werden – mit dem Unterschied, dass die Sinnhaftigkeit einer daraufhin eingeführten verpflichtenden Prüfung der Berichterstattung aufgrund der Irreversibilität mehr als fragwürdig erscheint. Stattdessen könnte die Prüfung mit ihrer Präventivfunktion bzw. vorgelagert die Berichterstattung bereits heute verpflichtend eingeführt werden.

Die Prüfung bzw. die Abgabe eines vertrauenswürdigen Urteils durch unabhängige Dritte kann insofern einen Beitrag zur Steigerung der Glaubhaftigkeit der Berichterstattung leisten und Risiken reduzieren, die sich aus dem Opportunismus ergeben[386]. Dass dabei nicht unterstellt wird, dass Agenten stets eigennutzenmaximierend handeln müssen, sollen im Folgenden die Implikationen aus dem Prinzipal-Steward-Ansatz zeigen.

5.1.4.3 Prinzipal-Steward-Ansatz

Während sie grundsätzlich das gleiche Problem behandeln, die Vertretungsbeziehung, besteht der wesentliche Unterschied zwischen dem Prinzipal-Agenten- und dem Prinzipal-Steward-Ansatz in der Annahme abweichender Nutzenfunk-

---

384 Siehe Abschnitte B.5.1.3 und B.5.1.4.
385 Vgl. **Ewert/Stefani** (2001), S. 147 f.
386 Vgl. **Ruhnke**, zfbf 2003, S. 250.

tionen[387]. So wird im Rahmen des Prinzipal-Steward-Ansatzes unterstellt, dass Prinzipal und Steward keine voneinander abweichenden Ziele verfolgen, da der Steward durch soziale Faktoren, wie z.B. Anerkennung, anspruchsvolle Tätigkeiten oder die Erwartung zukünftiger Beschäftigung motiviert wird, und nicht ausschließlich durch finanzielle Faktoren[388].

Aufgrund fehlender Konfliktsituationen aus abweichenden Nutzenfunktionen ergäbe sich folglich kein Raum für Opportunismus. Zwar bestehen Informationsasymmetrien, doch bleiben diese ohne negative Folgen für den Prinzipal, da die Beteiligten die gleichen Ziele verfolgen. Aus dieser Perspektive ergibt sich keine Notwendigkeit für die glaubhafte Rechenschaft gegenüber dem Prinzipal respektive daran anschließend die Prüfung der Rechenschaft durch einen unabhängigen Dritten[389].

Zusammenfassend unterstellen beide Ansätze gewissermaßen Extremsituationen[390]. Während den Agenten Opportunismus zur Nutzenmaximierung charakterisiert, wird der Steward aufgrund der Verhaltensannahmen als stets im Interesse des Prinzipals handelnd dargestellt[391]. Tatsächlich dürfte die Realität innerhalb der Bandbreite der beiden Extrempunkte zu finden sein. Für das Vorhandensein von Opportunismus sprechen die bereits erwähnten Bilanzskandale[392]. Aus dem Prinzipal-Steward-Ansatz ergeben sich schließlich keine Auswirkungen auf die bereits abgeleitete Sinnhaftigkeit der glaubhaften Rechenschaft und der Prüfung der Rechenschaft. Durch die Ausführungen zum Prinzipal-Steward-Ansatz soll indes verdeutlicht werden, dass nicht auf die Extremkonstellation des opportunistischen Verhaltens abgestellt wird, sondern bereits innerhalb der Bandbreite der Extrempunkte das Vorhandensein von Opportunismus die Sinnhaftigkeit der Rechenschaft und Prüfung begründen kann.

---

387 Vgl. **Davis/Schoorman/Donaldson**, Acad. Manage. Rev. 1997, S. 612.
388 Vgl. **Donaldson/Davis**, Aust. J. Manag. 1991, S. 51.
389 Vgl. **Velte**, ZP 2010, S. 290.
390 Vgl. **Böcking/Dutzi/Müßig**, BFuP 2004, S. 427.
391 Vgl. **Becker/Holzmann**, zfwu 2011, S. 366.
392 Vgl. auch **Velte**, ZP 2010, S. 291; **Moxter** (1962), S. 95.

5.2 Referenzrahmen

5.2.1 Nachhaltigkeitsberichterstattung nach den G4

Die bereits angeführte Notwendigkeit einer glaubhaften Berichterstattung bezieht sich im Rahmen dieser Arbeit auf die Übereinstimmung der Berichterstattung mit einem vorgegebenen Soll-Objekt[393]. In der Finanzberichterstattung wird die Abschlussprüfung daher als eine Ordnungsmäßigkeitsprüfung bzw. Gesetzesmäßigkeitsprüfung bezeichnet, die sich gem. § 317 Abs. 1 S. 2 HGB auf die Einhaltung von gesetzlichen Vorschriften und ergänzenden Bestimmungen durch Gesellschaftsverträge oder Satzungen beschränkt[394]. Zur Objektivierung der Beurteilung der Glaubhaftigkeit der Berichterstattung werden zunächst übergeordnete Prinzipien verschiedener Normenwerke betrachtet, da die im Fokus dieser Arbeit stehende Prüfung nur anhand solcher allgemeingültiger Prinzipien vorgenommen werden kann[395].

Die Berichterstattung nach den G4 verlangt die Beachtung von vier Prinzipien zur Bestimmung des Berichtsinhalts und sechs Prinzipien zur Sicherung der Berichtsqualität, die der folgenden Abbildung zu entnehmen sind.

---

[393] Das Soll-Objekt wird anhand einer vorgegebenen Norm, z.B. den IFRS, ableitet, vgl. **von Wysocki**, DStR 2002, S. 370.
[394] Vgl. **Eisenhardt/Wader**, DStR 2010, S. 2533.
[395] Vgl. Baetge/Fischer/Paskert (1989), S. 2.

Abbildung 3: Berichtsprinzipien nach den G4

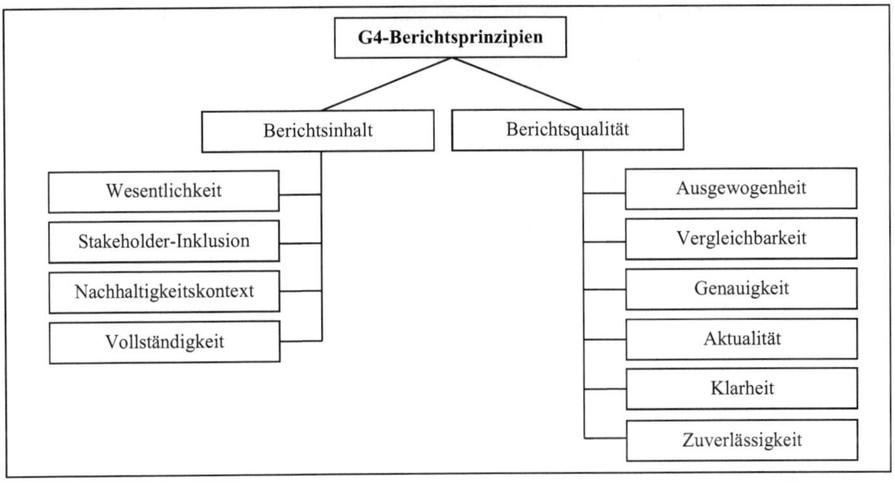

```
                        G4-Berichtsprinzipien
                        /                    \
              Berichtsinhalt              Berichtsqualität
              |                           |
              - Wesentlichkeit            - Ausgewogenheit
              - Stakeholder-Inklusion     - Vergleichbarkeit
              - Nachhaltigkeitskontext    - Genauigkeit
              - Vollständigkeit           - Aktualität
                                          - Klarheit
                                          - Zuverlässigkeit
```

Quelle: Eigene Darstellung.

Wesentlichkeit als Maßstab zur Bestimmung des Berichtsinhalts nach den G4 bestimmt sich entweder nach der ökonomischen, ökologischen oder sozialen Auswirkung eines Sachverhalts oder nach dem Einfluss auf Entscheidungen der Stakeholder[396]. Sachverhalte sind demnach auch dann wesentlich und über sie ist zu berichten, wenn sie aufgrund ihrer ökonomischen, ökologischen oder sozialen Auswirkung die Fähigkeit beeinträchtigen, dass zukünftige Generationen ihre Bedürfnisse befriedigen können, unabhängig von ihrer Entscheidungsnützlichkeit für Stakeholder[397].

Die Stakeholder-Inklusion beschreibt die Identifikation von Stakeholdern und die Berücksichtigung ihrer Erwartungen in der Berichterstattung[398]. Stakeholder werden in diesem Zusammenhang als juristische oder natürliche Personen definiert, die entweder von der Geschäftstätigkeit der Unternehmung wesentlich betroffen sind oder ihrerseits Einfluss auf die Unternehmung ausüben[399]. Vor dem Hintergrund der bereits erläuterten Wesentlichkeit besteht der einzige Erkenntnisgewinn in der Definition der Stakeholder. Darüber hinaus ergibt sich der

---

396 Vgl. **GRI** (2013b), S. 11.
397 Vgl. **GRI** (2013b), S. 11. Als Beispiel werden solche Auswirkungen genannt, die von ausgewiesenen Experten oder Sachverständigen als wesentlich eingestuft werden, vgl. **GRI** (2013b), S. 11.
398 Vgl. **GRI** (2013b), S. 9.
399 Vgl. **GRI** (2013b), S. 9.

Schwellenwert zur Berichterstattung einzig aus der Wesentlichkeit. Die Stakeholder-Inklusion weitet diese Pflicht weder aus, noch grenzt sie diese ein.

Durch den Nachhaltigkeitskontext sollen Berichtsinformationen in Relation zu einer von der betrachteten Unternehmung unabhängigen Größe gezeigt werden[400]. Ökologische Informationen sollen demnach in Verbindung mit globalen oder regionalen natürlichen Begrenzungen kommuniziert werden, z.B. die absolute Verschmutzung vor dem Hintergrund der maximalen Aufnahmekapazität des betroffenen regionalen Ökosystems, bevor es irreversibel geschädigt ist[401].

Das vierte Prinzip zur Bestimmung des Berichtsinhalts ist die Vollständigkeit. Danach ist vollständig über Sachverhalte zu berichten, die wesentliche ökonomische, ökologische oder soziale Auswirkungen haben und Stakeholdern eine Beurteilung der Berichtsperiode ermöglichen[402]. Bezüglich der zu betrachtenden Auswirkungen wird in diesem Zusammenhang auch auf Auswirkungen verwiesen, die außerhalb der Unternehmung, also z.B. bei Zulieferern oder Kunden, auftreten[403].

Um die Berichtsqualität sicherzustellen, fordert die Ausgewogenheit die unverzerrte Berichterstattung über sowohl positive als auch negative Sachverhalte[404]. Ferner soll verhindert werden, dass der Berichtsadressat durch die gewählte Darstellungsform zu falschen Schlussfolgerungen geleitet wird[405].

Zum Zwecke der Vergleichbarkeit sollen angewandte Methoden im Zeitablauf stetig verwendet werden und, sofern möglich, sollte der Aufbau des Berichts ähnlich bleiben[406]. Sofern sich Änderungen im Bereich der Methodik ergeben, werden ergänzende Informationen, wie z.B. angepasste Vorjahreswerte, zur Wahrung der Vergleichbarkeit verlangt[407].

Genauigkeit verlangt für qualitative Informationen Klarheit, angemessene Detailliertheit und Ausgewogenheit[408]. Ferner sind Aussagen durch Nachweise zu

---

400 Vgl. **GRI** (2013b), S. 10.
401 Vgl. **GRI** (2013b), S. 10.
402 Vgl. **GRI** (2013b), S. 12.
403 Vgl. **GRI** (2013b), S. 12.
404 Vgl. **GRI** (2013b), S. 13.
405 Vgl. **GRI** (2013b), S. 13.
406 Vgl. **GRI** (2013b), S. 14.
407 Vgl. **GRI** (2013b), S. 14.
408 Vgl. **GRI** (2013b), S. 15.

belegen[409]. Quantitative Informationen sind durch angemessene Datenerfassung und Datenanalyse zu belegen und die Ergebnisse müssen reproduzierbar sein[410].

Die Aktualität der Berichterstattung wird durch regelmäßige Berichterstattung über eine der Länge nach gleichbleibende Periode sowie über einen engen zeitlichen Bezug zu aktuellen Ereignissen, also eine zeitnahe Veröffentlichung, gewahrt[411].

Das Prinzip der Klarheit fordert, dass Informationen verständlich und nachvollziehbar für Stakeholder sind[412]. Informationen sollen ohne unzumutbaren Aufwand auffindbar sein und sie sollen eine adäquate Tiefe vorweisen, ohne jedoch durch überflüssige Details überlagert zu werden[413].

Das Prinzip der Zuverlässigkeit verlangt die intersubjektive Nachprüfbarkeit der Informationen. Stakeholder sollen sich darauf verlassen können, dass der Bericht von einem Dritten ohne Beanstandungen hinsichtlich der Übereinstimmung mit den G4 überprüft werden könnte[414]. Informationen sind demnach dann nachprüfbar, wenn sie z.B. durch ausreichende Quellen, Belege, Annahmen und Berechnungen gestützt werden, oder wenn sie einem internen Kontrollsystem unterliegen[415]. Sofern dies nicht der Fall ist, soll über diese Informationen nur dann berichtet werden, wenn sie Erklärungen für eventuelle Unsicherheiten liefern[416].

Überschneidungen der zuvor dargestellten Prinzipien der G4 mit Prinzipien zur integrierten Berichterstattung (IR) und mit anerkannten Prinzipien zur Finanzberichterstattung nach dem HGB, den IFRS und dem DRS 20 gehen aus der folgenden Tabelle hervor.

---

409 Vgl. **GRI** (2013b), S. 15.
410 Vgl. **GRI** (2013b), S. 15.
411 Vgl. **GRI** (2013b), S. 15.
412 Vgl. **GRI** (2013b), S. 15.
413 Vgl. **GRI** (2013b), S. 15 f.
414 Vgl. **GRI** (2013b), S. 16.
415 Vgl. **GRI** (2013b), S. 16.
416 Vgl. **GRI** (2013b), S. 16.

Tabelle 2: Überschneidungen der G4-Prinzipien

G4	IR-Framework[417]	IFRS[418]	HGB[419]	DRS 20[420]
Wesentlichkeit	Wesentlichkeit und Prägnanz	Relevanz		Wesentlichkeit
Klarheit		Verständlichkeit	Klarheit	Klarheit und Übersichtlichkeit
Vollständigkeit	Verlässlichkeit und Vollständigkeit	Glaubwürdige Darstellung	Vollständigkeit	Vollständigkeit
Ausgewogenheit				Verlässlichkeit und Ausgewogenheit
Genauigkeit		Nachprüfbarkeit		
Zuverlässigkeit			Richtigkeit und Willkürfreiheit	
Vergleichbarkeit	Stetigkeit und Vergleichbarkeit	Vergleichbarkeit		
Aktualität		Zeitnähe		
Stakeholder-Inklusion	Ausrichtung an Stakeholder-Interessen			
Nachhaltigkeitskontext	Konnektivität der Informationen			

Quelle: Eigene Darstellung.

---

417 Vgl. **IIRC** (2013), Rz. 3.3-3.57. Zur Übersetzung der Prinzipien vgl. **Haller/Zellner**, KoR 2011, S. 526. Das Prinzip der strategischen Ausrichtung und Zukunftsorientierung wurde mangels Überschneidungen nicht aufgeführt.

418 Vgl. **IFRS** CF.QC11-32.

419 Es wurden nur die sog. Rahmengrundsätze der Rechenschaft aufgeführt, da diese als Grundlage jeder entscheidungsnützlichen Information gelten, vgl. **Leffson** (1987), S. 179 und S. 197-235 und **Moxter**, in: FS Leffson (1976), S. 90 f. Zu einem Auszug der wichtigsten Grundsätze für rechnungslegende Kaufleute siehe z.B. **Förschle/Usinger**, in: Förschle/Grottel/Schmidt/Winkeljohann (2014), § 243 Rz. 31 und **Baetge/Kirsch/Thiele** (2012), S. 144. Nach *Leffson* sind die Rahmengrundsätze – neben den Abgrenzungsgrundsätzen und ergänzenden Grundsätzen – Teilmenge der oberen Grundsätze der Rechenschaft, vgl. **Leffson** (1987), S. 179. Daneben existieren weitere Rahmengrundsätze für verschiedene Zwecke des Jahresabschlusses, wie z.B. die Rahmengrundsätze zur Bemessung von Gewinnansprüchen im Einzelabschluss, siehe ausführlich **Moxter** (2003), S. 19 ff.

420 Vgl. **DRS** 20.12 bis 20.35. Die Prinzipien der Informationsabstufung und Vermittlung der Sicht der Konzernleitung wurden mangels Überschneidungen nicht aufgeführt.

Wie der Tabelle zu entnehmen ist, bestehen mannigfaltige Überschneidungen hinsichtlich der Prinzipien der im Mittelpunkt der Arbeit stehenden Berichterstattung nach den G4 und anderen, anerkannten Rahmenwerken zur Berichterstattung.

5.2.2 Ausgewählte aussagebezogene Beurteilungskriterien der betriebswirtschaftlichen Prüfung von Informationen

5.2.2.1 Prüfungsziele nach IDW PS 300, ISA 315 und ISAE 3410

Bezüglich der Prüfungsnachweise im Rahmen der Abschlussprüfung formuliert IDW PS 300 bzw. gleichlautend ISA 315[421] Beurteilungskriterien, auf die Aussagen zu überprüfen sind, um schließlich darauf aufbauend mit hinreichender Sicherheit Prüfungsaussagen treffen zu können[422]. In Abhängigkeit der Art der zu prüfenden Aussagen gelten folgende Beurteilungskriterien nach PS 300 bzw. ISA 315[423]:

I. Den Berichtszeitraum betreffende Aussagen:

    a. Geschäftsvorfälle und Ereignisse haben tatsächlich stattgefunden und sind der Unternehmung zuzurechnen (**Eintritt**),

    b. Sämtliche Geschäftsvorfälle und Ereignisse, die zu erfassen sind, wurden erfasst (**Vollständigkeit**),

    c. Geschäftsvorfälle und Ereignisse sind mit zutreffenden Beträgen und sonstigen Daten erfasst worden (**Genauigkeit**),

    d. Geschäftsvorfälle und Ereignisse wurden der richtigen Periode zugeordnet (**Periodenabgrenzung**),

    e. Geschäftsvorfälle und Ereignisse wurden auf den richtigen Konten gebucht (**Kontenzuordnung**).

II. Das Periodenende betreffende Aussagen:

    a. Vermögensgegenstände, Schulden und Eigenkapital sind vorhanden (**Vorhandensein**),

---

421 Obschon **IDW** PS 300 in Tz. 48 auf die Übereinstimmung mit ISA 500 verweist, sind die im PS 300 aufgeführten Beurteilungskriterien gleichlautend mit denen in ISA 315.
422 Vgl. **IDW** PS 300, Tz. 6 f.
423 Vgl. **IDW** PS 300, Tz. 7 bzw. **ISA** 315, A124. Auch als „Aussagen-Konzept" bezeichnet, **Ruhnke/Lubitzsch**, WPg 2006, S. 366.

b. Bestehende Rechte an Vermögensgegenständen und bestehende Verpflichtungen liegen vor (**Zurechnung**),

c. Zu erfassende Vermögensgegenstände, Schulden und Eigenkapital wurden erfasst (**Vollständigkeit**),

d. Vermögensgegenstände, Schulden und Eigenkapital sind mit zutreffenden Beträgen enthalten und Zuordnungen wurden angemessen vorgenommen (**Bewertung und Zuordnung**).

III. Abschlussinformationen betreffende Aussagen:

a. Geschäftsvorfälle und Ereignisse haben stattgefunden und sind dem Unternehmen zuzurechnen (**Eintritt und Zurechnung**),

b. Alle Aussagen, die enthalten sein müssen, sind enthalten (**Vollständigkeit**),

c. Aussagen sind angemessen dargestellt, erläutert und deutlich formuliert (**Ausweis und Verständlichkeit**),

d. Aussagen sind angemessen und mit den richtigen Beträgen enthalten (**Genauigkeit und Bewertung**).

Die folgende Tabelle fasst die Beurteilungskriterien nach Art der Aussage zusammen.

Tabelle 3: Beurteilungskriterien gem. PS 300 / ISA 315

Prüfungsziele		
Zeitraum	Periodenende	Abschlussinformationen
• Eintritt • Vollständigkeit • Genauigkeit • Periodenabgrenzung • Kontenzuordnung	• Vorhandensein • Zurechnung • Vollständigkeit • Bewertung und Zuordnung	• Eintritt und Zurechnung • Vollständigkeit • Ausweis und Verständlichkeit • Genauigkeit und Bewertung

Quelle: Eigene Darstellung.

Über die bereits aufgeführten Beurteilungskriterien nach PS 300 bzw. ISA 315 hinaus enthält der ISAE 3410 für Abschlussinformationen betreffende Aussagen das Kriterium der Stetigkeit, wonach angewandte Quantifizierungsmethoden mit denen der Vorperiode übereinstimmen sollen, sofern nicht besondere Gründe vorliegen[424]. Da die Stetigkeit jedoch bereits nach dem Verständnis des PS 300 bzw. ISA 315 unter der Genauigkeit und Bewertung subsumiert wird, ist die gesonderte Forderung des ISAE 3410 im Kern obsolet und wird daher nicht weiter betrachtet.

5.2.2.2 Prüfungsziele nach IDW PS 821

IDW PS 821 formuliert drei Prüfungsziele zur ordnungsmäßigen Prüfung oder prüferischen Durchsicht von Berichten im Bereich der Nachhaltigkeit, die Vollständigkeit, die Richtigkeit und die Klarheit und Verständlichkeit[425].

Vollständigkeit ist dann gegeben, wenn alle wesentlichen Auswirkungen der Geschäftstätigkeit der Unternehmung im Bericht enthalten sind und diese angemessen dargestellt werden[426]. Die Wesentlichkeit wird dabei aus Sicht eines sachverständigen Adressaten beurteilt, der Entscheidungen auf Basis des Berichts trifft[427]. Wesentlich sind demnach Sachverhalte, die Entscheidungen der Adressaten beeinflussen können[428]. Ferner wird im Zusammenhang mit der Vollständigkeit ein Saldierungsverbot postuliert: Kompensationseffekte zwischen positiven und negativen Sachverhalten dürfen nicht zu einem Verzicht auf Berichterstattung führen, sondern müssen separat erläutert werden[429].

Nach der Richtigkeit müssen Aussagen zutreffend sein und zudem intersubjektive Nachprüfbarkeit gewährleisten[430]. Getroffene Annahmen und kommunizierte Absichten müssen plausibel und schlüssig sein, Schlussfolgerungen rechnerisch und sachlich richtig und willkürfrei[431].

---

424 Vgl. **ISAE** 3410, Tz. A82. ISAE 3410 behandelt die Prüfung von Informationen im Bereich von Treibhausgasemissionen, vgl. **ISAE** 3410, Tz. 2.
425 Daneben wird gefordert, dass die zugrunde gelegten Standards Prinzipien der „Relevanz", „Eignung", „Verlässlichkeit", „Neutralität" und „Verständlichkeit" erfüllen, vgl. ausführlich **IDW** PS 821, Tz. 23-26.
426 Vgl. **IDW** PS 821, Tz. 27.
427 Vgl. **IDW** PS 821, Tz. 28.
428 Vgl. **IDW** PS 821, Tz. 28.
429 Vgl. **IDW** PS 821, Tz. 30.
430 Vgl. **IDW** PS 821, Tz. 33.
431 Vgl. **IDW** PS 821, Tz. 33.

Klarheit und Verständlichkeit fordert, dass die Auswirkungen der Geschäftstätigkeit der Unternehmung insgesamt zutreffend dargestellt werden und dies in einer klaren, eindeutigen und verständlichen Form[432]. Daneben wird Stetigkeit des Berichtsaufbaus und der Berichtsperiode verlangt[433].

5.2.3 Rahmenkonzept

Zur objektiven Beurteilung der Möglichkeiten und Grenzen der betriebswirtschaftlichen Prüfung von nichtfinanziellen Informationen wird aus den gezeigten Prinzipien der Berichterstattung einerseits sowie den Prüfungszielen nach IDW PS 300, 821 und ISA 315, ISAE 3410 andererseits ein Referenzrahmen konstruiert, der der Analyse zugrunde gelegt wird.

Die gezeigten Berichtsprinzipien nach den G4 sollen im Rahmen der Analyse bezogen auf einzelne Aussagen auf Einhaltung untersucht werden können, um schließlich eine ganzheitliche Aussage bezüglich der Glaubhaftigkeit der Berichterstattung treffen zu können. Hierzu werden ausgewählte aussagebezogene Beurteilungskriterien der betriebswirtschaftlichen Prüfung verwendet.

Wie bereits dargestellt, betreffen die Beurteilungskriterien nach IDW PS 300 bzw. ISA 315 Aussagen über einen Berichtszeitraum, über ein Periodenende und über Abschlussinformationen. Da die Beurteilungskriterien, die das Periodenende betreffen, konzeptionell an die Bilanz angelehnt sind, welche in der Berichterstattung nach den G4 keine Berücksichtigung findet, werden diese nicht weiter verfolgt. Aus dem Kreis der Beurteilungskriterien, die Berichtszeiträume betreffen, wird das Ziel der Kontenzuordnung nicht weiter verfolgt, da dieses wiederum konzeptionell die Finanzbuchhaltung voraussetzt.

Die der Analyse zugrunde gelegten Prüfungsziele, die im Übrigen vollständig kompatibel mit den Anforderungen nach ISAE 3410 und IDW PS 821 sind, können der folgenden Tabelle entnommen werden.

---

432 Vgl. **IDW** PS 821, Tz. 34.
433 Vgl. **IDW** PS 821, Tz. 35.

Tabelle 4: Beurteilungskriterien zur Analyse der Aussagen nach den G4

Prüfungsziele	
Zeitraum	Abschlussinformationen
• Eintritt • Vollständigkeit • Genauigkeit • Periodenabgrenzung	• Eintritt und Zurechnung • Vollständigkeit • Ausweis und Verständlichkeit • Genauigkeit und Bewertung

Quelle: Eigene Darstellung.

In der Analyse werden die gezeigten Prüfungsziele implizit auf Aussageebene genutzt, um die Prüfung der Übereinstimmung von Soll- und Ist-Objekt zu konkretisieren. Die Möglichkeiten und Grenzen der einzelnen Prüfungsfeststellungen werden sodann genutzt, um aggregiert eine Beurteilung der Einhaltung der Standards treffen zu können[434].

---

[434] Durch die Operationalisierung durch Prüfungsziele kann sodann eine Aussage hinsichtlich der Verlässlichkeit der Informationen getroffen werden, vgl. **Krommes**, DB 2012, S. 586.

C Möglichkeiten und Grenzen der Prüfung von nichtfinanziellen Informationen

1 Vorbemerkungen zum Analyseobjekt

1.1 Auswahl der Berichterstattung nach den G4 als Analyseobjekt

Die folgende Analyse der Möglichkeiten und Grenzen der betriebswirtschaftlichen Prüfung von nichtfinanziellen Informationen basiert aufgrund zwei wesentlicher Eigenschaften auf der Berichterstattung nach den G4.

Die Standards der GRI finden eine breite Akzeptanz[435]. So verwenden kapitalmarktorientierte Unternehmungen mehrheitlich die Standards der GRI, zuletzt in der Version 3.1[436]. Es ist zu erwarten, dass die G4 als neuester Standard der GRI den Stellenwert der vorherigen Standards einnehmen werden[437].

Daneben wird erwartet, dass die G4 langfristig in die Regelwerke zur Finanzberichterstattung und Integrierten Berichterstattung Einzug nehmen werden. Hinsichtlich der Finanzberichterstattung bemängelte die Europäische Kommission bereits 2001, dass die Berücksichtigung von Umweltaspekten als „unzulänglich oder wenig verlässlich" eingestuft werden könnte[438]. Die Kommission verwies auf das Ziel der stärkeren Verknüpfung von Jahresabschluss bzw. Lagebericht und separaten Umweltberichten[439]. Einen wesentlichen Schritt in diese Richtung ging die Kommission mit der Richtlinie 2014/95/EU zu nichtfinanziellen Informationen im Einzel- und Konzernabschluss, nach der geschätzt rund 6.000 Unternehmungen in der EU über nichtfinanzielle Informationen im Lagebericht berichten müssen[440]. In Erwägungsgrund Nr. 9 werden hierzu explizit unter ande-

---

435 Siehe z.B. **Bassen**, KoR 2012, S. 301; **Dumay/Guthrie/Farneti**, PMR 2010, S. 532; **Clausen/Loew** (2005), S. 26; **Haller/Ernstberger**, BB 2006, S. 2158; **Beiersdorf** (2012), S. 137; **Lackmann** (2010), S. 39; **Noodt/Grede**, DB 2013, S. 715; **Rieth** (2009), S. 237; **Isaac-Kesseli/Ziltener**, ST 2012, S. 456; **Thurm** (2008), S. 218; **Schulze**, BC 2013, S. 343; **Simon-Heckroth**, WPg 2014, S. 317; **Höschen/Vu**, WPg 2008, S. 379; **Kajüter**, WPg 2014, S. 599.
436 Vgl. z.B. **Muzzu/Prystav/Stein**, DStR 2013, S. 1305. Laut einer Studie der KPMG verwendeten 2012 82 % der weltweit umsatzstärksten Unternehmen, die Nachhaltigkeitsberichte erstellen, die Standards der GRI, vgl. **KPMG** (2013a), S. 31.
437 So wie die G3 die G2 im Laufe der Zeit vollständig in der Praxis ersetzt haben, vgl. **Eiselt/Kaspereit**, KoR 2010, S. 382.
438 Vgl. Erwägungsgrund Nr. 4 der Empfehlung 2001/453/EG.
439 Vgl. Erwägungsgrund Nr. 11 der Empfehlung 2001/453/EG.
440 Vgl. **Europäische Kommission** (2014a), abrufbar unter http://europa.eu.

rem die Standards der Global Reporting Initiative als Basis für die Berichterstattung vorgeschlagen[441].

Bezüglich der Einflussnahme auf die Integrierte Berichterstattung wird darauf hingewiesen, dass der Vorsitzende des IIRC, *Mervyn E. King*, zuvor Vorsitzender der GRI war[442]. Aufgrund der mangelnden Konkretisierungen in dem IR-Framework wird daher erwartet, dass innerhalb des IR-Framework auf die Standards der GRI zur Berichterstattung über nichtfinanzielle Sachverhalte verwiesen werden wird.

1.2 Überblick über die Leistungsindikatoren

Die folgende Abbildung zeigt die Themenkomplexe, die durch die Leistungsindikatoren abgebildet werden.

---

441 Vgl. Richtlinie 2014/95/EU, S. 2. Daneben werden andere Standards wie bspw. ISO 26000 oder der UNGC vorgeschlagen, siehe **ebenda**.
442 Siehe **IIRC** (2012), abrufbar unter http://www.theiirc.org.

1 Vorbemerkungen zum Analyseobjekt   85

Abbildung 4: Inhalte der Leistungsindikatoren nach den G4

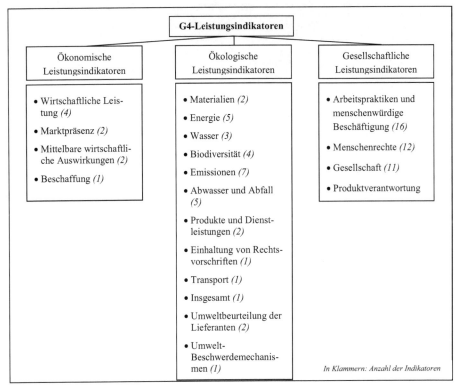

Quelle: Eigene Darstellung i.A.a. **GRI** (2013a), S. 44.

Innerhalb der Kategorien der ökonomischen, ökologischen und gesellschaftlichen Leistungsindikatoren werden einzelne Leistungsindikatoren vorgegeben, über die nach den G4 zu berichten ist, sofern sie als wesentlich eingestuft werden[443]. Die unter den gesellschaftlichen Leistungsindikatoren aufgeführten Inhalte stellen ihrerseits lediglich Unterkategorien dar, die wiederum konkretisiert werden, wie der folgenden Abbildung zu entnehmen ist.

---

443 Zur Voraussetzung der Einstufung als wesentlich vgl. **GRI** (2013a), S. 47.

Abbildung 5: Gesellschaftliche Leistungsindikatoren nach den G4

Gesellschaftliche Leistungsindikatoren			
Arbeitspraktiken & menschenwürdige Beschäftigung	Menschenrechte	Gesellschaft	Produktverantwortung
• Beschäftigung *(3)* • Arbeitnehmer-Arbeitgeber-Verhältnis *(1)* • Arbeitsschutz *(4)* • Aus- und Weiterbildung *(3)* • Vielfalt und Chancengleichheit *(1)* • Geschlechtsneutrale Entlohnung *(1)* • Lieferantenauswahl nach Arbeitspraktiken *(2)* • Arbeitspraktiken-Beschwerdemechanismen *(1)*	• Investitions- und Beschaffungspraktiken *(2)* • Gleichbehandlung *(1)* • Vereinigungsfreiheit und Recht auf Kollektivverhandlungen *(1)* • Kinderarbeit *(1)* • Zwangs- und Pflichtarbeit *(1)* • Sicherheitspraktiken *(1)* • Rechte indigener Völker *(1)* • Beurteilung *(1)* • Lieferantenauswahl nach Menschenrechten *(2)* • Menschenrechte-Beschwerdemechanismen *(1)*	• Lokales Gemeinwesen *(2)* • Korruption *(3)* • Politik *(1)* • Wettbewerbswidriges Verhalten *(1)* • Einhaltung von Gesetzen *(1)* • Lieferantenauswahl nach Auswirkungen auf die Gesellschaft *(2)* • Beschwerdemechanismen für Auswirkungen auf die Gesellschaft *(1)*	• Kundengesundheit und -sicherheit *(2)* • Kennzeichnung von Produkten und Dienstleistungen *(3)* • Werbung *(2)* • Schutz der Kundendaten *(1)* • Einhaltung von Gesetzesvorschriften *(1)*

In Klammern: Anzahl der Indikatoren

Quelle: Eigene Darstellung i.A.a. **GRI** (2013a), S. 44.

Demnach beinhalten die G4 insgesamt 91 Leistungsindikatoren, die zur Berichterstattung über ökonomische, ökologische und gesellschaftliche Sachverhalte heranzuziehen sind. Der Leistungsindikatorenansatz geht bereits auf die Diskussion um die Sozialberichterstattung zurück und ist nicht als Novum im Bereich der nichtfinanziellen Berichterstattung zu interpretieren[444]. Die im Rahmen der Diskussion um die Sozialberichterstattung geforderte Erweiterung der Indikato-

---

[444] Siehe zu Aufzählungen von Indikatoren z.B. **Kittner/Mehrens** (1978), S. 99-107; **Drewnowski** (1974), „Appendix I" nach S. 68 und S. 90 f.; **VCI e.V.**, DB 1975, S. 167-172. Zur besonders guten Eignung von Kennzahlen in diesem Kontext siehe **Müller-Christ** (2001), S. 404.

ren auf Wertschöpfungssysteme[445] und die Umwelt sowie die geforderte Standardisierung der Indikatoren werden durch die Indikatoren nach den G4 erfüllt[446]. Die Beurteilung der Möglichkeiten und Grenzen der Prüfung der einzelnen Leistungsindikatoren auf Aussageebene unter Rückgriff auf die aus der Finanzberichterstattung gewonnen Erkenntnisse ist Gegenstand der im Mittelpunkt der vorliegenden Arbeit stehenden Analyse. Die Strukturierung der Analyse entspricht der durch die G4 vorgegebenen Gliederung der Leistungsindikatoren.

2 Analyse der Möglichkeiten und Grenzen der Prüfung der Leistungsindikatoren nach den G4

2.1 Risikoanalyse und Systemprüfung

Die Risikoanalyse ist als notwendige Bedingung der Prüfung der einzelnen Leistungsindikatoren zu sehen, die zeitlich vorgelagert durchzuführen ist. Aus der Risikoanalyse sollten sich die ökologischen und sozialen Auswirkungen der Geschäftstätigkeit der Unternehmung ergeben, ergänzt durch eine Einschätzung der Wesentlichkeit der jeweiligen Auswirkungen. Anhand der Risikoanalyse kann sodann festgestellt werden, welche Prüffelder als Schwerpunkte definiert werden sollten. Zur Risikoanalyse verwenden Berichterstatter häufig eine sog. Materialitätsmatrix oder Wesentlichkeitsmatrix. In diese fließen die Ergebnisse aus Stakeholderbefragungen ein, die insofern Aufschluss über als wesentlich erachtete Auswirkungen der Geschäftstätigkeit geben können[447]. Die Materialitätsmatrix ist durch eine „erweiterte" Analyse der Geschäftstätigkeit und des Umfelds der Unternehmung zu ergänzen. Das bereits erörterte Vorgehen zur Analyse des komplexen Netzes, in welchem die Unternehmung als einzelne Einheit agiert, sollte im Hinblick auf soziale und ökologische Auswirkungen ergänzt

---

445 Durch das Wertschöpfungssystem, welches die Wertketten einzelner Unternehmungen verbindet und zusammen betrachtet, vgl. **Porter** (2010), S. 65, wird die Betrachtung auf vor- und nachgelagerte Unternehmungen erweitert.

446 Zu den Forderungen siehe **Dierkes** (1978), S. 214, 216 f.; **Kittner/Mehrens** (1978), S. 98.

447 Die BASF SE befragte hierzu im Jahr 2012 „mehrere hundert externe Stakeholder mit fachlicher Expertise", **BASF SE** (2013), S. 28. Die Daimler AG führte eine Onlinebefragung durch und sammelte rund 700 Antworten von Stakeholdern, vgl. **Daimler AG** (2013), S. 12. Zum Vorgehen siehe auch **Dolderer/Rieth/Schmidt**, in: Baetge/Wollmert/Kirsch/Oser/Bischof, Kap. XI Tz. 320 f. (2014). Zur Empfehlung siehe auch **Schmitz** (2013), S. 181. Zu weiteren Beispielen siehe auch **Hentze/Thies**, WiSt 2014, S. 416 f.

werden[448]. So könnte die Analyse der Veränderungen der Produktionstechnologien um eine ökologische Dimension erweitert werden. Die Ziele und Philosophie der Geschäftsführung einschließlich der Unternehmensstrategie könnten ebenfalls um soziale und ökologische Aspekte erweitert werden. Ebenso kann bei der Untersuchung der Geschäftsaktivitäten, die u.a. die Art der Geschäftsaktivitäten und Standorte, den Personalbereich, die angebotenen Produkte und Dienstleistungen, den Beschaffungsmarkt, bedeutsame Aufwands- und Kostenarten und Forschung und Entwicklung umfasst, die Informationsbeschaffung um soziale und ökologische Aspekte ergänzt werden[449].

Analog zur bereits erörterten Systematisierung im Rahmen der Jahresabschlussprüfung könnte die Prüfung der nichtfinanziellen Informationen in die Systemprüfung und die aussagebezogene Prüfung aufgeteilt werden[450]. Die Systemprüfung bezieht sich in diesem Kontext auf „betriebswirtschaftliche Organisationsstrukturen mit einem zugeteilten Aufgabenbereich"[451], die für die Verarbeitung von Geschäftsvorfällen mit Bezug zu nichtfinanziellen Informationen zuständig sind. Speziell werden hierunter Methoden und Maßnahmen verstanden, die u.a. das Ziel haben, die Genauigkeit und Zuverlässigkeit der Daten zu gewährleisten. Aus der Kenntnis der Funktionsfähigkeit der Methoden und Maßnahmen wird sodann eine Aussage über die Verarbeitung einer Vielzahl von Geschäftsvorfällen zugelassen.

Der erste Schritt einer Systemprüfung ist die Formulierung eines Soll-Objekts in Form eines befriedigenden IKS. Dies könnte bspw. mittels der Fragebogentechnik[452] erfolgen. Das aufgenommene Soll-Objekt kann durch das von der Unternehmung gewollte IKS, welches z.B. durch Organigramme und Stellenbeschreibungen dokumentiert werden könnte, ergänzt werden und sodann auf Umset-

---

448 Siehe zu dieser und den folgenden Ausführungen im Kontext der Jahresabschlussprüfung Abschnitt B.4.3.1. Die Risikoanalyse anhand von Gefahrenquellen wie z.B. Anlagenemissionen, Chemikalien oder der Abfallentsorgung wird auch im Rahmen der internen Revision des Umweltschutzes empfohlen, vgl. **Janke** (1995), S. 143.
449 Teils wird dies bereits gefordert, siehe z.B. **ISA** 315 A24 und A26, wonach Energieintensität der Branche, Preis der Energie und rechtliche Umweltanforderungen als Beispiele zur Analyse der Geschäftstätigkeit der Unternehmung angeführt werden.
450 Zu dieser und den folgenden Ausführungen im Kontext der Jahresabschlussprüfung vgl. Abschnitt B.4.3.3.1.
451 **Pfitzer/Schmidt**, in: HWRP (2002), Sp. 2336.
452 Vgl. ausführlich Abschnitt B.4.3.3.1.

zung durch die Transformationsprüfung untersucht werden. Im Rahmen der Transformationsprüfung könnten Funktionsprüfungen genutzt werden, um von der Unternehmung implementierte Kontrollen zu analysieren. Abweichungen zwischen Soll- und Ist-Objekt sind schließlich festzustellen und zu bewerten.

Zudem könnte es sich anbieten, die Ergebnisse aus Systemprüfungen, die im Rahmen der Jahresabschlussprüfung durchgeführt werden, zu berücksichtigen[453].

2.2 Ökonomische Leistungsindikatoren

2.2.1 Wirtschaftliche Leistung

2.2.1.1 Direct economic value generated and distributed

Der Indikator G4-EC1 behandelt den unmittelbar erwirtschafteten und verteilten wirtschaftlichen Wert[454]. Wenngleich es sich bei diesem Leistungsindikator und auch bei den folgenden ökonomischen Leistungsindikatoren um finanzielle Informationen handelt, werden diese im Rahmen der Analyse untersucht, um die Möglichkeiten und Grenzen der Prüfung der Leistungsindikatoren nach den G4 vollumfänglich abzubilden.

Die folgende Tabelle zeigt die Zusammensetzung des Indikators:

---

453 Siehe z.B. die folgenden Fragen, die einen Bezug zu G4-Indikatoren aufweisen könnten: „Welche Kriterien werden bei der Entscheidung für ein Angebot herangezogen?", „Wird eine Lieferantendatenbank geführt?", „Bestehen Rahmenverträge mit den Lieferanten?", „Ist sichergestellt, dass ein vollständiges Verzeichnis aller Kreditoren geführt wird?", „Wird Material nur gegen Entnahmeschein ausgegeben?", „Werden die aus dem Lager für die Produktion entnommenen Vorräte auf Materialentnahmescheinen (...) erfasst?", „Verfügt der Mandant über einen Betriebsrat?", „Existiert für jeden Mitarbeiter eine Personalakte?", „Wer genehmigt den Beteiligungserwerb und die Veräußerung von Beteiligungen?", **IDW** (2012), Kap. R, Tz. 350-353.

454 Vgl. **GRI** (2013b), S. 68. Übersetzung i.A.a. **GRI** (2006a), S. 26 und **GRI** (2013c), S. 70. In den folgenden Ausführungen zu ökonomischen Indikatoren wurde die Übersetzung aus dem Englischen unter Rückgriff auf die deutsche Übersetzung der ökonomischen Indikatoren in der Version G 3.0 (**GRI** (2006b)) vorgenommen. Ergänzend wurde die deutsche Übersetzung der G4 für alle Indikatoren (**GRI** (2013c)) herangezogen, die jedoch z.T. fehlerhaft ist und aus diesem Grund nur bedingt als Grundlage für die Übersetzung genutzt wurde, siehe z.B. Fn. 505, 515, 816.

Tabelle 5: Zusammensetzung des Indikators G4-EC1

Unmittelbar erwirtschafteter wirtschaftlicher Wert	
Erweiterter Umsatzerlösbegriff:	Umsatzerlöse zzgl. Einnahmen aus Finanzinvestitionen (Zinsen, Dividenden, Lizenzgebühren) und Sachinvestitionen (Vermietung und Verpachtung) sowie Einnahmen aus dem Verkauf von Vermögensgegenständen.
Verteilter wirtschaftlicher Wert	
Erweiterter Materialaufwandsbegriff:	Materialaufwand zzgl. sonstige betriebliche Aufwendungen (ohne Spenden)[455].
Personalaufwand:	Löhne und Gehälter zzgl. soziale Abgaben und Aufwendungen für Altersversorgung.
Kapitalbegründete Aufwendungen bzw. Ausschüttungen:	Ausgeschüttete Dividenden an Eigenkapitalgeber und Zinsaufwendungen.
Steueraufwand:	Steuern von Einkommen und Ertrag zzgl. sonstige Steuern abzgl. latente Steuern.
Spenden:	Freiwillige Spenden, ohne Spenden, bei denen vorrangig ein für die Unternehmung wirtschaftlicher Zweck im Vordergrund steht.

Quelle: Eigene Darstellung i.A.a. **GRI** (2013b), S. 69 f. i.V.m. **GRI** (2006a), S. 4 f. und **GRI** (2013c), S. 70 f.

Zudem ist als berechnete Residualgröße der zurückbehaltene wirtschaftliche Wert (unmittelbar erwirtschafteter wirtschaftlicher Wert abzüglich verteilter wirtschaftlicher Wert) anzugeben[456].

Sofern wesentliche Erkenntnisse aus der Segmentierung nach Ländern, Regionen oder Märkten gewonnen werden können, ist diese vorzunehmen[457].

---

455 Wenngleich der Standard auf „cash payments", also tatsächliche Zahlungsmittelabflüsse abstellt, so werden hier periodisierte Größen angeführt, da der Standard einführend zum Indikator ausführt, dass die Ermittlung „on an accruals basis" stattzufinden hat, also auf Basis periodisierter Größen. Zu beiden Aussagen siehe **GRI** (2013b), S. 69. Auch die Tatsache, dass auf IAS 12, 18, 19 und IFRS 8 (siehe **ebenda**, S. 70) zur Ermittlung der Größen verwiesen wird, spricht für die vorzunehmende Periodisierung. Die Vermischung periodisierter und zahlungsbasierter Größen innerhalb des Indikators würde die Aussagekraft des Indikators in Frage stellen. Die deutsche Übersetzung verweist hier ebenfalls unzutreffend auf „Barzahlungen", siehe **GRI** (2013c), S. 70.

456 Vgl. **GRI** (2013b), S. 69.

457 Vgl. **GRI** (2013b), S. 69. Dies ist im Übrigen die einzige Veränderung gegenüber dem Indikator EC1 nach den G 3.1, siehe **GRI** (2011b), S. 4 f. i.V.m. **GRI** (2013b), S. 69 f.

Der Nachhaltigkeitsbericht 2012 der Volkswagen AG enthält hierzu u.a. folgende Informationen[458]:

Tabelle 6: Wertschöpfung des Volkswagen Konzerns 2012 in Mio. EUR

Entstehung	2012	2011
Umsatzerlöse	192.676	159.337
Sonstige Erträge	24.652	13.125
Materialaufwand	-122.450	-104.648
Abschreibungen	-13.135	-10.346
Sonstige Vorleistungen	-22.077	-9.759
Wertschöpfung	59.666	47.709
Verteilung		
an Aktionäre	1.639	1.406
an Mitarbeiter (Löhne, Gehälter, Soziales)	29.503	23.854
an den Staat (Steuern, Abgaben)	4.322	4.525
an Kreditgeber (Zinsaufwand)	3.957	3.530
an das Unternehmen (Rücklagen)	20.246	14.393
Wertschöpfung	59.666	47.709

Quelle: Auszug aus **Volkswagen AG** (2013), S. 137.

Offensichtlich wird die geforderte Struktur nicht eingehalten, ferner wird zu Spenden auf weitere Stellen im Nachhaltigkeitsbericht verwiesen[459]. Vor dem Hintergrund der Vergleichbarkeit erscheint die Berichterstattung mangelhaft.

Zur Prüfung kann zunächst festgehalten werden, dass der Indikator auf bereits vorliegenden finanzwirtschaftlichen Informationen basiert, welche lediglich in einer besonderen Form zusammengestellt werden. Die Prüfung der finanzwirt-

---

458 Der Bericht wurde zwar nicht nach dem G4-Standard aufgestellt, aufgrund lediglich geringfügiger Änderungen kann der Bericht dennoch als Beispiel herangezogen werden. Sofern bei der Analyse der folgenden Indikatoren keine gesonderten Ausführungen vorgenommen werden, gilt dies analog.
459 Siehe **Volkswagen AG** (2013), S. 160.

schaftlichen Informationen in Verbindung mit der Einschätzung des inhärenten Risikos erfolgt demnach nach den anerkannten Grundsätzen, und ist an dieser Stelle nicht weiter erläuterungsbedürftig. Es ist davon auszugehen, dass die Informationen aus dem Jahresabschluss mit hinreichender Sicherheit beurteilbar sind.

Die vorzunehmenden Prüfungshandlungen beschränken sich demnach auf die Aufbereitung der finanzwirtschaftlichen Daten. Von einem besonderen prüffeldspezifischen Risiko ist nicht auszugehen, da es sich bei dem Indikator lediglich um eine veränderte Zusammenstellung bereits vorhandener Informationen handelt. Zunächst kann untersucht werden, ob die herangezogenen Beträge mit denen aus der Gewinn- und Verlustrechnung übereinstimmen. Darauf aufbauend können die Abweichungen gegenüber der Gewinn- und Verlustrechnung, wie bspw. der Abzug der latenten Steuern von dem Steueraufwand, auf Kontenebene überprüft werden. Darüber hinaus kann die Zusammenstellung rechnerisch auf Richtigkeit geprüft werden. Schließlich kann untersucht werden, ob die Darstellung, sofern sie von der aufgezeigten tabellarischen Darstellung abweicht, einen angemessenen Einblick in die Wertschöpfung, aufgeteilt nach Stakeholdern (Mitarbeiter, Fremd- und Eigenkapitalgeber, Staat und Öffentlichkeit)[460], erlaubt.

Eine etwaige Segmentierung kann durch Abstimmung mit der im Rahmen der Finanzberichterstattung vorgenommenen Segmentierung erfolgen, die Prüfung der Segmentierung erfolgt wiederum vorgelagert und ist nicht gesondert zu erläutern[461].

Durch die aufgezeigten Prüfungshandlungen bzw. vorgelagerten Prüfungshandlungen kann insgesamt den der Analyse zugrunde gelegten Prüfungszielen entsprochen werden. Sofern bei der Analyse der folgenden Indikatoren keine gesonderten Erläuterungen vorgenommen werden, gelten diese Aussagen analog.

---

[460] Da einleitend darauf hingewiesen wird, dass der Indikator Informationen zur Verteilung der Wertschöpfung auf die verschiedenen Stakeholder liefern kann, ist anzunehmen, dass eine diesem Ziel entsprechende Darstellung zweckmäßig ist. Zum Hinweis siehe **GRI** (2013b), S. 69.

[461] Siehe zur Prüfung der Segmentberichterstattung z.B. **Marten/Quick/Ruhnke** (2011), S. 572 ff.

2.2.1.2 Financial implications and other risks and opportunities for the organization's activities due to climate change

Nach dem Indikator G4-EC2 sind wesentliche finanzielle Folgen sowie bedeutsame Chancen und Risiken, die sich aus dem Klimawandel ergeben können, zu berichten[462]. Die wesentlichen Chancen und Risiken müssen beschrieben und klassifiziert (physisch, regulatorisch oder übrige) werden[463]. Daneben sind Einflüsse der Chancen und Risiken, mögliche finanzielle Auswirkungen, angewandte Methoden zum Umgang mit den Chancen und Risiken und damit verbundene Aufwendungen aufzuzeigen[464].

Der Integrierte Bericht 2012 der BASF SE beschreibt in diesem Zusammenhang unter anderem, dass Risiken minimiert werden „durch das frühzeitige Erkennen relevanter Themen mit Hilfe einer Materialitätsanalyse"[465]. Weiterhin wird die Aussage getroffen, dass Produkte der BASF SE den Leichtbau von Fahrzeugen unterstützen und zur Reduzierung des Energieverbrauchs in der Automobilindustrie beitragen[466]. Diese beiden Aussagen basieren auf unmittelbar vorliegenden Tatsachen und können z.B. durch Nachweise über dokumentierte Materialitätsanalysen oder Befragungen von Mitarbeitern, die für die Risikoanalyse bzw. die technische Konzeption der Produkte für die Automobilindustrie zuständig sind, belegt werden. Die Beschaffenheit der Produkte könnte weiter mit dokumentierten Produktinformationen abgestimmt werden.

Rund ein Drittel der Forschungs- und Entwicklungsaufwendungen der BASF SE würden zudem in Projekte zur Steigerung der Energieeffizienz sowie zum Klimaschutz fließen[467]. Weiterhin berichtet BASF SE, dass in 2012 aus Klimaschutzprodukten ein Ergebnisbeitrag von 7,2 Milliarden EUR erwirtschaftet worden ist[468]. Hierbei handelt es sich um Verhältniszahlen, deren Bezugsgröße (gesamte Forschungs- und Entwicklungsaufwendungen bzw. Gesamtergebnis) unmittelbar Gegenstand der Jahresabschlussprüfung ist. Lediglich die Zuord-

---

462 Vgl. **GRI** (2013a), S. 48.
463 Vgl. **GRI** (2013a), S. 48. Gegenüber dem Indikator EC2 nach den G 3.1 ist lediglich die Berichterstattung über die Klassifizierung hinzugekommen, siehe **GRI** (2011b), S. 6 i.V.m. **GRI** (2013b), S. 71 f.
464 Vgl. **GRI** (2013a), S. 48.
465 **BASF SE** (2013), S. 27.
466 Vgl. **BASF SE** (2013), S. 29.
467 Vgl. **BASF SE** (2013), S. 31.
468 Vgl. **BASF SE** (2013), S. 103.

nung der Aufwendungen zu den zuvor genannten Projekten bzw. Klimaschutzprodukten erfordert eine gesonderte Prüfung.

Da Ermessensspielräume bei der Interpretation des jeweiligen Forschungs- und Entwicklungsvorhabens bzw. Produktes vorliegen dürften, wird das inhärente Risiko als mittel eingestuft. Zunächst ist die Bezugsgröße mit dem Jahresabschluss abzustimmen. Darauf aufbauend kann die Datenbasis zur Zuordnung der einzelnen Projekte bzw. Produkte herangezogen werden, um eine Stichprobe[469] auszuwählen, die sodann näher daraufhin untersucht wird (z.b. durch Befragungen oder Projektunterlagen), ob die Projekte bzw. Produkte tatsächlich einen Bezug zum Klimaschutz aufweisen. Ergänzend können, sofern vorhanden, Daten aus dem Controlling hinsichtlich der Zuordnung einzelner Projekte bzw. Produkte, herangezogen und mit der hier vorgenommenen Zuordnung abgestimmt werden. Schließlich sind die Aggregation der Projekte bzw. Produkte innerhalb der Datenbasis sowie die Verhältniszahl rechnerisch überprüfbar.

Als negative finanzielle Auswirkung wird auf die 2013 beginnende dritte Handelsperiode des EU-Emissionshandels hingewiesen mit der Folge, dass Zertifikate im niedrigen einstelligen Millionenbereich erworben werden müssten, wobei die konkreten Auswirkungen unmittelbar vom Börsenpreis abhängig seien[470]. Hinsichtlich der dritten Handelsperiode kann der Prüfer mittels eigener Recherche ausreichend Nachweise zur Bestätigung der Aussage und Funktionsweise des EU-Emissionshandels erlangen. Zur Prüfung der finanziellen Auswirkung kann zunächst die Berechnungsgrundlage herangezogen werden, aus der die Angabe der benötigten Zertifikate hervorgeht. Zur Prüfung der Vollständigkeit daraufhin, ob sämtliche stromerzeugenden Anlagen in die Berechnung eingegangen sind, kann auf die Finanzbuchhaltung bzw. konkret die Anlagenbuchhaltung zurückgegriffen werden. Ist z.B. eine stromerzeugende Anlage nicht mit in die Berechnung eingeflossen, kann ein Anhaltspunkt für weitere Prüfungshandlungen vorliegen. Sodann kann geprüft werden, ob die getroffenen Annahmen hinsichtlich der künftigen Stromerzeugung und Verteilung auf die vorhandenen Anlagen[471] respektive Ausstoß von Emissionen plausibel sind. Als An-

---

469 Vgl. zu den verschiedenen Methoden einer Stichprobe ausführlich Abschnitt B.4.3.3.2.
470 Vgl. **BASF SE** (2013), S. 110 f.
471 Die Prognose hinsichtlich der Stromerzeugung ist notwendig, da sich die Menge notwendiger Zertifikate direkt aus der Menge produzierten Stroms, in Abhängigkeit von der Spezifität der stromerzeugenden Anlage, ergibt.

haltspunkt kann z.B. der erzeugte Strom aus vorherigen Jahren in Verbindung mit Prognosen über Veränderungen dienen. Zur Prüfung der Emissionen der jeweiligen Anlage können weitere Nachweise herangezogen werden, wie bspw. Messprotokolle zu Emissionen, und es können Vergleiche mit Datenbanken vorgenommen werden. Schließlich kann die Berechnungsgrundlage rechnerisch geprüft werden.

2.2.1.3 Coverage of the organization´s defined benefit plan obligations

Im Rahmen des Indikators G4-EC3[472] ist über Pensionsverpflichtungen der Unternehmung zu berichten. Sofern den Pensionsverpflichtungen kein Planvermögen zugewiesen ist, wird lediglich die Angabe des geschätzten Werts der Pensionsverpflichtungen verlangt[473]. Werden Pensionsverpflichtungen hingegen Planvermögen zugewiesen, so sind Angaben zum Deckungsgrad, zur Bewertungsmethode und zum Zeitpunkt der Bewertung vorzunehmen[474]. Wenn die Verpflichtungen nicht vollständig durch das Planvermögen abgedeckt werden, sind ferner Angaben darüber zu tätigen, wie die Deckung zukünftig erreicht werden soll[475].

Daneben ist anzugeben, wie hoch der Anteil der Aufwendungen für Altersvorsorge an den Lohn- und Gehaltsaufwendungen ist[476]. Schließlich ist darüber zu berichten, wie hoch der Anteil der Beschäftigten bezogen auf die Gesamtzahl der Beschäftigten ist, die im Rahmen der Pensionsverpflichtungen berücksichtigt werden[477].

Der Nachhaltigkeitsbericht 2012 der Daimler AG enthält die Angabe, dass der Barwert der Pensionsverpflichtungen 23,9 Mrd. EUR zum Stichtag 31.12.2012 beträgt[478]. Weitere Angaben zum Indikator sind nicht unmittelbar ersichtlich.

Mögliche Prüfungshandlungen decken sich mit denen, die analog im Rahmen der Jahresabschlussprüfung durchgeführt werden, da der Barwert der Pensionsverpflichtungen unmittelbar Prüfungsgegenstand ist. Es wird davon ausgegan-

---

472 Der Indikator G4-EC3 erfuhr keine materiellen Änderungen gegenüber dem EC3 nach den G 3.1, siehe **GRI** (2011b), S. 7 i.V.m. **GRI** (2013b), S. 73.
473 Vgl. **GRI** (2013b), S. 73.
474 Vgl. **GRI** (2013b), S. 73.
475 Vgl. **GRI** (2013b), S. 73.
476 Vgl. **GRI** (2013b), S. 73.
477 Vgl. **GRI** (2013b), S. 73.
478 Vgl. **Daimler AG** (2013), S. 61.

gen, dass die Aussage vorgelagert mit hinreichender Sicherheit geprüft werden kann.

Soweit Pensionsverpflichtungen durch Planvermögen gedeckt werden, können mögliche Prüfungshandlungen direkt an der Finanzbuchhaltung ansetzen. Es kann vorab geprüft werden, ob das Planvermögen tatsächlich als solches einzustufen ist[479]. Die Bewertungsmethode der Pensionsverpflichtungen und der Zeitpunkt der Bewertung können mit Pensionsgutachten abgeglichen werden. Der sich aus dem Verhältnis der Höhe des Planvermögens und der Höhe der Verpflichtung ergebende Deckungsgrad kann rechnerisch überprüft werden. Sofern keine vollständige Deckung erreicht wird, können, sofern Strategien existieren, Nachweise zu Aussagen der gesetzlichen Vertreter zu Strategien zur Verbesserung des Deckungsgrads herangezogen werden.

Das Verhältnis von Altersvorsorgeaufwendungen und Lohn- und Gehaltsaufwendungen basiert auf Daten aus der Finanzbuchhaltung und kann direkt abgestimmt werden. Die Verhältniszahl als solche kann rechnerisch nachvollzogen werden.

Zum Anteil der Belegschaft, der Altersvorsorgemaßnahmen trifft, kann als erster Ansatzpunkt zur Größeneinordnung die Anhangangabe nach § 285 Nr. 7 HGB herangezogen werden, wonach die durchschnittliche Zahl der während des Geschäftsjahres Beschäftigten getrennt nach Gruppen anzugeben ist[480]. Diese Angabe kann sodann unter Hinzuziehung des Pensionsgutachtens, aus dem die Anzahl der berücksichtigten Arbeitnehmer hervorgeht, ins Verhältnis gesetzt und mit der Angabe der Unternehmung abgestimmt werden. Hierbei sollten jedoch

---

479 Die G4 verweisen bei Zweifelsfragen auf IAS 19 (siehe **GRI** (2013b), S. 73), der Leistungen an Arbeitnehmer behandelt. Nach IAS 19.8 ist Planvermögen entweder Vermögen, das durch einen langfristig ausgelegten, rechtlich vom Berichterstatter unabhängigen, Fonds zur Erfüllung von Leistungen an Arbeitnehmer gehalten wird, oder ein qualifizierender Versicherungsvertrag. Die entsprechende Anwendung der handelsrechtlichen Vorschriften dürfte dem Ziel der G4 ebenfalls gerecht werden, siehe **GRI** (2013b), S. 73. Zur Interpretation des Planvermögens nach dem HGB siehe z.B. **Merck**, in: Baumbach/Hopt (2012), § 246, Rz. 25.

480 Nach **Grottel**, in: Förschle/Grottel/Schmidt/Winkeljohann (2014), § 285 Rz. 142, ist dabei die quartalsweise Berechnung in analoger Anwendung der Umschreibung der Größenklassen nach § 267 Abs. 5 HGB vorzuziehen.

nur solche Arbeitnehmer berücksichtigt werden, die in einem aktiven Beschäftigungsverhältnis stehen[481].

Grundsätzlich ist von einem hohen spezifischen inhärenten Risiko auszugehen, da es sich im Wesentlichen um Schätzungen über zukünftig anfallende Pensionszahlungen handelt. Diesem wird im Rahmen der Jahresabschlussprüfung begegnet. Darüber hinaus ist von einem geringen inhärenten Risiko auszugehen. Es handelt sich im Wesentlichen um Aussagen, die lediglich eine Datenaggregation und Datenaufbereitung bedingen.

2.2.1.4 Financial assistance received from government

Der Indikator G4-EC4 beinhaltet die Berichterstattung über finanzielle Zuwendungen, die die Unternehmung von der öffentlichen Hand erhält. Es ist anzugeben, in welcher Höhe die Unternehmung Steuervergünstigungen, Fördergelder, Zuschüsse, finanzielle Anreize o.Ä. erhalten hat[482]. Die Angabe ist getrennt nach Ländern vorzunehmen[483]. Sofern die öffentliche Hand Anteile an der Unternehmung hält, ist dies hier ebenfalls zu berichten[484].

Der Nachhaltigkeitsbericht 2012 der Bayer AG berichtet hierzu über öffentliche Beiträge zu Forschungsaktivitäten in Höhe von rund 12 Mio. EUR im Berichtsjahr 2012[485]. Darüber hinaus werden keine Angaben getätigt, obschon bezweifelt werden könnte, dass die Bayer AG im Jahr 2012 keinerlei Steuervergünstigungen o.Ä. finanzielle Anreize erhalten hat.

Die Aussage kann unmittelbar mit Daten aus der Finanzbuchhaltung abgestimmt werden. Je nach Art der Zuwendung und gewählter Bilanzierungsmethode können die Daten mit Minderungen der Anschaffungskosten im Anlagevermögen, Passivposten (bei umfangreichen Zuschussfinanzierungen) oder Erfolgskonten

---

481 Die Einbeziehung von ehemaligen Beschäftigten in die Verhältniszahl hingegen erscheint fragwürdig, da die Bezugsgröße diese nicht beinhaltet.
482 Vgl. **GRI** (2013b), S. 74.
483 Vgl. **GRI** (2013b), S. 74. Die Segmentierung nach Ländern ist die einzige Veränderung gegenüber dem EC4 nach den G 3.1, siehe **GRI** (2011b), S. 8 i.V.m. **GRI** (2013b), S. 74. Daher enthält der Bericht der Bayer AG diese Angabe zulässigerweise nicht.
484 Vgl. **GRI** (2013b), S. 74. Die offizielle Übersetzung umschreibt die Anforderung mit „in welchem Ausmaß die Regierung in der Aktionärsstruktur gegenwärtig ist", **GRI** (2013c), S. 75.
485 Vgl. **Bayer AG** (2013), S. 34. Da der Bericht der Bayer AG nach den G 3.1 aufgestellt worden ist, enthält er keine regionale Aufteilung.

abgestimmt werden[486]. Daneben kann die Aggregation der Daten rechnerisch überprüft werden. Idealiter wurde vor Prüfung des Indikators im Rahmen der Jahresabschlussprüfung bei der Prüfung des Anlagevermögens, ggf. eines Passivpostens für Zuschüsse sowie der Erfolgskonten darauf geachtet, Hinweise für erhaltene Zuschüsse zu aggregieren. Im Rahmen der Prüfung des Indikators könnte nun auf diese Informationen zurückgegriffen werden, um Anhaltspunkte für die Beurteilung der Vollständigkeit zu erhalten. Die länderspezifische Angabe könnte anhand einzelfallbezogener Nachweise zu einzelnen Zuwendungen in Stichprobe[487], die Aggregation wiederum rechnerisch geprüft werden.

Zur Prüfung der Beteiligung der öffentlichen Hand an der Unternehmung kann ebenfalls auf die Erkenntnisse aus der Jahresabschlussprüfung zurückgegriffen werden. Im Rahmen der Jahresabschlussprüfung ist zur Gewinnung eines Verständnisses der Geschäftstätigkeit der Unternehmung u.a. die Eigentümerstruktur zu analysieren. Aufbauend auf diesen Erkenntnissen können Aussagen bezüglich der staatlichen Beteiligung beurteilt werden.

Über die bereits im Rahmen der Jahresabschlussprüfung zu berücksichtigenden inhärenten Risiken hinaus dürfte sich durch die hier vorgenommene Aufbereitung der Daten kein weiteres nennenswertes Risiko ergeben.

2.2.2 Marktpräsenz

2.2.2.1 Ratios of standard entry level wage by gender compared to local minimum wage at significant locations of operation

Nach dem Indikator G4-EC5[488] sind geschlechtsspezifische Angaben der Spannen der Verhältnisse von Einstiegslöhnen zu Mindestlöhnen an wesentlichen Standorten zu berichten, sofern wesentliche Anteile der Beschäftigten Tätigkeiten ausführen, die Regelungen zu Mindestlöhnen unterliegen[489]. Wenn an we-

---

486 Zu den Voraussetzungen der Bilanzierungsmethoden und der Ablehnung von Passivposten siehe m.w.N. **Schubert/Gadek**, in: Förschle/Grottel/Schmidt/Winkeljohann (2014), § 255 Rz. 115-119.

487 Vgl. zu den verschiedenen Methoden einer Stichprobe ausführlich Abschnitt B.4.3.3.2.

488 Inhaltlich bestehen, bis auf die geschlechtsspezifische Trennung, keine materiellen Änderungen gegenüber dem Indikator EC5 nach den G 3.1, siehe **GRI** (2011b), S. 9 i.V.m. **GRI** (2013b), S. 76.

489 Vgl. **GRI** (2013b), S. 76. Falls mehrere Mindestlöhne als Basis herangezogen werden können, ist dies, sowie die Rechtfertigung für die Auswahl eines Mindestlohns als Basis zu beschreiben, vgl. **ebenda**.

2 Analyse der Möglichkeiten und Grenzen der Prüfung der Leistungsindikatoren nach den G4

sentlichen Standorten keine Regelungen zu Mindestlöhnen existieren, ist dies zu benennen[490]. Zudem ist zu beschreiben, welche Kriterien für die Beurteilung der Wesentlichkeit herangezogen wurden[491].

Der Nachhaltigkeitsbericht 2012 der BMW AG enthält hierzu unter anderem die Aussage, dass die Konzerngesellschaften Löhne zahlen, die deutlich über den gesetzlichen Mindestlöhnen liegen würden[492]. Ferner sei die Entlohnung geschlechtsneutral[493]. Eine Definition der Wesentlichkeit zur Standortbestimmung ist dem Bericht nicht zu entnehmen.

Bezogen auf den Bericht der BMW AG ist zunächst festzustellen, dass die geforderte Darstellung durch oben gezeigte verbale Darstellung nicht eingehalten wird. Die G4 verlangen – unverändert gegenüber den G 3.1 – die Angabe des Verhältnisses von Mindestlohn und Einstiegslohn an wesentlichen Standorten der Unternehmung. Eine derart getroffene Aussage würde bspw. lauten können: Die Spannweite des Verhältnisses zwischen vereinbarten Löhnen und gesetzlichem Mindestlohn bei als wesentlich eingestuften Standorten der BMW AG beläuft sich auf 170 bis 190 %.

Diese Aussage könnte wiederum durch diverse Prüfungshandlungen untersucht werden. Die Datenbasis zur Ermittlung der Verhältnisse an den einzelnen Standorten dient als Ausgangspunkt. Standortbezogen könnten gesetzliche Vorgaben zu Mindestlöhnen geprüft werden[494]. Aus den jeweiligen Personalabteilungen könnten Auswertungen über die Beschäftigten nach Tätigkeitsbereichen angefordert werden, die Informationen über das Lohnniveau der einzelnen Beschäftigten und die geleisteten oder vertraglich vereinbarten Stunden enthalten. Für von Mindestlöhnen betroffene Tätigkeitsbereiche könnten geschlechtsspezifisch Durchschnittlöhne berechnet werden, die mit dem jeweiligen Mindestlohn ins Verhältnis gesetzt werden. Weiterhin könnten zur Prüfung der Datenbasis weitere Nachweise herangezogen werden, wie z.B. Arbeitsverträge. Zur Prüfung der Vollständigkeit könnte – ausgehend von der Kenntnis über die Standorte der Unternehmung – untersucht werden, ob sämtliche Standorte in die Datenbasis

---

490 Vgl. **GRI** (2013b), S. 76.
491 Vgl. **GRI** (2013b), S. 77.
492 Vgl. **BMW AG** (2013), S. 70.
493 Vgl. **BMW AG** (2013), S. 70.
494 So gilt bspw. in Deutschland gem. § 1 Abs. 2 S. 1 MiLoG ab 1. Januar 2015 grundsätzlich ein Mindestlohn in Höhe von zunächst 8,50 EUR.

einbezogen wurden. Zur Bestimmung der wesentlichen Standorte könnte ausgehend von der Definition der Wesentlichkeit, die ebenfalls inhaltlich gewürdigt werden könnte, geprüft werden, ob die Auslese der wesentlichen Standorte korrekt vorgenommen wurde.

Das inhärente Risiko der Aussagen ist als mittel einzustufen. Wenngleich keine Schätzungen notwendig sind, bestehen Ermessensspielräume bei der Beurteilung der Wesentlichkeit einzelner Standorte. Die Komplexität der Berechnungen dürfte als gering eingestuft werden können. Die Informationen über Lohngefüge bzw. der gesamte Prozess der Personalbuchführung sind bereits Gegenstand der Jahresabschlussprüfung, insofern ist durch die für den Indikator gewählte Aufbereitung der Informationen kein besonderes Risiko ersichtlich.

2.2.2.2 Proportion of senior management hired from the local community at significant locations of operations

Im Rahmen des Indikators G4-EC6 ist darüber zu berichten, wie hoch der Anteil leitender Angestellter an wesentlichen Geschäftsstandorten ist, die aus dem jeweiligen lokalen Umfeld stammen[495]. Die Definition der Begriffe „leitende Angestellte", „lokales Umfeld" und „wesentliche Geschäftsstandorte" lassen die G4 offen, über die gewählte Definition ist indes zu berichten[496].

Der Geschäftsbericht 2012 der LANXESS AG enthält hierzu die Aussage, dass außerhalb Deutschlands 78 % der Führungsfunktionen mit lokalen Mitarbeitern besetzt werden[497]. Hinsichtlich der geforderten Definition enthält der Geschäftsbericht keine Aussagen[498].

Grundlage für die Prüfung des Indikators sind zunächst die von der Unternehmung gewählten Definitionen für die von den G4 offen gelassenen Begriffe.

---

495 Vgl. **GRI** (2013b), S. 77.

496 Vgl. **GRI** (2013b), S. 77. Als einzige Voraussetzung für leitende Angestellte nennen die G4 das Vorliegen einer Vollzeitbeschäftigung, vgl. **GRI** (2013b), S. 77. Die geforderte nähere Definition der wesentlichen Geschäftsstandorte und des lokalen Umfelds ist die wesentlichste Neuerung gegenüber dem Indikator EC7 nach den G 3.1. Darüber hinaus entfällt nach den G4 die zuvor bestehende Berichtspflicht über Einstellungsrichtlinien, vgl. **GRI** (2011b), S. 11 i.V.m. **GRI** (2013b), S. 77.

497 Vgl. **LANXESS AG** (2013), S. 45.

498 Wenngleich die G 3.1 lediglich die Definition der „leitenden Angestellten" erfordern, kann auch innerhalb der G 3.1 ohne die Definition der übrigen genannten Begriffe der Klarheit nicht entsprochen werden. Zur Offenlegung der Definitionen nach den G4 vgl. Fn. 496.

Ausgehend von den Definitionen kann zunächst geprüft werden, ob sämtliche als wesentlich eingestufte Standorte berücksichtigt worden sind. Wird die Wesentlichkeit z.B. anhand einer Umsatzgröße definiert, kann anhand finanzwirtschaftlicher Daten geprüft werden, ob alle grenzwertüberschreitenden Standorte in die Betrachtung eingegangen sind. Die Vollständigkeit der Standorte kann anhand der Informationen aus der Gewinnung eines Verständnisses der Geschäftstätigkeit der Unternehmung untersucht werden. Anhand der Definition der „leitenden Angestellten" kann die Anzahl der leitenden Angestellten auf Standortebene ermittelt werden. Die Vollständigkeit kann hier z.B. durch Lohn- und Gehaltsjournale geprüft werden. In Stichprobe[499] können einzelne als leitend eingestufte Beschäftigte detaillierter untersucht werden, z.B. durch Einsichtnahme in die Personalakte. Andererseits könnten Beschäftigte mit hoher Entlohnung ohne Einstufung als leitend im Rahmen der Stichprobe geprüft werden, sofern in der Unternehmung ein systematischer Zusammenhang zwischen Entlohnung und Leitungsfunktion besteht. Durch Einsichtnahme in die Personalakten kann zugleich geprüft werden, ob die Einstufung als lokal korrekt vorgenommen worden ist. Zusätzlich sollte untersucht werden, ob die gewählten Definitionen inhaltlich angemessen sind. Schließlich kann die Aggregation der Daten rechnerisch nachvollzogen werden.

Da die Daten, auf denen der Indikator basiert, Gegenstand der Jahresabschlussprüfung sind, ist von keinem gesonderten inhärenten Risiko auszugehen. Lediglich die Einstufung der Standorte als wesentlich und der Angestellten als leitend und lokal ist als neue Information zu bewerten, wobei durch die freie Definition Ermessensspielräume entstehen. Die Berechnungen weisen geringe Komplexität auf und basieren nicht auf Schätzungen. Es ist daher von einem geringen inhärenten Risiko auszugehen.

---

499 Vgl. zu den verschiedenen Methoden einer Stichprobe ausführlich Abschnitt B.4.3.3.2.

2.2.3 Mittelbare wirtschaftliche Auswirkungen

2.2.3.1 Development and impact of infrastructure investments and services supported

Der Indikator G4-EC7[500] betrifft die Berichterstattung über gemeinnützige Investitionen und Dienstleistungen. Es ist anzugeben, in welchem Umfang Investitionen in die Infrastruktur getätigt worden sind und in welchem Umfang Dienstleistungen die Infrastruktur unterstützt haben[501]. Beispielhaft werden Investitionen in das Transportwesen, Versorgungseinrichtungen, soziale Einrichtungen, Sportstätten und Gesundheitszentren genannt[502]. Zudem sind erwartete oder bereits eingetretene negative und positive Auswirkungen auf die Gesellschaft oder lokale Wirtschaft aufzuzeigen[503]. Schließlich ist zu berichten, ob es sich um ein „kommerzielles Engagement"[504], Sachleistungen oder Arbeitsleistungen[505] handelt[506].

Die BMW AG berichtet im Nachhaltigkeitsbericht 2012 über Infrastrukturinvestitionen und fördernde Dienstleistungen im Umfang von rund 32 Mio. EUR, die sich auf die Bereiche „Geld-/Sachspenden", „Community Investment" und „Commercial Activities (Sponsoring, Cause Related Marketing)" aufteilen[507]. Die Aufteilung kann zwar einem Balkendiagramm entnommen werden, eine Quantifizierung ist aufgrund der gewählten Darstellung jedoch nicht möglich[508]. Als erwartete Auswirkungen der Maßnahmen nennt die BMW AG einen effizi-

---

500 Im Vergleich zum Pendant nach den G 3.1, dem Indikator EC8, entfällt die Berichterstattung über durchgeführte Umfragen in der Gesellschaft hinsichtlich ihrer Bedürfnisse, siehe **GRI** (2011b), S. 12 i.V.m. **GRI** (2013b), S. 79.
501 Vgl. **GRI** (2013b), S. 79.
502 Vgl. **GRI** (2013b), S. 79.
503 Vgl. **GRI** (2013b), S. 79.
504 Offizielle Übersetzung nach den G 3.0, siehe **GRI** (2006b), S. 12. Die Übersetzung der G4 bezieht sich auf „kommerzielle" Dienstleistungen und Investitionen, siehe **GRI** (2013c), S. 80. Es dürften Leistungen gemeint sein, die nicht ausschließlich auf gemeinnützigen Erwägungen beruhen, sondern vordergründig der Unternehmung dienen, wie z.B. zu Werbezwecken.
505 Die offizielle Übersetzung der G4 bezieht sich in diesem Zusammenhang stattdessen unzutreffend auf „kostenlos" als Übersetzung für „pro bono", vgl. **GRI** (2013c), S. 80.
506 Vgl. **GRI** (2013b), S. 79.
507 Vgl. **BMW AG** (2013), S. 83.
508 Vgl. **BMW AG** (2013), S. 83.

enteren Umgang mit knappen Ressourcen sowie die Vorbeugung von interkulturellen Konflikten und sozialer Instabilität[509].

Mögliche Prüfungshandlungen können auf Daten aus der Finanzbuchhaltung ansetzen. Das zuvor gezeigte Gesamtvolumen der Investitionen und Dienstleistungen der BMW AG in 2012 in Höhe von 32 Mio. EUR basiert unmittelbar auf finanzwirtschaftlichen Daten, die in der Finanzbuchhaltung, z.B. innerhalb der sonstigen betrieblichen Aufwendungen[510] erfolgswirksam erfasst werden. Anhaltspunkte für Sachspenden können sich auch in Anlagenabgängen finden. Arbeitsleistung könnte z.B. durch unterschriebene Stundennachweise der Beschäftigten nachgewiesen werden. Im Rahmen der Jahresabschlussprüfung könnten derartige Sachverhalte bereits bei Prüfung der Jahresabschlussposten identifiziert und für die Prüfung des Indikators bereitgestellt werden. Schließlich können Zuwendungsbestätigungen als Nachweise herangezogen werden[511].

Die richtige und vollständige Erfassung dem Grunde und der Höhe nach ist bereits Gegenstand der Prüfung der finanzwirtschaftlichen Informationen und bedarf keiner gesonderten Erörterung. Darauf aufbauend ist lediglich die vorgenommene Klassifizierung zu prüfen, obschon bereits der Buchungsweg, wie oben erläutert, Hinweise zur Klassifizierung geben könnte. Basierend auf einer Stichprobe[512] könnten Einzelnachweise, wie z.B. Schriftverkehr, Verträge oder Zuwendungsbestätigungen eingesehen werden, die die vorgenommene Klassifizierung sowie die Angabe der Höhe nach bestätigen. Zudem könnten sich aus den Unterlagen Anhaltspunkte ergeben, die die erwarteten oder eingetretenen Auswirkungen bestätigen. Wenn die BMW AG im Berichtsjahr 2012 z.B. wesentliche Projekte zur Ressourceneffizienzsteigerung unterstützt, kann daraus geschlossen werden, dass sich gesellschaftliche Auswirkungen auf die Ressourceneffizienz ergeben könnten. Da die Informationen im Wesentlichen bereits im Jahresabschluss enthalten sind, dürften sich darüber hinaus keine nennenswerten inhärenten Risiken aus der im Rahmen des Indikators G4-EC7 vorzunehmenden Aufbereitung der Daten ergeben.

---

509 Vgl. **BMW AG** (2013), S. 83.
510 Vgl. **Förschle/Peun**, in: Förschle/Grottel/Schmidt/Winkeljohann (2014), § 275 Rz. 171.
511 Siehe ausführlich zu Zuwendungsbestätigungen **Hofmeister**, in: Blümich, § 10b Rz. 45 ff. (2014).
512 Vgl. zu den verschiedenen Methoden einer Stichprobe ausführlich Abschnitt B.4.3.3.2.

2.2.3.2 Significant indirect economic impacts, including the extent of impacts

Nach dem Indikator G4-EC8[513] sind Beispiele wesentlicher positiver und negativer indirekter wirtschaftlicher Auswirkungen der Unternehmung aufzuzeigen. Als Beispiele werden folgende Auswirkungen genannt[514]:

- Veränderung der Produktivität von Organisationen, Branchen oder der gesamten Wirtschaft,
- Wirtschaftliche Entwicklung in Gebieten mit hoher Armut,
- Verbesserung oder Verschlechterung der sozialen Bedingungen oder der Umwelt,
- Verfügbarkeit von Produkten und Dienstleistungen für Menschen mit geringem Einkommen,
- Verbesserung der Fähigkeiten oder Kenntnisse innerhalb einer Berufsgruppe oder einer Region,
- Auswirkungen auf Arbeitsplätze in der Zuliefer- oder Vertriebskette[515],
- Stimulierung, Ermöglichung oder Einschränkung von ausländischen Direktinvestitionen,
- Auswirkungen der örtlichen Verlagerung von Betriebsteilen und
- Auswirkungen durch die Verwendung von Produkten oder Dienstleistungen.

Zudem ist aufzuzeigen, wie wesentlich die Auswirkungen im Kontext externer Bezugspunkte (Benchmarks, Prioritäten der Stakeholder, Standards, politische Vorhaben) sind[516].

Die Deutsche Bank AG berichtet hierzu in ihrem Nachhaltigkeitsbericht 2012 unter anderem[517], dass für die Gesellschaft als Ganzes ein Nutzen erzeugt wird

---

513 Im Gegensatz zum Pendant nach den G 3.1, dem Indikator EC9, wird keine Berichterstattung über den Prozess der Identifikation indirekter wirtschaftlicher Auswirkungen verlangt, vgl. **GRI** (2011b), S. 13 i.V.m. **GRI** (2013b), S. 80 f.
514 Vgl. **GRI** (2013b), S. 80.
515 Die offizielle Übersetzung verweist hier auf „unterstützte Arbeitsstellen", vgl. **GRI** (2013c), S. 81.
516 Vgl. **GRI** (2013b), S. 80.

durch die Abwicklung des Zahlungsverkehrs, Verwaltung von Vermögen, Handel mit Wertpapieren und der Beratung von Unternehmungen zu Finanzierungsmöglichkeiten und Steuerung von Risiken (insbes. Zinssätze, Wechselkurse, Rohstoffe und Eigen- und Fremdkapital)[518]. Weiterhin investiere sie in erneuerbare Energien und in Mikrofinanzierung (100 Mio. USD dotierter Fonds)[519].

Die grundsätzliche Beschreibung eines für die Gesellschaft erzeugten Nutzens ist unmittelbar kaum prüfbar. Stattdessen sind die im Rahmen der Gewinnung eines Verständnisses der Geschäftstätigkeit der Unternehmung erlangten Erkenntnisse als Basis für die Beurteilung des Indikators heranzuziehen. Aufbauend auf dem gewonnenen Verständnis kann beurteilt werden, welche wesentlichen positiven und negativen Auswirkungen von der Unternehmung grundsätzlich ausgehen. Zudem könnten Materialitätsanalysen herangezogen werden, um Anhaltspunkte für nicht berichtete wesentliche Auswirkungen zu gewinnen. Zusätzlich könnte der Lagebericht als Informationsquelle genutzt werden. Die inhaltliche Konkretisierung der Beispiele könnte durch eigene Recherchen, Nachweise der Unternehmung oder bei komplexen Sachverhalten durch Arbeiten von Sachverständigen[520] geprüft werden. Die Selektion der Beispiele könnte ferner auf Plausibilität untersucht werden, z.B. auf das Vorliegen von einseitigen Verzerrungen zu Gunsten positiver Auswirkungen.

Zur Prüfung von externen Bezugspunkten könnten Nachweise wie Veröffentlichungen der Regierung, Ergebnisse von Stakeholderbefragungen oder Publikationen anderer Unternehmungen herangezogen werden.

Das inhärente Risiko wird als hoch eingeschätzt, da wesentliche Ermessensspielräume in der Auswahl der zu berichtenden Beispiele vorliegen. Vor allem die heterogene Auflistung der Beispiele zeigt, dass in der Selektion verschiedenartiger Informationen Schwierigkeiten auftreten dürften. Auch die Beschreibung der

---

517 An dieser Stelle ist lediglich ein Bruchteil der insgesamt berichteten Informationen aufgeführt, da die Deutsche Bank AG zu diesem Indikator auf insgesamt 28 Seiten verweist (gesamter Nachhaltigkeitsbericht enthält 96 Seiten), vgl. **Deutsche Bank AG** (2013), S. 92. Inwieweit dies vor dem Hintergrund des Rahmengrundsatzes der Klarheit vertretbar ist, erscheint äußerst fragwürdig.

518 Vgl. **Deutsche Bank AG** (2013), S. 5, 40.

519 Vgl. **Deutsche Bank AG** (2013), S. 5, 36.

520 Vgl. zu den Anforderungen der Verwertung der Arbeiten von Sachverständigen ausführlich Abschnitt B.4.3.3.3.

Beispiele inhaltlich kann z.T. sehr generell und vage ausgestaltet sein, wie die Aussage der Deutsche Bank AG zeigt. Es ist in besonderem Maße die Grundgesamtheit der Auswirkungen, die Auswahl der Auswirkungen und die Beschreibung der einzelnen Auswirkungen durch ausreichende Nachweise zu prüfen; es wird davon ausgegangen, dass durch angemessene Dokumentation im Rahmen der Informationsproduktion eine intersubjektive Nachprüfbarkeit gegeben sein kann.

2.2.4 Beschaffung

2.2.4.1 Proportion of spending on local suppliers at significant locations of operation

Der Indikator G4-EC9[521] beinhaltet die Angabe, wie viel Prozent des Einkaufs an wesentlichen Standorten auf örtliche Zulieferer entfällt[522]. Die Definitionen der örtlichen Zulieferer und der wesentlichen Standorte lassen die G4 zwar offen, es ist jedoch über die zugrunde gelegten Definitionen zu berichten[523]. Hinsichtlich der Örtlichkeit der Zulieferer geben die G4 die Einschränkung vor, dass der Zulieferer seinen Standort zumindest im selben Land wie der Standort haben muss[524].

Der Nachhaltigkeitsbericht 2012 der BMW AG enthält hierzu die Aussage, dass am Standort Spartanburg 80% des direkten Einkaufsvolumens von lokalen Lieferanten bezogen wurde[525]. Aus welchem Grund der Standort Spartanburg – im

---

521 Nach den G 3.1 wurde dieser Indikator unter den mittelbaren wirtschaftlichen Auswirkungen als EC6 aufgeführt, siehe **GRI** (2011b), S. 26. Im Gegensatz zu dem Indikator nach den G 3.1 ist nun die Definition der „wesentlichen Standorte" offenzulegen, hingegen ist die Berichterstattungspflicht zu Beschaffungsrichtlinien und Faktoren bei der Lieferantenauswahl entfallen, siehe **GRI** (2011b), S. 10 i.V.m. **GRI** (2013b), S. 83.
522 Vgl. **GRI** (2013b), S. 83.
523 Vgl. **GRI** (2013b), S. 83.
524 Vgl. **GRI** (2013b), S. 250. Wenngleich die G4 bei der Länderbetrachtung nicht auf den einzelnen Standort, sondern auf die berichterstattende Einheit abstellen, ist lediglich die Betrachtung auf Standortebene zweckmäßig und daher wird angenommen, dass diese Interpretation den G4 entspricht.
525 Vgl. **BMW AG** (2013), S. 61.

Gegensatz zu anderen Standorten[526] – als wesentlich eingestuft wird, geht ebenso wenig aus dem Bericht hervor wie die Definition der lokalen Lieferanten.

Zur Prüfung der Grundgesamtheit aller Standorte kann auf die Erkenntnisse aus der Gewinnung eines Verständnisses der Geschäftstätigkeit der Unternehmung zurückgegriffen werden. Die Selektion einzelner Standorte als wesentlich stellt die zweite Stufe zur Prüfung dar. Als mögliche Prüfungshandlungen kommen zunächst solche in Betracht, die unmittelbar an die gewählte Definition der Wesentlichkeit für Standorte anknüpfen. Denkbar wäre z.B. die Orientierung an Umsatzgrößen oder Produktionszahlen, die wiederum mittels Rückgriff auf Daten aus der Finanzbuchhaltung prüfbar sind. Anhand der Definition der lokalen Lieferanten kann sodann geprüft werden, ob die in der Berechnung berücksichtigten Lieferanten tatsächlich die Anforderungen an die Definition erfüllen. Mittels einer Stichprobe[527] könnten einzelne Lieferanten auf ihre Örtlichkeit hin untersucht werden (Abgleich mittels Stammdaten, eigene Recherchen in Unternehmensregistern, Schriftverkehr mit Lieferant, Rechnungen o.Ä.). Darauf aufbauend könnten die gesamten Jahresverkehrszahlen untersucht werden, die mit Lieferanten generiert worden sind. Schließlich können die gewählten Definitionen einer Plausibilitätsprüfung unterzogen werden.

Da die genutzten Daten im Wesentlichen auf finanzwirtschaftlichen Informationen beruhen, werden keine gesonderten Erörterungen diesbezüglich vorgenommen. Tatsächlich neue Informationen ergeben sich lediglich durch die Definitionen der lokalen Lieferanten und der Wesentlichkeit der Standorte. Hierdurch ergeben sich Ermessensspielräume, die jedoch in Verbindung mit der geringen Komplexität der Aussagenermittlung zu der Annahme eines geringen inhärenten Risikos führen.

---

526 Denn laut dem Bericht ist es der BMW AG „wichtig, den Großteil unseres Einkaufsbedarfs an unseren Produktionsstandorten durch lokale Lieferanten abzudecken", d.h. die lokale Beschaffung ist ein standortübergreifendes Ziel, und nicht nur beschränkt auf Spartanburg. Zitat siehe **BMW AG** (2013), S. 61.

527 Vgl. zu den verschiedenen Methoden einer Stichprobe ausführlich Abschnitt B.4.3.3.2.

2.3 Ökologische Leistungsindikatoren

2.3.1 Materialien

2.3.1.1 Materials used by weight or volume

Der Indikator G4-EN1[528] behandelt die Berichterstattung über Materialien, die die Unternehmung zur Herstellung und Verpackung ihrer primären Produkte bzw. zur Bereitstellung ihrer primären Dienstleistungen verwendete, aufgeteilt nach erneuerbaren und nicht erneuerbaren Materialien[529]. Als nicht erneuerbare Materialien werden solche Materialien definiert, die nicht innerhalb einer kurzen Zeitspanne entstehen, wie z.B. Metall, Öl oder Kohle[530]. Die Angaben sind in Gesamtgewicht oder Gesamtvolumen vorzunehmen[531]. Sofern es sich bei den Aussagen um Schätzungen handelt, ist über die angewandten Methoden zu berichten[532].

Die Deutsche Post AG berichtet hierzu in ihrem Nachhaltigkeitsbericht 2012 über den Kraftstoffverbrauch für Transporte[533]. Die folgende Tabelle zeigt einen Auszug der berichteten Informationen:

---

[528] Im Gegensatz zum Indikator EN1 nach den G 3.1 stellen die G4 klar, dass nur über die Materialien zu berichten ist, die für die primären Produkte oder Dienstleistungen benötigt werden; daneben verpflichten die G4 explizit zur Berücksichtigung von Verpackungsmaterialien, sofern wesentlich, siehe **GRI** (2011c), S. 5 i.V.m. **GRI** (2013b), S. 86.

[529] Vgl. **GRI** (2013b), S. 86. In den folgenden Ausführungen zu ökologischen Indikatoren wurde die Übersetzung aus dem Englischen unter Rückgriff auf die deutsche Übersetzung der ökologischen Indikatoren in der Version G 3.0, **GRI** (2006c), vorgenommen. Siehe analog Fn. 454.

[530] Vgl. **GRI** (2013b), S. 250. Im Umkehrschluss sind solche Materialien, die innerhalb einer kurzen Zeitspanne entstehen, als erneuerbar einzustufen, siehe **GRI** (2013b), S. 251.

[531] Vgl. **GRI** (2013b), S. 86.

[532] Vgl. **GRI** (2013b), S. 86.

[533] Vgl. **Deutsche Post AG** (2013), S. 70.

Tabelle 7: Kraftstoffverbrauch für Transporte der Deutsche Post AG 2012

		2012	2011
Flugzeugtreibstoff (Kerosin) gesamt	Mio. kg	1.059,0	1.019,1
Flüssigkraftstoffe Straße gesamt	Mio. Liter	472,3	476,4
davon Biodiesel		1,8	1,5
Bioethanol		0,3	1,2
Gasförmige Kraftstoffe Straße gesamt	Mio. kg	2,2	1,4
davon Biogas		0,4	0,2

Quelle: Auszug aus **Deutsche Post AG** (2013), S. 70.

Ausgangspunkt der Prüfung der Informationen ist das Verständnis der Geschäftstätigkeit der Unternehmung: Anhand der Kenntnisse über die wesentlichen angebotenen Produkte und Dienstleistungen ist die Selektion der hier berichteten Materialien zu plausibilisieren. Im Falle heterogener Produkte und Dienstleistungen könnte eine umsatzbasierte Selektion auf Basis finanzwirtschaftlicher Daten vorgenommen werden. Die gezeigten Kraftstoffverbräuche im Beispiel bzw. generell verbrauchte Materialien sind unmittelbar mit dem Jahresabschluss verknüpft, da die in der jeweiligen Periode verbrauchten Treibstoffe bzw. Materialien in der Finanzbuchhaltung als Aufwand enthalten sind. Da diese Gegenstand der Jahresabschlussprüfung sind, erübrigt sich eine gesonderte Erläuterung. Lediglich die Selektion der zu berichtenden Materialien sowie die Überleitung der finanzwirtschaftlichen Daten auf Volumen oder Gewicht ist zu prüfen. Unter Berücksichtigung von Preisentwicklungen könnten die Mengen bzw. Volumenangaben mittelbar mit finanzwirtschaftlichen Informationen abgestimmt werden. Plausibilitätsbeurteilungen könnten ebenfalls auf der Basis systematischer Zusammenhänge zwischen Materialaufwendungen und Umsatzerlösen vorgenommen werden.

Zudem ist die Differenzierung in erneuerbare und nicht erneuerbare Materialien zu prüfen. Mögliche Prüfungshandlungen setzen an der Datenbasis zur Aufteilung der Treibstoffe bzw. Materialien an. Sofern auf Kontenebene der Finanzbuchhaltung eine Differenzierung vorgenommen worden ist, kann auf diese zurückgegriffen werden. Anhand einer Stichprobe[534] der größten Einzelpositionen

---

534 Vgl. zu den verschiedenen Methoden einer Stichprobe ausführlich Abschnitt B.4.3.3.2.

kann mittels weiterer Nachweise geprüft werden, ob die gewählte Zuordnung korrekt vorgenommen worden ist. Auch können Buchungstexte Hinweise auf fehlerhafte Zuordnungen geben. Sofern die hier vorgenommene Differenzierung nach erneuerbaren und nicht erneuerbaren Kraftstoffen bzw. Materialien im Jahresabschluss nicht durchgeführt wird, ist diese Aufteilung insofern erstmalig zu prüfen. Anhand der in der Finanzbuchhaltung vorliegenden Informationen könnten z.B. Buchungstexte oder Lieferanten Hinweise auf Arten von Materialien enthalten (z.B. wäre es denkbar, dass Lieferant A nur erneuerbare Materialien liefert). Weiterhin könnten einzelfallbezogene Nachweise, wie z.B. Rechnungen oder Salden-, Mengen- oder Volumenbestätigungen der Lieferanten die Aussagen der Unternehmung bestätigen. Ferner könnten Informationen über die durchschnittlichen Anteile erneuerbarer Materialien je Einheit Produkt oder Dienstleistung genutzt werden, um anhand von Absatz- oder Produktionszahlen Plausibilitätsbeurteilungen vornehmen zu können.

Insgesamt ist davon auszugehen, dass aufgrund der engen Verknüpfung mit finanzwirtschaftlichen Informationen kein nennenswertes inhärentes Risiko vorhanden ist. Es handelt sich um Informationen, die lediglich der Zuordnung zur Kategorie „erneuerbar" oder „nicht erneuerbar" bedürfen und mengenmäßig übergeleitet werden müssen.

2.3.1.2 Percentage of materials used that are recycled input materials

Im Rahmen des Indikators G4-EN2[535] ist über rezyklierte Materialien zu berichten, die die Unternehmung zur Herstellung bzw. Bereitstellung ihrer primären Produkte oder Dienstleistungen verwendete. Basierend auf dem Indikator G4-EN1 ist der Anteil der eingesetzten rezyklierten Materialien aufzuzeigen[536]. Der Indikator G4-EN2 berechnet sich nach der Formel[537]:

$$G4\text{-}EN2 = M_r / M_t * 100$$

mit

M_r = *Materialien (rezykliert) und*

M_t = *Materialien (gesamt; identisch mit G4-EN1).*

---

535 Im Vergleich zum Indikator EN2 nach den G 3.1 unverändert, vgl. **GRI** (2011c), S. 6 i.V.m. **GRI** (2013b), S. 87.
536 Vgl. **GRI** (2013b), S. 87.
537 Vgl. **GRI** (2013b), S. 87.

Als rezykliert gelten solche Materialien, die anstelle von unbenutzten Ressourcen (sog. Neumaterialien) verwendet werden[538]. Nebenprodukte aus Produktionsprozessen der Unternehmung werden dabei explizit von der Definition ausgeschlossen[539]. Sofern Schätzungen zur Ermittlung der rezyklierten Materialien verwendet werden, ist über die angewandten Methoden zu berichten[540].

Im Nachhaltigkeitsbericht 2012 der Volkswagen AG wird hierzu angegeben, dass sich der Rezyklatanteil am aktuellen Serienmodell des Golf auf 34 bis 35 % des Fahrzeuggewichts beläuft[541].

Aufbauend auf den Erkenntnissen aus der Prüfung des Indikators G4-EN1 kann zunächst die Auswahl der primären Produkte bzw. Dienstleistungen abgestimmt werden. In diesem Zusammenhang stellt sich die Frage, ob die oben gezeigte Angabe der Volkswagen AG ausreicht, um die Anforderungen des Indikators zu erfüllen. Nach eigenen Angaben belegt der Golf mit 825.591 produzierten Einheiten in 2012 lediglich den dritten Rang der Produkte innerhalb der Volkswagen AG[542]. Aus welchem Grunde nur über den Golf berichtet wird, ist nicht ersichtlich. Ohne weitere Ausführungen, die dem Nachhaltigkeitsbericht nicht zu entnehmen sind, dürfte die Angabe zum Golf den Anforderungen des Indikators nicht entsprechen.

Zur Prüfung der Bezugsgröße, die identisch mit dem Indikator G4-EN1 ist, wird auf die Ausführungen dort verwiesen. Der berichtete Rezyklatanteil kann unter Rückgriff auf Informationen aus der Finanzbuchhaltung geprüft werden. Aufgrund der Beschränkung auf Rezyklate, die außerhalb der Unternehmung stammen, also extern beschafft werden, liegen die benötigten Informationen bereits in der Finanzbuchhaltung als Aufwandsposition vor, entsprechend ist an dieser Stelle keine gesonderte Erläuterung der Prüfung notwendig. Es ist lediglich die

---

538 Vgl. **GRI** (2013b), S. 251.
539 Vgl. **GRI** (2013b), S. 251. Die Tatsache, ob ein verwendetes Nebenprodukt bei dem Berichterstatter innerhalb der Produktion anfällt oder extern bezogen wird, hat somit unmittelbar Einfluss auf den Indikator G4-EN2. Zugleich liegt hier eine potentielle Fehlerquelle. So berichtet die K+S AG für das Geschäftsjahr 2012 fälschlicherweise ausschließlich über rezyklierte Materialien, die aus Produktionsprozessen innerhalb der Unternehmung stammen, siehe **K+S AG** (2013), S. 78.
540 Vgl. **GRI** (2013b), S. 87.
541 Vgl. **Volkswagen AG** (2013), S. 122.
542 Vgl. **Volkswagen AG** (2013), S. 107.

Überleitung in Mengen- bzw. Volumenangaben zu prüfen, die analog nach den Ausführungen zum Indikator G4-EN1 vorgenommen werden kann.

Aufbauend auf der Datenbasis aus der Finanzbuchhaltung ist zudem zu prüfen, ob die berichteten Rezyklate tatsächlich als solche einzustufen sind. Ausgangspunkt für mögliche Prüfungshandlungen ist die Berechnungsgrundlage der Unternehmung, aus der die Angabe des Rezyklatanteils hervorgeht. In Stichprobe[543] könnten Eingangsrechnungen auf Hinweise zu Rezyklaten geprüft werden. Ergänzend, oder sofern die Eingangsrechnungen keine Rückschlüsse auf Rezyklate zulassen, könnten Bestätigungen der Lieferanten über gelieferte Rezyklate eingeholt werden. Voraussetzung für die Prüfungshandlungen sind grundlegende Kenntnisse über die Rezyklierbarkeit von Materialien innerhalb des Wertschöpfungssystems der Unternehmung, um die Aussagen interpretieren zu können. So enthält z.B. Stahl einen hohen Anteil an rezykliertem Material, ohne dass dieser explizit als Rezyklat ausgewiesen werden muss[544]. Zur Plausibilisierung könnten wiederum Absatzzahlen i.V.m. Rezyklatanteilen herangezogen werden.

Aufgrund der engen Verknüpfung zu finanzwirtschaftlichen Informationen wird kein nennenswertes inhärentes Risiko gesehen. Lediglich die Rezyklierbarkeit könnte eine Herausforderung für die Prüfung darstellen, der jedoch durch Recherchen, ggf. bei komplexen Sachverhalten durch Arbeiten Sachverständiger[545] entgegnet werden kann.

2.3.2 Energie

2.3.2.1 Energy consumption within the organization

Nach dem Indikator G4-EN3[546] ist über Verbräuche von Energieträgern zu berichten. Differenziert in erneuerbare und nicht erneuerbare Energieträger sind

---

543 Vgl. zu den verschiedenen Methoden einer Stichprobe ausführlich Abschnitt B.4.3.3.2.
544 So wird z.B. in Deutschland bei der Stahlproduktion rund 30 % Stahlschrott verwendet, vgl. **Bartusch et al** (2013), S. 5.
545 Vgl. zu den Anforderungen der Verwertung der Arbeiten von Sachverständigen ausführlich Abschnitt B.4.3.3.3.
546 Im Gegensatz zu EN3 nach den G 3.1 beinhaltet der Indikator G4-EN3 auch sog. „Sekundärenergieverbräuche" (Bezug von Wärme, Strom, Kälte und Dampf), die nach den G 3.1 noch separat in dem Indikator EN4 ausgewiesen werden, vgl. **GRI** (2011c), S. 7 ff. i.V.m. **GRI** (2013b), S. 89 f. Die Pflicht zur Offenlegung der angewendeten Methoden und Annahmen sowie der Quellen der Umrechnungsfaktoren bestand nach den G 3.1 nicht, vgl. **GRI** (2011c), S. 7 i.V.m. **GRI** (2013b), S. 89.

Verbräuche unter der Angabe der jeweiligen Energieträger in Joule (oder einem Vielfachen hiervon[547]) aufzuzeigen[548]. Zur Definition der Erneuerbarkeit wird auf die Ausführungen zu erneuerbaren Materialien verwiesen[549]. Daneben werden differenziert Angaben zu bezogener Elektrizität, Wärme und Kälte sowie Dampf in Joule verlangt[550]. Sofern die Unternehmung Elektrizität, Wärme, Kälte oder Dampf veräußert, ist hier ebenfalls differenziert in Joule über die veräußerten Mengen zu berichten[551]. Des Weiteren sind angewandte Methoden und Annahmen zu Berechnungen sowie ggf. Quellen der Umrechnungsfaktoren offenzulegen[552].

Die folgende Tabelle zeigt die von der Siemens AG berichteten Energieverbräuche für das Jahr 2012:

Tabelle 8: Primär- und Sekundärenergieverbrauch der Siemens AG 2012 in Mio. GJ

	2012	2011
Erdgas/Flüssiggase	4.683	9.405
Heizöl	120	189
Kohle	28	52
Benzin/Diesel	207	400
Elektrizität	9.116	12.388
Fernwärme	2.032	2.286

Quelle: Auszug aus **Siemens AG** (2013), S. 55.

Vorab ist festzustellen, dass die Siemens AG die explizit geforderte Unterteilung in erneuerbare und nicht erneuerbare Energieträger ohne weitere Begründung unterlässt. Zudem erscheint es fragwürdig, die Zahlen ohne weiteren Kontext zu

---

547 Sofern im Folgenden nur die Angabe auf „Joule" lautet, sei stets eine Angabe in einem Vielfachen hiervon möglich.
548 Vgl. **GRI** (2013b), S. 89.
549 Vgl. **GRI** (2013b), S. 89. Nicht erneuerbare Energieträger sind also solche, die nicht innerhalb einer kurzen Zeitspanne entstehen, wie bspw. Öl oder Kohle, vgl. **GRI** (2013b), S. 250.
550 Vgl. **GRI** (2013b), S. 89.
551 Vgl. **GRI** (2013b), S. 89.
552 Vgl. **GRI** (2013b), S. 89.

berichten. Der Rückgang gegenüber 2011 kann nur auf strukturelle Veränderungen innerhalb der berichterstattenden Organisation zurückzuführen sein (z.B. Verkauf von Unternehmensteilen), die entweder hätten zu einer Anpassung der Vorjahreszahlen führen müssen, oder zu einer Angabe zum Kontext[553].

Grundsätzlich basieren die Primärenergieträgerverbräuche (z.B. durch Verbrennung von Erdgas und Flüssiggas, Heizöl, Kohle, Benzin oder Diesel) auf Daten, die bereits monetär in der Finanzbuchhaltung vorhanden sind. So werden verbrauchte Primärenergieträger im Geschäftsjahr als Aufwand in der Finanzbuchhaltung erfasst. Neue Informationen ergeben sich lediglich aus der geforderten Einheit Joule. Die Belege, wie bspw. Eingangsrechnungen, dürften diese Informationen ebenfalls nicht enthalten, zumindest nicht unmittelbar. Anhand der in Rechnungen enthaltenen Mengenangaben kann jedoch mittels Faktoren übergeleitet werden. So entsprechen bspw. 1000 Kubikmeter Erdgas 39,01 Gigajoule[554].

Prüfungshandlungen können demnach zunächst bezogen auf die Mengenangaben vorgenommen werden. So können die von der Unternehmung zusammengestellten Mengen anhand einer Stichprobe[555] von Eingangsrechnungen geprüft werden. Anhaltspunkte für verbrauchte Mengen können sich auch aus den Aufwandskonten ergeben, wie bspw. für Treibstoffe. Da die Konten auf monetären Größen basieren, sind diese stets im Kontext von Preisentwicklungen der jeweiligen Energieträger zu betrachten, um Plausibilitätsbeurteilungen vornehmen zu können. Nach Prüfung der Mengen können sodann die Umrechnungen der Mengen einzelner Energieträger rechnerisch nachvollzogen werden. Analog können veräußerte Energieträger unter Rückgriff auf Umsatzzahlen geprüft werden.

Die Differenzierung der Energieträger in erneuerbare und nicht erneuerbare kann ebenfalls durch eine Stichprobe von Eingangsrechnungen geprüft werden. Daneben können sich Informationen aus den Aufwandskonten ergeben, sofern verschiedene Konten für die Energieträger geführt werden, entsprechende Buchungstexte vorhanden sind oder Lieferanten Aufschluss über die von ihnen gelieferten Energieträger geben.

Sekundärenergieverbräuche, im Beispiel der Siemens AG sind dies Elektrizität und Fernwärme, können analog geprüft werden.

---

553 So wird es bei den inhaltsähnlichen Indikatoren G4-EN15, -EN16 und -EN17 vorgeschrieben.
554 Vgl. **GRI** (2011c), S. 8.
555 Vgl. zu den verschiedenen Methoden einer Stichprobe ausführlich Abschnitt B.4.3.3.2.

2 Analyse der Möglichkeiten und Grenzen der Prüfung der Leistungsindikatoren nach den G4   115

Daneben könnte eine Abstimmung mit den Indikatoren zu Treibhausgasemissionen nach G4-EN15 und -EN16 vorgenommen werden, da jene Emissionen im Wesentlichen unmittelbar mit der Verwertung von Energieträgern zusammenhängen.

Schließlich könnten Salden-, Mengen- oder Volumenbestätigungen von Lieferanten eingeholt werden, um die berichteten Angaben zu bestätigen. Im Falle nicht standardisierter Umrechnungsprozesse könnten Arbeiten Sachverständiger[556] verwertet werden. Sind die Umrechnungsfaktoren hingegen allgemein anerkannt, können diese mit ihrer Quelle abgestimmt und mit weiteren Quellen plausibilisiert werden.

Da die Informationen auf Daten beruhen, die bereits in monetärer Dimension Gegenstand der Finanzbuchhaltung sind, kann lediglich durch die mengenmäßige Erfassung und Differenzierung in Energieträgerart und Erneuerbarkeit ein zusätzliches inhärentes Risiko vorliegen. Von einem nennenswerten inhärenten Risiko aufgrund der hier vorzunehmenden mengenmäßigen Erfassung und Differenzierung wird indes nicht ausgegangen.

2.3.2.2 Energy consumption outside of the organization

Der Indikator G4-EN4[557] betrifft die Berichterstattung über Energieträgerverbräuche (in Joule) außerhalb der Unternehmung, zudem sind angewendete Methoden und zugrunde gelegte Annahmen sowie die Quellen der Umrechnungsfaktoren offenzulegen[558]. Außerhalb der Unternehmung bedeutet, dass die Energieträgerverbräuche bei vor- oder nachgelagerten Aktivitäten (d.h. außerhalb des rechtlichen Rahmens der berichterstattenden Unternehmung) anfallen, die aber einen Bezug zur Tätigkeit der Unternehmung aufweisen[559]. Um die Vielzahl möglicher vor- oder nachgelagerter Aktivitäten näher einzugrenzen, wird auf die Kategorisierung des Scope-3-Standards zurückgegriffen, wonach folgende 15 Kategorien vorgegeben werden[560]:

Vorgelagerte Aktivitäten

---

556 Vgl. zu den Anforderungen der Verwertung der Arbeiten von Sachverständigen ausführlich Abschnitt B.4.3.3.3.
557 In den G 3.1 existiert kein Pendant zu dem hier betrachteten Indikator, aus diesem Grund wird kein DAX-30-Beispiel angeführt.
558 Vgl. **GRI** (2013b), S. 91.
559 Vgl. **GRI** (2013b), S. 91.
560 Vgl. **GRI** (2013b), S. 91. Gleichlautend mit **WRI/WBCSD** (2011), S. 32.

1. Bezogene Güter und Dienstleistungen,
2. Bezogene Anlagegüter,
3. Energieträgerbezogene Aktivitäten,
4. Vorgelagerte Transporte und Distributionen,
5. Abfall aus der Geschäftstätigkeit,
6. Geschäftsreisen,
7. Berufsverkehr durch Arbeitnehmer,
8. Geleaste Anlagegüter,

   Übrige vorgelagerte Aktivitäten.

Nachgelagerte Aktivitäten

9. Nachgelagerte Transporte und Distributionen,
10. Weiterverarbeitung von veräußerten Produkten,
11. Verwendung von veräußerten Produkten und Dienstleistungen,
12. Behandlung der veräußerten Produkte am Lebensende,
13. Verleaste Anlagegüter,
14. Franchisegeschäfte,
15. Finanzinvestitionen,

    Übrige nachgelagerte Aktivitäten.

Zu berichten ist lediglich über solche Aktivitäten, die als wesentlich eingestuft werden[561]. Wesentlichkeit bestimmt sich z.B. nach dem Anteil am (geschätzten) gesamten Energieträgerverbrauch außerhalb der Unternehmung oder dem Reduktionspotenzial[562].

Da es sich inhaltlich um die Kategorisierung handelt, die auch nach dem Indikator G4-EN17 verlangt wird, und die Berichterstattung sich lediglich in der Dimension (Joule vs. CO_{2E}) unterscheidet, wird auf die ausführliche Behandlung im Rahmen der Prüfung des Indikators G4-EN17 verwiesen[563]. Ergänzend kann

---

561 Vgl. **GRI** (2013b), S. 91.
562 Vgl. **GRI** (2013b), S. 91.
563 Siehe Abschnitt C.2.3.5.3.

eine Abstimmung mit den unter G4-EN17 berichteten Informationen vorgenommen werden.

2.3.2.3 Energy intensity

Der Indikator G4-EN5[564] bezieht sich auf die Berichterstattung über die Energieintensität der Unternehmung. Zu berichten ist über die Energieintensität als Verhältniszahl der benötigten absoluten Energie (Treibstoffe, Elektrizität, Wärme, Kälte oder Dampf in Joule oder einem Vielfachen) in Abhängigkeit einer frei wählbaren Größe, wie bspw. je Produkt oder je Dienstleistung[565]. Die gewählte Bezugsgröße, der Bezugsrahmen (innerhalb der Unternehmung, außerhalb der Unternehmung, beide) sowie die berücksichtigten Energieträger sind offenzulegen[566].

Die Wahl der Bezugsgröße wird der Unternehmung überlassen unter der Voraussetzung, dass die Bezugsgröße angemessen zur Beurteilung der Leistung der Unternehmung ist[567]. Als Beispiele nennt der Standard Produktionseinheiten, Produktionsvolumen (Tonne, Liter, MWh), Fläche (m²), Anzahl Vollzeitbeschäftigter oder monetäre Einheiten (Umsatz)[568].

Grundsätzlich kann auf die Ausführungen zum Indikator G4-EN18 verwiesen werden, da sich die Indikatoren – abgesehen von der zu berichtenden Dimension (Joule vs. CO_{2E}) – inhaltlich entsprechen[569]. Aus diesem Grund erscheint ferner eine Abstimmung mit dem Indikator G4-EN18 als Prüfungshandlung sinnvoll. Lediglich bezogen auf die absoluten Energieverbräuche ist im Rahmen dieses Indikators als Besonderheit eine einfache Abstimmung mit den Indikatoren G4-EN3 bzw. -EN4 vorzunehmen, da dort die entsprechenden Angaben zu tätigen sind.

---

564 In den G 3.1 existiert kein inhaltsähnlicher Indikator, aus diesem Grund entfällt das DAX-30-Beispiel.
565 Vgl. **GRI** (2013b), S. 93.
566 Vgl. **GRI** (2013b), S. 93.
567 Vgl. **GRI** (2013b), S. 93.
568 Vgl. **GRI** (2013b), S. 93.
569 Siehe Abschnitt C.2.3.5.4 zum Indikator G4-EN18.

2.3.2.4 Reduction of energy consumption

Im Rahmen des Indikators G4-EN6[570] ist über erzielte absolute Reduktionen (in Joule oder einem Vielfachen) bei dem Verbrauch von Energieträgern als Resultat von Effizienzinitiativen zu berichten[571]. Effizienzinitiativen werden definiert als Energieeinsparungen, die durch Prozessoptimierung, verändertem Verhalten der Belegschaft, veränderten Produktionsprozessen oder effizienteren Anlagen erzielt werden[572]. Explizit ausgeschlossen von der Definition sind solche Reduktionen, die auf einem geringeren Produktionsvolumen oder auf ausgelagerten Aktivitäten beruhen[573]. Es sind die bei der Reduktionsermittlung betrachteten Energieträger, die Basis für die Ermittlung der Reduktionen (im Vergleich zum Vorjahr o.Ä.) sowie die verwendeten Methoden und getroffenen Annahmen offenzulegen[574]. Sofern die Unternehmung eine Vielzahl verschiedener Initiativen durchgeführt hat, kann die Berichterstattung auf solche begrenzt werden, die wesentliche Reduktionen bewirken[575].

Die Daimler AG berichtet hierzu im Nachhaltigkeitsbericht 2012, dass durch das Projekt „GreenIT" im Zeitraum 2009-2011 rund 159.000 Megawattstunden Strom eingespart worden sind[576]. Zunächst ist der berichtete Zeitraum von drei Jahren zu kritisieren, denn es ist stets das betrachtete Geschäftsjahr (hier: 2012) abzugrenzen.

Zur Prüfung des Indikators könnte zunächst anhand der Art der Reduktionsquelle differenziert werden. Die Nutzung effizienterer Anlagen könnte durch Einsichtnahme in Nachweise zur Energieeffizienz der jeweiligen Anlage und einem Vergleich mit Nachweisen zu den Anlagen, die zuvor eingesetzt wurden, geprüft werden. In Verbindung mit Angaben zur Nutzung der Anlage im Berichts- und Bezugsjahr könnten sodann jährliche Einsparungen ermittelt werden, wobei die zugrunde gelegten Annahmen auf Plausibilität geprüft werden könnten.

---

570 Nahezu unverändert zum Indikator EN5 nach den G 3.1, lediglich die Verpflichtung zur Offenlegung der angewendeten Methoden, der getroffenen Annahmen und der einbezogenen Energieträger ist hinzugekommen, vgl. **GRI** (2011c), S. 11 i.V.m. **GRI** (2013b), S. 94.
571 Vgl. **GRI** (2013b), S. 94.
572 Vgl. **GRI** (2013b), S. 94.
573 Vgl. **GRI** (2013b), S. 94.
574 Vgl. **GRI** (2013b), S. 94.
575 Vgl. **GRI** (2013b), S. 94.
576 Vgl. **Daimler AG** (2013), S. 77.

2 Analyse der Möglichkeiten und Grenzen der Prüfung der Leistungsindikatoren nach den G4   119

Veränderte Verhaltensweisen der Belegschaft dürften sich nur schwerlich prüfen lassen. So führt bspw. das Ausschalten der elektrischen Verbraucher zum Arbeitsende zu absoluten Energiereduktionen, diese lassen sich jedoch kaum isolieren, da das tatsächliche Verhalten nicht ohne unverhältnismäßig hohen Aufwand beobachtbar ist, und die tatsächlichen Einsparungen in Form von Energieaufwendungen durch andere Effekte, wie bspw. höhere oder niedrigere Arbeitsauslastung, ebenfalls keine Rückschlüsse ermöglichen. Ähnlich dürfte es sich bei Prozessoptimierungen verhalten. Wird z.B. die Auslastung von Backup-Systemen optimiert[577], so dürften sich tatsächliche Energiereduktionen kaum isolieren lassen. Sie können, wie auch die Einflüsse veränderter Verhaltensweisen, allenfalls geschätzt werden[578]. Die Annahmen, Methoden und Berechnungen, die zur Schätzung führen, können insofern auf Plausibilität geprüft werden. Da der Indikator G4-EN19 Einsparungen von Treibhausgasemissionen aufgrund von Initiativen beinhaltet, könnte eine Abstimmung mit den dort getroffenen Aussagen vorgenommen werden[579].

Die etwaige Auslese der Initiativen vor dem Hintergrund ihrer Wesentlichkeit könnte anhand der Auswirkungen der einzelnen Initiativen und der (ggf. geschätzten) Gesamtauswirkung aller Initiativen nachvollzogen werden.

Flankierend können die absoluten Energieträgerverbräuche unter Berücksichtigung der Veränderung der Geschäftstätigkeit zum Bezugsjahr (z.B. veränderte Absatz- oder Produktionsmengen) zur Plausibilisierung herangezogen werden.

Es ist grundsätzlich von einem hohen inhärenten Risiko auszugehen, da die Aussagen große Ermessensspielräume beinhalten und die Aussagenermittlung sich als komplex erweisen kann.

---

[577] Wie es die Deutsche Börse AG in diesem Zusammenhang im Integrierten Bericht anführt, wobei quantitative Angaben ohne weitere Begründung gänzlich unterlassen werden, vgl. **Deutsche Börse AG** (2013), S. 154.

[578] So berichtet die Beiersdorf AG im Nachhaltigkeitsbericht 2012 darüber, dass sie ihre Mitarbeiter aktiv ermuntert, statt Geschäftsreisen Audio- und Videokonferenzen durchzuführen, vgl. **Beiersdorf AG** (2013), S. 16. Wie viele Geschäftsreisen dadurch tatsächlich vermieden werden, bleibt offen.

[579] Siehe Abschnitt C.2.3.5.5 zum Indikator G4-EN19.

2.3.2.5 Reductions in energy requirements of products and services

Nach dem Indikator G4-EN7[580] ist über verminderte Energieverbräuche (in Joule oder einem Vielfachen) von veräußerten Produkten und Dienstleistungen zu berichten[581]. Die gewählte Basis (Vorjahr o.Ä.), die getroffenen Annahmen und die verwendeten Methoden sind offenzulegen[582]. Sofern Industriestandards für die Ermittlung von Energieverbräuchen existieren, sind diese zu verwenden[583].

Die Daimler AG berichtet hierzu im Nachhaltigkeitsbericht 2012, dass der Lastkraftwagen vom Typ Actros mit EURO-VI-Triebwerk rund 4,5 % weniger Dieselkraftstoff verbraucht als mit dem EURO-V-Motor[584]. Eine Angabe in Joule ist dem Bericht nicht zu entnehmen.

Zur Prüfung der Informationen ist grundsätzlich festzuhalten, dass die im Rahmen des hier betrachteten Indikators berichteten Informationen keinen Bezug zu finanzwirtschaftlichen Informationen aufweisen. Energieverbräuche von Produkten und Dienstleistungen während der Nutzungsphase finden weder unmittelbar noch mittelbar Eingang in die Finanzbuchhaltung. Insofern können die von der Unternehmung berichteten Informationen hinsichtlich der verwendeten Methoden und zugrunde gelegten Annahmen lediglich auf Plausibilität geprüft werden. Als Nachweise zu Einsparungen könnten Arbeiten von Sachverständigen[585] herangezogen werden, die die Aussagen der Unternehmung zu Energieeinsparungen belegen, und es könnten interne Dokumentationen eingesehen werden, die über die Einsparungen Aufschluss geben; zusätzlich könnten Beschäftigte befragt werden.

Aus dem Verständnis der Geschäftstätigkeit der Unternehmung kann geschlossen werden, ob die berichteten Informationen, wie im Beispiel der Daimler AG nur bezogen auf einen Motortypen, ausreichend sind. Anhand von Wesentlich-

---

580 Im Vergleich zum Pendant nach den G 3.1, dem Indikator EN6, ist die Pflicht zur Berichterstattung über Initiativen zur Verbrauchsreduktion entfallen, vgl. **GRI** (2011c), S. 12 i.V.m. **GRI** (2013b), S. 95.
581 Vgl. **GRI** (2013b), S. 95.
582 Vgl. **GRI** (2013b), S. 95.
583 Vgl. **GRI** (2013b), S. 95.
584 Vgl. **Daimler AG** (2013), S. 39.
585 Vgl. zu den Anforderungen der Verwertung der Arbeiten von Sachverständigen ausführlich Abschnitt B.4.3.3.3.

2 Analyse der Möglichkeiten und Grenzen der Prüfung der Leistungsindikatoren nach den G4   121

keitsüberlegungen (z.B. basierend auf Umsatz- oder Absatzgrößen) könnte beurteilt werden, ob bspw. die Berichterstattung über einen Motortypen bei einem Produkt (LKW) genügend Informationen über die angebotenen Produkte und Dienstleistungen der Unternehmung vermitteln.

Da sich Energieträgerverbräuche unmittelbar auf Treibhausgasemissionen auswirken, könnten Plausibilitätsbeurteilungen in Verbindung mit dem Indikator G4-EN17, Kategorie 11, vorgenommen werden[586].

Das inhärente Risiko ist als hoch einzuschätzen. Es bestehen Ermessensspielräume und ferner dürften die Berechnungen eine hohe Komplexität aufweisen. Durch Arbeiten von Sachverständigen könnte diesem und auch dem Fehlen einer Verknüpfung zur Finanzbuchhaltung entgegnet werden.

2.3.3 Wasser

2.3.3.1 Total water withdrawal by source

Der Indikator G4-EN8[587] behandelt Wasserentnahmen durch die Unternehmung. Es ist die gesamte Menge entnommenen Wassers, nach der jeweiligen Quelle differenziert, anzugeben[588]. Als Quellen gelten Oberflächenwasser (einschließlich Feuchtgebiete, Flüsse, Seen und Meere), Grundwasser, Regenwasser, Abwasser einer anderen Unternehmung und Wasser der kommunalen oder anderer Wasserversorger[589]. Explizit von der Definition erfasst ist auch Wasser, welches lediglich für die Kühlung verwendet wird[590]. Angewandte Berechnungsmethoden, Standards und getroffene Annahmen sind offenzulegen[591].

Die Angaben der Bayer AG zum Wasserverbrauch im Nachhaltigkeitsbericht für 2012 sind der folgenden Tabelle zu entnehmen:

---

586 Siehe Abschnitt C.2.3.5.3 zum Indikator G4-EN17.
587 Nahezu unverändert im Vergleich zu dem Indikator EN8 nach den G 3.1, lediglich die Forderung der Angabe der Wasserentnahme in der Dimension Kubikmeter ist entfallen, vgl. **GRI** (2011c), S. 14 i.V.m. **GRI** (2013b), S. 97.
588 Vgl. **GRI** (2013b), S. 97.
589 Vgl. **GRI** (2013b), S. 97.
590 Vgl. **GRI** (2013b), S. 97.
591 Vgl. **GRI** (2013b), S. 97.

Tabelle 9: Nettoaufnahme von Wasser nach Bezugsquelle der Bayer AG 2012 in Mio. m³

	2012	2011
Wassereinsatz	384	411
davon aus Oberflächengewässern (in %)	64	65
davon aus Bohrungen/Quellen (in %)	32	31
davon aus öffentlicher Trinkwasser-versorgung (in %)	2	2
davon aus anderen Quellen, i.d.R. Regenwasser (in %)	2	2

Quelle: Auszug aus **Bayer AG** (2013), S. 60.

Mögliche Prüfungshandlungen können in Abhängigkeit der Quelle der Wasserentnahme differenziert werden. Die Wasseraufnahme aus öffentlichem Trinkwasser, im Beispiel der Bayer AG lediglich 2 % von 384 Mio. m³ im Jahr 2012, findet unmittelbar Eingang in die Finanzbuchhaltung in Form von Aufwendungen. Anhand der Eingangsrechnungen, die den Aufwendungen zugrunde liegen, können die Mengenangaben abgestimmt werden.

Von anderen Unternehmungen erhaltene Abwässer könnten durch Bestätigungen der Unternehmungen, Verträge oder Rechnungen nachgewiesen werden. Sofern Zahlungsmittel fließen, können verbuchte Aufwendungen oder Erträge zur Abstimmung herangezogen werden.

Wasserentnahmen aus Oberflächengewässern, Regenwasser, aus Bohrungen oder aus Quellen finden keine mengenabhängige Berücksichtigung in der Finanzbuchhaltung. Es besteht grundsätzlich nach § 8 Abs. 1 i.V.m. § 9 Abs. 1 Nr. 1 und 5 sowie § 10 Abs. 1 WHG[592] die Pflicht zur Einholung einer Erlaubnis oder Bewilligung zur Wasserentnahme aus Oberflächen- und Grundwasser, welche explizit als zentrale Information den Umfang in qualitativer und quantitativer Hinsicht enthält[593]. Daran anknüpfend könnten entnommene Mengen über installierte Verbrauchszähler oder im Wege der Schätzung ermittelt werden. Ver-

---

592 Wasserhaushaltsgesetz (WHG).
593 Vgl. **Kotulla** (2011), § 10 Rz. 20.

brauchszählerstände könnten mit Ableseprotokollen abgestimmt werden, analog zu den Prüfungshandlungen im Rahmen der Inventurbeobachtung könnten persönliche Einsichtnahmen in Zählerstände zum Zeitpunkt oder zu einem naheliegenden Zeitpunkt des Stichtags stattfinden. Existieren keine Verbrauchszähler, so bleibt lediglich die Prüfung der Annahmen und verwendeten Berechnungsmethoden der vorgenommenen Schätzungen. Diese könnten an finanzwirtschaftliche Informationen anknüpfen, indem z.B. die Mengen eingegangenen Wassers in einzelne Produkte oder Dienstleistungen ermittelt werden und sodann mit der gesamten Absatz- oder Produktionsmenge zu einer Gesamtentnahmemenge hochgerechnet werden.

Das inhärente Risiko für extern bezogene Wasserentnahmen wird aufgrund der Verknüpfung zur Finanzbuchhaltung als gering eingestuft; lediglich die Mengenangabe ist im Vergleich zur Finanzbuchhaltung als neu zu erfassende Information einzustufen. Nicht extern bezogene Wasserentnahmen, die mittels Verbrauchszählern nachgewiesen werden, dürften ebenfalls ein geringes inhärentes Risiko aufweisen. Mangels Verbrauchszählern geschätzte Wasserentnahmen unterliegen hingegen einem hohen inhärenten Risiko aufgrund der Ermessensspielräume und ggf. komplexer Berechnungen.

2.3.3.2 Water sources significantly affected by withdrawal of water

Im Rahmen des Indikators G4-EN9[594] ist über Wasserquellen zu berichten, die wesentlich von der Wasserentnahme durch die Unternehmung betroffen sind[595]. Entnahmen sind dann wesentlich, wenn sie mindestens eines der folgenden Kriterien erfüllen[596]:

- Entnahme beträgt oder übersteigt 5 % des durchschnittlichen Jahresvolumens der Wasserquelle,

---

594 Im Vergleich zum Indikator EN9 nach den G 3.1 sind die Einstufung als Naturschutzgebiet sowie die Bedeutung für die lokale Gesellschaft und indigene Völker zur Bestimmung der Wesentlichkeit neu hinzugekommen, dagegen ist die Verpflichtung zur Angabe der Größe der Wasserquelle in Kubikmetern entfallen, vgl. **GRI** (2011c), S. 15 i.V.m. **GRI** (2013b), S. 98.
595 Vgl. **GRI** (2013b), S. 98.
596 Vgl. **GRI** (2013b), S. 98.

- Entnahme aus in der Ramsar Convention[597] aufgeführten Feuchtgebieten oder anderen als Naturschutzgebiet eingestuften Wasserquellen, unabhängig von der Entnahmemenge,
- Entnahme aus Wasserquellen, die von Experten als besonders empfindlich eingestuft werden oder aus Wasserquellen, die Lebensraum für eine bedrohte Pflanzen- oder Tierart sind,
- Entnahme aus Wasserquellen, die eine hohe Artenvielfalt aufweisen oder von besonderer Bedeutung für die lokale Gesellschaft oder indigene Völker sind.

Zu berichten ist über die Größe der Wasserquelle (damit dürfte das Gesamtvolumen gemeint sein), ggf. die Einstufung als Naturschutzgebiet, die Biodiversität sowie die Bedeutung für die lokale Gesellschaft und indigene Völker[598]. Verwendete Berechnungsmethoden und zugrunde gelegte Annahmen sind offenzulegen[599].

In keinem der DAX-30-Berichte wurde eine Angabe zum Einfluss auf Wasserquellen getätigt, obschon bezweifelt werden könnte, dass keines der Unternehmungen wesentliche Entnahmen aus Wasserquellen tätigt.

Aufbauend auf den Erkenntnissen aus der Prüfung des vorherigen Indikators G4-EN8 zu Wasserverbräuchen nach ihrer jeweiligen Quelle ergeben sich zwar erste Anhaltspunkte für potentiell wesentliche Entnahmen, die Einstufung als wesentlich erscheint jedoch äußerst komplex. Zur Prüfung könnten zu sämtlichen Wasserquellen z.B. unternehmensinterne Dokumentationen oder Arbeiten von Sachverständigen[600] eingeholt werden, um so die Wesentlichkeit der einzelnen Entnahmen beurteilen zu können. Aufgrund der Tatsache, dass eine angemessene Beurteilung der Biodiversität im Rahmen der Prüfung kaum möglich sein dürfte, sollte auf Arbeiten Sachverständiger zurückgegriffen werden.

Das inhärente Risiko wird aufgrund der vergleichsweise komplexen Beurteilung der Wesentlichkeit einzelner Entnahmen als hoch eingestuft. Durch die Arbeit von Sachverständigen kann dieses Risiko vermindert werden.

---

597 Zur Erläuterung der Ramsar Convention siehe Fn. 611.
598 Vgl. **GRI** (2013b), S. 98.
599 Vgl. **GRI** (2013b), S. 98.
600 Vgl. zu den Anforderungen der Verwertung der Arbeiten von Sachverständigen ausführlich Abschnitt B.4.3.3.3.

2.3.3.3 Percentage and total volume of water recycled and reused

Der Indikator G4-EN10[601] betrifft die Berichterstattung über von der Unternehmung zurückgewonnenes und wiederverwendetes Wasser[602]. Es wird sowohl die Angabe der absoluten Menge als auch des Verhältnisses zur Gesamtwasserentnahmemenge i.S.d. Indikators G4-EN8 gefordert[603]. Verwendete Berechnungsmethoden und Standards sowie zugrunde gelegte Annahmen sind offenzulegen[604].

Im Nachhaltigkeitsbericht der Bayer AG für das Jahr 2012 wird zur Wiederverwendung von Wasser die Angabe getätigt, dass im Jahr 2012 an 38 Standorten insgesamt rund 12 Mio. m³ Wasser bzw. 3 % der Gesamtentnahmemenge rezykliert worden sind[605].

Die Menge rezyklierten Wassers weist keinen Bezug zu finanzwirtschaftlichen Informationen auf. Zwar wird die Wasserentnahme bei externem Bezug ursprünglich als Aufwand in die Finanzbuchhaltung eingegangen sein, Rückschlüsse auf die Wiederverwendung ergeben sich hieraus jedoch nicht. Die möglichen Prüfungshandlungen sind abhängig von der Art der Ermittlung des rezyklierten Wassers. Werden die Angaben anhand von Produktinformationen (z.B. Wassereinsatz je Produkteinheit, davon rezykliert) geschätzt, so können lediglich die Annahmen und verwendeten Berechnungsmethoden überprüft werden. Verwendete Daten könnten zudem unter Rückgriff auf finanzwirtschaftliche Informationen (z.B. produzierte Mengen) abgestimmt werden. Im Fall von extern bezogenen Produktionsanlagen oder Anlagen zur Wiederaufbereitung könnten ergänzend Herstellerangaben eingesehen werden. Sofern solche Anlagen selbst von der Unternehmung hergestellt worden sind, könnten unternehmenseigene Dokumentationen oder Arbeiten von Sachverständigen[606] über die Wasseraufbereitung und -wiederverwendung herangezogen werden. Idealiter werden Ver-

---

601 Nahezu unverändert zum Indikator EN10 nach den G 3.1, lediglich die Pflicht zur Berichterstattung in Kubikmetern ist entfallen und die Pflicht zur Offenlegung der verwendeten Berechnungsmethoden und Standards sowie der zugrunde gelegten Annahmen ist hinzugekommen, vgl. **GRI** (2011c), S. 16 i.V.m. **GRI** (2013b), S. 99.
602 Vgl. **GRI** (2013b), S. 99.
603 Vgl. **GRI** (2013b), S. 99.
604 Vgl. **GRI** (2013b), S. 99.
605 Vgl. **Bayer AG** (2013), S. 60 f.
606 Vgl. zu den Anforderungen der Verwertung der Arbeiten von Sachverständigen ausführlich Abschnitt B.4.3.3.3.

brauchszähler vorgehalten, die ausschließlich den Zufluss von rezykliertem Wasser erfassen. Die Prüfung könnte dann anhand von Ableseprotokollen vorgenommen werden.

Das inhärente Risiko wird aufgrund der Ermessensspielräume und der Komplexität der Aussagenermittlung als hoch eingestuft. Durch die Arbeit von Sachverständigen kann dieses Risiko verringert werden.

2.3.4 Biodiversität

2.3.4.1 Operational sites owned, leased, managed in, or adjacent to, protected areas of high biodiversity value outside protected areas

Der Indikator G4-EN11[607] bezieht sich auf die Berichterstattung über Standorte der Unternehmung, die an oder in Naturschutzgebieten oder anderen Gebieten mit hoher Biodiversität liegen[608]. Folgende Angaben werden zu jedem einzelnen Standort verlangt[609]:

- Geographische Lage,
- Unterirdischer Grund und Boden, der im Eigentum der Unternehmung steht oder von dieser gepachtet oder verwaltet wird,
- Lage im Verhältnis zum Schutzgebiet bzw. Gebiet mit hoher Biodiversität (in dem Gebiet, zu einem Teil in dem Gebiet oder lediglich angrenzend),
- Art des Standorts (Büro, Produktion oder Abbau von Bodenschätzen),
- Größe des Standorts in km²,
- Biodiversität, bestimmt durch:
    o Art (Land, Süßwasser oder Meeresökosystem),

---

[607] Identisch mit dem Indikator EN11 nach den G 3.1, lediglich die Definition der Naturschutzgebiete wurde geringfügig geändert, vgl. **GRI** (2011c), S. 17 i.V.m. **GRI** (2013b), S. 101.
[608] Vgl. **GRI** (2013b), S. 101.
[609] Vgl. **GRI** (2013b), S. 101.

2 Analyse der Möglichkeiten und Grenzen der Prüfung der Leistungsindikatoren nach den G4 127

- o Einordnung als Naturschutzgebiet (wie z.B. durch IUCN Protected Area Management Categories[610], Ramsar Convention[611] oder nationale Einstufung als Schutzgebiet[612]).

Naturschutzgebiete werden in diesem Zusammenhang definiert als Gebiete, die gesetzlich vor schädlichen Einflüssen geschützt werden, wodurch ihr ursprüngliches Ökosystem erhalten bleiben soll[613]. Zur Einordnung als Gebiet mit hoher Biodiversität wird auf die Anerkennung durch Regierungen oder Nichtregierungsorganisationen zurückgegriffen[614].

Im Nachhaltigkeitsbericht 2012 der RWE AG wird unter anderem die Aussage getroffen, dass ca. 8.600 Hektar der Braunkohleabbauflächen im rheinischen Revier in Naturschutzgebieten liegen oder an diese angrenzen[615]. Weitere Angaben zu den genannten Naturschutzgebieten sind dem Bericht nicht zu entnehmen.

Im Rahmen der Gewinnung eines Verständnisses der Geschäftstätigkeit der Unternehmung wird die Grundgesamtheit der Standorte ermittelt, die im Rahmen der Prüfung herangezogen werden kann. Die Einstufung der einzelnen Standorte als relevant im Sinne des Indikators bedingt umfangreiche Recherchen. So könnte zu den Standorten der Unternehmung ein Abgleich mit den bereits genannten Datenbanken vorgenommen werden, um eine etwaige Nähe zu Schutzgebieten oder Gebieten mit hoher Biodiversität festzustellen. Eine persönliche Inaugenscheinnahme könnte ebenfalls vorgenommen werden.

---

610 Die „International Union for Conservation of Nature and Natural Resources" betreibt zusammen mit UNEP, u.a. Gründer der GRI, siehe Fn. 120, eine Datenbank zur Recherche von Naturschutzgebieten weltweit (http://www.protectedplanet.net).

611 Die „Ramsar Convention", benannt nach der Stadt Ramsar im Iran, ist ein völkerrechtlicher Vertrag zum Schutz von Feuchtgebieten, vgl. **Ramsar Convention** (2014), abrufbar unter http://www.ramsar.org. Analog zu den IUCN-Schutzgebieten existiert eine Datenbank zur Recherche von eingestuften Schutzgebieten weltweit (http://ramsar.wetlands.org/).

612 In Deutschland sind Naturschutzgebiete Gegenstand des Bundesnaturschutzgesetzes (BNatSchG). Eine Datenbank wird vom Bundesamt für Naturschutz angeboten (http://www.geodienste.bfn.de/schutzgebiete/).

613 Vgl. **GRI** (2013b), S. 245.

614 Vgl. **GRI** (2013b), S. 245. Informationen über solche Gebiete finden sich auch in nationalen Biodiversitätsstrategien, in Aktionsplänen der UN-Konvention über die biologische Vielfalt und bei (inter-)nationalen Naturschutzverbänden, vgl. **GRI** (2013b), S. 245.

615 Vgl. **RWE AG** (2013), S. 127.

Die geforderte Angabe zur Art des Standorts könnte unmittelbar mit den Erkenntnissen aus der Gewinnung eines Verständnisses der Geschäftstätigkeit der Unternehmung abgeglichen werden. Zur Prüfung der geographischen Lage, der Größe in km² sowie des Vorhandenseins unterirdischen Grund und Bodens können Kaufverträge, Miet- oder Pachtverträge oder Grundbuchauszüge herangezogen werden. Die Beschreibung der Biodiversität der einzelnen Standorte könnte unter Zuhilfenahme der Informationen aus den bereits genannten Datenbanken abgeglichen werden. Schließlich kann die Lage des Standorts im Verhältnis zu dem Schutzgebiet oder dem schutzwürdigen Gebiet durch Abgleich der eingeholten Informationen über die Standorte der Unternehmung, ggf. zusätzlicher Unterlagen wie Kaufverträgen, Miet- oder Pachtverträgen oder Grundbuchauszügen, mit den Informationen über das jeweilige Schutzgebiet bzw. schutzwürdige Gebiet abgestimmt werden.

Grundsätzlich ist festzuhalten, dass keinerlei Bezug zu finanzwirtschaftlichen Informationen besteht. Lediglich das Vorhandensein einzelner Standorte sowie Angaben zur Art des Standorts, zur Größe, zur geographischen Lage sowie zum Vorhandensein unterirdischen Grund und Bodens dürften problemlos aufgrund der angeführten Nachweise ermittelbar sein. Die Einstufung einzelner Standorte als relevant im Sinne des Indikators beruht auf einem Abgleich mit Informationen von anerkannten Institutionen oder regulatorischen Vorgaben, der u.U. aufgrund einer Vielzahl von Informationsquellen als komplex eingestuft werden könnte. Das inhärente Risiko wird dennoch als gering eingestuft, da keine Ermessensspielräume vorliegen und der Abgleich mit Datenbanken als mechanischer Vorgang angesehen wird.

2.3.4.2 Description of significant impacts of activities, products, and services on biodiversity in protected areas and areas of high biodiversity value outside protected areas

Nach dem Indikator G4-EN12[616] ist über wesentliche direkte und indirekte Auswirkungen der Geschäftsaktivitäten, von Produkten oder Dienstleistungen auf die Biodiversität in Schutzgebieten und schutzwürdigen Gebieten zu berich-

---

616 Unverändert gegenüber dem Indikator EN12 nach den G 3.1, siehe **GRI** (2011c), S. 18 i.V.m. **GRI** (2013b), S. 102.

2 Analyse der Möglichkeiten und Grenzen der Prüfung der Leistungsindikatoren nach den G4 129

ten[617]. Die Auswirkungen sind dabei zunächst unter Bezugnahme auf einen oder mehrere der folgenden Punkte zu beschreiben[618]:

- Bau oder Verwendung von Produktionsanlagen, Bergwerken und Verkehrsinfrastruktur,
- Umweltverschmutzung (definiert als in dem betrachteten Lebensraum nicht natürlich vorkommend),
- Einführung invasiver Tierarten, Schädlinge oder Krankheitserreger,
- Verringerung der Artenvielfalt,
- Veränderung von Lebensräumen und
- Veränderung der ökologischen Prozesse, die nicht durch natürliche Schwankungen bedingt ist, wie z.B. eine Veränderung des Salzgehalts eines Gewässers.

Weiterhin werden Informationen zur Art der Auswirkungen in Bezug auf die folgenden Punkte verlangt[619]:

- Betroffene Arten,
- Ausmaß der Auswirkungen,
- Dauer der Auswirkungen und
- Reversibilität oder Irreversibilität der Auswirkungen.

Wesentlich sind Auswirkungen dann, wenn das betroffene Ökosystem sich langfristig so verändert, dass der Lebensraum, sein Populationsbestand bzw. die besonderen Arten, die diesen Lebensraum auszeichnen, nicht erhalten werden können[620]. Zu beachten ist dabei, dass auch über Auswirkungen vor- oder nachgelagerter Unternehmungen (als sog. indirekte Auswirkungen) zu berichten ist[621].

Die BASF SE berichtet in diesem Zusammenhang für das Jahr 2012, dass keine Auswirkungen ihrer Aktivität auf die Biodiversität von internationalen Schutz-

---

617 Vgl. **GRI** (2013b), S. 102.
618 Vgl. **GRI** (2013b), S. 102.
619 Vgl. **GRI** (2013b), S. 102.
620 Vgl. **GRI** (2013b), S. 252.
621 Vgl. **GRI** (2013b), S. 102.

gebieten festgestellt worden sind[622]. Da die BASF SE zuvor beschreibt, dass sie lediglich ihre eigenen Standorte in die Betrachtung einbezieht[623], ist davon auszugehen, dass indirekte Auswirkungen, obschon explizit gefordert, nicht in die Betrachtung eingegangen sind.

Mögliche Prüfungshandlungen sind anhand direkter und indirekter Auswirkungen zu unterscheiden. Zur Prüfung der direkten Auswirkungen kann auf die Erkenntnisse aus dem vorherigen Indikator G4-EN11 zurückgegriffen werden. Aus diesem gehen sämtliche Standorte hervor, die an oder in Naturschutzgebieten oder anderen schutzwürdigen Gebieten liegen. Darauf aufbauend könnten zu den unter G4-EN11 aufgeführten Standorten Arbeiten von Sachverständigen[624] bezüglich der Auswirkungen auf die Biodiversität herangezogen und mit den Angaben der Unternehmung abgeglichen werden.

Die Prüfung indirekter Auswirkungen könnte sich theoretisch auf sämtliche vor- und nachgelagerte Unternehmungen erstrecken, mit denen die berichterstattende Unternehmung in einer Geschäftsbeziehung steht. Es dürfte dem Standard jedoch entsprechen, wenn lediglich über solche Auswirkungen berichtet wird, die einen Bezug zu Produkten oder Dienstleistungen mit einem wesentlichen Umsatz- oder Ergebnisbeitrag aufweisen. Zu vor- und nachgelagerten Unternehmungen der ersten Stufe (unmittelbar in einer Vertragsbeziehung mit der berichterstattenden Unternehmung) liegen in der Finanzbuchhaltung Anhaltspunkte in Form von Aufwendungen oder Erträgen vor, die zweite Stufe (Vertragspartner der Vertragspartner der Unternehmung) ist aus Sicht der Finanzberichterstattung hingegen in der Regel unbekannt.

Zur Prüfung der indirekten Auswirkungen ist somit auf Informationen zurückzugreifen, die unmittelbar oder mittelbar von Vertragspartnern der Unternehmung stammen. Ein möglicher Ansatz zur Prüfung über die Unternehmensgrenze hinaus wäre die Durchführung von Lebenszyklusanalysen[625] der wesentlichsten Produkte oder Dienstleistungen der Unternehmung, die insofern Aufschluss

---

622 Vgl. **BASF SE** (2013), S. 93.
623 Siehe **BASF SE** (2013), S. 93: „Wir haben weltweit im Jahr 2012 untersucht, welche *unserer Standorte* (…)".
624 Vgl. zu den Anforderungen der Verwertung der Arbeiten von Sachverständigen ausführlich Abschnitt B.4.3.3.3.
625 In diesem Zusammenhang werden Produkte über den gesamten ökologischen Zyklus hinsichtlich ihrer eingesetzten Stoffe und Energien und des Outputs der Stoffe und Energien erfasst, systematisiert und bewertet, vgl. **Hallay/Osterod** (1990), S. 38.

über Auswirkungen über die Unternehmensgrenze hinaus geben. Anknüpfend an die Erkenntnisse könnten sodann jeder Lebenszyklusphase Vertragspartner (erster oder zweiter Stufe) zugeordnet werden, die über i.S.d. Indikators G4-EN12 relevante unterhaltene Standorte berichten. Zu diesen Standorten könnten Arbeiten Sachverständiger[626] herangezogen werden, um die Auswirkungen beurteilen zu können. Aus der Lebenszyklusanalyse ergeben sich zudem Auswirkungen der angebotenen Produkte und Dienstleistungen während der Nutzungsphase, die insofern durch Arbeiten Sachverständiger hinsichtlich schutzwürdiger Gebiete analysiert werden können.

Das inhärente Risiko ist als hoch einzustufen. Durch die Arbeiten von Sachverständigen und umfangreiche Aussagen der Vertragspartner kann dieses Risiko jedoch reduziert werden. Idealiter sind die Vertragspartner ebenfalls zur Berichterstattung über nichtfinanzielle Informationen angehalten und stellen die notwendigen Informationen bereits zu eigenen Berichterstattungszwecken her.

2.3.4.3 Habitats protected or restored

Der Indikator G4-EN13[627] behandelt die Berichterstattung über Lebensräume, die die Unternehmung vor Schäden schützt oder (sofern bereits in der Vergangenheit beschädigt) wiederhergestellt hat[628]. Zu berichten ist über die Größe und geographische Lage aller geschützten oder wiederhergestellten Lebensräume[629]. Falls die Wiederherstellung von Lebensräumen durch unabhängige Sachverständige bestätigt wird, ist hierüber ebenfalls zu berichten[630]. Weiterhin ist zu berichten, ob die Unternehmung Wiederherstellungs- oder Schutzmaßnahmen, die von Dritten ausgeführt werden, überwacht und umsetzt[631]. Zum Stichtag des Berichts ist ferner eine Bewertung über den Zustand des Lebensraums durchzu-

---

626 Vgl. zu den Anforderungen der Verwertung der Arbeiten von Sachverständigen ausführlich Abschnitt B.4.3.3.3.
627 Im Vergleich zum Indikator EN13 nach den G 3.1 ist die Pflicht zur Berichterstattung über den Zustand des Lebensraums zum Ende der Periode sowie die Offenlegung der Methoden und Annahmen hinzugekommen. Die Pflicht zur Größenangabe in km² ist hingegen entfallen, vgl. **GRI** (2011c), S. 19 i.V.m. **GRI** (2013b), S. 103.
628 Vgl. **GRI** (2013b), S. 103.
629 Vgl. **GRI** (2013b), S. 103.
630 Vgl. **GRI** (2013b), S. 103.
631 Vgl. **GRI** (2013b), S. 103.

führen und aufzuzeigen[632]. Angewendete Methoden und zugrunde gelegte Annahmen sind offenzulegen[633].

Geschützte Gebiete sind solche Gebiete, die vor Schädigungen jeglicher Art bedingt durch die Tätigkeit der Unternehmung geschützt werden, um so das Ökosystem zu erhalten[634]. Wiederhergestellte Gebiete sind solche, die in der Vergangenheit durch die Tätigkeit der Unternehmung beeinträchtigt worden sind, durch Wiederherstellungsmaßnahmen hingegen wieder in ihren ursprünglichen Zustand versetzt oder in ein funktionierendes Ökosystem umgesetzt wurden[635].

Im Nachhaltigkeitsbericht der RWE AG für das Jahr 2012 wird in diesem Zusammenhang unter anderem über 20.000 Hektar Landschaft in Deutschland berichtet, die die RWE AG seit Beginn der Braunkohleförderung rekultiviert hat[636]. In den rekultivierten Gebieten sind nach Angabe der RWE AG zahlreiche Pflanzenarten angesiedelt, die auf der Roten Liste gefährdeter Arten der Weltnaturschutzunion (IUCN) stehen[637].

Grundsätzlich dürfte keine Verbindung der geforderten Angaben zu finanzwirtschaftlichen Informationen bestehen. Einzig im Falle der Vergabe der Schutz- bzw. Wiederherstellungsmaßnahmen an Dritte könnten Belege in Form von Verträgen oder Rechnungen eingesehen werden. Als wesentlicher Beitrag zur Prüfung sind jedoch Arbeiten von Sachverständigen[638] zu sehen, die weitere Erkenntnis über die konkrete Ausgestaltung der Schutz- oder Wiederherstellungsmaßnahme geben. Analog ist die Prüfung bei interner Durchführung zu sehen. Zusätzlich könnten Beschäftigte befragt oder von der Unternehmung dokumentierte Projektunterlagen eingesehen werden.

Das inhärente Risiko wird als hoch eingestuft, insbesondere durch die Arbeit von Sachverständigen kann diesem entgegnet werden.

---

632 Vgl. **GRI** (2013b), S. 103.
633 Vgl. **GRI** (2013b), S. 103.
634 Vgl. **GRI** (2013b), S. 245.
635 Vgl. **GRI** (2013b), S. 245.
636 Vgl. **RWE AG** (2013), S. 127. Daneben berichtet die RWE AG oberflächlich über Rekultivierungsmaßnahmen an vier weiteren Standorten, vgl. **RWE AG** (2013), S. 127 f.
637 Vgl. **RWE AG** (2013), S. 127.
638 Vgl. zu den Anforderungen der Verwertung der Arbeiten von Sachverständigen ausführlich Abschnitt B.4.3.3.3.

2.3.4.4 Total number of IUCN red list species and national conservation list species with habitats in areas affected by operations, by level of extinction risk

Im Rahmen des Indikators G4-EN14[639] ist über die Gesamtzahl der Arten zu berichten, die auf der Roten Liste der IUCN oder national[640] unter Naturschutz[641] gestellt sind, die in Gebieten leben, die von der Aktivität der Unternehmung betroffen sind[642]. Die Angabe ist nach folgender Differenzierung vorzunehmen[643]:

- Vom Aussterben bedroht,
- Stark gefährdet,
- Gefährdet,
- Gering gefährdet und
- Nicht gefährdet.

Die DAX-30-Unternehmungen nehmen keine Berichterstattung im Rahmen des Indikators vor.

Als mögliche Prüfungshandlung könnten Arbeiten Sachverständiger[644] herangezogen werden. Dies sowohl bezüglich der von Standorten der Unternehmung betroffenen Gebiete, als auch solcher, die nicht unmittelbar von Standorten betroffen sind, wie bspw. intensiv genutzte Schifffahrtswege und durch den Transport betroffene Arten. Ergänzend könnten die Erkenntnisse aus den Indikatoren G4-EN11 bis -EN13 als Informationsquelle genutzt werden.

Das inhärente Risiko ist aufgrund der Komplexität der Ermittlung der zu berichtenden Angaben als hoch einzustufen. Da sich die Auswirkungen der Geschäftstätigkeit auf sehr heterogene Quellen beziehen können (z.B. Produktionsstandorte, Transportwege, Berufsverkehr, Extraktion von Rohstoffen), erscheint ledig-

---

639 Unverändert gegenüber dem Pendant nach den G 3.1, dem Indikator EN15, vgl. **GRI** (2011c), S. 21 i.V.m. **GRI** (2013b), S. 104.
640 In Deutschland ist hierzu u.a. die Anlage 1 zur Bundesartenschutzverordnung maßgeblich.
641 Der Naturschutz enthält als Teilmenge den Artenschutz, siehe § 1 Abs. 1 Nr. 1 BNatSchG.
642 Vgl. **GRI** (2013b), S. 104.
643 Vgl. **GRI** (2013b), S. 104.
644 Vgl. zu den Anforderungen der Verwertung der Arbeiten von Sachverständigen ausführlich Abschnitt B.4.3.3.3.

lich die Einholung von Arbeiten von Sachverständigen als angemessen zur Prüfung der Aussagen.

2.3.5 Emissionen

2.3.5.1 Direct greenhouse gas (GHG) emissions (Scope 1)

Der Indikator G4-EN15[645] beinhaltet die Berichterstattung über sog. „direkte" Treibhausgasemissionen, die in Anlehnung an das GHG Protocol und ISO 14064[646] als Scope-1-Emissionen bezeichnet werden[647]. Scope-1-Emissionen resultieren aus Quellen (physische Einheiten oder Prozesse, die Emissionen freisetzen), die im Besitz der Unternehmung oder unter Kontrolle der Unternehmung stehen und damit „direkt" auf die Unternehmung zurückzuführen sind[648]. Hierzu zählen z.B.[649]:

- Erzeugung von Elektrizität, Wärme, Kälte oder Dampf durch Verbrennung von Treibstoffen (z.B. in Dampfkesseln, Turbinen oder Brennöfen) und andere Verbrennungsprozesse, wie bspw. die Abfackelung bei der Erdölförderung,

- Chemische oder physische Verarbeitung (z.B. von Stahl, Zement, Aluminium, Ammoniak oder Abfall),

- Transport von Materialien, Produkten, Abfällen, Beschäftigten oder Kunden in Fahrzeugen, die im Eigentum der Unternehmung oder unter Kontrolle der Unternehmung stehen (wie z.B. in LKW, Zügen, Schiffen, Flugzeugen, Bussen oder KFZ), und

---

645 Im Vergleich zum Indikator EN16 nach den G 3.1 wurde die Berichterstattung über Scope-1- und Scope-2-Emissionen auf zwei Indikatoren aufgeteilt (G4-EN15 und G4-EN16), inhaltlich verweisen die G4, wie auch zuvor die G 3.1, auf die Ermittlungsgrundlagen nach dem GHG Protocol, vgl. **GRI** (2011c), S. 22 f. i.V.m. **GRI** (2013b), S. 107 f.

646 Die folgenden Ausführungen gelten analog für die Berichterstattung nach ISO 14064. Eine Prüfung auf Einhaltung des ISO 14064 ist analog nach den hier erörterten Grundsätzen beurteilbar. Dies ist darin begründet, dass der ISO 14064 das GHG Protocol komprimiert wiedergibt und bei Zweifelsfragen auf das GHG Protocol verweist, siehe **ISO 14064-1** (2006), S. VI.

647 Vgl. **GRI** (2013b), S. 105, 107.

648 Vgl. **GRI** (2013b), S. 107. Der Besitz bzw. die Kontrolle wird durch den verwendeten Konsolidierungsansatz bestimmt, der unten ausgeführt wird.

649 Vgl. **GRI** (2013b), S. 107.

2 Analyse der Möglichkeiten und Grenzen der Prüfung der Leistungsindikatoren nach den G4   135

- Flüchtige Emissionen durch beabsichtigte oder unbeabsichtigte Freisetzungen, wie z.B. durch Leckagen, Methanemissionen im Bergbau, Fluorkohlenwasserstoffemissionen bei der Kühlung und Methanfreisetzungen beim Transport von Gas.

Folgende Informationen sind zu berichten[650]:

- Scope-1-Emissionen in metrischen Tonnen CO_2-Äquivalente (im Folgenden: CO_{2E})[651], ohne Berücksichtigung jeglichen Treibhausgashandels und ohne Berücksichtigung von Emissionen aus biogenen Quellen[652],

- In der Berechnung berücksichtigte Treibhausgase (CO_2, CH_4, N_2O, HFC, PFC, SF_6, NF_3)[653],

- CO_{2E} aus biogenen Quellen,

- Emissionen im Bezugsjahr, Begründung für die Auswahl des gewählten Bezugsjahres und ggf. Bezugsrahmen für wesentliche Änderungen, die zu einer Neuberechnung der Bezugswerte führen,

- Verwendete Standards und Methoden sowie getroffenen Annahmen,

- Quelle der verwendeten Emissionsfaktoren und GWP-Faktoren[654],

- Verwendeter Konsolidierungsansatz.

Zur näheren Beschreibung der Konsolidierungsverfahren und der Gründe für die Neuberechnung von Emissionen im Bezugsjahr verweisen die G4 auf das GHG Protocol[655].

---

650   Vgl. **GRI** (2013b), S. 107.
651   Zur Umrechnung anderer Gase auf CO2E werden sog. GWP-Faktoren (siehe Fn. 654) verwendet, vgl. **GRI** (2013b), S. 246. Die Bezeichnung CO2E geht auf die englische Übersetzung der Äquivalente („equivalents") zurück.
652   Biogene Quellen beziehen sich auf die Verbrennung oder biologische Zersetzung von Biomasse, vgl. **GRI** (2013b), S. 108.
653   Kohlendioxid (CO2), Methan (CH4), Distickstoffmonoxid (N2O), Fluorkohlenwasserstoffe (HFC), Perfluorcarbone (PFC), Schwefelhexafluorid (SF6) und Stickstofftrifluorid (NF3). Deckungsgleich mit dem Kyoto-Protokoll seit der letzten Änderung im Jahr 2012, vgl. **United Nations** (2012), abrufbar unter http://unfccc.int, S. 4.
654   Global Warming Potential (GWP), welches die Treibhauswirkung eines Gases in einem definierten Zeitraum relativ zur Wirkung von CO2 beschreibt, vgl. **GRI** (2013b), S. 248. Hierdurch wird die Überleitung verschiedener Treibhausgase auf eine Wirkungsdimension ermöglicht.
655   Vgl. **GRI** (2013b), S. 108.

Das GHG Protocol beinhaltet grundsätzlich drei Verfahren zur Eingrenzung des organisatorischen Konsolidierungskreises: Equity Share, Financial Control und Operational Control[656]. Die Equity-Share-Methode richtet sich nach den rechtlichen Eigentumsverhältnissen und verlangt die Einbeziehung der Emissionen quotal nach den Anteilen am Eigenkapital[657]. Sofern die Eigentumsverhältnisse nicht den Anteil der „Partizipation an Chancen und Risiken" widerspiegeln, ist dieser maßgeblich für die Einbeziehung der Emissionen[658]. Der Financial-Control-Ansatz basiert hingegen auf der Möglichkeit, beherrschenden Einfluss auf die Finanz- und Geschäftspolitik nehmen zu können[659]. Wird der beherrschende Einfluss angenommen, so sind grundsätzlich alle Emissionen einzubeziehen, es sei denn, es handelt sich um ein in der Finanzberichterstattung quotenkonsolidiertes Gemeinschaftsunternehmen, dann nur quotal[660]. Der Besitz bzw. die Kontrolle (maßgeblich für die Einordnung als Scope-1-Emission) richten sich sowohl bei der Equity-Share- als auch bei der Financial-Control-Methode nach der bilanziellen Einordnung[661]. Nach dem HGB wäre so – über die rechtlichen Eigentumsverhältnisse hinaus – z.B. die Einordnung eines Leasingvertrags als Ratenkauf oder „echter" Mietvertrag maßgeblich für die Bestimmung, ob eine Kontrolle vorliegt und Emissionen danach berichtspflichtig i.S.d. Scope 1 sind[662]. Geleaste Fahrzeuge, die in der Bilanz des Leasingnehmers aktivierungspflichtig sind, sind demnach unter der Kontrolle der Unternehmung und Emissionen aus dem Betrieb der Fahrzeuge führen zur Berichtspflicht nach Scope 1.

Der Operational-Control-Ansatz richtet sich hingegen nach der Möglichkeit, beherrschenden Einfluss auf die Geschäftspolitik ausüben zu können, ohne jedoch zwingend am Kapital beteiligt sein zu müssen[663]. Die Abweichungen zum Fi-

---

656 Vgl. **WRI/WBCSD** (2004), S. 17.
657 Vgl. **WRI/WBCSD** (2004), S. 17.
658 Vgl. **WRI/WBCSD** (2004), S. 17.
659 Vgl. **WRI/WBCSD** (2004), S. 17. Dabei verweist das GHG Protocol auf Übereinstimmung mit den IFRS, vgl. **WRI/WBCSD** (2004), S. 17.
660 Vgl. **WRI/WBCSD** (2004), S. 18. Zur Quotenkonsolidierung nach HGB siehe z.B. **Winkeljohann/Lewe**, in: Förschle/Grottel/Schmidt/Winkeljohann (2014), § 310 Rz. 10 ff.
661 Vgl. **WRI/WBCSD** (2004), S. 31.
662 Vgl. **Förschle/Ries**, in: Förschle/Grottel/Schmidt/Winkeljohann (2014), § 246 Rz. 37.
663 Vgl. **WRI/WBCSD** (2004), S. 18. Denkbar wäre z.B. die Einbeziehung der Emissionen von Unternehmungen, die ausschließlich für die berichterstattende Unternehmung tätig sind und darüber

nancial-Control-Ansatz dürften weniger auf (rechtlich eigenständigen) Gesellschaften beruhen, sondern z.B. auf Anlagen. Denkbar wäre z.B. die Nutzung einer kompletten Fertigungsanlage oder Fabrik gegen Nutzungsgebühr, ohne jegliche Beteiligung am rechtlichen Eigentum. Die Emissionen würden unter dem Operational-Control-Ansatz nicht dem rechtlichen Eigentümer (so nach dem Financial-Control-Ansatz), sondern dem Betreiber der Anlage zugewiesen werden. Wird der beherrschende Einfluss angenommen, so sind sämtliche Emissionen (und nicht etwa quotal) einzubeziehen[664].

Zur Neuberechnung des Bezugsjahres (Vergleichswerte für die berichteten Emissionen, z.B. das Vorjahr) verweist das GHG Protocol auf sog. auslösende Ereignisse[665], die einen wesentlichen Einfluss auf die Emissionen des Bezugsjahres haben können[666]. Dies können z.B. strukturelle Veränderungen durch Übernahmen oder Fusionen, Verkäufe von Unternehmungen, Outsourcing oder Insourcing sein[667]. Weiterhin werden Änderungen in den Berechnungsgrundlagen angeführt, z.B. durch Anwendung anderer Berechnungsmethoden, präziserer Messungen von Emissionen, Verfügbarkeit präziserer Emissionsfaktoren bzw. GWP-Faktoren oder die Entdeckung von Fehlern bei der Berechnung der Emissionen[668].

Im Nachhaltigkeitsbericht der E.ON SE für das Geschäftsjahr 2012 wird hierzu ausgeführt, dass sich die direkten Scope-1-Emissionen, berechnet nach den Grundlagen des GHG Protocol, auf 129,9 Mio. t CO_{2E} (2011: 129,3 Mio. t CO_{2E}) belaufen und mit 125,8 Mio. t CO_{2E} im Wesentlichen aus der Stromer-

---

hinaus ihren Weisungen unterliegen, wodurch der beherrschende Einfluss auf die Geschäftstätigkeit gegeben ist, ohne zugleich am Kapital beteiligt zu sein.

664 Vgl. **WRI/WBCSD** (2004), S. 18.
665 Auslösende Ereignisse finden sich in der Finanzberichterstattung z.B. in IAS 36.90, wonach Indizien, die eine Wertminderung vermuten lassen, als „triggering event" einen Wertminderungstest auslösen, vgl. **Pottgießer/Velte/Weber**, DStR 2005, S. 1749.
666 Vgl. **WRI/WBCSD** (2004), S. 18.
667 Vgl. **WRI/WBCSD** (2004), S. 18. Sofern die Veränderungen sich korrespondierend in den Emissionen nach Scope 2 oder Scope 3 widerspiegeln, und diese offengelegt werden, liegt kein auslösendes Ereignis vor, vgl. **WRI/WBCSD** (2004), S. 38. Dies ist z.B. der Fall, wenn zuvor selbst produzierte und genutzte Elektrizität unter Scope 1 berichtet worden ist, die nunmehr extern von einem Energieversorgungsunternehmen bezogen wird und dementsprechend unter Scope 2 berichtet wird. Wenngleich diese Tatsache nicht berichtspflichtig ist, sollte auf diesen Umstand hingewiesen werden.
668 Vgl. **WRI/WBCSD** (2004), S. 18.

zeugung resultieren[669]. Die übrigen Emissionen basieren auf Transporten in eigenen Fahrzeugen, der Kraftstoffverbrennung sowie flüchtigen Gasen[670]. Auf welchen Ermittlungsmethoden (z.B. der verwendete Konsolidierungsansatz) die angegebenen Informationen beruhen, welche Treibhausgase in der Berechnung berücksichtigt worden sind, die geforderten Quellenangaben sowie Angaben zum Bezugsjahr sind den berichteten Informationen nicht zu entnehmen. Dies ist als klarer Verstoß gegen die Anforderungen an die Berichterstattung zu werten.

Zur Prüfung der Aussagen bietet es sich zunächst an, den abgegrenzten Konsolidierungskreis zu prüfen. Unter Berücksichtigung der von der Unternehmung gewählten Konsolidierungsmethode kann ggf. unter Rückgriff auf die bereits im Rahmen der Prüfung des Konzernabschlusses (bzw. im Rahmen eines Einzelabschlusses bei der Gewinnung eines Verständnisses der Geschäftstätigkeit der Unternehmung und Beurteilung der Beteiligungsverhältnisse) vorliegenden Informationen ermittelt werden, ob der Konsolidierungskreis zutreffend abgegrenzt worden ist. Bei der Equity-Share-Methode liegen die Informationen bereits umfassend und mit hinreichender Sicherheit geprüft vor. Zur Financial-Control-Methode kann ebenfalls direkt auf vorliegende Informationen zurückgegriffen werden, da der beherrschende Einfluss i.S.d. § 290 Abs. 2 HGB die Merkmale beinhaltet, die auch nach der Financial-Control-Methode betrachtet werden. Einzig bei der Methode des Operational-Control kann nicht direkt auf die im Rahmen der (finanzwirtschaftlichen) Konsolidierung vorliegenden Informationen zurückgegriffen werden. Die Tatsache, ob die berichterstattende Unternehmung einen wesentlichen Einfluss auf die Geschäftspolitik anderer Unternehmungen ausüben kann, sollte sich jedoch aus der Gewinnung eines Verständnisses der Geschäftstätigkeit der Unternehmung ergeben, insofern kann auf diese Informationen zurückgegriffen werden.

Änderungen der Konsolidierungsmethoden dürfen nur dann vorgenommen werden, wenn sie stichhaltig begründet werden können. Die Argumentation muss auf Plausibilität geprüft und ferner müssen die Anpassungen der Vorjahreswerte unter Berücksichtigung der neu gewählten Methode rechnerisch nachvollzogen werden.

Zur Prüfung der aggregierten Aussage über Scope-1-Emissionen sind diese auf kleinster Aggregationsebene zunächst zu differenzieren. Grundsätzlich kann

---

669 Vgl. **E.ON SE** (2013), S. 91.
670 Vgl. **E.ON SE** (2013), S. 91.

zwischen folgenden Methoden der Emissionsermittlung unterschieden werden: Direkte Messung, Ermittlung auf Basis von stöchiometrischen Verhältnissen, und (näherungsweise) Berechnung mittels Emissionsfaktoren[671].

Bei der direkten Messung von Emissionen könnten Messprotokolle als Nachweise eingesehen werden und die Entwicklung im Zeitablauf plausibilisiert werden, z.B. unter Berücksichtigung der Produktionsmenge, der verbrauchten Roh-, Hilfs- und Betriebsstoffe oder anderer vorliegender Größen, die mit den jeweiligen Emissionen korrelieren[672]. Daneben könnten Nachweise über die Genauigkeit der Messungen, z.B. durch Arbeiten Sachverständiger[673], herangezogen werden. Zusätzlich könnten die Zähler eingesehen werden, um die Messprotokolle inhaltlich zu bestätigen bzw. unter Berücksichtigung einer Fort- oder Rückschreibung zu plausibilisieren.

Die Berechnung der Emissionen anhand stöchiometrischer Verhältnisse[674] beruht auf dem Massenerhaltungssatz[675]. Demnach ändert sich die Masse bei chemischen Reaktionen grundsätzlich nicht[676]. Anhand der verwendeten Ausgangsmasse kann so auf die Masse nach der Reaktion geschlossen werden, aus der die Angabe über die hier betrachteten Treibhausgase hervorgeht. In Verbindung mit weiteren Nachweisen zur Häufigkeit der Reaktion im Berichtsjahr kann sodann die Angabe über die Emissionen im Berichtszeitraum abgeleitet werden. Mangels anderweitiger inhaltlicher Prüfbarkeit der aufgestellten Stoffbilanzen bzw. verwendeten stöchiometrischen Verhältnisse, sollte auf Arbeiten Sachverständiger zurückgegriffen werden. Die Überleitung auf die Emissionsangaben zum Berichtszeitraum kann hingegen unter Rückgriff auf bereits vorliegende Informationen erfolgen, wie z.B. durch Angaben über produzierte Ein-

---

671 Vgl. **WRI/WBCSD** (2004), S. 42.
672 Unter Umständen liegen bereits Daten aus Kennzahlenvergleichen im Rahmen der Jahresabschlussprüfung vor. So kann z.B. im Rahmen der Jahresabschlussprüfung der durchschnittliche Rohstoffeinsatz pro Einheit eines Fertigerzeugnisses verprobt werden, vgl. **Lück** (1999), S. 117.
673 Vgl. zu den Anforderungen der Verwertung der Arbeiten von Sachverständigen ausführlich Abschnitt B.4.3.3.3.
674 Stöchiometrische Verhältnisse beschreiben die Mengenverhältnisse bei chemischen Reaktionen und ermöglichen Berechnungen von Ausgangsmassen bei gegebenen Eingangsmassen (chemische Reaktionsgleichungen), vgl. **Hillebrand** (2007), S. 1, 31.
675 Vgl. **Aust/Bittner** (2011), S. 7. Somit ergeben sich z.B. aus der Reaktion von 12 g Kohlenstoff und 32 g Oxygenium – vor dem Hintergrund des Massenerhaltungssatzes – 48 g Kohlenstoffdioxid, vgl. **Aust/Bittner** (2011), S. 7.
676 Vgl. **Kullbach** (1980), S. 76, 227.

heiten, über Umsatzerlöse in Verbindung mit Bestandsveränderungen oder über verbrauchte Roh-, Hilfs- und Betriebsstoffe.

Werden Emissionen durch Emissionsfaktoren, also durch extern vorliegende Informationen über die Relation von Emissionen und „Aktivitäten"[677], näherungsweise berechnet, so kann zunächst geprüft werden, ob der gewählte Emissionsfaktor inhaltlich der Aktivität entspricht, die bei der Unternehmung vorliegt. Zudem könnte der Faktor mit der Quelle abgestimmt werden und ggf. unter Hinzuziehung weiterer Quellen inhaltlich plausibilisiert werden. Die Angabe zur Häufigkeit der Aktivität, die sodann mittels Multiplikation mit dem Emissionsfaktor zur Emissionsangabe führt, kann unter Rückgriff auf die bereits zuvor angeführten Informationen, wie bspw. der produzierten Einheiten oder der verbrauchten Roh-, Hilfs- und Betriebsstoffe, geprüft werden.

Unabhängig von der Ermittlungsmethode der Emissionen kann weiterhin auf Vollständigkeit sämtlicher Aktivitäten geprüft werden. So könnte z.B. die Prüfung einzelner Standorte mit inhaltlich ähnlicher Geschäftstätigkeit Aufschluss darüber geben, ob die Emissionen einzelner Standorte im Standortvergleich plausibel sind. Berichte von Konkurrenten, die detailliert über berücksichtigte Aktivitäten berichten, könnten ebenfalls Anhaltspunkte für fehlende Aktivitäten liefern.

Gesetzliche Nachweispflichten zu Emissionsangaben können ebenfalls ergänzend zur Plausibilisierung herangezogen werden. So sind gem. § 27 Abs. 1 BImSchG Betreiber einer genehmigungsbedürftigen Anlage[678] zur Abgabe einer sog. Emissionserklärung verpflichtet, die über Art, Menge, räumliche und zeitliche Verteilung sowie über Austrittsbedingungen der verursachten Luftverunreinigungen informiert.

Des Weiteren können sich aus der Finanzbuchhaltung bzw. der Jahresabschlussprüfung Anhaltspunkte zur Prüfung der hier getätigten Aussagen ergeben. So kann z.B. auf die Erkenntnisse aus der Gewinnung eines Verständnisses der Geschäftstätigkeit der Unternehmung zurückgegriffen werden, um die Vollständig-

---

677 Vgl. **WRI/WBCSD** (2004), S. 42.
678 Gem. § 4 Abs. 1 BImSchG i.V.m. § 1 Abs. 1 der Vierten BImSchV werden bspw. Anlagen zur Herstellung von Roheisen mit einer Schmelzkapazität von mehr als 2,5 Tonnen je Stunde hierunter erfasst, siehe Anhang 1 zur Vierten BImSchV, Nummer 3.2.2.1. Im Wesentlichen orientiert sich die Klassifizierung an Größenklassen, wie bspw. anhand der Wärmeleistung oder der Produktionskapazität, siehe Anhang 1 zur Vierten BImSchV.

2 Analyse der Möglichkeiten und Grenzen der Prüfung der Leistungsindikatoren nach den G4   141

keit der Aktivitäten zu beurteilen. Aufwendungen, wie z.B. aus verbrauchten Roh-, Hilfs- und Betriebsstoffen, können ebenfalls mittels spezifischer Emissionsfaktoren unter Berücksichtigung von Preisentwicklungen auf Emissionsangaben übergeleitet werden, um so die Emissionen einzelner Aktivitäten oder Teilsummen von Aktivitäten auf Vollständigkeit prüfen zu können. Zudem können sich grundsätzliche Informationen aus der Jahresabschlussprüfung, wie bspw. die Auslagerung von Aktivitäten, die zuvor intern durchgeführt worden sind, oder der Kauf bzw. Verkauf von Unternehmungen, als nützlich für die Beurteilung von Emissionsangaben erweisen und ggf. zu Neuberechnungen von Vorjahrswerten führen.

Sofern aus der Begehung von Standorten Erkenntnisse über die aus der Gewinnung eines Verständnisses der Geschäftstätigkeit der Unternehmung hinaus erlangt werden können, ist diese ebenfalls als mögliche Prüfungshandlung denkbar.

Weiterhin könnte eine Abstimmung mit dem Indikator G4-EN3 vorgenommen werden, der sich auf Energieträgerverbräuche bezieht, die unmittelbar mit Treibhausgasemissionen verknüpft sind[679].

Das inhärente Risiko wird aufgrund der vorliegenden Ermessensspielräume und der komplexen Berechnungen als hoch eingestuft, dieses kann jedoch insbesondere aufgrund der Verknüpfung zu finanzwirtschaftlichen Informationen und ausreichend verfügbaren Nachweise verringert werden.

2.3.5.2 Energy indirect greenhouse gas (GHG) emissions (Scope 2)

Im Rahmen des Indikators G4-EN16[680] ist über Treibhausgasemissionen aus der Energieerzeugung (Scope-2-Emissionen, sog. „indirekte" Emissionen) zu berichten[681]. Unter Energieerzeugung werden in diesem Zusammenhang die Erzeugung von Elektrizität, Wärme, Kälte und Dampf verstanden, die die Unter-

---

679 Siehe Abschnitt C.2.3.2.1.
680 Im Vergleich zu den G 3.1 werden Scope-2-Emissionen nach den G4 separat im Rahmen eines eigenen Indikators berichtet, wohingegen die Berichterstattung zuvor gemeinsam mit Scope-1-Emissionen innerhalb des Indikators EN16 geregelt war, vgl. **GRI** (2011c), S. 22 f. i.V.m. **GRI** (2013b), S. 110 f.
681 Vgl. **GRI** (2013b), S. 110.

nehmung von Dritten bezieht und selbst nutzt[682]. Folgende Informationen sind zu berichten[683]:

- Scope-2-Emissionen in metrischen Tonnen CO_{2E} ohne Berücksichtigung jeglichen Treibhausgashandels,
- In der Berechnung berücksichtigte Treibhausgase, sofern verfügbar (CO_2, CH_4, N_2O, HFC, PFC, SF_6, NF_3),
- Emissionen im Bezugsjahr, Begründung für die Auswahl des gewählten Bezugsjahres und ggf. Bezugsrahmen für wesentliche Änderungen, die zu einer Neuberechnung der Bezugswerte führen[684],
- Verwendete Standards und Methoden sowie getroffenen Annahmen,
- Quelle der verwendeten Emissionsfaktoren und GWP-Faktoren,
- Verwendeter Konsolidierungsansatz.

Der Nachhaltigkeitsbericht der Henkel AG &. Co. KGaA für das Geschäftsjahr 2012 enthält hierzu die Information, dass im Berichtsjahr 334.000 t CO_2 (2011: 330.000 t CO_2) aus fremdbezogener Energie emittiert wurden[685]. Zu den verwendeten Methoden, geforderten Quellenangaben und Angaben zum Bezugsjahr sind dem Bericht keine Informationen zu entnehmen. Ferner ist nicht unmittelbar ersichtlich, ob lediglich CO_2 oder auch weitere Treibhausgase in der Berechnung berücksichtigt worden sind.

Zur Prüfung der berichteten Scope-2-Emissionen kann mittelbar auf Informationen aus der Finanzbuchhaltung zurückgegriffen werden, da es sich hier ausschließlich um Emissionen handelt, die von dritten Unternehmungen bei der Erzeugung der Energie, die die berichterstattende Unternehmung verwendet, emittiert werden. Scope-2-Emissionen besitzen demnach einen inneren Zusammenhang zu Aufwendungen, die durch den Einkauf von Elektrizität, Wärme, Kälte und Dampf entstehen. In der Finanzbuchhaltung werden diese Vorgänge mone-

---

682 Vgl. **GRI** (2013b), S. 110. Der Grundgedanke der Zuweisung der Umweltauswirkungen aus der Energieerzeugung auf die Wertschöpfungsstufe, die die Energie verbraucht (und nicht nur erzeugt), geht bereits auf Müller-Wenk zurück, siehe **Müller-Wenk** (1978), S. 26.
683 Vgl. **GRI** (2013b), S. 110.
684 Zur Verfahrensweise der Neuberechnung kann gem. G4 wiederum auf die Ausführungen im GHG Protocol zurückgegriffen werden, vgl. **GRI** (2013b), S. 111. Siehe ausführlich die Ausführungen zum Indikator G4-EN15, Abschnitt C.2.3.5.1.
685 Vgl. **Henkel AG &. Co. KGaA** (2013), S. 45.

tär bewertet als Aufwand erfasst und sind unmittelbar Gegenstand der Jahresabschlussprüfung. Die Informationen unterscheiden sich demnach lediglich in ihrer Dimension. Während die Finanzbuchhaltung die Verbräuche in Geldeinheiten erfasst, wird im Rahmen des Indikators G4-EN16 die Berichterstattung in CO_{2E} gefordert. Die Emissionsangaben könnten einzelfallbezogen mit weiteren Nachweisen, wie bspw. Eingangsrechnungen, aus denen CO_{2E} hervorgehen sollten, abgestimmt werden. So sind Elektrizitätsversorgungsunternehmen nach § 42 Abs. 1 Nr. 2 EnWG[686] dazu verpflichtet, zu ihren Rechnungen an Letztverbraucher u.a. Informationen über die Umweltauswirkungen, zumindest CO_2-Emissionen, der Energieerzeugung bereitzustellen. Gehen diese Informationen nicht aus den Rechnungen hervor, könnten weitere Nachweise bei dem Erzeuger angefordert werden, die insofern Aufschluss über die Emissionen geben. Zudem könnten Plausibilitätsbeurteilungen auf Basis der berichteten Aufwendungen vorgenommen werden. Unter Berücksichtigung der jeweiligen Energieträger und Emissionsfaktoren in Verbindung mit Preisentwicklungen könnte eine Überleitung der Aufwendungen in CO_{2E} vorgenommen werden, die eine Abweichungsanalyse gegenüber den berichteten Emissionen ermöglicht. Schließlich könnte geprüft werden, ob sich sämtliche in der Finanzbuchhaltung berichtete Aufwendungen aus der Beschaffung von Energie in der Scope-2-Berechnung wiederfinden. Sofern Energieverbräuche in einem engen Zusammenhang mit der Geschäftstätigkeit der Unternehmung stehen, wie bspw. direkt zurechenbare Energieverbräuche zu einzelnen Produkten, könnten ferner Plausibilitätsbeurteilungen auf Basis von z.B. Produktionsmengen vorgenommen werden.

Zur Prüfung der Berichtsgrenzen und der Neuberechnungen wird auf die Ausführungen zum Indikator G4-EN15 verwiesen[687].

Analog zum Indikator G4-EN15 könnte eine Abstimmung mit dem Indikator G4-EN3 vorgenommen werden, der sich auf Energieträgerverbräuche bezieht, die unmittelbar mit Treibhausgasemissionen verknüpft sind[688].

Das inhärente Risiko wird als gering eingeschätzt, da keine Ermessensspielräume vorliegen und die Berechnungen nicht als komplex eingestuft werden.

---

686 Gesetz über die Elektrizitäts- und Gasversorgung (Energiewirtschaftsgesetz – EnWG).
687 Siehe Abschnitt C.2.3.5.1.
688 Siehe Abschnitt C.2.3.2.1.

2.3.5.3 Other indirect greenhouse gas (GHG) emissions (Scope 3)

Nach dem Indikator G4-EN17[689] sind sog. „andere indirekte" Treibhausgasemissionen (Scope-3-Emissionen) zu berichten[690]. Scope-3-Emissionen resultieren aus Quellen, die nicht im Besitz bzw. unter Kontrolle der Unternehmung stehen („indirekt") und nicht auf Energieerzeugung beruhen („andere", da diese bereits wie zuvor dargestellt durch den Scope 2 abgedeckt werden)[691]. Es handelt sich demnach um Emissionen „außerhalb"[692] der Unternehmung, die somit als Konsequenz aus der Geschäftstätigkeit der Unternehmung interpretiert werden können[693]. Folgende Angaben sind zu berichten[694]:

- Scope-3-Emissionen in metrischen Tonnen CO_{2E}, ohne Berücksichtigung jeglichen Treibhausgashandels und ohne Berücksichtigung von Emissionen aus biogenen Quellen,
- In der Berechnung berücksichtigte Treibhausgase (CO_2, CH_4, N_2O, HFC, PFC, SF_6, NF_3),
- Emissionen aus biogenen Quellen (in metrischen Tonnen CO_{2E}),
- Kategorien bzw. Aktivitäten, die in der Scope-3-Berechnung enthalten sind,
- Emissionen im Bezugsjahr, Begründung für die Auswahl des gewählten Bezugsjahres und ggf. Bezugsrahmen für wesentliche Änderungen, die zu einer Neuberechnung der Bezugswerte führen,
- Verwendete Standards und Methoden sowie getroffenen Annahmen,

---

689 Im Vergleich zum Indikator EN17 nach den G 3.1 wurde eine Konkretisierung der Scope-3-Emissionen i.A.a. das GHG Protocol (Scope 3) vorgenommen, während nach G 3.1 lediglich zwei Emissionsquellen (Berufsverkehr durch Arbeitnehmer und Geschäftsreisen) beispielhaft genannt wurden; zudem wurde nach den G 3.1 keine Offenlegung der verwendeten Standards und Methoden sowie der getroffenen Annahmen gefordert, vgl. **GRI** (2011c), S. 24 i.V.m. **GRI** (2013b), S. 112-114.
690 Vgl. **GRI** (2013b), S. 112.
691 Vgl. **GRI** (2013b), S. 112.
692 „Außerhalb" kann als nicht im Besitz oder unter der Kontrolle der Unternehmung stehend verstanden werden.
693 Vgl. **GRI** (2013b), S. 112. Der Grundgedanke der Zuweisung von Auswirkungen aus vor- und nachgelagerten Unternehmungen und Haushalten geht bereits auf Müller-Wenk zurück, siehe **Müller-Wenk** (1978), S. 27.
694 Vgl. **GRI** (2013b), S. 112.

- Quelle der verwendeten Emissionsfaktoren und GWP-Faktoren.

Um die kaum greifbare Menge von Aktivitäten, die als Emissionsquelle herangezogen werden könnten, sowohl auf Ebene vor- und nachgelagerter Unternehmungen und durch die Nutzung der erzeugten Produkte oder Dienstleistungen, näher zu systematisieren, werden Scope-3-Emissionen in die folgenden 15 Kategorien eingeteilt[695]:

Vorgelagerte Aktivitäten

1. Bezogene Güter und Dienstleistungen,
2. Bezogene Anlagegüter,
3. Energieträgerbezogene Aktivitäten,
4. Vorgelagerte Transporte und Distributionen,
5. Abfall aus der Geschäftstätigkeit,
6. Geschäftsreisen,
7. Berufsverkehr durch Arbeitnehmer,
8. Geleaste Anlagegüter,

   Übrige vorgelagerte Aktivitäten.

Nachgelagerte Aktivitäten

9. Nachgelagerte Transporte und Distributionen,
10. Weiterverarbeitung von veräußerten Produkten,
11. Verwendung von veräußerten Produkten und Dienstleistungen,
12. Behandlung der veräußerten Produkte am Lebensende,
13. Verleaste Anlagegüter,
14. Franchisegeschäfte,
15. Finanzinvestitionen,

    Übrige nachgelagerte Aktivitäten.

Zu berichten ist lediglich über solche Aktivitäten, die als wesentlich eingestuft werden[696]. Wesentlichkeit bestimmt sich z.B. nach dem Anteil an den (geschätz-

---

695 Vgl. **GRI** (2013b), S. 115.
696 Vgl. **GRI** (2013b), S. 113.

ten) gesamten Scope-3-Emissionen oder dem Reduktionspotenzial bezüglich der jeweiligen Emissionsquelle[697]. Als unwesentlich eingestufte Kategorien und daher nicht in die Berechnung einbezogene Emissionen sind explizit unter Angabe einer Begründung zu nennen[698].

Bevor auf die einzelnen Aktivitäten eingegangen wird, soll zunächst der zeitliche Bezug aufgezeigt werden. Wenn Aktivitäten z.b. durch Nutzung der veräußerten Produkte zu Emissionen führen, dann sind diese Emissionen nach Scope 3 in dem Jahr zu berichten, in dem das aus Sicht der Unternehmung auslösende Ereignis – der Verkauf – stattgefunden hat[699]. Die berichteten Emissionen sind also nicht zwingend als tatsächliche Emissionen in die Atmosphäre zu interpretieren, sondern können Emissionen enthalten, die erst in zukünftigen Perioden (im Zeitpunkt der Nutzung) entstehen[700]. Emissionen können aber auch in vorherigen Perioden emittiert worden sein, wie z.B. bei der Produktion von Vorprodukten in vorherigen Perioden, die aber erst in der Berichtsperiode von der berichterstattenden Unternehmung bezogen (auslösendes Ereignis) wurden[701].

Im Folgenden werden die einzelnen Kategorien näher erläutert.

Bezogene Güter und Dienstleistungen

Von der Wiege bis zum „Tor", d.h. von der Extraktion der Rohstoffe über die Verarbeitung bis zum Transport zum Werkstor der Unternehmung, sofern nicht einer der weiteren sieben Kategorien der Scope-3- bzw. den Scope-1-Emissionen zurechenbar[702], soll hinsichtlich in der Berichtsperiode bezogener Güter und Dienstleistungen angegeben werden, wie hoch die verursachten Emissionen sind[703]. Es wird dabei explizit auf den Tatbestand der Beschaffung im

---

697 Vgl. **GRI** (2013b), S. 113.
698 Vgl. **GRI** (2013b), S. 113.
699 Vgl. **WRI/WBCSD** (2011), S. 32.
700 Vgl. **WRI/WBCSD** (2011), S. 32. Es wird also tendenziell eine wirtschaftliche Betrachtungsweise herangezogen, wenngleich grundlegende Elemente, wie z.B. das der Periodisierung, (noch) keinen Eingang in die Berichterstattung gefunden haben.
701 Vgl. **WRI/WBCSD** (2011), S. 33.
702 Denkbar wäre z.B. der Transport zum Werkstor der Unternehmung in eigenen Fahrzeugen, dann würde es sich um Scope-1-Emissionen handeln. Hier werden nur Emissionen zu erfassen sein, die außerhalb der Unternehmung, also durch Transporte von Dritten, verursacht werden. Als spezielle Kategorie, d.h. vorrangig gegenüber Kategorie 1, gilt z.B. die Kategorie 3, in der Emissionen von der Wiege bis zum Werkstor für Energieträger zu erfassen sind.
703 Vgl. **WRI/WBCSD** (2011), S. 38.

2 Analyse der Möglichkeiten und Grenzen der Prüfung der Leistungsindikatoren nach den G4

Berichtsjahr abgestellt, im Umkehrschluss ist die tatsächliche Verarbeitung, der Verbrauch oder der Verkauf im Berichtsjahr irrelevant. Mögliche Emissionsquellen sind die Extraktion der Rohstoffe, landwirtschaftliche Vorgänge, Weiterverarbeitung, Erzeugung von selbst genutzter Energie, Verarbeitung von Abfallprodukten, Landnutzung und -veränderung und Transporte zwischen den Zulieferern[704].

Bezogene Anlagegüter

Im Vergleich zur vorherigen Kategorie werden hier Emissionen von der Wiege bis zum Werkstor erfasst von sog. Anlagegütern[705]. Zur Definition des Anlageguts, insbesondere in Abgrenzung zu Produkten und Dienstleistungen der vorherigen Kategorie, wird auf die Zuordnung zum Anlagevermögen in der Finanzberichterstattung verwiesen[706]. Während Anlagegüter in der Finanzberichterstattung grundsätzlich abgeschrieben werden können, sind die Scope-3-Emissionen hingegen vollständig im Jahr der Anschaffung zu berichten[707]. Sofern die Scope-3-Emissionen dadurch im Zeitablauf sehr stark schwanken, sollten ergänzende Informationen zur Interpretation der Schwankungen berichtet werden[708].

Energieträgerbezogene Aktivitäten

Die energieträgerbezogenen Aktivitäten beziehen sich auf die Energieträger (Benzin, Heizöl u.a.), für deren Verbrennung Emissionen unter Scope 1 und Scope 2 berichtet werden[709]. Die dort verwerteten Energieträger können analog zur Kategorie 1 als bezogene Produkte interpretiert werden, für die von der Wiege bis zum Werkstor Emissionen entstehen[710]. Aufgrund der hierfür eigens ausgewiesenen Kategorie sind die Emissionen aus dem Transport, der Extraktion etc. (nicht: Verbrennung, da Scope 1 bzw. 2) hieraus nicht unter Kategorie 1,

---

704 Vgl. **WRI/WBCSD** (2011), S. 38.
705 Vgl. **WRI/WBCSD** (2011), S. 39.
706 Vgl. **WRI/WBCSD** (2011), S. 39. Nach dem HGB z.B. bedingen die Eigenschaften der Sache sowie der Wille des Kaufmanns regelmäßig die Zuordnung zum Anlage- oder Umlaufvermögen, vgl. **Schubert/F. Huber**, in: Förschle/Grottel/Schmidt/Winkeljohann (2014), § 247 Rz. 351.
707 Vgl. **WRI/WBCSD** (2011), S. 39.
708 Vgl. **WRI/WBCSD** (2011), S. 39.
709 Vgl. **WRI/WBCSD** (2011), S. 41.
710 Vgl. **WRI/WBCSD** (2011), S. 41.

sondern unter der Kategorie 3 auszuweisen[711]. Als Besonderheit seien hier Übertragungs- und Verteilungsverluste, die innerhalb von Stromnetzen entstehen, bei dem Bezug von Energie genannt, die ebenfalls unter dieser Kategorie und nicht unter Scope 2 zu berichten sind[712].

Vorgelagerte Transporte und Distributionen

Vorgelagerte Transporte und Distributionen betreffen bezogene Produkte und Dienstleistungen und damit zusammenhängende Transporte sowie Zwischenlagerungen, und ferner jegliche Transportleistungen, die die Unternehmung in Anspruch nimmt und die nicht unter eine der anderen Kategorien oder Scopes fallen[713]. Bspw. werden der Transport von unter Kategorie 1 berichteten Gütern zur berichterstattenden Unternehmung oder der von Dritten durchgeführte Transport zwischen Standorten der Unternehmung hierunter zu erfassen sein[714]. Der Transport in eigenen Fahrzeugen würde indes unter Scope 1 (wenn elektrisch betriebene Fahrzeuge und elektrische Energie nicht selbst erzeugt: Scope 2) erfasst werden und der Transport von Gütern zwischen Zulieferern innerhalb des Scope 3, Kategorie 1[715].

Abfall aus Produktionsprozessen

Als Abfall aus Produktionsprozessen der Unternehmung werden feste Abfallstoffe und Abwässer erfasst, die eine Behandlung durch Dritte benötigen[716]. Beispielhaft werden Recycling, Verkippung auf einer Mülldeponie, Verbrennung, Kompostierung, Behandlung von Abwasser und Energieerzeugung durch Abfall genannt[717]. Ferner wird das Wahlrecht eingeräumt, Transportprozesse im Zusammenhang mit Abfall ebenfalls hier auszuweisen[718].

---

711 Dies kann als eine Art „lex specialis" – abstrahiert vom Rechtsgedanken – interpretiert werden, wie bspw. der § 260 AO als lex specialis zu § 30 AO, vgl. **Fritsch**, in: Koenig (2014), § 260 Rz. 3.
712 Vgl. **WRI/WBCSD** (2011), S. 41.
713 Vgl. **WRI/WBCSD** (2011), S. 44.
714 Vgl. **WRI/WBCSD** (2011), S. 44.
715 Vgl. **WRI/WBCSD** (2011), S. 45.
716 Vgl. **WRI/WBCSD** (2011), S. 44.
717 Vgl. **WRI/WBCSD** (2011), S. 44.
718 Vgl. **WRI/WBCSD** (2011), S. 44. Wird von dem Wahlrecht kein Gebrauch gemacht, müssten sie dennoch unter Scope 3, Kategorie 4 ausgewiesen werden, da dort jegliche Transportleistungen durch Dritte erfasst werden. Aus Gründen der Vergleichbarkeit sollte das Wahlrecht, die Emissionen unter Kategorie 4 auszuweisen, entfallen.

Geschäftsreisen

Hierunter werden Emissionen aus dem Transport von Beschäftigten erfasst, die zu Geschäftsreisen Fahrzeuge oder andere Transportmittel dritter Unternehmungen in Anspruch nehmen[719]. Optional können hier auch Emissionen aus dem Verbleib in Hotels berichtet werden[720].

Berufsverkehr durch Arbeitnehmer

Diese Kategorie beinhaltet den Transport von Beschäftigten zwischen ihrem Wohnort und ihrer Tätigkeitsstätte[721]. Sofern Heimarbeit vorgenommen wird, können die Emissionen hieraus ebenfalls unter dieser Kategorie ausgewiesen werden, wenngleich der Standard offen lässt, welche Emissionen genau unter der Heimarbeit zu subsumieren sind[722].

Geleaste Anlagegüter

Emissionen aus geleasten Anlagegütern, die nicht unter Scope 1 oder Scope 2 erfasst werden, sind hier auszuweisen[723]. Sofern sie in der Berichtsperiode nur zeitanteilig geleast worden sind, sind die Emissionen entsprechend zeitanteilig zu erfassen[724].

Nachgelagerte Transporte und Distributionen

Während zuvor bereits die Transporte und Distributionen als Gegenstand der Kategorie 4 genannt wurden, werden hier Transporte und Distributionen aus veräußerten Produkten betrachtet[725]. Neben dem eigentlichen Transport werden hier auch Emissionen aus der Zwischenlagerung und der Lagerung am Verkaufsort erfasst[726]. Optional dürfen hier auch Emissionen aus der Anreise der Kunden zum Verkaufsort einbezogen werden, ohne dass der Standard jedoch weitere Handlungsanweisungen bereitstellt[727].

---

719 Vgl. **WRI/WBCSD** (2011), S. 46.
720 Vgl. **WRI/WBCSD** (2011), S. 46.
721 Vgl. **WRI/WBCSD** (2011), S. 46.
722 Vgl. **WRI/WBCSD** (2011), S. 46.
723 Vgl. **WRI/WBCSD** (2011), S. 47. Da die bilanzielle Zuordnung zum Leasingnehmer oder Leasinggeber maßgeblich für die Beurteilung des Besitzes bzw. der Kontrolle und demnach für die Erfassung als Scope 1 bzw. 2 ist, hängt es hiervon ab, ob Scope-3-Emissionen vorliegen.
724 Vgl. **WRI/WBCSD** (2011), S. 47.
725 Vgl. **WRI/WBCSD** (2011), S. 47.
726 Vgl. **WRI/WBCSD** (2011), S. 47.
727 Vgl. **WRI/WBCSD** (2011), S. 47.

Weiterverarbeitung von veräußerten Produkten und Dienstleistungen

Die Emissionen aus der Weiterverarbeitung betreffen sog. Zwischenerzeugnisse, die weiterer Verarbeitung bedürfen[728]. Sofern aufgrund vielfältiger Verarbeitungsmöglichkeiten mit sich unterscheidenden Emissionsprofilen nicht bestimmbar ist, wie hoch die Emissionen sind, kann unter Angabe von Gründen von einer Berichterstattung abgesehen werden[729].

Verwendung von veräußerten Produkten und Dienstleistungen

Die Verwendung von veräußerten Produkten und Dienstleistungen durch Verbraucher und dritte Unternehmungen kann zu Emissionen führen, über die hier zu berichten ist[730]. Der Standard differenziert dabei in direkte und indirekte Emissionen aus der Verwendung: Direkte Emissionen resultieren aus dem Verbrauch von Energieträgern (Benzin bei der Verwendung eines PKW, Verflüchtigung von Gasen bei der Kühlung oder Nutzung von Strom bei Leuchtmitteln), während indirekte Emissionen durch das Waschen von Kleidung (Produkt), das Kochen und Kühlen von Lebensmitteln (Produkt) oder das Erhitzen von Wasser zur Reinigung bei der Verwendung von Seife (Produkt) entstehen und lediglich mittelbar dem veräußerten Produkt zurechenbar sind[731]. Die Einbeziehung von direkten Emissionen ist obligatorisch, während die Berichterstattung über indirekte Emissionen unterbleiben kann[732]. Als Grundlage soll die gesamte erwartete Lebenszeit der Produkte in Verbindung mit einem erwarteten Nutzungsverhalten herangezogen werden, wobei die verwendeten Methoden und getroffenen Annahmen offenzulegen sind[733].

Behandlung der veräußerten Produkte am Lebensende

In Ergänzung zur Behandlung von festen Abfällen und Abwässern aus dem Produktionsprozess, werden hier Emissionen aus der Behandlung der veräußerten Produkte nach Ablauf der Nutzungsphase erfasst[734]. Zur inhaltlichen Konkretisierung verweist der Standard auf die Ausführungen zur Kategorie 5[735].

---

728 Vgl. **WRI/WBCSD** (2011), S. 47.
729 Vgl. **WRI/WBCSD** (2011), S. 47 i.V.m. S. 60.
730 Vgl. **WRI/WBCSD** (2011), S. 48.
731 Vgl. **WRI/WBCSD** (2011), S. 48.
732 Vgl. **WRI/WBCSD** (2011), S. 48.
733 Vgl. **WRI/WBCSD** (2011), S. 49.
734 Vgl. **WRI/WBCSD** (2011), S. 49.
735 Vgl. **WRI/WBCSD** (2011), S. 49.

Verleaste Anlagegüter

Verleaste Anlagegüter, die Emissionen verursachen die nicht unter Scope 1 oder Scope 2 erfasst werden, sind mit ihren Emissionen aufzuzeigen[736]. Analog zur Handhabe bei geleasten Anlagegütern kann bei nur zeitweise verleasten Anlagegütern eine Berichterstattung pro rata temporis erfolgen[737].

Franchisegeschäfte

Unter Franchisegeschäften werden nach dem GHG Protocol Aktivitäten verstanden, die durch Dritte unter Gewährung einer Lizenz durch die berichterstattende Unternehmung (Lizenzgeber) vorgenommen werden[738]. Im Ergebnis werden dadurch sämtliche Emissionen der Lizenznehmer unter dieser Kategorie erfasst[739].

Finanzinvestitionen

Diese Kategorie betrifft nur Unternehmungen, deren Geschäftstätigkeit auf der Investition in andere Unternehmungen bzw. der Finanzierung von anderen Unternehmungen beruht[740]. In Abhängigkeit der Art der Finanzinvestitionen werden Eigenkapitalinvestitionen, Fremdkapitalinvestitionen und Projektfinanzierungen unterschieden[741]. Emissionen aus der Geschäftstätigkeit der Unternehmungen, die Finanzierungen in das Eigenkapital erhalten haben, sind proportional zur Eigenkapitalquote und in Höhe der Emissionen im jeweiligen Berichtszeitraum zu berücksichtigen[742]. Fremdkapitalinvestitionen sind nur dann einzubeziehen, wenn die Mittel eindeutig (z.B. anhand von Verträgen) einer Aktivität, z.B. der Errichtung eines Blockheizkraftwerks, zugerechnet werden können[743]. In diesem Fall sind, in Abhängigkeit des Finanzierungsanteils, die Emissionen der Aktivität in der jeweiligen Berichtsperiode zu berücksichtigen[744]. Darüber

---

736 Vgl. **WRI/WBCSD** (2011), S. 50. Siehe analog Fn. 723 zur Bedeutung der bilanziellen Zuordnung.
737 Vgl. **WRI/WBCSD** (2011), S. 50.
738 Vgl. **WRI/WBCSD** (2011), S. 51.
739 Vgl. **WRI/WBCSD** (2011), S. 51.
740 Vgl. **WRI/WBCSD** (2011), S. 51.
741 Vgl. **WRI/WBCSD** (2011), S. 52.
742 Vgl. **WRI/WBCSD** (2011), S. 52.
743 Vgl. **WRI/WBCSD** (2011), S. 52.
744 Vgl. **WRI/WBCSD** (2011), S. 52.

hinaus sind bei relevanten[745] Projektfinanzierungen, neben den Emissionen in der Berichtsperiode, die gesamten erwarteten Scope-1- und Scope-2-Emissionen zu berichten[746]. Da Investitionen dynamisch auf- und abgebaut werden können, sollte die berichterstattende Unternehmung einen fixen Zeitpunkt auswählen, wie bspw. den 31. Dezember des Berichtsjahres, und bezogen auf diesen Zeitpunkt die Selektion der Investitionen vornehmen[747].

Der Nachhaltigkeitsbericht der Volkswagen AG für das Geschäftsjahr 2012 enthält zu den Scope-3-Emissionen die folgenden Informationen:

---

[745] Relevant sind Projektfinanzierungen i.S.d. GHG Protocol, wenn die daraus resultierende Aktivität als emissionsintensiv, wie z.B. die Errichtung eines Kraftwerks, eingestuft wird, vgl. **WRI/WBCSD** (2011), S. 53. Als Abgrenzung zur Fremdkapitalinvestition wird auf den langfristigen Finanzierungshorizont verwiesen, vgl. **WRI/WBCSD** (2011), S. 52, wobei die Abgrenzung nicht zweifelsfrei vorzunehmen sein dürfte.
[746] Vgl. **WRI/WBCSD** (2011), S. 52.
[747] Vgl. **WRI/WBCSD** (2011), S. 53.

Tabelle 10: Scope-3-Emissionen auf Konzernebene der Volkswagen AG 2012

Nr.	Kategorie	t CO_2	%
1.	Beschaffte Güter/Dienstleistungen	54.871.485	16,8
2.	Produktionsmittel	8.866.872	2,7
3.	Treibstoff/Energie	1.234.636	0,4
4.	Transport/Distribution (Upstream), Wert für 2011	3.806.495	1,2
5.	Betriebsabfälle	1.783.630	0,5
6.	Dienstreisen	593.744	0,2
7.	Berufsverkehr	846.358	0,3
8.	Gemietete Anlagen (Upstream)	-	-
9.	Transport/Distribution (Downstream)	-	-
10.	Aufbereitung Zwischenprodukte	5.223	0,002
11.	Nutzungsphase (150.000 km)	250.481.613	76,8
12.	Verwertung	1.355.869	0,4
13.	Gemietete Anlagen (Downstream)	565.000	0,2
14.	Franchise	1.550.000	0,5
15.	Investitionen	-	-
	Summe der berichteten Scope-3-Emissionen	**325.960.925**	**100,0**

Quelle: Auszug aus **Volkswagen AG** (2013), S. 143.

Die umfangreichen Angaben zu verwendeten Standards, getroffenen Annahmen und angewandten Methoden werden nicht berichtet, da die Volkswagen AG den Bericht nach den G 3.1 aufstellt[748]. Es zeigt sich jedoch deutlich, dass weitere Informationen notwendig sind, um die Aussagen sachgerecht interpretieren zu können.

---

748 Die Pflicht zur Offenlegung wurde erst durch die G4 eingeführt, siehe Fn. 689.

Zur Prüfung der Angaben können die vorgegebenen Kategorien zunächst in zwei Unterkategorien differenziert werden, um Ausführungen zu Prüfungshandlungen, die inhaltlich auf mehrere Kategorien zutreffen, zusammengefasst darstellen zu können:

Abbildung 6: Differenzierung der Scope-3-Kategorien (Aktivitäten) zu Prüfungszwecken

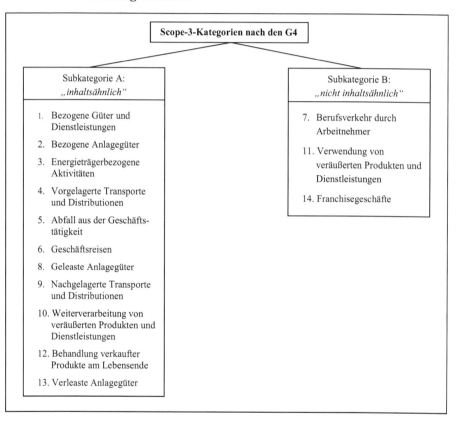

Quelle: Eigene Darstellung.

Die Scope-3-Emissionen der Subkategorie A werden zusammengefasst beurteilt, da sie allesamt durch die Beziehung zwischen „Mengeneinheit" und „Emissionen je Mengeneinheit" dargestellt werden können und einen emissionsexternen Bezug aufweisen. Anhand dieser Beziehung kann die Prüfung erfolgen.

Zur Prüfung der jeweiligen Mengeneinheiten kann aufgrund des emissionsexternen Bezugs der Scope-3-Emissionen der Kategorie A i.d.R. auf die Finanzbuchhaltung zurückgegriffen werden. So stellen Kategorien 1, 2, 3 und 6 (und 8) auf

2 Analyse der Möglichkeiten und Grenzen der Prüfung der Leistungsindikatoren nach den G4   155

„bezogene" Güter und Dienstleistungen, (geleaste) Anlagegüter und energiebezogene Aktivitäten ab, die insofern unmittelbar Aufwand in der Finanzbuchhaltung sind, oder aktiviert werden. Die Buchungen basieren dabei stets auf Rechnungen Dritter, wodurch insofern unter Berücksichtigung von Preisen die monetären Einheiten aus der Finanzbuchhaltung in Mengeneinheiten übergeleitet werden können. Ferner können Abstimmungen unter Heranziehung der Eingangsrechnungen durchgeführt werden. Emissionen der Kategorien 4 und 9 beruhen auf zurückgelegten Distanzen, die unmittelbar aus Rechnungen, mittelbar aus der verbalen Umschreibung der Strecke, abgeleitet werden können, die wiederum Eingang in die Finanzbuchhaltung finden und somit Ansatzpunkte für Prüfungshandlungen darstellen. Die Kategorien 10, 12 und 13 können grundsätzlich analog geprüft werden, mit der Besonderheit, dass es sich um ausgehende Leistungen handelt. Ausgangspunkt für Prüfungshandlungen wären somit Erlöse in der Finanzbuchhaltung, also Umsätze mit fremden Dritten, die im Rahmen der Jahresabschlussprüfung bereits mit hinreichender Sicherheit geprüft werden. Anhand der Geschäfte mit Dritten (Umsatzerlöse und sonstige betriebliche Erträge) kann unter Berücksichtigung von Preisen auf Mengeneinheiten übergeleitet werden. Dies trifft ebenfalls auf die Emissionen der Kategorie 5 zu, wobei diese sich sowohl in Aufwendungen als auch in Erträgen finden können. Zusätzlich ist zu beachten, dass Abfälle ggf. noch nicht zur Verwertung an Dritte übergeben worden sind. Diesem Umstand kann durch Analyse der produzierten Mengen Rechnung getragen werden, da der Abfall i.d.R. einen inneren Zusammenhang mit ausgehenden bzw. aktivierten Leistungen aufweisen dürfte[749]. Ferner könnten von Lieferanten bzw. Kunden Mengenbestätigungen eingeholt werden, analog zu Saldenbestätigungen im Rahmen der Jahresabschlussprüfung[750].

An die Prüfung des Mengengerüsts schließt die Prüfung des Emissionsfaktors je Mengeneinheit an. Grundsätzlich können folgende Emissionsfaktoren verwendet werden: Emissionsfaktoren aus Datenbanken, selbst berechnete Emissionsfaktoren und von Dritten berechnete Emissionsfaktoren. Bei der Verwendung von Emissionsfaktoren aus Datenbanken kann die Datenquelle mit dem verwendeten Faktor abgestimmt werden und daran anknüpfend kann geprüft werden, ob der

---

749 So werden sog. „Input-Output-Vergleiche" zur Aufdeckung illegaler Abfallbeseitigungen genutzt, vgl. **Janke** (1995), S. 117.
750 Vgl. ausführlich zu Saldenbestätigungen Abschnitt B.4.3.3.3.

Emissionsfaktor inhaltlich der vorliegenden Aktivität entspricht. Selbst berechnete Emissionsfaktoren können inhaltlich auf Plausibilität geprüft werden, ggf. unter Hinzuziehung von Sachverständigen[751]. Bei der Verwendung von Emissionsfaktoren, die durch Dritte berechnet worden sind, kann die Eignung der Faktoren auf die Aktivität bezogen geprüft werden. Ergänzend sollte die Vorgehensweise bei der Berechnung auf Plausibilität geprüft werden. Ferner können bezogen auf die drei möglichen Quellen der Emissionsfaktoren weitere Vergleiche mit Emissionsfaktoren aus anderen Quellen vorgenommen werden. Schließlich kann die Überleitung auf die Gesamtemissionen der jeweiligen Aktivität rechnerisch geprüft werden.

Die Prüfung der Kategorien der Subkategorie B ist differenzierter zu betrachten. Berufsverkehr durch Arbeitnehmer, Kategorie 7, lässt sich nicht unmittelbar durch externe Informationen bestätigen. Vielmehr werden die Informationen intern im Rahmen von Befragungen oder Erhebungen gewonnen. Die Befragungen bzw. Erhebungen bieten insofern Ansatzpunkte für Prüfungshandlungen. Inhaltlich können diese auf Plausibilität geprüft werden. In Verbindung mit Informationen aus der Personalabteilung über die Belegschaft lassen sich ferner Beurteilungen der Vollständigkeit vornehmen. Schließlich könnten einzelfallbezogen die Informationen durch Befragungen von Mitarbeitern oder Abstimmungen von Streckenangaben mit Wohnorten der Mitarbeiter geprüft werden. Zur Verknüpfung der Informationen mit Emissionsfaktoren gelten die bereits im Rahmen der Subkategorie A getätigten Aussagen analog. Sofern Reisekosten erstattet werden, z.B. im Rahmen einer Kilometerpauschale, können hier ebenfalls Ansatzpunkte für weitergehende Prüfungshandlungen gesehen werden.

Kategorie 11 innerhalb der Subkategorie B ist bezüglich der Mengenangaben analog zu den Kategorien 10, 12 und 13 zu sehen, insofern wird auf die Ausführungen dort verwiesen. Aufgrund der Natur der Emissionskategorie kann jedoch davon ausgegangen werden, dass die Faktoren in der Regel durch die Unternehmung selbst ermittelt werden dürften. Die getroffenen Annahmen und die verwendeten Methoden könnten an dieser Stelle bei besonderer Wesentlichkeit (siehe z.B. bei der Volkswagen AG rund 77 % der Scope-3-Emissionen durch die Nutzungsphase) zusätzlich durch Arbeiten Sachverständiger bestätigt wer-

---

751 Vgl. zu den Anforderungen der Verwertung der Arbeiten von Sachverständigen ausführlich Abschnitt B.4.3.3.3.

2 Analyse der Möglichkeiten und Grenzen der Prüfung der Leistungsindikatoren nach den G4   157

den und es könnten Kunden- und Mitarbeiterbefragungen durchgeführt werden, um die Annahmen zu bestätigen.

Zur Kategorie 14 innerhalb der Subkategorie B wird hinsichtlich der Mengenangaben wiederum auf die Ausführungen zu Kategorien 10, 12 und 13 verwiesen, da es sich um Ausgangsleistungen handelt, die als Erfolg in die Finanzbuchhaltung eingehen. Die Informationen über Emissionen der jeweiligen Lizenznehmer dürften in der Regel vom Lizenznehmer stammen, sodass die Berechnungen des Lizenznehmers erneut Gegenstand der Prüfung des Mengen- und Emissionsgerüsts sind, wozu auf die obigen Ausführungen sowie die Indikatoren G4-EN15 und -EN16 verwiesen werden kann. Zur Plausibilitätsbeurteilung können ferner Angaben gleichartiger Lizenznehmer miteinander verglichen und auf Abweichungen untersucht werden.

Die Emissionsangaben zu Finanzinvestitionen, Kategorie 15, können ebenfalls anhand der Unterteilung in Mengeneinheit und Emissionsangabe reduziert werden. Die Mengeneinheit kann mittels der zum Stichtag bestehenden Beteiligungsverhältnisse[752] bzw. Forderungen abgestimmt werden. Die Emissionen, die die Finanzinvestitionen verursachen, dürften regelmäßig von den jeweiligen Empfängern der Finanzinvestitionen bereitgestellt werden. Die Unternehmung, die die Finanzinvestitionen vornimmt, dürfte nicht in der Lage sein, die Emissionen selbst zu berechnen. Insofern wird auf die Ausführungen zur Kategorie 14 zur erneuten Prüfung des Mengen- und Emissionsgerüsts verwiesen. Idealiter stellen sowohl Franchisenehmer, als auch Empfänger von Finanzinvestitionen, die geforderten Informationen bereits im Rahmen einer eigenen Berichterstattung her und lassen diese extern prüfen.

Zur Prüfung der Berichtsgrenzen und der Neuberechnungen wird auf die Ausführungen zum Indikator G4-EN15 verwiesen[753].

Zusätzlich könnte eine Abstimmung mit dem Indikator G4-EN4 vorgenommen werden, der sich auf Energieträgerverbräuche bezieht, die unmittelbar mit Treibhausgasemissionen verknüpft sind[754].

Zusammenfassend wird das bei dem Indikator G4-EN17 vorliegende inhärente Risiko als hoch eingeschätzt. Der Indikator zeichnet sich durch komplexe Be-

---

752 Zur Prüfung des Finanzanlagevermögens siehe z.B. **Graumann** (2007), S. 310 ff.
753 Siehe Abschnitt C.2.3.5.1.
754 Siehe Abschnitt C.2.3.2.2.

rechnungen und teils hohe Ermessensspielräume, sowohl auf Ebene der Unternehmung, als auch auf Ebene Dritter aus.

2.3.5.4 Greenhouse gas (GHG) emissions intensity

Der Indikator G4-EN18[755] beinhaltet die Berichterstattung über die Emissionsintensität der Geschäftstätigkeit der Unternehmung[756]. Als Kontext für die Emissionsintensität können z.b. Produktionsvolumen, Dienstleistungseinheiten, Verkaufszahlen, Raumeinheiten oder Beschäftigungszahlen herangezogen werden[757]. Eine bestimmte Bezugsgröße schreibt der Standard nicht vor[758]. Folgende Informationen sind zu berichten[759]:

- Emissionsintensität einschl. der zugrunde gelegten Bezugsgröße und
- Berücksichtigte Scopes (1, 2 oder 3) und Treibhausgase.

Emissionen der Scopes 1 und 2 können zur Berechnung der Emissionsintensität kombiniert oder einzeln verwendet werden[760]. Soll die Emissionsintensität auf Basis des Scope 3 berechnet werden, empfiehlt der Standard eine isolierte Scope-3-Intensität, ohne Einbeziehung von Scopes 1 und 2[761].

Im Nachhaltigkeitsbericht der Deutsche Lufthansa AG für das Geschäftsjahr 2012 wird hierzu ausgeführt, dass die CO_2-Emissionen pro 100 Passagierkilometer 10,24 kg betragen (2011: 10,53 kg CO_2-Emissionen)[762]. Da die Berichterstattung nicht den Richtlinien der GRI folgt, können fehlende Angaben an dieser Stelle nicht bemängelt werden. Grundsätzlich zeigt das Fehlen der Angaben über einbezogene Scopes und berücksichtigte Treibhausgase jedoch, dass Informationen zur Beurteilung der Emissionsintensität – unabhängig von der Verpflichtung hierzu nach den Richtlinien der GRI – fehlen.

---

755 In den G 3.1 existiert kein Pendant zu dem Indikator G4-EN18, daher entfällt das Berichtsbeispiel.
756 Vgl. **GRI** (2013b), S. 115.
757 Vgl. **GRI** (2013b), S. 115.
758 Vgl. **GRI** (2013b), S. 115.
759 Vgl. **GRI** (2013b), S. 115.
760 Vgl. **GRI** (2013b), S. 115. Werden beide Scopes zur Berechnung der Intensität verwendet, ist ferner die absolute Summe der Emissionen der Scopes 1 und 2, wie separat unter G4-EN15 und G4-EN16 berichtet, anzugeben. Vgl. **GRI** (2013b), S. 115.
761 Vgl. **GRI** (2013b), S. 115.
762 Vgl. **Deutsche Lufthansa AG** (2013), S. 70.

2 Analyse der Möglichkeiten und Grenzen der Prüfung der Leistungsindikatoren nach den G4   159

Zur Prüfung des Dividenden kann unmittelbar auf die bereits nach den Indikatoren G4-EN15, G4-EN16 und G4-EN17 vorliegenden Informationen zurückgegriffen werden. Insofern wird zu möglichen Prüfungshandlungen und ableitbaren Schlussfolgerungen auf die Ausführungen zu den genannten Indikatoren verwiesen.

Der Divisor kann in Abhängigkeit der gewählten Bezugsgröße mittels verschiedener Nachweise geprüft werden. Die Anzahl der Mitarbeiter bzw. Teilmengen der Gesamtzahl der Mitarbeiter können unmittelbar mit Angaben zur Zahl der durchschnittlichen Beschäftigten während des Geschäftsjahres nach § 285 Nr. 7 HGB abgestimmt werden. Angaben über Raumgrößen könnten, sofern es sich um gemietete Räume handelt, mit Verträgen nachgewiesen, ansonsten könnten die Angaben durch Grundrisse o.Ä. nachvollzogen werden. Bestimmt sich der Divisor nach Verkaufszahlen oder Dienstleistungseinheiten (wie im obigen Beispiel), so können diese Informationen mittelbar mit bereits in der Finanzbuchhaltung vorliegenden Informationen abgestimmt werden. Unter Berücksichtigung der jeweiligen Verkaufspreise könnten die monetär bewerteten veräußerten Einheiten in Mengenangaben übergeleitet und so mit den hier berichteten Aussagen abgestimmt werden. Werden nicht veräußerte Einheiten, sondern produzierte und als Vorräte bilanzierte Vermögensgegenstände als Bezugsgröße gewählt, so können diese analog anhand der jeweiligen Herstellungskosten auf Mengeneinheiten übergeleitet werden.

Ergänzend könnte eine Abstimmung mit dem Indikator G4-EN5 durchgeführt werden, der über die Energieintensität bezogen auf eine frei wählbare Bezugsgröße berichtet[763].

Schließlich ist die Wahl der Bezugsgröße zu prüfen. Anhand des Verständnisses der Geschäftstätigkeit der Unternehmung ist zu untersuchen, ob die zugrunde gelegte Bezugsgröße zu einer aussagekräftigen Emissionsintensität führt.

Das inhärente Risiko wird analog zu den Dividenden (G4-EN15, -EN16- und EN-17) eingeschätzt. Durch den Divisor ergeben sich keine nennenswerten inhärenten Risiken.

---

763 Siehe zum Indikator G4-EN5 Abschnitt C.2.3.2.3.

2.3.5.5 Reduction of greenhouse gas (GHG) emissions

Der Indikator G4-EN19[764] bezieht sich auf reduzierte Treibhausgasemissionen, die unmittelbar auf Initiativen zur Reduktion von Treibhausgasemissionen zurückzuführen sind[765]. Die folgenden Angaben sind in diesem Zusammenhang zu tätigen[766]:

- Eingesparte Treibhausgasemissionen in metrischen Tonnen CO_{2E}, die unmittelbar auf Initiativen zur Reduktion von Treibhausgasemissionen zurückzuführen sind,
- In der Berechnung berücksichtigte Treibhausgase,
- Emissionen im Bezugsjahr und Begründung für die Auswahl des gewählten Bezugsjahres,
- Verwendete Standards und Methoden sowie getroffene Annahmen,
- Differenzierung der Einsparungen nach Scopes 1, 2 und 3.

Zur Konkretisierung der Initiativen führt der Standard folgende nicht abschließende Aufzählung an[767]:

- Prozessänderungen,
- Um- und Nachrüstungen,
- Einsatz anderer Kraftstoffe als bisher,
- Veränderungen im Verhalten der Beschäftigten und
- Kompensationen.

Bei aus Kompensationen resultierenden Einsparungen soll von den übrigen Initiativen differenziert berichtet werden und es wird explizit darauf hingewiesen,

---

[764] Im Vergleich zum Indikator EN18 nach den G 3.1 ist die Berichterstattung deutlich ausgeweitet worden. So sind die in die Berechnung einbezogenen Treibhausgase zu nennen, die Bezugsjahre bzw. Bezugsgrößen und die Begründung für die Auswahl, die verwendeten Standards, Methoden und getroffenen Annahmen sind offenzulegen sowie die Differenzierung der Einsparungen nach Scopes ist hinzugefügt worden, vgl. **GRI** (2011c), S. 25 i.V.m. **GRI** (2013b), S. 116.
[765] Vgl. **GRI** (2013b), S. 116.
[766] Vgl. **GRI** (2013b), S. 116.
[767] Vgl. **GRI** (2013b), S. 116.

2 Analyse der Möglichkeiten und Grenzen der Prüfung der Leistungsindikatoren nach den G4 161

dass die Auslagerung von zuvor intern durchgeführten Geschäftsaktivitäten nicht als Initiative im Sinne des G4-EN19 zu interpretieren ist[768].

Als Methoden für die Berechnungen der Einsparungen gibt der Standard die „inventory method" und die „project method" vor, die sich lediglich in ihrer Referenzbetrachtung unterscheiden[769]: Die „inventory method" vergleicht die tatsächlichen Emissionen nach Einführung der Initiative mit den Emissionen zu einem vorherigen Stichtag vor Einführung der Initiative, während die „project method" die tatsächlichen Emissionen mit einer hypothetischen Emissionsangabe als Bezugsgröße vergleicht, die vorläge, wenn die Initiative nicht durchgeführt worden wäre[770].

Der Nachhaltigkeitsbericht der HeidelbergCement AG für das Geschäftsjahr 2011/2012 enthält zu diesem Indikator u.a. die Aussage, dass durch prozesstechnische Maßnahmen und dem Einsatz anderer Kraftstoffe die spezifischen CO_2-Emissionen je produzierter Tonne Zement von 0,8 auf 0,608 Tonnen CO_2 gesenkt werden konnten[771]. Des Weiteren wurden in Rumänien und den USA neue Anlagen eingerichtet und in Deutschland Anlagen optimiert, die dazu beigetragen haben sollen, dass u.a. die SO_2-Emissionen konzernweit seit 2008 um 18,2 % und die NO_X-Emissionen um 13,5 % gesenkt werden konnten[772].

Aufgrund der erst durch die G4 eingeführten umfangreicheren Berichterstattung kann die fehlende Offenlegung diverser Angaben nicht beanstandet werden. Die Angabe der Gesamteinsparungen in Tonnen sowie die Angabe in CO_{2E} (hier: CO_2, SO_2 und NO_X) wird indes bereits nach den G 3.1 gefordert. Zudem ist der zugrunde gelegte Berichtszeitraum nicht sachgerecht.

Zur Prüfung des Indikators wird dieser zunächst in seine Bestandteile zerlegt:

$$G4\text{-}EN19 = E_k - E_t$$

mit

E_k = Emissionen (komparativ)

E_t = Emissionen (tatsächlich).

---

768 Vgl. **GRI** (2013b), S. 116.
769 Vgl. **GRI** (2013b), S. 116.
770 Vgl. **GRI** (2013b), S. 116 i.V.m. S. 245.
771 Vgl. **HeidelbergCement AG** (2013), S. 12.
772 Vgl. **HeidelbergCement AG** (2013), S. 26.

Da es sich um tatsächliche Emissionen handelt, kann die Prüfung der Größe E_t analog zu der Prüfung der Indikatoren G4-EN15, G4-EN16 und G4-EN17 vorgenommen werden, insofern wird auf die Ausführungen dort verwiesen. Die komparativen Emissionen können, in Abhängigkeit der verwendeten Methode, als tatsächliche Emissionen einer vorherigen Periode interpretiert werden („inventory method"). In diesem Fall handelt es sich wiederum um tatsächliche Emissionen, bezüglich deren Prüfung analog auf die zuvor genannten Ausführungen verwiesen werden kann. Wird die komparative Größe jedoch anhand der „project method" ermittelt, einer auf Basis eines nicht eingetroffenen Szenarios berechneten Größe, so ist die Modellierung des Projekts Ansatzpunkt für Prüfungshandlungen.

Aufgrund der Spezifität der Projekte kann an dieser Stelle keine umfangreiche Beurteilung der Prüffähigkeit vorgenommen werden. So könnten Projekte z.B. als Wiederaufforstung oder Verfahrensänderungen zur Reduzierung von Emissionen ausgestaltet sein. Verhältnismäßig kleine Projekte könnten dabei unmittelbar durch Plausibilisierung der Projektunterlagen geprüft werden, komplexe Projekte sollten jedoch durch Heranziehung von Sachverständigen[773], sofern die Projekte nicht bereits Gegenstand einer eigenständigen Prüfung waren[774], geprüft werden. Unabhängig von der Komplexität des Projekts und von der bereits gegebenen Prüfung eines Dritten sollte eine Beurteilung dahingehend stattfinden, ob durch das Projekt unter möglichst umfassender Betrachtung in realita eine Reduktion von Emissionen verursacht wird. Unter umfassend wird dabei insbesondere die Durchführung einer Lebenszyklusanalyse[775] verstanden. Wenn bspw. die Herstellung einer sehr viel effizienteren Produktionsanlage geringere Emissionen in der Produktion verursacht, aufgrund besonders energieintensiver Vorprodukte zur Herstellung der Produktionsanlage jedoch insgesamt mehr Emissionen über die gesamte Laufzeit verursacht werden, sodass der Effizienzgewinn in der Gesamtbetrachtung nicht die emissionsintensivere Herstellung kompensieren kann, ist das Projekt i.S.d. Indikators G4-EN19 irrelevant. Um hierdurch die Prüfungssicherheit nicht zu gefährden, sollten Lebenszyklusanalysen von Sachverständigen eingeholt werden.

---

773 Vgl. zu den Anforderungen der Verwertung der Arbeiten von Sachverständigen ausführlich Abschnitt B.4.3.3.3.
774 So sind bspw. Projekte, die nach dem Kyoto-Protokoll als Emissionszertifikate anerkannt werden sollen, zertifizierungspflichtig, siehe Art. 12 Abs. 3 lit. b) des Kyoto-Protokolls.
775 Siehe Fn. 625.

Das inhärente Risiko wird aufgrund hoher Ermessensspielräume und komplexer Berechnungen als hoch eingestuft, insbesondere durch Arbeiten von Sachverständigen kann diesem jedoch entgegnet werden.

2.3.5.6 Emissions of ozone-depleting substances (ODS)

Der Indikator G4-EN20[776] betrifft die Berichterstattung über Emissionen von Stoffen, die zum Abbau der Ozonschicht führen[777]. Hierunter werden Stoffe verstanden, die ein positives Ozonabbaupotenzial (ozone depletion potential, ODP) aufweisen[778]. Folgende Informationen sind zu berichten[779]:

- Produktion, Import und Export von ozonabbauenden Stoffen[780] in metrischen Tonnen CFC-11-Äquivalente[781],
- In der Berechnung berücksichtigte Stoffe,
- Verwendete Ermittlungsmethoden und Standards sowie zugrunde gelegte Annahmen,
- Quelle der Emissionsfaktoren.

Im Nachhaltigkeitsbericht der Merck KGaA für das Geschäftsjahr 2012 wird hierzu ausgeführt, dass im Berichtsjahr 0,1 t FCKW-11eq (2011: 0,06 t FCKW-11eq) emittiert worden sind[782]. Die kombinierte Angabe ist standardkonform, da sich nach den G 3.1 die Emissionen berechnen als Summe der produzierten und importieren Substanzen, abzüglich exportierter Substanzen[783]. Nach den G4

---

776 Im Vergleich zum Indikator EN19 nach den G 3.1 ist die Pflicht hinzugekommen, die verwendeten Ermittlungsmethoden, die zugrunde gelegten Annahmen und die Quellen der verwendeten Emissionsfaktoren offenzulegen, vgl. **GRI** (2011c), S. 26 i.V.m. **GRI** (2013b), S. 118.
777 Vgl. **GRI** (2013b), S. 118. Diese Stoffe sind Gegenstand des Montrealer Protokolls über Stoffe, die zu einem Abbau der Ozonschicht führen, siehe Anlage A des Montrealer Protokolls.
778 Vgl. **GRI** (2013b), S. 251.
779 Vgl. **GRI** (2013b), S. 118.
780 Im Folgenden auch „ODS" („ozone depleting substances") genannt.
781 Zur Überleitung werden ODP-Faktoren verwendet, die die ozonabbauende Wirkung verschiedener Stoffe auf die Wirkung von CFC-11 (bzw. identisch CFC-12) überleiten, vgl. **GRI** (2013b), S. 246. Zur Interpretation kann analog auf die GWP-Faktoren verwiesen werden, siehe hierzu Fn. 654.
782 Vgl. **Merck KGaA** (2013), S. 106.
783 Vgl. **GRI** (2011c), S. 26.

wird hingegen die getrennte Angabe der Produktion, der Importe und der Exporte gefordert[784].

Die hier zu berichtenden Stoffe unterliegen bereits umfangreicher Berichtspflichten. Als Gegenstand der Verordnung (EG) 1005/2009 (EU-OzonVO), welche das Montrealer Protokoll umsetzt[785], und ergänzend der Chemikalien-Ozonschichtverordnung (ChemOzonSchichtV), wird explizit die Produktion, die Verwendung und das Inverkehrbringen von ODS reglementiert[786]. Ohne auf die Reglementierungen im Einzelnen einzugehen, sei hier auf die Berichterstattungspflicht verwiesen. Nach Art. 27 der EU-OzonVO ist der Kommission (mit Durchschrift an die zuständige Behörde des betreffenden Mitgliedsstaats) jährlich bis zum 31. März für das abgelaufene Kalenderjahr für jeden geregelten Stoff[787] differenziert zu übermitteln, welche Mengen produziert, verwendet, gelagert, ausgeführt oder eingeführt worden sind (unabhängig vom Ursprungs- oder Zielland)[788]. Die ChemOzonSchichtV ergänzt die Berichterstattungspflicht in § 2 ChemOzonSchichtV um die Verwendung von Halonen für bestimmte Zwecke. Vorsätzliche oder fahrlässige Verstöße gegen die Berichterstattungspflicht werden nach § 13 Nr. 16 und 17 ChemSanktionsV als Ordnungswidrigkeit geahndet. Neben der eigentlichen Berichterstattungspflicht schreibt die EU-OzonVO eine Überwachung der Einhaltung der Verordnung vor. So haben zuständige Behörden der Mitgliedstaaten nach Art. 28 Abs. 1 EU-OzonVO nach einem risikobasierten Ansatz Inspektionen durchzuführen, um die Einhaltung der Vorschriften der Verordnung zu überwachen.

Aufbauend auf der dargestellten Berichterstattungspflicht könnten die an die Kommission übermittelten Daten mit den im Rahmen des Indikators berichteten Mengen abgestimmt werden. Zusätzlich könnten, sofern systematische Zusammenhänge mit ein- oder ausgehenden Lieferungen oder Leistungen vorliegen, Plausibilitätsbeurteilungen anhand von Erträgen und Aufwendungen bzw. akti-

---

784 Vgl. **GRI** (2013b), S. 118.
785 Vgl. **Heberle** (2013), S. 29.
786 Vgl. Art. 4 sowie Art. 5 Abs. 1 und 3 der EU-OzonVO i.V.m. § 1 Abs. 1 ChemOzonSchichtV. Die G4 stellen vornehmlich auf die ODS nach dem Montreal-Protokoll ab und verweisen auf „weitere Substanzen mit einem Potenzial von größer Null", vgl. **GRI** (2013b), S. 251.
787 Von der Berichtspflicht nach Art. 27 EU-OzonVO werden geregelte Stoffe und weitere im Anhang II der EU-OzonVO aufgelistete Stoffe erfasst.
788 Siehe Art. 27 Abs. 1, Abs. 2 lit. a), b), g), h), Abs. 3 lit. a), b), e) und Abs. 4 lit. a) EU-OzonVO.

2 Analyse der Möglichkeiten und Grenzen der Prüfung der Leistungsindikatoren nach den G4

vierten Vermögensgegenständen vorgenommen werden. Sofern Verstöße gegen die zuvor genannten Vorschriften im Rahmen der Jahresabschlussprüfung entdeckt worden sind, enthält der Bericht des Prüfers u.U. Informationen hierzu (kleine Redepflicht nach § 321 Abs. 1 Satz 3 HGB[789]) und sollte zur Gewinnung von zusätzlicher Sicherheit im Rahmen der Prüfung des Indikators herangezogen werden. Daran anschließend ist lediglich die Überleitung der Mengenangaben in CFC-11-Äquivalente zu prüfen, indem die Überleitung rechnerisch nachvollzogen wird und die verwendeten Emissionsfaktoren mit den jeweiligen Quellen abgestimmt und mit weiteren Quellen plausibilisiert werden.

Insgesamt wird das inhärente Risiko als gering eingestuft, da keine Ermessensspielräume vorliegen und die Aussagenermittlung nicht als komplex anzusehen ist.

2.3.5.7 NO_x, SO_x, and other significant air emissions

Im Rahmen des Indikators G4-EN21[790] ist über als wesentlich[791] eingestufte Emissionen der folgenden Stoffe in kg oder Vielfachem zu berichten[792]:

- NO_X[793],
- SO_X[794],
- Persistent organic pollutants (POP)[795],
- Volatile organic compounds (VOC)[796],

---

789 Zur Redepflicht siehe z.B. **Philipp/Grießhammer**, DStR 2003, S. 48 und **Dörner/Oser**, DB 1995, S. 1091.

790 Im Vergleich zum Indikator EN20 nach den G 3.1 ist die Pflicht hinzugekommen, die verwendeten Methoden, Quellen der Emissionsfaktoren sowie zugrunde gelegten Annahmen offenzulegen, vgl. **GRI** (2011c), S. 27 i.V.m. **GRI** (2013b), S. 119, 252.

791 Wesentlich sind alle Luftemissionen, die national oder international reguliert werden, vgl. **GRI** (2013b), S. 252.

792 Vgl. **GRI** (2013b), S. 119.

793 Stickstoffoxide, die u.a. bei der Verbrennung von fossilen Brennstoffen und in Produktionsprozessen entstehen, vgl. **Epple/Leithner/Linzer/Walter** (2009), S. 277 i.V.m. **Kaltschmitt/Hartmann/Hofbauer** (2009), S. 417.

794 Schwefeloxide, die u.a. bei der Verbrennung von fossilen Brennstoffen und in Produktionsprozessen entstehen, vgl. **Schultes** (1996), S. 27.

795 Persistente organische Schadstoffe, die u.a. bei der Verbrennung von fossilen Brennstoffen und in Produktionsprozessen entstehen, vgl. Anlage C, Teil II des Stockholmer Übereinkommens, S. 50.

- Hazardous air pollutants (HAP)[797],
- Particulate matter (PM)[798] und
- andere regulierte Luftemissionen.

Zudem sind die verwendeten Berechnungsmethoden, die Quellen der Emissionsfaktoren und die zugrunde gelegten Annahmen offenzulegen[799].

Der Integrierte Bericht der LANXESS AG für das Geschäftsjahr 2012 enthält hierzu folgende Aussagen:

Tabelle 11: NO_x, SO_x u.a. Emissionen in 1.000 Tonnen CO_{2E} der LANXESS AG 2012

	2012	2011
NO_X	2,4	2,8
SO_2	1,2	1,9
CO	2,1	3,0
NH_3	0,1	0,2
NMVOC	7,6	7,8

Quelle: Auszug aus **LANXESS AG** (2013), S. 58.

Aus welchem Grunde die Emissionen (so laut Bericht, s.o.) in CO_{2E} berichtet werden, ist dem Bericht nicht zu entnehmen. Bei der „NMVOC"-Angabe handelt es sich um die Summe flüchtiger organischer Verbindungen ohne Methan und Aceton[800].

---

796 Flüchtige Organische Verbindungen. Diese können z.B. bei der Herstellung von Arzneimitteln entstehen, siehe Anhang I der Richtlinie 1999/13/EG.
797 Gefährliche Luftschadstoffe, wie z.B. von der United States EPA reguliert, siehe zur aktuellen Liste **EPA** (2013), abrufbar unter http://www.epa.gov.
798 Feinstaub, eine Form des Schwebstaubs, der z.B. aus Verbrennungsprozessen hervorgehen kann, vgl. **Fonk** (2008), S. 44 f.
799 Vgl. **GRI** (2013b), S. 119.
800 Vgl. **LANXESS AG** (2013), S. 59.

Da es sich bei den zu berichtenden Informationen um Emissionen handelt, die im Wesentlichen aus Verbrennungsprozessen resultieren, wird auf die Ausführungen zum Indikator G4-EN15 verwiesen[801].

2.3.6 Abwasser und Abfall

2.3.6.1 Total water discharge by quality and destination

Nach dem Indikator G4-EN22[802] ist über die Menge des durch die Unternehmung abgeleiteten Wassers zu berichten, einschließlich der Qualität des abgeleiteten Wassers, einer ggf. vorgenommenen Aufbereitung sowie das aufnehmende Medium[803]. Abgeleitetes Wasser wird definiert als Summe der Abwässer, die in Gewässer unter der Erdoberfläche, in Oberflächengewässer oder in Abwasserkanäle eingeleitet werden oder transportiert werden[804]. Abgeleitetes Regenwasser und Haushaltsabwasser sind von der Definition ausgenommen[805]. Sofern die Menge des abgeleiteten Wassers nicht durch Wasserzähler gemessen wird, kann der Wert durch Schätzung der verbrauchten Wassermenge in Verbindung mit der Menge der Wasserentnahmen nach dem Indikator G4-EN8 ermittelt werden[806]. Die verwendeten Berechnungsmethoden, Standards und getroffenen Annahmen sind dabei offenzulegen[807]. Im Falle der Ableitung von Prozesswasser werden ferner Qualitätsangaben wie z.B. durch den bio-chemischen Sauerstoffbedarf (BSB) verlangt[808].

Im Integrierten Bericht der BASF SE für das Geschäftsjahr 2012 wird hierzu u.a. angegeben, dass 174 Millionen m³ Abwasser der Produktion angefallen sind[809]. Weiterhin wird angegeben, dass die Abwässer 2.800 Tonnen Stickstoff (2011: 2.900 Tonnen), 21.600 Tonnen organische Stoffe (2011: 24.300 Tonnen), 26 Tonnen Schwermetalle (2011: 24 Tonnen) sowie 366 Tonnen Phosphor

---

801 Siehe Abschnitt C.2.3.5.1.
802 Im Vergleich zum Indikator EN21 nach den G 3.1 ist lediglich die Verpflichtung zur Mengenangabe in Kubikmetern entfallen, vgl. **GRI** (2011c), S. 28 i.V.m. **GRI** (2013b), S. 122.
803 Vgl. **GRI** (2013b), S. 122.
804 Vgl. **GRI** (2013b), S. 253.
805 Vgl. **GRI** (2013b), S. 122, 253.
806 Vgl. **GRI** (2013b), S. 122.
807 Vgl. **GRI** (2013b), S. 122.
808 Vgl. **GRI** (2013b), S. 122.
809 Vgl. **BASF SE** (2013), S. 105.

(2011: 391 Tonnen) enthielten[810]. Die geforderten Angaben zum aufnehmenden Medium sowie zur Wasseraufbereitung sind dem Bericht nicht zu entnehmen.

Mögliche Prüfungshandlungen zur Mengenangabe des abgeleiteten Wassers können abhängig von der Ermittlungsmethode der Abwassermenge differenziert werden. Sofern Verbrauchszähler existieren, können Ableseprotokolle eingesehen werden. Zudem kann eine persönliche Einsichtnahme des Zählers zum Stichtag oder zu einem nahe liegenden Tag erfolgen. Daneben könnte der Indikator G4-EN8 unter Berücksichtigung der in Produkte bzw. Dienstleistungen eingegangenen Wassermengen zur Plausibilitätsbeurteilung genutzt werden. Wird die Wertermittlung im Wege einer Schätzung durchgeführt, so können die verwendeten Berechnungsmethoden unter Hinzuziehung der Erkenntnisse aus der Prüfung des Indikators G4-EN8 nachvollzogen und die zugrunde gelegten Annahmen plausibilisiert werden.

Hinsichtlich der Wiederverwendung des Abwassers durch andere Unternehmungen können Bestätigungen der jeweiligen Unternehmungen über die jeweiligen Mengen eingeholt werden. Zur Wasserqualität und ggf. der Wasseraufbereitung können Arbeiten Sachverständiger[811] genutzt werden.

Schließlich können gesetzliche Genehmigungspflichten Aufschluss über Abwassereinleitungen geben. So sind an die Wassereinleitung gem. §§ 57 ff. WHG Genehmigungspflichten geknüpft. Bei Überschreiten von Größenklassen (täglich mehr als 750 m^3 Abwasser) kann zudem der sog. Gewässerschutzbeauftragte i.S.d. § 64 WHG konsultiert werden bzw. könnten die von ihm angefertigten Berichte eingesehen werden[812].

Das inhärente Risiko wird bei Vorliegen von Verbrauchszählern als gering eingestuft, da die Angaben determiniert sind und keine Ermessensspielräume bestehen. Werden Schätzungen vorgenommen, wird das inhärente Risiko aufgrund der Komplexität der Berechnungen sowie hoher Ermessensspielräume als hoch eingestuft.

---

810 Vgl. **BASF SE** (2013), S. 104.
811 Vgl. zu den Anforderungen der Verwertung der Arbeiten von Sachverständigen ausführlich Abschnitt B.4.3.3.3.
812 Zwar wird die schriftliche Berichterstattung gem. § 65 Abs. 2 S. 1 WHG nicht gefordert, dennoch wird sie zu Exkulpationszwecken empfohlen, vgl. **Kotulla** (2011), § 65 Rz. 24. Siehe auch **Janke** (1995), S. 191.

2.3.6.2 Total weight of waste by type and disposal method

Der Indikator G4-EN23[813] behandelt das Gesamtgewicht der durch die Unternehmung erzeugten Abfälle, differenziert nach gefährlichen und nicht gefährlichen Abfällen[814]. Zudem ist das Gesamtgewicht der Abfälle nach folgenden Kategorien anzugeben[815]:

- Wiederverwendet,
- Rezykliert,
- Kompostiert,
- Wiederverwertet, einschließlich Energierückgewinnung,
- Müllverbrennung,
- Tiefversenkung,
- Lagerung am Standort,
- Deponiert und
- Andere (zu spezifizieren).

Ferner ist anzugeben, aus welcher Quelle (intern, extern, direkt vom Entsorgungsdienstleister oder sog. Standardverfahren des Entsorgungsdienstleisters) die Informationen stammen[816].

Der Nachhaltigkeitsbericht der Linde AG 2012 enthält hierzu die folgenden Informationen.

---

813 Unverändert gegenüber dem Indikator EN22 nach den G 3.1, vgl. **GRI** (2011c), S. 29 i.V.m. **GRI** (2013b), S. 123.
814 Vgl. **GRI** (2013b), S. 123.
815 Vgl. **GRI** (2013b), S. 123.
816 Vgl. **GRI** (2013b), S. 123. Die deutsche Übersetzung der G4 verweist hierzu auf die Angabe, „wie die Wahl der Entsorgungsmethode getroffen wurde", **GRI** (2013c), S. 126. Hierbei handelt es sich jedoch offensichtlich um einen Übersetzungsfehler. In der vorherigen Fassung lautete die Angabe noch: „Berichten Sie, wie die Entsorgungsmethode nachgehalten wurde", **GRI** (2006c), S. 29.

Tabelle 12: Abfall und Recycling der Linde AG 2012

	2012	2011
Abfall (in 1000 t)	68,5	64,4
davon nicht gefährlicher Abfall (in %)	71	57
davon gefährlicher Abfall (in %)	29	43
Stoffliche Verwertung (in %)	41	26
Abfälle zur Deponie (in %)	26	31
Abfälle zur Verbrennung (in %)	18	30
Sonstige Entsorgungsmethoden (in %)	15	13

Quelle: Auszug aus **Linde AG** (2013), S. 42.

Die Informationsquellen und die nähere Definition der sonstigen Entsorgungsmethoden sind dem Bericht nicht zu entnehmen.

Zur Prüfung der Aussagen kann zunächst zwischen gefährlichen und nicht gefährlichen Abfällen unterschieden werden, da die gefährlichen Abfälle als Teilmenge der hier zu berichtenden Informationen bereits im Rahmen des Indikators G4-EN25 berichtet werden. Insofern kann auf die Prüfungshandlungen und Schlussfolgerungen dort verwiesen werden[817].

Sodann kann weiter differenziert werden in nicht gefährliche Abfälle, die von der Unternehmung entsorgt, gelagert oder weiterverarbeitet werden und solche, die von Dritten abgenommen werden zur Weiterverarbeitung oder Entsorgung. Im letzteren Fall könnten, anknüpfend an die Finanzbuchhaltung, Aufwandskonten eingesehen werden und mit weiteren Nachweisen einzelfallbezogene Prüfungshandlungen vorgenommen werden, z.B. durch Einsichtnahme in Rechnungen, aus denen Mengenangaben und ggf. die Weiterverarbeitung hervorgehen könnten[818]. Zudem könnten Bestätigungen eingeholt werden über die mit dem jeweiligen Vertragspartner gehandelte Menge und Behandlungsart(en). Weiterhin könnten Plausibilitätsbeurteilungen vorgenommen werden, z.B. anhand von

---

817 Siehe Abschnitt C.2.3.6.4 zur Prüfung des Indikators G4-EN25.

818 Sofern dies nicht der Fall ist, könnte darauf hingewirkt werden, dass Behandlungsarten in zukünftigen Rechnungen näher spezifiziert werden.

2 Analyse der Möglichkeiten und Grenzen der Prüfung der Leistungsindikatoren nach den G4

Quoten, die Materialaufwendungen oder Ausgangsgrößen wie Produkteinheiten in Relation zu Abfällen beschreiben.

Intern entsorgte oder weiterverarbeitete Abfälle können anhand der eingesetzten Materialien, die als Aufwand in die Finanzbuchhaltung eingehen, plausibilisiert werden. Unter Berücksichtigung der Materialanteile, die nicht unmittelbar zu Abfall führen und der Anteile, die in Produkte eingehen, kann so anhand der Materialverbräuche abgeleitet werden, wie viel Abfall zu berichten sein müsste. Welche Materialien im Rahmen welcher Verwendung zu welchen Abfallanteilen führen, könnte in komplexen Fällen durch Arbeiten Sachverständiger[819] nachgewiesen werden. Die darauf aufbauende Kategorisierung lässt sich nur schwerlich überprüfen. Anhand der bereits geprüften Gesamtmenge kann geprüft werden, ob sämtliche Abfälle auf die Kategorien aufgeteilt worden sind. Zudem könnte geprüft werden, ob die Kapazität der jeweiligen Entsorgungsart (z.B. Kapazität der Kompostierungsanlage, vorhandene Fläche für Abfälle, maximaler Durchsatz der Verbrennungsanlage, maximale Aufnahmekapazität der Tiefversenkung) die berichtete Mengenangabe zu der jeweiligen Behandlungskategorie zulässt. Zudem sollte die jeweilige Entsorgungsart protokolliert werden, sodass anhand der Protokollierung weitere Abstimmungen durchgeführt werden können. Die Veränderung der proportionalen Verteilung der Entsorgungsarten im Zeitablauf kann durch Abweichungsanalysen Hinweise auf nicht plausible Veränderungen geben. Schließlich können Messungen unabhängiger Dritter, z.B. zur Füllhöhe einer Tiefversenkung, in Verbindung mit der Beschaffenheit des aufnehmenden Raumes, unter Berücksichtigung von Messungen früherer Perioden und eventueller Abgänge weitere Prüfungssicherheit gewähren. Persönliche Inaugenscheinnahmen, z.B. bei der Lagerung oder der Kompostierung am Standort, können ebenfalls unter Berücksichtigung weiterer Faktoren, wie der Verrottung der Abfälle bei der Kompostierung, Anhaltspunkte für Plausibilitätsbeurteilungen darstellen.

Das inhärente Risiko wird bei externem Nachweis als gering eingeschätzt. Intern entsorgte oder weiterverarbeitete Abfälle dürften indes ein hohes inhärentes Risiko aufweisen, da die Aussagenermittlung als komplex einzustufen ist und ggf. Ermessensspielräume bei der Überleitung der eingesetzten Materialien auf die

---

[819] Vgl. zu den Anforderungen der Verwertung der Arbeiten von Sachverständigen ausführlich Abschnitt B.4.3.3.3.

Abfälle bestehen, sofern keine tatsächlichen Mengenangaben, sondern Schätzungen berichtet werden.

2.3.6.3 Total number and volume of significant spills

Der Indikator G4-EN24[820] beinhaltet die Berichterstattung über die Gesamtzahl und das Gesamtvolumen aller als wesentlich eingestuften unbeabsichtigten Freisetzungen von gefährlichen Materialien, die die menschliche Gesundheit, den Boden, die Vegetation, Gewässer oder das Grundwasser beeinträchtigen können[821]. Wesentlich sind Freisetzungen dann, wenn sie in die Finanzberichterstattung eingehen, z.B. als Rückstellung, oder als Freisetzung von der Unternehmung wahrgenommen und erfasst werden[822]. Zu den Freisetzungen, die in die Finanzberichterstattung eingegangen sind, werden ferner folgende Angaben verlangt[823]:

- Ort,
- Volumen,
- Material nach folgenden Kategorien:
    - Öl,
    - Brennstoff,
    - Abfall,
    - Chemikalien,
    - Andere (von der Unternehmung zu spezifizieren).

Weiterhin ist über die Auswirkung wesentlicher Freisetzungen zu berichten[824].

Im Nachhaltigkeitsbericht der Bayer AG für das Geschäftsjahr 2012 wird hierzu u.a. ausgeführt, dass es am 18. August 2012 in Baytown, USA, zu einer Freisetzung von Stickoxidgasen kam, die in die Umgebung gelangt sind und zulässige Grenzwerte überschritten haben[825]. Konkrete Angaben zu den freigesetzten

---

820 Unverändert gegenüber dem Indikator EN23 nach den G 3.1, vgl. **GRI** (2011c), S. 30 i.V.m. **GRI** (2013b), S. 124.
821 Vgl. **GRI** (2013b), S. 124, 252.
822 Vgl. **GRI** (2013b), S. 252.
823 Vgl. **GRI** (2013b), S. 124.
824 Vgl. **GRI** (2013b), S. 124.
825 Vgl. **Bayer AG** (2013), S. 66.

2 Analyse der Möglichkeiten und Grenzen der Prüfung der Leistungsindikatoren nach den G4

Mengen und Informationen über Auswirkungen der Freisetzung sind dem Bericht nicht zu entnehmen.

Zur Prüfung der Freisetzungen dem Grunde nach könnten sich in der Finanzbuchhaltung Anhaltspunkte für solche Freisetzungen finden, die Aufwand darstellen. So könnten Aufwandskonten und gebildete Rückstellungen Informationen über Freisetzungen enthalten. Sofern Gesetzesverstöße mit den Freisetzungen zusammenhängend sind, könnten ferner Rechtsanwaltsbestätigungen[826] Informationen enthalten. Zur inhaltlichen Konkretisierung der Freisetzung könnten Dokumentationen der Unternehmung und ggf. Arbeiten Sachverständiger[827] genutzt werden.

Für Freisetzungen, die sich finanziell nicht auswirken, die dennoch von der Unternehmung als solche erfasst werden, kann lediglich auf eine Zusammenstellung der Unternehmung, ggf. dokumentierte Verfahrensanweisungen zur Vermeidung von solchen Freisetzungen zukünftig und Befragungen von Mitarbeitern zurückgegriffen werden.

Zur Prüfung der geforderten Angaben zu den einzelnen Freisetzungen könnte ferner, sofern es sich um meldepflichtige Vorfälle handelt, wie es z.B. in Bremen gem. § 102 BremWG[828] bei Freisetzungen von wassergefährdenden Stoffen der Fall ist, auf gesetzliche Meldepflichten zurückgegriffen werden.

Flankierend könnte die mediale Berichterstattung über die Unternehmung analysiert werden und es könnten Informationen bei lokalen Umweltschutzorganisationen eingeholt werden. Daneben könnte eine Abstimmung mit dem Indikator G4-EN34 vorgenommen werden.

Das inhärente Risiko ist als gering anzusehen, da keine Ermessensspielräume bestehen und die Ermittlung der Aussage als nicht komplex einzustufen ist.

---

826 Bzw. könnte die interne Rechtsabteilung konsultiert werden.
827 Vgl. zu den Anforderungen der Verwertung der Arbeiten von Sachverständigen ausführlich Abschnitt B.4.3.3.3.
828 Bremisches Wassergesetz (BremWG).

2.3.6.4 Weight of transported, imported, exported, or treated waste deemed hazardous under the terms of the Basel Convention Annex I, II, III and VIII, and percentage of transported waste shipped internationally

Der Indikator G4-EN25[829] betrifft die Berichterstattung über transportierte, importierte, exportierte und behandelte gefährliche Abfälle i.S.d. Basler Abfallverbringungs-Übereinkommens[830]. Gefährliche Abfälle sind demnach z.B. Altmedikamente[831], Rückstände aus der Verbrennung von Haushaltsabfällen[832], selbstentzündbare Stoffe oder Abfälle[833] und Abfälle, die als Bestandteil oder Verunreinigung Arsen bzw. Arsenverbindungen[834] enthalten. Folgende Angaben werden nach dem Indikator zu als gefährlich eingestuften Abfällen verlangt[835]:

- Gesamtgewicht des transportierten gefährlichen Abfalls,
- Gesamtgewicht des importierten gefährlichen Abfalls,
- Gesamtgewicht des exportierten gefährlichen Abfalls,
- Gesamtgewicht des behandelten gefährlichen Abfalls und
- Prozentualer Anteil des insgesamt international transportierten gefährlichen Abfalls.

Im Auftrag der Unternehmung transportierte gefährliche Abfälle, d.h. mittelbar transportierte Abfälle, sind ebenfalls unter den aufgezeigten Kategorien zu er-

---

829 Unverändert gegenüber dem Indikator EN24 nach den G 3.1, vgl. **GRI** (2011c), S. 31 i.V.m. **GRI** (2013b), S. 125.

830 Basler Übereinkommen über die Kontrolle der grenzüberschreitenden Verbringung gefährlicher Abfälle und ihrer Entsorgung vom 22. März 1989 (Basler Abfallverbringungs-Übereinkommen). In der Europäischen Gemeinschaft umgesetzt durch die Verordnung (EWG) Nr. 259/93 des Rates zur Überwachung und Kontrolle der Verbringung von Abfällen in der, in die und aus der Europäischen Gemeinschaft (ABl. EG Nr. L 30 S. 1), ersetzt durch die am 15.07.2006 in Kraft getretene Verordnung (EG) Nr. 1013/2006 über die Verbringung von Abfällen, die damit unmittelbar in den Mitgliedstaaten verbindlich ist, vgl. **Häberle**, in: Erbs/Kohlhaas, A 22b, Vorbemerkungen, Rz. 2 (2013). Vgl. auch **GRI** (2013b), S. 125.

831 Vgl. Basler Abfallverbringungs-Übereinkommen, Anlage I.
832 Vgl. Basler Abfallverbringungs-Übereinkommen, Anlage II.
833 Vgl. Basler Abfallverbringungs-Übereinkommen, Anlage III.
834 Vgl. Basler Abfallverbringungs-Übereinkommen, Anlage VIII.
835 Vgl. **GRI** (2013b), S. 125.

fassen[836]. Transporte zwischen Standorten der Unternehmung sind unter dem Gesamtgewicht des transportierten Abfalls zu erfassen und nicht, sofern grenzüberschreitend, als Export oder Import zu berücksichtigen[837].

Die Berichterstattung der Daimler AG für das Jahr 2012 zu gefährlichen Abfällen ist der folgenden Tabelle zu entnehmen:

Tabelle 13: Abfallmengen der Daimler AG 2012 in 1.000 t[838]

	2012	2011
Gefährlicher Abfall zur Beseitigung	23	17
Gefährlicher Abfall zur Verwertung	66	63

Quelle: Auszug aus **Daimler AG** (2013), S. 76.

Die im Rahmen des Indikators geforderten Angaben zu transportierten und behandelten Mengen sind den Ausführungen nicht zu entnehmen.

Zur Prüfung der Aussagen zu Transporten und der Behandlung innerhalb Deutschlands kann auf Nachweise zurückgegriffen werden, die gem. der NachwV[839] erbracht werden müssen. Gemäß § 2 Abs. 1 Nr. 1 und 2 NachwV i.V.m. §§ 50 Abs. 1 und 51 Abs. 1 S. 1 Nr. 1 KrWG[840] haben Erzeuger, Beförderer und Entsorger gefährlicher Abfälle[841] grundsätzlich[842] sog. Verbleibensnachweise zu erbringen, aus denen sich u.a. Mengenangaben, Angaben zum

---

836 Vgl. **GRI** (2013b), S. 125.
837 Vgl. **GRI** (2013b), S. 125.
838 Die Angaben für das Jahr 2012 sind vorläufig, siehe **Daimler AG** (2013), S. 76. Inwieweit die Angabe vorläufiger Informationen den Grundsätzen der Berichterstattung gerecht wird, sei an dieser Stelle in Frage gestellt.
839 Verordnung über die Nachweisführung bei der Entsorgung von Abfällen (Nachweisverordnung – NachwV).
840 Gesetz zur Förderung der Kreislaufwirtschaft und Sicherung der umweltverträglichen Bewirtschaftung von Abfällen (Kreislaufwirtschaftsgesetz – KrWG).
841 Gem. § 48 KrWG wird auf die Begriffsdefinition der Europäischen Union zurückgegriffen, insoweit kann die hier beschriebene Nachweispflicht als Grundlage für Prüfungshandlungen zum Indikator G4-EN25 dienen.
842 Ausgenommen sind gem. § 2 Abs. 2 NachwV Abfallerzeuger, bei denen jährlich nicht mehr als zwei Tonnen gefährlicher Abfall anfallen.

Transporteur und Entsorger ergeben[843]. Für das Verbringen von gefährlichen Abfällen zwischen Mitgliedstaaten der Europäischen Union bzw. Mitgliedstaaten der Europäischen Union und Drittstaaten gelten im Rahmen des Notifizierungsverfahrens gem. Art. 3 Abs. 1 EG-Abfallverbringungsverordnung[844] bzw. der allgemeinen Informationspflicht gem. Art. 3 Abs. 2 EG-Abfallverbringungsverordnung ähnliche Nachweispflichten[845], auf die zurückgegriffen werden könnte. Die differenzierten Angaben nach dem Indikator G4-EN25 können den genannten Nachweisen somit unmittelbar entnommen werden.

Die Aussagen der Unternehmung könnten einzelfallbezogen mit den genannten Nachweisen abgestimmt werden. Zudem könnte eine Summenabstimmung vorgenommen werden, um zu gewährleisten, dass sämtliche Abfälle nach der NachwV und der EG-Abfallverbringungsverordnung in die Mengenangabe nach dem Indikator G4-EN25 eingegangen sind. Sofern der Transport von gefährlichen Abfällen nicht durch die Unternehmung, sondern durch Dritte vorgenommen wurde, können ferner Aufwandskonten und ggf. Rechnungen zur Abstimmung herangezogen werden. Daneben könnten Mengenbestätigungen der jeweiligen Entsorger angefordert werden[846]. Zudem könnten in Stichprobe[847] Nachweise zu Transportleistungen, wie z.B. Lieferdokumente, eingesehen werden.

Das inhärente Risiko wird aufgrund nicht vorliegender Ermessensspielräume und geringer Komplexität der Aussagenermittlung als niedrig angesehen.

---

843 Siehe BGBl. I 2006, S. 2313, 2316 und 2319 zur Mengenangabe, Entsorgerangabe und Transporteurangabe im Formblatt.
844 Verordnung (EG) Nr. 1013/2006 über die Verbringung von Abfällen.
845 Vgl. **Scherer/Heselhaus**, in: Dauses, O. Umweltrecht, Rz. 491, 495-498 (2014). Die relevanten Mengenangaben ergeben sich aus dem Notifizierungsformular, siehe Anhang IA der EG-Abfallverbringungsverordnung, bzw. den mitzuführenden Informationen (allgemeine Informationspflicht) gem. Anhang VII der EG-Abfallverbringungsverordnung.
846 Siehe analog ausführlich zu Saldenbestätigungen Abschnitt B.4.3.3.3.
847 Vgl. zu den verschiedenen Methoden einer Stichprobe ausführlich Abschnitt B.4.3.3.2.

2.3.6.5 Identity, size, protected status, and biodiversity value of water bodies and related habitats significantly affected by the organization´s discharges of water and runoff

Im Rahmen des Indikators G4-EN26[848] ist über Gewässer und damit verbundene Lebensräume zu berichten, die wesentlich von den Abwässern der Unternehmung betroffen sind[849]. Anzugeben sind die Größe des Gewässers und des damit verbundenen Lebensraums, die Eigenschaft als Schutzgebiet und Informationen über die Biodiversität[850]. Gewässer sind wesentlich betroffen von den Ableitungen der Unternehmung, wenn mindestens eines der folgenden Merkmale erfüllt ist[851]:

- Die Ableitung beträgt oder übersteigt fünf Prozent des durchschnittlichen Volumens des betroffenen Gewässers,
- Die Ableitung hat nach der Meinung von Sachverständigen einen wesentlichen Einfluss auf das Gewässer oder damit verbundene Lebensräume,
- Die Ableitung in Gewässer, die von Sachverständigen als besonders anfällig eingestuft werden,
- Die Ableitung in Schutzgebiete, die in der Ramsar Convention[852] enthalten sind oder ähnlich deklarierte Schutzgebiete,
- Die Ableitung in Gewässer, die eine hohe Biodiversität aufweisen und
- Die Ableitung in Gewässer, die einen hohen Stellenwert für die lokale Gesellschaft aufweisen.

Die Merck KGaA berichtet hierzu im Nachhaltigkeitsbericht für das Geschäftsjahr 2012, dass eine signifikante Ableitung am Standort Darmstadt identifiziert worden ist, die mehr als 5 % des durchschnittlichen Jahresvolumens des Darm-

---

848 Im Vergleich zum Indikator EN25 nach den G 3.1 wurden die Merkmale „hoher Biodiversität" und eines „hohen Stellenwerts für die lokale Gesellschaft" hinzugefügt, die explizite Forderung der Angabe der Größe in Kubikmetern ist hingegen entfallen, vgl. **GRI** (2011c), S. 32 i.V.m. **GRI** (2013b), S. 126.
849 Vgl. **GRI** (2013b), S. 126.
850 Vgl. **GRI** (2013b), S. 126.
851 Vgl. **GRI** (2013b), S. 126.
852 Zur Ramsar Convention siehe Fn. 611.

bachs ausmacht, jedoch keine wesentlichen Auswirkungen auf das Gewässer oder damit verbundene Lebensräume hat[853].

Aus der Berechnung des Indikators G4-EN22, aus der die gesamte Menge abgeleiteten Wassers hervorgeht, kann zunächst die Grundgesamtheit aller betroffenen Gewässer ermittelt werden. Aus der Grundgesamtheit können die i.S.d. oben genannten Merkmale als wesentlich einzustufenden Wasserableitungen geprüft werden. Anknüpfend an das oben genannte Beispiel berichtet die Merck KGaA an anderer Stelle, dass für alle Standorte die spezifischen Risiken und Auswirkungen der Abwasserfrachten ermittelt und bewertet werden[854]. Hieraus entstehende Berichte könnten Anhaltspunkt für die Prüfung einzelner Standorte sein. Darüber hinaus könnten Gutachten zu Wasserableitungen und davon betroffenen Gewässern eingeholt und mit den Aussagen der Unternehmung abgestimmt werden, sofern dies nicht bereits Gegenstand gesetzlicher Genehmigungspflichten ist und für die Prüfung genutzt werden kann[855]. Zur grundsätzlichen Einstufung einzelner Gewässer als von hohem Wert i.S.d. oben aufgeführten Merkmale könnten Abgleiche der Gewässer mit verfügbaren Datenbanken zu Schutzgebieten vorgenommen werden[856]. Anhaltspunkte für wesentliche Ableitungen könnten sich ferner in Rückstellungen befinden, sofern negative finanzielle Auswirkungen aus der Ableitung erwartet werden, oder in Rechtsanwaltsbestätigungen[857].

Das inhärente Risiko wird als mittel eingestuft, da Ermessensspielräume bezüglich der Einstufung als wesentlich bestehen, die Ermittlung der Aussage jedoch eine geringe Komplexität aufweist.

---

853 Vgl. **Merck KGaA** (2013), S. 128.
854 Vgl. **Merck KGaA** (2013), S. 76.
855 Siehe zu den Genehmigungspflichten nach dem WHG die Ausführungen zum Indikator G4-EN22 unter Abschnitt C.2.3.6.1.
856 Zu den bereits genannten Datenbanken siehe Fn. 610, 611, und 612.
857 Analog könnte die interne Rechtsabteilung konsultiert werden.

2.3.7 Produkte und Dienstleistungen

2.3.7.1 Extent of impact mitigation of environmental impacts of products and services

Der Indikator G4-EN27[858] bezieht sich auf die Berichterstattung über erzielte Reduktionen von Umweltauswirkungen der angebotenen Produkte und Dienstleistungen[859]. Die Umweltauswirkungen betreffen sowohl die Nutzungsphase als auch die Behandlung am Ende der Lebensdauer[860]. Werden bei der Nutzungsphase verbrauchsorientierte Werte angegeben, wie z.B. 10 % weniger Wasserverbrauch je 5 kg Wäsche, so sind die zugrunde gelegten Annahmen offenzulegen[861]. Ausgenommen von der Berichterstattung sind die Umweltauswirkungen, die bereits im Rahmen der Indikatoren G4-EN12 und G4-EN28 erfasst werden[862].

Im Nachhaltigkeitsbericht der BMW AG 2012 wird hierzu unter anderem berichtet, dass die Kohlendioxidemissionen der neu zugelassenen Fahrzeuge in Europa (EU-27) 138 g je km betrugen (2011: 145)[863].

Aus der Gewinnung eines Verständnisses der Geschäftätigkeit der Unternehmung ergeben sich Informationen über die Grundgesamtheit und die Art der angebotenen Produkte und Dienstleistungen. Die Informationen dürften sich jedoch nicht auf die detaillierte Beschaffenheit der Produkte und Dienstleistungen beziehen. Insofern kann als Prüfungshandlung lediglich auf dokumentierte Projektunterlagen der Unternehmung und Befragungen von Mitarbeitern zurückgegriffen werden. Für die Modellierung (z.B. der Verbrauchsphase der angebotenen Produkte) genutzte Standards und Methoden sowie getroffene Annahmen können auf Plausibilität untersucht werden. Genutzte Daten können mit weiteren

---

858 Im Vergleich zum Indikator EN26 nach den G 3.1 ist die Berichterstattung über Initiativen zur Verringerung von Umweltauswirkungen der Produkte und Dienstleistungen entfallen, vgl. **GRI** (2011c), S. 33 i.V.m. **GRI** (2013b), S. 128.
859 Vgl. **GRI** (2013b), S. 128.
860 Vgl. **GRI** (2013b), S. 128.
861 Vgl. **GRI** (2013b), S. 128.
862 Vgl. **GRI** (2013b), S. 128.
863 Vgl. **BMW AG** (2013), S. 30.

Quellen abgestimmt werden. Im Falle komplexer Sachverhalte könnte ferner auf Arbeiten von Sachverständigen[864] zurückgegriffen werden.

Das inhärente Risiko wird aufgrund der ggf. komplexen Wertermittlung und vorliegender Ermessensspielräume als hoch eingestuft.

2.3.7.2 Percentage of products sold and their packaging materials that are reclaimed by category

Nach dem Indikator G4-EN28[865] ist der Anteil der im Berichtsjahr veräußerten Produkte anzugeben, zu dem die Produkte und/oder das Verpackungsmaterial im Berichtsjahr zurückgenommen worden sind/ist und – unbearbeitet oder weiterverarbeitet – wiederverwendet werden können/kann[866]. Die Angabe ist getrennt nach Produktkategorien vorzunehmen, die durch die „spezifische Bedürfnisbefriedigung" abgegrenzt werden[867]. Produkte, die das spezifische Bedürfnis eines Marktes erfüllen, werden dadurch zusammengefasst[868]. Die tatsächliche Rücknahme, die Verarbeitung und die Wiederverwendung müssen nicht von der berichtenden Unternehmung durchgeführt werden, sondern können gänzlich oder teilweise von dritten Unternehmungen durchgeführt werden[869]. Es ist jedoch offenzulegen, auf welchen Daten die Werte beruhen (interne Berechnungen oder Informationen von anderen Unternehmungen)[870].

Grundsätzlich ist die Sinnhaftigkeit der Angabe aufgrund der Begrenzung auf den Verkauf und die Rücknahme innerhalb der Berichtsperiode in Frage zu stellen. Schwankende Absatz- und Rücknahmemengen im Zeitablauf können dazu führen, dass z.B. eine geringe Absatzmenge im Berichtsjahr einer hohen Rücknahmemenge aus in früheren Perioden veräußerten Produkten oder Verpackungsmaterialien gegenübersteht. Andererseits könnten Produkte mit langen

---

864 Vgl. zu den Anforderungen der Verwertung der Arbeiten von Sachverständigen ausführlich Abschnitt B.4.3.3.3.
865 Unverändert im Vergleich zum Indikator EN27 nach den G 3.1, vgl. **GRI** (2011c), S. 34 i.V.m. **GRI** (2013b), S. 129.
866 Vgl. **GRI** (2013b), S. 129.
867 Vgl. **GRI** (2013b), S. 251.
868 Vgl. **GRI** (2013b), S. 251. Obschon die Definition Ermessensspielräume beinhaltet: So könnte ein Automobilhersteller z.B. den Markt für Automobile heranziehen, den Markt für Automobile der Oberklasse oder etwa den Markt für Automobile mit Elektromotoren.
869 Vgl. **GRI** (2013b), S. 251.
870 Vgl. **GRI** (2013b), S. 129.

2 Analyse der Möglichkeiten und Grenzen der Prüfung der Leistungsindikatoren nach den G4   181

Lebenszyklen dazu führen, dass Absatzmengen in frühen Perioden keine Rücknahmemengen gegenüberstehen. Diese Tatsachen sollten kommuniziert werden, indem z.B. die quantitativen Angaben um verbale Ausführungen ergänzt werden.

Da die DAX-30-Berichte keine standardkonforme Quantifizierung enthalten, so berichtet z.B. die Beiersdorf AG über neu gestaltete Produktverpackungen[871] oder die Daimler AG über die Rezyklierung von Abfällen aus der Reparatur von Fahrzeugen[872], entfällt das Beispiel an dieser Stelle.

Die Anzahl veräußerter Produkte ergibt sich mittelbar aus der Finanzbuchhaltung, da sie monetär bewertet als Ertrag der Periode erfasst werden. Insofern ist lediglich die Überleitung der monetären Größen zu prüfen, die z.B. anhand von Verkaufspreisen vorgenommen werden kann. Die von der Unternehmung zugrunde gelegte Produktkategorisierung kann inhaltlich auf Plausibilität geprüft werden. Zur Beurteilung der Kategorisierung könnte auf die Erkenntnisse aus der Gewinnung eines Verständnisses der Geschäftstätigkeit der Unternehmung zurückgegriffen werden.

Zur Prüfung der Anzahl der Produkte bzw. Verpackungsmaterialien, die im Berichtsjahr durch dritte Unternehmungen zurückgenommen worden sind, könnten Bestätigungen der Vertragspartner angefordert werden und mit den Angaben der Unternehmung abgestimmt werden. Die Angabe der durch die Unternehmung selbst zurückgenommenen Produkte bzw. Verpackungsmaterialien könnte anhand des weiteren Verlaufs nachvollzogen werden, z.B. anhand der Wiederaufbereitung, des Verkaufs an Dritte oder der vertraglichen Übertragung an Dritte. Die Rückstellungsbildung in früheren Perioden bzw. der Rückstellungsverbrauch in der aktuellen Periode könnten ebenfalls Rückschlüsse auf zurückgenommene Produkte und Verpackungen zulassen, sofern die Rücknahme mit negativen finanziellen Auswirkungen verbunden ist.

Weiterhin könnte die Vollständigkeitserklärung i.S.d. § 10 Abs. 2 VerpackV[873], die u.a. Masseangaben zu in Verkehr gebrachten Verkaufsverpackungen enthält, Ansatzpunkt für Abstimmungshandlungen sein[874].

---

871 Vgl. **Beiersdorf AG** (2013), S. 12.
872 Vgl. **Daimler AG** (2013), S. 72.
873 Verordnung über die Vermeidung und Verwertung von Verpackungsabfällen (Verpackungsverordnung – VerpackV).
874 Siehe zur Vollständigkeitserklärung i.S.d. VerpackV z.B. **Noodt/Lohmann**, WPg 2009, S. 454.

Schließlich kann die Quote rechnerisch nachvollzogen werden.

Das inhärente Risiko wird als gering eingeschätzt, da keine Ermessensspielräume vorliegen und die Berechnungen nicht als komplex eingestuft werden.

2.3.8 Einhaltung von Rechtsvorschriften

2.3.8.1 Monetary value of significant fines and total number of non-monetary sanctions for non-compliance with environmental laws and regulations

Im Rahmen des Indikators G4-EN29[875] sind der Gesamtaufwand wesentlicher Bußgelder sowie die Gesamtzahl nicht finanzieller Strafen aufgrund von Verstößen gegen Rechtsvorschriften im Umweltbereich anzugeben[876]. Zudem ist anzugeben, wie viele der Verstöße sich aus sog. Streitbeilegungsmechanismen[877] ergeben haben[878]. Sofern keine Rechtsverstöße bekannt geworden sind, ist über diese Tatsache zu berichten[879].

Eine Definition der Wesentlichkeit von Bußgeldern nennen die G4 nicht. Aus welchem Grund jedoch ausschließlich wesentliche Bußgelder aggregiert werden sollten, ist nicht nachvollziehbar.

Die Siemens AG berichtet hierzu in ihrem Nachhaltigkeitsbericht 2012, dass 15 umweltrelevante Vorfälle verzeichnet worden sind und keine wesentlichen Bußgelder anfielen[880]. An dieser Stelle zeigt sich bereits das oben aufgezeigte Problem: Ohne eine Definition der Wesentlichkeit, sei es vom Standard vorgeschrieben oder vom Berichterstatter selbst definiert und kommuniziert, ist der Nutzen der Informationen fragwürdig. Ferner bedingt die Prüfung der Informationen eine Definition der Wesentlichkeit.

Hinsichtlich der Prüfung ist anhand des Vorhandenseins finanzieller Auswirkungen zu differenzieren. Sachverhalte, aus denen Bußgelder resultieren, sind unmittelbar Gegenstand der Finanzbuchhaltung. In der Regel dürften die Zah-

---

875 Unverändert gegenüber dem Indikator EN28 nach den G 3.1, vgl. **GRI** (2011c), S. 35 i.V.m. **GRI** (2013b), S. 131.
876 Vgl. **GRI** (2013b), S. 131, 248.
877 Der Streitbeilegungsmechanismus i.S.d. G4 wird ausführlich im Rahmen des Indikators G4-EN34 erläutert, siehe Abschnitt C.2.3.11.1.
878 Vgl. **GRI** (2013b), S. 131.
879 Vgl. **GRI** (2013b), S. 131.
880 Vgl. **Siemens AG** (2013), S. 58.

lungen auf Aufwandskonten verbucht werden. Sofern zuvor eine Rückstellung für den Sachverhalt gebildet wurde, könnten Rückstellungsverbräuche Anhaltspunkte für Bußgelder darstellen. Des Weiteren könnte die Bildung von Rückstellungen in der Vergangenheit Anhaltspunkte für Bußgelder enthalten. Rechtsanwaltsbestätigungen, die im Rahmen der Jahresabschlussprüfung eingefordert werden, können ebenfalls weitere Informationen zu (ggf. zukünftigen) Bußgeldern enthalten[881]. Im Rahmen der Körperschaftsteuererklärung oder der Bereitstellung der elektronischen Bilanz könnten sich weiterhin Anhaltspunkte aus der Deklaration der nicht abzugsfähigen Betriebsausgaben ergeben, da gem. § 4 Abs. 5 Nr. 8 EStG i.V.m. § 8 Abs. 1 S. 1 KStG u.a. von einem Gericht oder einer Behörde im Geltungsbereich des EStG oder von Organen der Europäischen Union festgesetzte Geldbußen nicht abzugsfähig sind.

Informationen über Sachverhalte, die sich finanziell nicht auswirken, können sich, sofern zuvor angenommen wurde, dass diese sich finanziell auswirken werden, aus der Rückstellungsbildung in der Vergangenheit oder Rechtsanwaltsbestätigungen[882] ergeben. Ferner könnte die Meldepflicht für diverse Umweltauswirkungen Ansatzpunkt für Prüfungshandlungen sein. So enthält bspw. das Hessische Wassergesetz in § 40 Abs. 1 S. 1 i.Vm. S. 3 die Pflicht zur unverzüglichen Meldung von Überschreitungen von Überwachungswerten beim Betrieb von Abwasseranlagen. In dem Schriftverkehr könnten sich wiederum Anhaltspunkte für die Prüfung befinden. Weiterhin könnte eine Abstimmung mit dem Indikator G4-EN34 stattfinden, der über eingereichte Beschwerden im Zusammenhang mit Umweltauswirkungen berichtet.

Schließlich könnte die gewählte Definition der Wesentlichkeit auf Plausibilität und die Auswahl der Sachverhalte auf Basis der Wesentlichkeit geprüft werden.

Das inhärente Risiko wird als gering eingestuft, da – abgesehen von der Definition der Wesentlichkeit – keine Ermessensspielräume vorliegen und die Aussagenermittlung nicht als komplex angesehen wird.

---

881 Analog könnte die interne Rechtsabteilung konsultiert werden.
882 Siehe analog Fn. 881.

2.3.8.2 Significant environmental impacts of transporting products and other goods and materials for the organization´s operations, and transporting members of the workforce

Der Indikator G4-EN30[883] behandelt die Berichterstattung über wesentliche Umweltauswirkungen aus dem Transport von Produkten, Materialien und anderen Gütern, sowie Mitarbeitern[884]. Die Betrachtung erfolgt auf Ebene vor- und nachgelagerter Unternehmungen, d.h. eigene Transporte der Unternehmung werden nicht erfasst[885]. Sofern die Unternehmung Maßnahmen ergreift, um die Umweltauswirkungen aus den zuvor genannten Transporten zu reduzieren, ist hierüber ebenfalls zu berichten[886]. Die zugrunde gelegten Annahmen und die verwendeten Berechnungsmethoden sind offenzulegen[887].

Im Nachhaltigkeitsbericht der BMW AG für das Geschäftsjahr 2012 finden sich hierzu u.a. folgende Informationen zur Transportleistung der Materialien und Produkte:

---

883 Unverändert gegenüber dem Indikator EN29 nach den G 3.1, vgl. **GRI** (2011c), S. 36 i.V.m. **GRI** (2013b), S. 133.
884 Vgl. **GRI** (2013b), S. 133.
885 Vgl. **GRI** (2013b), S. 133.
886 Vgl. **GRI** (2013b), S. 133.
887 Vgl. **GRI** (2013b), S. 133.

2 Analyse der Möglichkeiten und Grenzen der Prüfung der Leistungsindikatoren nach den G4

Tabelle 14: Transportleistungen und CO_2-Emissionen der BMW AG 2012

	2012	2011
Inbound (Materialversorgung Werke und Ersatzteilanlieferung)		
Transportleistung (in Mio. tkm)	10.703	9.072
CO_2-Emissionen (in t)	547.049	518.157
Outbound (Distribution Fahrzeuge und Ersatzteile)		
Transportleistung (in Mio. tkm)	20.195	18.854
CO_2-Emissionen (in t)	700.051	677.730

Quelle: Auszug aus **BMW AG** (2013), S. 52.

Des Weiteren werden folgende Angaben zur Mitarbeitermobilität getätigt:

Tabelle 15: Transportleistungen und CO_2-Emissionen der BMW AG 2012 in t CO_2

	2012	2011
PKW	53.036	43.008
Öffentlicher Personennahverkehr	3.738	4.947
Werksbus	15.869	12.867
Fahrrad/ zu Fuß	0	0
Insgesamt	72.643	60.823

Quelle: Auszug aus **BMW AG** (2013), S. 53.

Da es sich inhaltlich um die Informationen handelt, die im Fall von Emissionen im Rahmen der Scope-3-Bilanzierung über CO_2-Emissionen berichtet werden, bzw. bei der Berichterstattung über Energieträgerverbräuche im Rahmen der Indikatoren zu Energieträgerverbräuchen außerhalb der Unternehmung, wird auf die Ausführungen dort verwiesen[888].

---

[888] Dies ist darin begründet, dass aus Transportleistungen i.W. Treibhausgasemissionen bzw. Energieträgerverbräuche als Umweltauswirkungen angesehen werden können. Bezüglich der Reduk-

2.3.9 Insgesamt

2.3.9.1 Total environmental protection expenditures and investments by type

Der Indikator G4-EN31[889] betrifft die Berichterstattung über Aufwendungen und Investitionen, die einen inhaltlichen Bezug zum Umweltschutz aufweisen[890]. Die Aufwendungen und Investitionen sind getrennt anzugeben für die Abfallaufbereitung und -entsorgung, die Emissionsbehandlung, die Umweltsanierung sowie Aufwendungen für das Umweltmanagement, wie z.B. Weiterbildung, externe Dienstleistungen und Zertifizierungen[891].

Als Anhaltspunkte für oben genannte Aufwendungen und Investitionen nennt der Standard bspw. Aufwendungen für Filteranlagen zur Reduktion von Emissionen, Aufwendungen für den Kauf von Emissionszertifikaten und Aufwendungen für Forschung und Entwicklung[892].

Der Nachhaltigkeitsbericht der Merck KGaA für das Jahr 2012 enthält hierzu die folgenden Angaben:

Tabelle 16: Aufwendungen für Umweltschutz, Sicherheit und Gesundheit der Merck KGaA 2012 in Mio. EUR

	2012	2011
Aufwendungen	146	141

Quelle: Auszug aus **Merck KGaA** (2013), S. 105.

Laut dem Bericht der Merck KGaA enthalten die Aufwendungen sowohl „interne sowie externe Ausgaben" und Investitionen für „Abfall und Abwassermanagement, Wasser, Arbeitsschutz, Feuerschutz, Lärmreduktion, Verhinderung

---

tion der Umweltauswirkungen kann analog auf die Indikatoren G4-EN6 bzw. G4-EN19, Abschnitte C.2.3.2.4 bzw. C.2.3.5.5, verwiesen werden.
889 Unverändert gegenüber dem Indikator EN30 nach den G 3.1, vgl. **GRI** (2011c), S. 37 f. i.V.m. **GRI** (2013b), S. 135.
890 Vgl. **GRI** (2013b), S. 135.
891 Vgl. **GRI** (2013b), S. 135.
892 Vgl. **GRI** (2013b), S. 135.

2 Analyse der Möglichkeiten und Grenzen der Prüfung der Leistungsindikatoren nach den G4   187

von Luftverschmutzung, Dekontaminierungen, Natur- und Landschaftsschutzmaßnahmen sowie Klimaschutz und Energieeffizienz"[893].

Aus welchem Grund die vom Standard geforderte Differenzierung in Abfallaufbereitung und -entsorgung, Emissionsbehandlung u.a. nicht vorgenommen wurde, ist nicht ersichtlich.

Zur Prüfung des Indikators ist zunächst eine Unterscheidung vorzunehmen in Aufwendungen und Investitionen, die auf Transaktionen mit anderen Unternehmungen basieren, und internen Aufwendungen. Aufwendungen und Investitionen mit externem Bezug liegen unmittelbar in der Finanzbuchhaltung vor. Lediglich die Klassifizierung als relevant im Sinne des Indikators sowie die Einteilung in die geforderten Kategorien sind darauf aufbauend durchzuführen. Anhand der Zusammenstellung der Unternehmung könnten Nachweise, wie bspw. Eingangsrechnungen oder Vertragsunterlagen, eingesehen werden und mit der vorgenommenen Zuordnung abgestimmt werden. Daneben könnten Aufwandskonten bzw. im Fall von Investitionen Anlagenverzeichnisse Anhaltspunkte für die Prüfung der Informationen darstellen.

Im Fall interner Aufwendungen, wie z.B. Personalaufwendungen für die Weiterbildung, könnten Aufzeichnungen der Unternehmung zu vorgenommenen Weiterbildungen und abgezeichnete Stundennachweise der Mitarbeiter eingesehen werden und ggf. mit Belegen aus externer Quelle (z.B. Rechnungen für Weiterbildungskurse) abgestimmt werden. Forschungs- und Entwicklungsaufwendungen können ebenfalls mit Dokumentationen der Unternehmung diesbezüglich abgestimmt werden. Sofern Entwicklungsaufwendungen nach § 248 Abs. 2 HGB aktiviert werden, könnten sich hieraus ebenfalls Informationen für die Prüfung ergeben, da umfangreiche Voraussetzungen an die Aktivierung geknüpft sind[894]. Weitere interne Aufwendungen könnten mit Projektunterlagen, kostenrechnerischen Erfassungen oder durch Befragungen von Mitarbeitern nachgewiesen werden.

Das inhärente Risiko wird bei Aufwendungen und Investitionen, die einen externen Bezug aufweisen, als mittel eingeschätzt. Zwar dürfte die Ermittlung nicht komplex sein, jedoch bestehen Ermessensspielräume bei der Zuweisung

---

893 Vgl. **Merck KGaA** (2013), S. 105. Zitat **ebenda**.
894 Wie bspw. ein Controlling für den Bereich Forschung und Entwicklung, um die Aufwendungen verlässlich voneinander abgrenzen zu können, vgl. **Schubert/Pastor**, in: Förschle/Grottel/Schmidt/Winkeljohann (2014), § 255 Rz. 491 m.w.N.

einzelner Aufwendungen und Investitionen. Hinsichtlich interner Aufwendungen wird von einem hohen inhärenten Risiko ausgegangen, da die Erfassung einzelner interner Aufwendungen als komplex einzustufen ist und ferner mangels externer Nachweise hohe Ermessensspielräume bei der Zuweisung der Aufwendungen bestehen.

2.3.10 Umweltbeurteilung der Lieferanten

2.3.10.1 Percentage of new suppliers that were screened using environmental criteria

Der Indikator G4-EN32[895] bezieht sich auf die Berichterstattung über den prozentualen Anteil der Lieferanten oder Dienstleister der Unternehmung, die bezogen auf ihre Umweltauswirkungen beurteilt worden sind[896]. Eine nähere Definition des Beurteilungsprozesses wird nicht vorgenommen, jedoch muss dieser auf einem formalen oder dokumentierten Prozess beruhen[897]. Die Bezugsgröße der Gesamtzahl neuer Lieferanten oder Dienstleister stellt nicht nur auf tatsächlich ausgewählte Lieferanten oder Dienstleister ab, sondern umfasst auch solche, die lediglich als neue Vertragspartner in Erwägung gezogen worden sind[898].

Die Prüfung des Anteils der beurteilten neuen Lieferanten oder Dienstleister sowie der Gesamtzahl in Erwägung gezogener Lieferanten oder Dienstleister kann nur dann vorgenommen, wenn die Prozesse dokumentiert werden. In diesem Fall könnte die detaillierte Berechnung der Unternehmung herangezogen und einzelfallbezogen geprüft werden (z.B. durch Abstimmung mit Schriftverkehr oder externen Informationen über den jeweiligen Lieferanten bzw. Dienstleister, Befragungen von Mitarbeitern, Einsicht in Bestellanforderungen und dokumentierte Umweltbeurteilungen). Basiert die Identifikation potentieller Vertragspartner sowie die Umweltbeurteilung lediglich auf einem formalen Prozess, der keiner Dokumentation unterliegt, so kann der Prozess zwar aufgenommen werden, dessen Aussage lässt sich mangels Dokumentation jedoch nicht nachvollziehen. Der Anteil der neuen Vertragspartner, die im Berichtsjahr bereits Lieferungen oder Leistungen erbracht haben, könnte ferner mittels Daten aus der Fi-

---

895 In den G 3.1 existiert kein Pendant zum Indikator G4-EN32, aus diesem Grund entfällt das Berichtsbeispiel.
896 Vgl. **GRI** (2013b), S. 138.
897 Vgl. **GRI** (2013b), S. 138 i.V.m. 253.
898 Vgl. **GRI** (2013b), S. 138.

nanzbuchhaltung und weiterer Nachweise, wie Eingangsrechnungen, geprüft werden. Zudem könnte ein Abgleich der Kreditorenkonten im Zeitablauf Hinweise auf solche neuen Lieferanten oder Dienstleister geben, die im Rahmen des Indikators G4-EN32 berücksichtigt werden müssten.

Die Angabe der Lieferanten und Dienstleister, die lediglich in Erwägung gezogen und schließlich nicht Vertragspartner geworden sind, lässt sich wiederum nur dann nachvollziehen, wenn der gesamte Prozess dokumentiert wird. Einzelfallbezogen können wiederum Nachweise wie Schriftverkehr, Bestellanforderungen o.Ä. herangezogen werden, und es könnten mit der Auswahl beauftragte Mitarbeiter befragt werden.

Daneben kann die rechnerische Ermittlung nachvollzogen werden und es kann die gewählte Definition der Umweltbeurteilung auf Sinnhaftigkeit geprüft werden. Zudem könnte eine Abstimmung mit dem Indikator G4-EN33 vorgenommen werden.

Das inhärente Risiko wird als gering eingestuft, da nur Ermessensspielräume bezogen auf die Definition der Umweltbeurteilung vorliegen und die Aussagenermittlung als wenig komplex einzustufen ist.

2.3.10.2 Significant actual and potential negative environmental impacts in the supply chain and actions taken

Nach dem Indikator G4-EN33[899] ist über wesentliche negative Umweltauswirkungen innerhalb der Lieferkette und damit zusammenhängende Maßnahmen der Unternehmung zu berichten[900]. Folgende Angaben sind hierzu zu tätigen[901]:

- Anzahl der Lieferanten oder Dienstleister, die hinsichtlich ihrer Umweltauswirkungen beurteilt worden sind,
- Anzahl der Lieferanten oder Dienstleister, die gemäß der vorgenommenen Beurteilung wesentliche negative Auswirkungen auf die Umwelt haben,
- Art der wesentlichen negativen Umweltauswirkungen, die aus den vorgenommenen Beurteilungen hervorgehen,

---

899 Die G 3.1 enthalten kein Pendant zu diesem Indikator, daher entfällt wiederum das Berichtsbeispiel.
900 Vgl. **GRI** (2013b), S. 139.
901 Vgl. **GRI** (2013b), S. 139.

- Anteil der identifizierten Lieferanten oder Dienstleister mit wesentlichen negativen Umweltauswirkungen, mit denen Maßnahmen zur Reduzierung der Auswirkungen vereinbart worden sind und

- Anteil der identifizierten Lieferanten oder Dienstleiter mit wesentlichen negativen Umweltauswirkungen, mit denen die Geschäftsbeziehung aufgrund der vorgenommenen Beurteilung beendet worden ist und die Gründe hierfür.

Konkrete Anforderungen an die Beurteilung der Lieferanten werden nicht formuliert, ferner enthält der Standard keine Hinweise zur Beurteilung der Wesentlichkeit der Umweltauswirkungen.

Die Prüfung der Anzahl Lieferanten oder Dienstleister, die hinsichtlich ihrer Umweltauswirkungen beurteilt worden sind, kann analog zum Indikator G4-EN32 vorgenommen werden[902]. Daran anknüpfend könnte eine Abstimmung zwischen den Aussagen im Rahmen der Indikatoren G4-EN32 und -EN33 vorgenommen werden.

Zur Prüfung der Anzahl Lieferanten und Dienstleister, die laut der Unternehmung wesentliche Auswirkungen auf die Umwelt haben, und zur Prüfung der Arten der Auswirkungen, könnte einzelfallbezogen der jeweilige dokumentierte Beurteilungsprozess eingesehen werden. Die Beurteilung der Wesentlichkeit orientiert sich an der Definition, die die Unternehmung gewählt hat. Inhaltlich könnte der verwendete Wesentlichkeitsbegriff auf Plausibilität geprüft werden und es könnte geprüft werden, ob sämtliche wesentliche Auswirkungen i.S.d. gewählten Definition berichtet worden sind. Zur Prüfung der Vollständigkeit könnten Beurteilungen solcher Lieferanten und Dienstleister untersucht werden, die gemäß der Unternehmung keine wesentlichen Auswirkungen haben. Der Anteil der identifizierten Lieferanten, mit denen Reduzierungsmaßnahmen vereinbart worden sind, kann wiederum anhand von Verträgen, Schriftverkehr, Absichtserklärungen o.ä. Dokumentationen nachvollzogen werden. Hinsichtlich des Anteils der identifizierten Lieferanten, mit denen die Geschäftsbeziehung beendet worden ist, könnten sich Informationen aus der Finanzbuchhaltung ergeben. So ist zu erwarten, dass in Abhängigkeit der Fristigkeit der Vertragsbeendigung ein Rückgang der Jahresverkehrszahlen der betroffenen Lieferanten bzw. Dienstleister eintritt.

---

902 Zum Indikator G4-EN32 siehe Abschnitt C.2.3.10.1.

Schließlich könnte eine Abstimmung der hier berichteten Lieferanten und Dienstleister mit der Finanzbuchhaltung vorgenommen werden, wodurch die tatsächliche Eigenschaft als Lieferant bzw. Dienstleister bestätigt werden kann, und es sollte die gewählte Definition des Umweltbeurteilungsprozesses auf Plausibilität untersucht werden.

Das inhärente Risiko wird als gering eingeschätzt, da lediglich Ermessensspielräume bezogen auf die Wesentlichkeit und den Umweltbeurteilungsprozess vorliegen und die Ermittlung der Aussage als nicht komplex eingestuft wird.

2.3.11 Umwelt-Beschwerdemechanismen

2.3.11.1 Number of grievances about environmental impacts filed, addressed, and resolved through formal grievance mechanisms

Im Rahmen des Indikators G4-EN34[903] ist über Beschwerden über Umweltauswirkungen verursacht durch die Unternehmung zu berichten, die durch formale Beschwerdemechanismen bzw. -prozesse aufgedeckt werden, die die Unternehmung zu diesem Zweck installiert hat[904]. Formal ausgestaltet sind Beschwerdemechanismen im Sinne des Standards dann, wenn ihnen ein klarer, transparenter und vorab festgelegter Prozess zur Bearbeitung und Lösung von Beschwerden zugrunde liegt[905]. Folgende Angaben werden nach dem Indikator G4-EN34 verlangt[906]:

- Gesamtzahl der im Berichtsjahr eingereichten Beschwerden,

  davon bearbeitet,

  davon abgeschlossen und

- Gesamtzahl der im Berichtsjahr abgeschlossenen Beschwerden, die in Vorjahren eingereicht wurden.

Grundsätzlich setzt die Prüfung der Aussage an dem Beschwerdemechanismus an. Da der Prozess die oben genannten Anforderungen zu erfüllen hat, kann dieser, z.B. anhand einer Prozessdokumentation oder tatsächlich durchgeführten, dokumentierten Beschwerdebearbeitungen, auf Einhaltung der Anforderungen

---

903 Es existiert kein Pendant hierzu nach den G 3.1, aus diesem Grund entfällt das Berichtsbeispiel.
904 Vgl. **GRI** (2013b), S. 141.
905 Vgl. **GRI** (2013b), S. 248.
906 Vgl. **GRI** (2013b), S. 141.

geprüft werden. Einzelfallbezogen können Beschwerden auf den Bearbeitungsstatus (bearbeitet, abgeschlossen) geprüft werden und es könnte eine Abstimmung mit im Vorjahr eingereichten Beschwerden vorgenommen werden. Daneben könnten die mit der Beschwerdebearbeitung beauftragten Mitarbeiter befragt werden.

Sofern der Beschwerdemechanismus auf Dritte ausgelagert wird (z.B. könnte eine Anwaltskanzlei mit der Annahme und der Bearbeitung beauftragt werden), könnten die Aussagen anhand jährlicher Bestätigungen durch Dritte abgestimmt werden und ggf. einzelfallbezogen weitere Nachweise, analog zur internen Prüfung, eingesehen werden[907].

Aus den Beschwerden könnten sich Anhaltspunkte für die Prüfung weiterer Indikatoren ergeben, die sich auf die Umweltauswirkungen der Unternehmung beziehen. So könnte eine Beschwerde über ausgetretene Flüssigkeiten Hinweise für die Prüfung des Indikators G4-EN24 geben.

Das inhärente Risiko wird aufgrund des Fehlens von Ermessensspielräumen und einer geringen Aussagenermittlungskomplexität als gering eingeschätzt.

2.4 Gesellschaftliche Leistungsindikatoren

2.4.1 Beschäftigung

2.4.1.1 Total number and rates of new employee hires and employee turnover by age group, gender, and region

Der Indikator G4-LA1[908] beinhaltet die Berichterstattung über Neueinstellungen und Beendigungen von Arbeitsverhältnissen[909], sowohl absolut als auch relativ und differenziert nach Altersgruppen, Geschlecht und Region[910]. Zur Ermittlung der relativen Angaben wird auf die Anzahl der Beschäftigten am Ende der Be-

---

[907] Externe Beschwerdemechanismen werden explizit zugelassen, vgl. **GRI** (2013b), S. 141.

[908] Unverändert gegenüber dem Indikator LA2 nach den G 3.1, vgl. **GRI** (2011d), S. 6 i.V.m. **GRI** (2013b), S. 147.

[909] Hierzu zählen auch die Beendigungen durch Tod oder durch Renteneintritt, vgl. **GRI** (2013b), S. 247.

[910] Vgl. **GRI** (2013b), S. 146. Bei den folgenden Ausführungen zu Indikatoren bezogen auf Arbeitspraktiken und menschenwürdige Beschäftigung wurde die Übersetzung aus dem Englischen unter Rückgriff auf die deutsche Übersetzung der Indikatoren in der Version G 3.0, **GRI** (2006d), vorgenommen; siehe analog Fn. 454.

richtsperiode verwiesen[911]. Zur Differenzierung nach dem Alter sind folgende Kategorien zu bilden: < 30 Jahre, 30-50 Jahre und > 50 Jahre[912].

Der Integrierte Bericht der Deutsche Börse AG für das Geschäftsjahr 2012 enthält hierzu u.a. die folgenden Angaben:

Tabelle 17: Fluktuation der Belegschaft der Deutsche Börse AG 2012

		Deutschland	Luxemburg
Eintritte			
	Männer	53	15
	Frauen	33	19
Austritte			
	Männer	30	25
	Frauen	17	15

Quelle: Auszug aus **Deutsche Börse AG** (2013), S. 151.

Die geforderte Differenzierung nach Altersgruppen wurde nicht vorgenommen[913], zudem fehlen die quotalen Angaben[914].

Grundsätzlich kann bei der Prüfung der Aussagen auf Erkenntnisse aus der Jahresabschlussprüfung zurückgegriffen werden. So könnte die Angabe der Anzahl der Beschäftigten am Ende der Berichtsperiode (als Ausgangspunkt der Bezugsgröße für die Ermittlung der Quoten) mit der Anhangangabe zur durchschnittlichen Zahl der Beschäftigten abgestimmt werden, da dieser zu jedem Quartalsende bzw. Monatsende eine Zeitpunktbetrachtung zugrunde liegt[915]. Die geforderte Kategorisierung könnte darauf aufbauend mittels Einzelfallprüfung anhand weiterer Nachweise (z.B. Einsicht in Personalakten) geprüft werden.

Die Anzahl der Ein- und Austritte ist mittelbar bereits Gegenstand der genannten Anhangangabe, da die Veränderung des Personalbestands im Zeitablauf

---

911 Vgl. **GRI** (2013b), S. 146.
912 Vgl. **GRI** (2013b), S. 146.
913 Zwar finden sich im Lagebericht Angaben zur Altersstruktur, diese beziehen sich jedoch auf die gesamte Belegschaft, siehe **Deutsche Börse AG** (2013), S. 193.
914 Es sei jedoch angemerkt, dass hier das standardkonformste Beispiel ausgewählt wurde. BASF SE zeigt z.B. keinerlei Austritte und nimmt die geforderte Differenzierung ebenfalls nicht vor.
915 Siehe analog Fn. 480.

Aufschluss über Ein- und Austritte geben kann. Einzelfallbezogen könnten Ein- und Austritte wiederum durch weitere Nachweise (Schriftverkehr über Kündigungen, Meldungen an Sozialversicherungsträger o.Ä.) nachvollzogen werden. Darüber hinaus könnten sich Anhaltspunkte aus der Prüfung der Personalrückstellungen ergeben, wie bspw. in Form von gebildeten Rückstellungen für Abfindungen. Schließlich könnte die rechnerische Ermittlung der Quoten nachvollzogen werden.

Das inhärente Risiko wird aufgrund des Fehlens von Ermessensspielräumen und der wenig komplexen Aussagenermittlung als gering eingeschätzt.

2.4.1.2 Benefits provided to full-time employees that are not provided to temporary or part-time employees, by significant locations of operations

Der Indikator G4-LA2[916] betrifft die Berichterstattung über betriebliche Leistungen (wie z.B. Lebens- oder Gesundheitsversicherungen), die ausschließlich unbefristet Vollzeitbeschäftigten angeboten werden und befristet Beschäftigte oder Teilzeitbeschäftigte nicht erhalten[917]. Die Angabe ist getrennt nach wesentlichen Standorten vorzunehmen, wobei die zugrunde gelegte Definition der Wesentlichkeit offenzulegen ist[918]. Über allgemeine Sachleistungen wie bspw. Kindertagesstätten, kostenfreie Mahlzeiten während der Arbeitszeit oder Sporteinrichtungen ist nicht zu berichten[919].

Die Deutsche Post AG berichtet im Nachhaltigkeitsbericht 2012 hierzu, dass gemäß ihres „Code of Conduct" keine Unterschiede zwischen Teil- und Vollzeitbeschäftigten bei betrieblichen Leistungen vorliegen würden[920]. Die Angabe zu befristet Vollzeitbeschäftigten fehlt indes.

Sofern die angebotenen Leistungen wahrgenommen werden, liegen die Informationen über betriebliche Leistungen bereits in der Finanzbuchhaltung in Form von Aufwendungen vor. So könnten sich Anhaltspunkte aus der Prüfung der Aufwandskonten hinsichtlich betrieblicher Leistungen ergeben, an die sodann

---

916 Nahezu unverändert zum Indikator LA3 nach den G 3.1, lediglich die Pflicht zur Offenlegung der Wesentlichkeitsdefinition ist hinzugekommen, vgl. **GRI** (2011d), S. 7 i.V.m. **GRI** (2013b), S. 147.
917 Vgl. **GRI** (2013b), S. 147.
918 Vgl. **GRI** (2013b), S. 147.
919 Vgl. **GRI** (2013b), S. 245, 252.
920 Vgl. **Deutsche Post AG** (2013), S. 94.

anknüpfend detailliert geprüft werden könnte (z.B. durch Vertragsunterlagen), um welche Leistungen es sich inhaltlich handelt, und wer diese Leistungen erhält. Mittels Einsichtnahme in Arbeitsverträge bzw. Personalakten kann geprüft werden, welche Arbeitnehmergruppen (befristet, unbefristet, Voll- vs. Teilzeit) die Leistungen erhalten.

Weiterhin könnten Betriebsvereinbarungen oder Tarifverträge eingesehen werden, die Hinweise auf angebotene Leistungen enthalten können[921]. Die geforderte Standortdifferenzierung kann ebenfalls unter Rückgriff auf die bereits genannten Unterlagen geprüft werden. Schließlich kann die gewählte Standortdifferenzierung vor dem Hintergrund der Erkenntnisse aus der Gewinnung eines Verständnisses der Geschäftstätigkeit der Unternehmung geprüft werden. Die Definition der Wesentlichkeit kann ferner inhaltlich auf Plausibilität und die Auswahl der Standorte vor dem Hintergrund der Wesentlichkeit auf Vollständigkeit geprüft werden.

Das inhärente Risiko wird als niedrig eingeschätzt, da von einer geringen Komplexität der Aussagenermittlung sowie geringen Ermessensspielräumen ausgegangen wird.

2.4.1.3 Return to work and retention rates after parental leave, by gender

Der Indikator G4-LA3[922] beinhaltet die Berichterstattung über die Gewährung und Inanspruchnahme von Elternzeit[923], kategorisiert wie folgt und jeweils differenziert nach Geschlecht[924]:

a) Anzahl elternzeitberechtigter Beschäftigter,

b) Anzahl Beschäftigter, die Elternzeit in Anspruch genommen haben,

---

921 Zur Rechtswirkung siehe § 4 Abs. 1 S. 1 TVG (Tarifvertragsgesetz) und § 77 Abs. 4 S. 2 BetrVG (Betriebsverfassungsgesetz).

922 Im Vergleich zum Indikator LA15 nach den G 3.1 wurden inhaltlich keine materiellen Änderungen vorgenommen. Es wurden lediglich Formeln zu zwei Angaben ergänzt, deren Ermittlungsschema offensichtlich nicht eindeutig aus den G 3.1 hervorging, vgl. **GRI** (2011d), S. 8 i.V.m. **GRI** (2013b), S. 148.

923 Elternzeit wird definiert als Freistellung auf Grund der Geburt eines Kindes, vgl. **GRI** (2013b), S. 251, die in Deutschland in den §§ 15 ff. BEEG (Gesetz zum Elterngeld und zur Elternzeit) geregelt ist.

924 Vgl. **GRI** (2013b), S. 148.

c) Anzahl Beschäftigter, die im Anschluss an die Elternzeit wieder ihre Beschäftigung aufgenommen haben,

d) Anzahl Beschäftigter, die zwölf Monate nach Wiederaufnahme der Beschäftigung weiterhin beschäftigt worden sind sowie

e) Rückkehrrate und Verbleibensrate.

Die Rückkehrrate und Verbleibensrate nach e) berechnen sich nach den folgenden Formeln[925]:

$$Rückkehrrate = \frac{c)}{Anzahl\ Beschäftigter,\ die\ in\ der\ Berichtsperiode\ zurückkehren\ sollten} * 100$$

und

$$Verbleibensrate = \frac{d)}{Anzahl\ in\ früheren\ Perioden\ zurückgekehrter\ Beschäftigter} * 100$$

Mangels genauer Definition ist die inhaltliche Ausgestaltung der Divisoren zu erörtern. Der Divisor der Rückkehrrate dürfte sich auf die nach b) beschriebene Angabe sowohl der aktuellen (z.B. bei zwei Monaten Elternzeit innerhalb der Berichtsperiode), als auch vergangener Perioden (z.B. bei zwölf Monaten Elternzeit, die in der vergangenen Periode begonnen und in der Berichtsperiode beendet wurde) beziehen, sofern die Elternzeit in der Berichtsperiode endete. Welche Perioden genau betroffen sind, ist somit abhängig von der Dauer der Elternzeit.

Der Divisor der Verbleibensrate bezieht sich nach oben gezeigter Formel explizit auf die unter c) geforderte Angabe vergangener Perioden. Da der Dividend sich jedoch ausschließlich auf die unmittelbar vergangene Periode bezieht, darf sich der Divisor ebenfalls nur auf die unmittelbar vergangene Periode beziehen. In einer Grenzwertbetrachtung würde der Quotient gegen Null tendieren, wenn unendlich Perioden einbezogen würden.

Im Integrierten Bericht der Deutsche Börse AG für das Geschäftsjahr 2012 wird hierzu ausgeführt, dass im Berichtsjahr 28 männliche und 37 weibliche Mitarbeiter in Elternzeit gingen, und nach der Elternzeit 24 männliche und 43 weibli-

---

925 Vgl. **GRI** (2013b), S. 148. Zwar werden die Dividenden nach den G4 nicht explizit mit den zuvor genannten Angaben verknüpft, die einleitende Anweisung „using this information" lässt jedoch vermuten, dass auf die zuvor vorgenommenen Angaben Bezug genommen wird, Zitat siehe **GRI** (2013b), S. 148.

che Mitarbeiter im Berichtsjahr zurückgekehrt sind[926]. Von den im Berichtsjahr zurückgekehrten Mitarbeitern verließen ein männlicher und drei weibliche Mitarbeiter das Unternehmen nach der Elternzeit[927]. Die geforderten Aussagen unter a), d) und e) werden ohne weitere Begründung nicht getätigt.

Grundsätzlich besteht keine Verknüpfung zu finanzwirtschaftlichen Informationen. Zwar werden die Beschäftigten dem Grunde nach vollständig in der Finanzbuchhaltung in Form von Personalaufwendungen erfasst, hierdurch ergeben sich jedoch keine Erkenntnisse für die hier geforderten Angaben. Insbesondere enthält die Anhangangabe zur Anzahl Beschäftigter keine unmittelbaren Informationen, da in Elternzeit befindliche Beschäftigte nicht in die Ermittlung der dort geforderten Angabe eingehen[928]. Sie könnten jedoch in der Ermittlung durch eine Nullangabe berücksichtigt werden (dies würde zudem eine Überleitung auf die Gesamtzahl der im Personalaufwand berücksichtigten Beschäftigten ermöglichen), insofern könnten hier Anhaltspunkte für die Prüfung gefunden werden. Auch die Entwicklung der Angabe über die Anzahl der Beschäftigten im Zeitablauf könnte Hinweise auf Beschäftigte in Elternzeit enthalten.

Zur Angabe a), der berechtigten Beschäftigten, könnte auf Personalakten zurückgegriffen werden, die Informationen über ggf. vorhandene Kinder enthalten. Unter Berücksichtigung der gesetzlichen Regelungen zur Elternzeit und des Zeitpunkts der Geburt könnte so geprüft werden, wie hoch die Anzahl Berechtigter sein müsste.

Die unter b) geforderte Angabe kann einzelfallbezogen auf Basis von Informationen aus der Personalabteilung nachvollzogen werden, wie bspw. anhand von Anträgen auf Elternzeit oder der Entwicklung der Aufwendungen im Lohn- und Gehaltsjournal[929]. Die Anzahl der Beschäftigten, die im Berichtsjahr zurückgekehrt i.S.d. Angabe unter c) sind, kann ebenfalls einzelfallbezogen, z.B. anhand des Eingangs in das Lohn- und Gehaltsjournal bzw. die Entwicklung der Aufwendungen geprüft werden.

---

926 Vgl. **Deutsche Börse AG** (2013), S. 149.
927 Vgl. **Deutsche Börse AG** (2013), S. 149.
928 Vgl. **Grottel**, in: Förschle/Grottel/Schmidt/Winkeljohann (2014), § 285 Rz. 141 i.V.m. **Winkeljohann/Lawall**, in: Förschle/Grottel/Schmidt/Winkeljohann (2014), § 267 Rz. 11.
929 Zur Prüfung des Lohn- und Gehaltsjournals im Rahmen der Prüfung der Personalaufwendungen siehe z.B. **Weyershaus**, in: HWR (1992), Sp. 1354.

Die unter d) und e) geforderten Angaben dürften zum einen anhand von Aussagen in früheren Berichtsperioden geprüft werden können, wie z.b. die unter c) geforderte Angabe des Vorjahres. Andererseits können wiederum einzelfallbezogen Nachweise zur gegenwärtigen Beschäftigung, wie z.b. Aufwendungen im Lohn- und Gehaltsjournal, herangezogen werden. Da die Angabe unter e) sich auf eine Periode respektive mehrere vergangene Perioden bezieht und die genaue Definition der Divisoren nicht vorgegeben wird, könnte geprüft werden, ob die richtigen Perioden einbezogen worden sind und ob die von der Unternehmung zugrunde gelegte Definition der Divisoren zweckmäßig erscheint. Die Datenbasis könnte nach den bereits vorgenommenen Ausführungen geprüft werden und es könnte eine Abstimmung mit der Berichterstattung im Rahmen des Indikators G4-LA3 aus Vorjahren vorgenommen werden.

Das inhärente Risiko wird als mittleren Niveaus eingeschätzt, da geringe Ermessensspielräume vorliegen, die Berechnungen jedoch aufgrund des z.T. unklaren Bezugs auf frühere Perioden eine nicht zu vernachlässigende Komplexität aufweisen.

2.4.2 Arbeitnehmer-Arbeitgeber-Verhältnis

2.4.2.1 Minimum notice periods regarding operational changes, including whether these are specified in collective agreements

Nach dem Indikator G4-LA4[930] ist über schriftlich festgehaltene Mindestmitteilungsfristen gegenüber den Beschäftigten bezüglich wesentlicher betrieblicher Veränderungen zu berichten[931]. Ferner ist anzugeben, ob diese auf Kollektivvereinbarungen beruhen[932]. Wesentlich sind betriebliche Änderungen dann, wenn sie einen bedeutenden Einfluss auf Beschäftigungsverhältnisse haben können, wie es z.B. bei Restrukturierungen oder Outsourcing der Fall sein kann[933].

Die LANXESS AG berichtet hierzu im Integrierten Bericht für das Geschäftsjahr 2012, dass der Betriebsrat rechtzeitig und umfassend über geplante Betrieb-

---

930 Im Vergleich zum Indikator LA5 nach den G 3.1 werden nur noch solche Mitteilungsfristen von der Berichterstattungspflicht erfasst, die schriftlich festgehalten sind, vgl. **GRI** (2011d), S. 10 i.V.m. **GRI** (2013b), S. 150.
931 Vgl. **GRI** (2013b), S. 150.
932 Vgl. **GRI** (2013b), S. 150.
933 Vgl. **GRI** (2013b), S. 252.

sänderungen unterrichtet wird[934]. Aufgrund der Wortwahl, die sich an § 111 BetrVG orientiert, dürfte auch die inhaltliche Konkretisierung an § 111 BetrVG angelehnt sein; explizit geht dies jedoch nicht aus dem Bericht der LANXESS AG hervor.

Zur Prüfung der Aussage könnten Arbeitsverträge, kollektivvertragliche Vereinbarungen sowie interne Richtlinien eingesehen werden. Zudem könnte der Betriebsrat konsultiert werden.

Das inhärente Risiko wird als gering eingestuft, da keine Ermessensspielräume bestehen und die Ermittlung der Aussage nicht als komplex angesehen wird.

2.4.3 Arbeitsschutz

2.4.3.1 Percentage of total workforce represented in formal joint management-worker health and safety committees that help monitor and advise on occupational health and safety programs

Im Rahmen des Indikators G4-LA5[935] ist über den Anteil der Beschäftigten zu berichten, der in Arbeitsausschüssen zum Thema Arbeitsschutz vertreten wird[936]. Unter die Berichtspflicht fallen dabei nur Arbeitsausschüsse, die sowohl in der Organisationsstruktur der Unternehmung implementiert als auch schriftlich fixiert sind[937]. Neben der Angabe des Anteils der vertretenen Belegschaft ist ferner anzugeben, auf welcher Ebene die Ausschüsse in der Regel operieren, wie bspw. auf Ebene einzelner oder mehrerer Produktionsstätten oder Regionen[938].

Im Nachhaltigkeitsbericht der Merck KGaA für das Geschäftsjahr 2012 wird hierzu die Aussage getroffen, dass an den deutschen Standorten alle Mitarbeiter über Arbeitsschutzausschüsse repräsentiert werden[939]. Auf welcher Ebene die Ausschüsse in der Regel operieren, ist der Aussage nicht zu entnehmen.

Grundsätzlich besteht keine Verknüpfung der Aussagen zu finanzwirtschaftlichen Informationen. Aufgrund der in Deutschland bestehenden gesetzlichen

---

934 Vgl. **LANXESS AG** (2013), S. 49.
935 Im Vergleich zum Indikator LA6 nach den G 3.1 wird der konkrete Prozentsatz gefordert, wohingegen zuvor die Angabe innerhalb einer Bandbereite (< 25%, zwischen 25 und 50 % etc.) gefordert wurde, vgl. **GRI** (2011d), S. 11 i.V.m. **GRI** (2013b), S. 152.
936 Vgl. **GRI** (2013b), S. 152.
937 Vgl. **GRI** (2013b), S. 248.
938 Vgl. **GRI** (2013b), S. 152 i.V.m. **GRI** (2011d), S. 11.
939 Vgl. **Merck KGaA** (2013), S. 129.

Verpflichtung zur Einrichtung eines Arbeitsschutzausschusses bei der Beschäftigung von mehr als 20 Mitarbeitern gem. § 11 ASiG[940] ist davon auszugehen, dass über den dort vertretenen Betriebsrat sämtliche Beschäftigte vertreten werden. Diese sind jedoch nur dann in die Berechnung einzubeziehen, wenn der Arbeitsausschuss auch organisatorisch in die Unternehmung einbezogen wird. Der Nachweis über den organisatorischen Einbezug könnte z.B. durch Organigramme, interne Qualitätssicherungshandbücher oder Kompetenzrichtlinien erbracht werden. Die Angabe, auf welcher Ebene die Ausschüsse operieren, könnte ebenso anhand der zuvor genannten Unterlagen nachvollzogen werden, ggf. ergänzt durch Sitzungsprotokolle des Ausschusses. Zusätzlich könnte eine Befragung der Mitglieder des Arbeitsschutzausschusses durchgeführt werden.

Das inhärente Risiko wird mangels vorliegender Ermessensspielräume und geringer Komplexität der Aussagenermittlung als gering eingeschätzt.

2.4.3.2 Type of injury and rates of injury, occupational diseases, lost days, and absenteeism, and total number of work-related fatalities, by region and by gender

Der Indikator G4-LA6[941] bezieht sich auf die Berichterstattung über Arbeitsunfälle, private Unfälle der Arbeitnehmer und Berufskrankheiten sowie dadurch bedingte Ausfallzeiten[942]. Die Angaben sind getrennt nach Standorten und Geschlecht, sowie eigener Belegschaft und der Belegschaft von Auftragnehmern, die an Standorten der Unternehmung tätig sind, vorzunehmen[943]. Über die Belegschaft von Auftragnehmern ist jedoch nur dann zu berichten, wenn die Unternehmung die Haftung für die Gewährleistung der Arbeitssicherheit über-

---

940 Gesetz über Betriebsärzte, Sicherheitsingenieure und andere Fachkräfte für Arbeitssicherheit (ASiG).
941 Im Vergleich zum Indikator LA7 nach den G 3.1 werden die einzelnen Aussagen (IR, ODR, LDR und AR) nicht mehr mit dem Faktor 200.000 multipliziert, wodurch die Indikatoren zuvor im Verhältnis zur Mitarbeiterzahl bei 100 Mitarbeitern, 50 Arbeitswochen pro Jahr und 40 Arbeitsstunden pro Woche gezeigt wurden, vgl. **GRI** (2011d), S. 12 i.V.m. **GRI** (2013b), S. 153, 245, 249 f.
942 Vgl. **GRI** (2013b), S. 153.
943 Vgl. **GRI** (2013b), S. 153.

nimmt[944]. Folgende Informationen sind in diesem Zusammenhang zu berichten[945]:

- Art der durch Arbeitsunfälle verursachten Verletzungen,
- Verletzungsrate inkl. Todesfälle (IR, injury rate) in Abhängigkeit der gesamten tatsächlichen Arbeitszeit in der Berichtsperiode,
- Berufskrankheitsrate (ODR, occupational diseases rate) in Abhängigkeit der gesamten tatsächlichen Arbeitszeit in der Berichtsperiode,
- Ausfalltagequote[946] (LDR, lost day rate) in Abhängigkeit der geplanten[947] gesamten Arbeitszeit in der Berichtsperiode,
- Abwesenheitsrate[948] (AR, absentee rate) in Abhängigkeit der geplanten gesamten Arbeitszeit in der Berichtsperiode und die
- Anzahl der durch Arbeitsunfälle verursachten Todesfälle.

Der Nachhaltigkeitsbericht der Deutsche Post AG für das Geschäftsjahr 2012 enthält hierzu die folgenden Angaben:

---

944 Vgl. **GRI** (2013b), S. 153.
945 Vgl. **GRI** (2013b), S. 153, 245, 249 f.
946 Durch Arbeitsunfälle bedingte Ausfalltage, vgl. **GRI** (2013b), S. 250.
947 „Geplant" bezieht sich auf die Arbeitszeit, die bei Nichteintreten der Ausfälle vorliegen würde.
948 Hierunter sind nach den G4 auch Abwesenheitstage wegen Arbeitsunfähigkeit zu erfassen, die nicht durch Betriebsunfälle u.Ä. begründet sind; damit zusammenhängende Urlaubstage und andere geplante Abwesenheitstage wie bspw. durch Elternzeit sind hingegen nicht zu erfassen, vgl. **GRI** (2013b), S. 245. Damit dürfte insbesondere die privat begründete Arbeitsunfähigkeit, wie z.B. durch Unfälle in der Freizeit, gemeint sein.

Tabelle 18: Arbeitsschutz: Unfalldaten der Deutsche Post AG 2012

	2012	2011
Anzahl der Arbeitsunfälle	14.441	12.864
Unfallquote[949]	80	72
Anzahl unfallbedingter Ausfalltage (Kalendertage)	313.750	320.997
Ausfalltage pro Unfall	21,7	24,9
Anzahl bei Arbeitsunfällen tödlich verunglückter Mitarbeiter	1	2

Quelle: Auszug aus **Deutsche Post AG** (2013), S. 51.

Die geforderten Angaben zur Art der Arbeitsunfälle, zur Abwesenheitsrate sowie zur Berufskrankheitsrate sind dem Bericht nicht zu entnehmen. Ferner werden die standortspezifischen und geschlechtsspezifischen Differenzierungen nicht vorgenommen. Dies ist als klarer Verstoß gegen die Anforderungen an die Berichterstattung zu werten.

Grundsätzlich dürften die benötigten Angaben zur Art der Verletzungen sowie zur Anzahl der Verletzungen und Berufskrankheiten bereits vorliegen, da es sich hierbei gem. § 7 Abs. 1 SGB VII[950] um Versicherungsfälle i.S.d. gesetzlichen Unfallversicherung handelt, die in Abhängigkeit der Dauer der Arbeitsunfähigkeit Anzeigepflichten begründen[951]. Zur Prüfung der zur Ermittlung der Quoten verwendeten Angaben könnten die zuvor genannten Anzeigepflichten genutzt werden. Einzelfallbezogen könnten Nachweise, wie z.B. die Unfallmeldungen i.S.d. § 193 Abs. 1 SGB VII, eingesehen werden. Die Divisoren könnten anhand der Anhangangabe zur durchschnittlichen Zahl der Beschäftigten nach § 285 Nr. 7 HGB plausibilisiert werden[952].

---

949 Unfälle pro 1.000 Mitarbeiter pro Jahr, vgl. **Deutsche Post AG** (2013), S. 51.
950 Siebtes Buch Sozialgesetzbuch – Gesetzliche Unfallversicherung.
951 Siehe hierzu § 193 SGB VII.
952 Zur Ermittlung der tatsächlichen Arbeitszeit könnte die Anhangangabe unter Berücksichtigung der Ausfall- und Abwesenheitszeiten sowie einer durchschnittlichen Jahresarbeitszeit herangezogen werden. Zusätzlich könnten Informationen aus dem Controlling über tatsächliche Arbeitszeiten herangezogen werden.

Zur Prüfung der Ausfalltage dürfte ebenfalls auf bereits vorliegende Informationen zurückgegriffen werden können, da die Unternehmung diese bereits aus Eigeninteresse zur Ermittlung der Pflicht zur Entgeltfortzahlung i.S.d. § 3 EFZG[953] ermitteln dürfte[954]. Einzelfallbezogen könnten wiederum weitere Nachweise, wie bspw. die bereits genannten Unfallmeldungen oder Krankmeldungen, herangezogen werden.

Sofern für Beschäftigte Dritter die Haftung für die Gewährleistung der Arbeitssicherheit übernommen wird, könnten Bestätigungen der Dritten über die hier geforderten Angaben eingeholt werden.

Das inhärente Risiko wird als gering eingeschätzt, da keine Ermessensspielräume vorliegen und die Komplexität verbunden mit der Ermittlung der Aussagen als gering angesehen wird.

2.4.3.3 Workers with high incidence or high risk of diseases related to their occupation

Der Indikator G4-LA7[955] beinhaltet die Berichterstattung darüber, ob Teile der Belegschaft Aktivitäten ausführen, die ein hohes Unfall- oder ernstes Krankheitsrisiko aufweisen[956]. Beispielhaft werden unter anderem HIV/AIDS, Diabetes und Malaria für ernsthafte Krankheitsrisiken angeführt[957]. Zwar könnte aufgrund der Fragestellung eine Positiv- bzw. Negativaussage ausreichen, vor dem Hintergrund der Sinnhaftigkeit der Information sollten jedoch konkrete Aussagen zu Unfall- oder Krankheitsrisiken getätigt werden.

Zur Prüfung der Aussagen könnte auf die Erkenntnisse aus der Gewinnung eines Verständnisses der Geschäftstätigkeit der Unternehmung zurückgegriffen werden, da die Kenntnis über die Geschäftstätigkeit unter Umständen Hinweise auf gefährliche Tätigkeiten i.S.d. hier betrachteten Indikators geben könnte. Daneben könnten Befragungen von Beschäftigten bzw., sofern vorhanden, Betriebsärzten oder Fachkräften für Arbeitssicherheit, durchgeführt werden[958]. Des Wei-

---

953 Gesetz über die Zahlung des Arbeitsentgelts an Feiertagen und im Krankheitsfall (Entgeltfortzahlungsgesetz).
954 Diese entfällt nach einem Zeitraum von sechs Wochen und geht in Ansprüche des Arbeitnehmers auf Krankengeld (Träger ist die gesetzliche Krankenversicherung) i.S.d. § 44 SGB V über.
955 Der Indikator wurde gegenüber den G 3.1 neu eingeführt, daher entfällt das Berichtsbeispiel.
956 Vgl. **GRI** (2013b), S. 155.
957 Vgl. **GRI** (2013b), S. 252.
958 Vgl. zu Betriebsärzten bzw. Fachkräften für Arbeitssicherheit §§ 2 bis 7 ASiG.

teren könnten sich Anhaltspunkte aus der Rückstellungsbildung ergeben, sofern aus gefährlichen Tätigkeiten Kompensationszahlungen erwartet werden. Ähnliche Informationen könnten sich auch aus Rechtsanwaltsbestätigungen ergeben[959].

Weiterhin könnte die Berechnungsgrundlage für Berufsgenossenschaftsbeiträge herangezogen werden, die durch Einteilung in diverse Gefahrenklassen unter Umständen Hinweise auf hohe Unfall- oder Krankheitsrisiken enthalten könnte[960]. Weiterhin könnten Vorfälle aus der Vergangenheit, über die im Rahmen des Indikators G4-LA6 zu berichten ist, Informationen über gefährliche Tätigkeiten enthalten[961].

Da keine Ermessensspielräume bestehen und die Ermittlung der Aussage nicht als komplex angesehen wird, wird das inhärente Risiko als gering eingestuft.

2.4.3.4 Health and safety topics covered in formal agreements with trade unions

Nach dem Indikator G4-LA8[962] ist darüber zu berichten, ob schriftliche Vereinbarungen mit Gewerkschaften bestehen, die Gesundheits- und Sicherheitsaspekte beinhalten[963]. Daneben ist zu berichten, wie hoch der Anteil solcher Betriebsvereinbarungen an der Gesamtzahl der Betriebsvereinbarungen ist[964].

Als Beispiele für Gesundheits- und Sicherheitsaspekte werden u.a. folgende Themen genannt[965]:

- Schutzkleidung,
- Ausschüsse für Arbeitsschutz und -sicherheit,

---

959 Bzw. könnte die interne Rechtsabteilung konsultiert werden.
960 Zur Berücksichtigung von Gefahrenklassen bei der Beitragsberechnung siehe § 153 Abs. 1 SGB VII.
961 Siehe Abschnitt C.2.4.3.2.
962 Im Vergleich zum Indikator LA9 nach den G 3.1 wird lediglich genauer beschrieben, wie die Quote zu berechnen ist, vgl. **GRI** (2011d), S. 15 i.V.m. **GRI** (2013b), S. 156.
963 Vgl. **GRI** (2013b), S. 156, 248.
964 Vgl. **GRI** (2013b), S. 156. Welche Erkenntnis sich aus der Quote ergeben soll, ist nicht unmittelbar ersichtlich.
965 Vgl. **GRI** (2013b), S. 156.

- Beteiligung von Arbeitnehmervertretern an internen oder externen Prüfungen zum Arbeitsschutz sowie an der Untersuchung von Unfallhergängen,
- Aus- und Weiterbildung zum Arbeitsschutz und
- Beschwerdemechanismen.

Im Nachhaltigkeitsbericht der Merck KGaA für das Geschäftsjahr 2012 wird hierzu die Aussage getroffen, dass eine Betriebsvereinbarung für Arbeitssicherheit und Gesundheit existiert[966].

Die fehlende quotale Angabe ist nicht zu beanstanden, da die Forderung hiernach aus den G 3.1 nicht eindeutig hervorgeht[967].

Mögliche Prüfungshandlungen könnten unmittelbar an den von der Unternehmung genannten Betriebsvereinbarungen ansetzen. Da ausschließlich über schriftlich festgehaltene Vereinbarungen zu berichten ist, können diese eingesehen und hinsichtlich der vom Indikator geforderten Inhalte geprüft werden. Zusätzlich könnte der Betriebsrat konsultiert werden. Zur Ermittlung der Gesamtzahl der Betriebsvereinbarungen kann einerseits auf die einzelnen Betriebsvereinbarungen zurückgegriffen werden, andererseits könnte wiederum der Betriebsrat zu bestehenden Betriebsvereinbarungen befragt werden.

Aufgrund des Fehlens von Ermessensspielräumen und einer geringen Komplexität der Aussagenermittlung wird das inhärente Risiko als gering eingestuft.

2.4.4 Aus- und Weiterbildung

2.4.4.1 Average hours of training per year per employee by gender, and by employee category

Der Indikator G4-LA9[968] betrifft die Berichterstattung über die durchschnittliche Stundenzahl Aus- oder Weiterbildung je Beschäftigter im Berichtsjahr, differen-

---

[966] Vgl. **Merck KGaA** (2013), S. 130.
[967] Siehe auch Fn. 962 zum Vergleich der Indikatoren.
[968] Unverändert gegenüber dem Indikator LA10 nach den G 3.1, vgl. **GRI** (2011d), S. 16 i.V.m. **GRI** (2013b), S. 158 f.

ziert nach Geschlecht und Tätigkeitskreis[969]. Unter Aus- und Weiterbildung werden folgende Sachverhalte erfasst[970]:

- Praktische und theoretische Berufsausbildung,
- Bezahlter Bildungsurlaub,
- Externe Aus- und Weiterbildungsmaßnahmen, deren Kosten die Unternehmung voll oder teilweise übernimmt und
- Schulungen zu bestimmten Themen wie bspw. Gesundheit oder Arbeitsschutz.

Im Nachhaltigkeitsbericht der Henkel AG & Co. KGaA für das Jahr 2012 wird hierzu folgende Angabe getätigt:

Tabelle 19: Mitarbeiterentwicklung der Henkel AG & Co. KGaA 2012

	2012	2011
Durchschnittliche Fortbildung in Tagen	2	2

Quelle: Auszug aus **Henkel AG & Co. KGaA** (2013), S. 47.

Die geforderte geschlechtsspezifische Differenzierung sowie die Aufteilung der Aus- und Weiterbildung nach Tätigkeitskreisen ist ohne weitere Begründung nicht vorgenommen worden. Ferner werden Tage statt Stunden berichtet[971].

Grundsätzlich kann zur Prüfung zwischen internen und externen Aus- und Weiterbildungsmaßnahmen unterschieden werden. So sind externe Maßnahmen unmittelbar Gegenstand von Aufwendungen in der Finanzbuchhaltung und können Anhaltspunkte für Prüfungshandlungen darstellen. Anhand der Aufwandskonten können Plausibilitätsbeurteilungen vorgenommen werden. Da die Maßnahmen in der Finanzbuchhaltung lediglich als monetäre Größen vorliegen, könnte die Erfassung oder Überleitung der Stunden durch Einsichtnahme in Nachweise, wie z.B. Eingangsrechnungen oder Vortragspläne, vorgenommen werden. Intern

---

969 Die Differenzierung nach Tätigkeitskreisen erfolgt einerseits durch die Trennung von leitenden Beschäftigten (Vorstand, Geschäftsführung, leitende Angestellte) und übrigen Beschäftigten sowie andererseits durch die Funktion innerhalb der Unternehmung (z.B. Verwaltung, Produktion), vgl. **GRI** (2013b), S. 163, 247.
970 Vgl. **GRI** (2013b), S. 253.
971 So auch fälschlich von der Daimler AG berichtet, siehe **Daimler AG** (2013), S. 65.

durchgeführte Maßnahmen könnten anhand interner Unterlagen der Unternehmung geprüft werden, wie bspw. unterschriebene Teilnehmerlisten zu vorgenommenen Aus- und Weiterbildungsveranstaltungen. Intern durchgeführte praktische Berufsausbildungen sowie bezahlte Bildungsurlaube könnten anhand von Anträgen, Vertragsunterlagen und durch Schätzung der jährlichen Ausbildungsstunden geprüft werden. Sofern mitarbeiterbezogene Fortbildungs- bzw. Ausbildungsnachweise erstellt werden, können diese zur Prüfung herangezogen werden. Schließlich könnte die Zuordnung zu einem Tätigkeitskreis sowie die Geschlechtsangabe mit Nachweisen wie z.B. Arbeitsverträgen, Stellenbeschreibungen oder Personalakten geprüft werden.

Zur Ermittlung der jeweiligen Durchschnittssätze kann auf Daten zurückgegriffen werden, die zur Anhangangabe der Zahl durchschnittlich Beschäftigter bereitgestellt werden. Die Bezugsgröße der Gesamtzahl der Beschäftigten ist mittelbar Gegenstand der Jahresabschlussprüfung, da die vollständige Erfassung der Beschäftigten unmittelbar mit der vollständigen Erfassung des Personalaufwands einhergeht. Des Weiteren ist gem. § 285 Nr. 7 HGB die Zahl der Beschäftigten im Anhang anzugeben, insofern können sich aus der Berechnungsgrundlage der dort getätigten Angabe Anhaltspunkte für die Gesamtzahl der Beschäftigten und ggf. für die Kategorisierung ergeben[972].

Das inhärente Risiko wird mangels komplexer Berechnungen und nicht vorliegender Ermessensspielräume als gering eingeschätzt.

2.4.4.2 Programs for skills management and lifelong learning that support the continued employability of employees and assist them in managing career endings

Der Indikator G4-LA10[973] bezieht sich auf Maßnahmen, die die Weiterentwicklung der Beschäftigten und das lebenslange Lernen zum Gegenstand haben und damit die Beschäftigungsfähigkeit der Mitarbeiter in einem sich wandelnden Arbeitsumfeld fördern sollen[974]. Daneben ist über solche Maßnahmen zu berich-

---

972 Vgl. hierzu Fn. 480.
973 Im Vergleich zum Indikator LA11 nach den G 3.1 wird explizit ausgeführt, dass jeweils Art und Umfang der Maßnahmen anzugeben sind, vgl. **GRI** (2011d), S. 17 i.V.m. **GRI** (2013b), S. 160.
974 Vgl. **GRI** (2013b), S. 160.

ten, die Beschäftigte im Übergang zum Berufsausstieg unterstützen[975]. Anzugeben sind jeweils Art und Umfang der Maßnahmen[976].

Die BMW AG berichtet hierzu in ihrem Nachhaltigkeitsbericht 2012, dass sie eine Vielzahl an Entwicklungs- und Qualifizierungsmöglichkeiten anbietet und zunehmend mithilfe eines IT-gestützten Tools mitarbeiterbezogen Abgleiche zwischen betrieblichen Anforderungen und bestehenden Qualifikationen vornimmt[977]. Angaben zu Art und Umfang werden erst nach den G4 gefordert, insofern ist die fehlende Angabe nicht zu beanstanden[978].

Zur Prüfung der Aussagen kann wiederum zwischen internen und externen Maßnahmen unterschieden werden. Extern durchgeführte Maßnahmen sind unmittelbar Aufwand in der Finanzbuchhaltung und können so anhand einzelfallbezogener Prüfungshandlungen, wie bspw. durch die Einsichtnahme in Rechnungen oder Vertragsunterlagen, geprüft werden. Intern durchgeführte Maßnahmen könnten z.B. anhand unterschriebener Teilnehmerlisten geprüft werden. Lediglich angebotene, aber nicht durchgeführte interne und externe Maßnahmen, über die ebenfalls zu berichten ist, könnten z.B. anhand von dokumentierter Kommunikation des Angebots der Maßnahmen an die Beschäftigten oder schriftlich fixierten Verfahrensanweisungen oder Richtlinien geprüft werden. Zur Prüfung des Umfangs der Maßnahmen ist zunächst festzustellen, dass die G4 den Begriff des Umfangs nicht näher definieren. Denkbar wäre z.B. die Angabe des Zeitumfangs je Maßnahme. Diese könnte wiederum anhand der bereits aufgeführten Nachweise geprüft werden. Da es sich bei den hier zu berichtenden Maßnahmen auch um Aus- und Weiterbildungsmaßnahmen i.S.d. Indikators G4-LA9 handelt, könnte eine Abstimmung mit der dort verwendeten Datenbasis vorgenommen werden.

Das inhärente Risiko wird als gering eingestuft, da keine Ermessensspielräume bestehen und die Ermittlung der Aussagen eine geringe Komplexität aufweist.

---

975 Vgl. **GRI** (2013b), S. 160.
976 Vgl. **GRI** (2013b), S. 160.
977 Vgl. **BMW AG** (2013), S. 73.
978 Siehe Fn. 973.

2.4.4.3 Percentage of employees receiving regular performance and career development reviews, by gender and by employee category

Im Rahmen des Indikators G4-LA11[979] ist über den Anteil der Beschäftigten zu berichten, die im Berichtsjahr eine Leistungsbeurteilung und Entwicklungsplanung erhalten haben[980]. Die Angabe ist getrennt nach Geschlecht sowie Tätigkeitskreis[981] vorzunehmen[982].

Der Nachhaltigkeitsbericht der Daimler AG für das Geschäftsjahr 2012 enthält hierzu u.a. die Aussage, dass für die gesamte Tarifbelegschaft in technischen Bereichen und Verwaltungsfunktionen in Deutschland jährlich individuelle Leistungsbeurteilungen und Entwicklungsplanungen durchgeführt werden[983]. Da der Bericht der Daimler AG nach den G 3.1 aufgestellt wurde, entfällt die Kategorisierung[984].

Die Prüfung der Zahl der im Berichtsjahr durchgeführten Leistungsbeurteilungen und Entwicklungsplanungen ist nur möglich, wenn diese auf dokumentierte Prozesse zurückgreifen kann. Anhand einzelfallbezogener Nachweise (Evaluationsbögen nebst schriftlicher Dokumentation der geplanten Entwicklung) könnten durchgeführte Beurteilungen und Entwicklungsplanungen bestätigt werden. Ferner können Beschäftigte, die für die Beurteilungen zuständig sind, befragt werden. Daneben könnten interne Organisationshandbücher oder Richtlinien zur Mitarbeiterbeurteilung und -entwicklung die Aussagen der Unternehmung dem Grunde nach bestätigen. Sofern Berührungspunkte mit externen Dienstleistern bestehen, könnten diese ebenfalls in die Prüfung einbezogen werden und Bestätigungen über durchgeführte Maßnahmen abgeben.

Zur Prüfung der Bezugsgröße kann analog auf die Datenbasis zur Erstellung der Anhangangabe der Anzahl der Beschäftigten zurückgegriffen werden[985].

---

979 Im Vergleich zum Indikator LA12 nach den G 3.1 besteht die Pflicht, die Angabe getrennt nach Tätigkeitskreisen vorzunehmen, vgl. **GRI** (2011d), S. 18 i.V.m. **GRI** (2013b), S. 161.
980 Vgl. **GRI** (2013b), S. 161.
981 Der Tätigkeitskreis wird analog zum Tätigkeitskreis i.S.d. Indikatoren G4-LA9 definiert, siehe hierzu Fn. 969.
982 Vgl. **GRI** (2013b), S. 161.
983 Vgl. **Daimler AG** (2013), S. 64.
984 Siehe Fn. 979 zu Änderungen des G4-LA11 gegenüber dem Indikator LA12 nach den G 3.1.
985 Vgl. hierzu ausführlich die Ausführungen zum Indikator G4-LA9.

Schließlich könnte die Zuordnung zu einem Tätigkeitskreis sowie die Geschlechtsangabe mit Nachweisen wie z.B. Arbeitsverträgen, Stellenbeschreibungen oder Personalakten geprüft werden.

Das inhärente Risiko wird als gering eingestuft, da keine Ermessensspielräume bestehen und die Ermittlung der Aussage als nicht komplex eingestuft wird.

2.4.5 Vielfalt und Chancengleichheit

2.4.5.1 Composition of governance bodies and breakdown of employees per employee category according to gender, age group, minority group membership, and other indicators of diversity

Der Indikator G4-LA12[986] beinhaltet die Berichterstattung über die prozentuale Zusammensetzung der Beschäftigten anhand folgender Kriterien[987]:

- Geschlecht,
- Altersgruppe (< 30 Jahre, 30-50 Jahre, > 50 Jahre),
- Minderheitenzugehörigkeit[988].

Sofern die Unternehmung intern andere Kriterien zur Beurteilung der Diversität der Belegschaft verwendet, sind diese hier heranzuziehen[989]. Die Berichterstattung ist getrennt bezogen auf die gesetzlichen Vertreter (z.B. Vorstand, Geschäftsführung) und die übrigen Beschäftigten vorzunehmen[990]. Innerhalb der übrigen Beschäftigten ist ferner auf Grundlage der bereits genannten Tätigkeitskreise zu differenzieren[991].

Dem Integrierten Bericht der BASF SE für das Geschäftsjahr 2012 sind in diesem Zusammenhang unter anderem folgende Informationen zu entnehmen:

---

986 Unverändert gegenüber dem Indikator LA13 nach den G 3.1, vgl. **GRI** (2011d), S. 19 f. i.V.m. **GRI** (2013b), S. 163 f.
987 Vgl. **GRI** (2013b), S. 163.
988 Minderheiten können z.B. durch ihre ethnische Zugehörigkeit charakterisiert werden, vgl. **GRI** (2013b), S. 249.
989 Vgl. **GRI** (2013b), S. 163. Als Beispiele werden u.a. die Staatsangehörigkeit, Glaubensrichtung und Behinderung genannt, vgl. **GRI** (2013b), S. 249.
990 Vgl. **GRI** (2013b), S. 163, 247.
991 Vgl. **GRI** (2013b), S. 247. Da eine Trennung in gesetzliche Vertreter und übrige Beschäftigte hier bereits vorgenommen wird, dürfte die Trennung nach funktionalen Aspekten innerhalb der Tätigkeitskreise gemeint sein.

2 Analyse der Möglichkeiten und Grenzen der Prüfung der Leistungsindikatoren nach den G4

Tabelle 20: Altersstruktur der Mitarbeiter der BASF SE 2012

	Gesamt	davon Frauen %
Beschäftigte	113.262	24,1
davon bis einschließlich 25 Jahre	8.605	31,9
zwischen 26 und 39 Jahren	37.748	31,1
zwischen 40 und 54 Jahren	52.493	20,1
ab 55 Jahre	14.416	15,5

Quelle: Auszug aus **BASF SE** (2013), S. 40 f.

Aus welchem Grund von der vorgegebenen Alterskategorisierung abgewichen wird und ferner die Differenzierung zwischen leitenden Organen und übrigen Beschäftigten nicht vorgenommen wird, ist dem Bericht nicht zu entnehmen. Ferner fehlt eine Differenzierung nach Tätigkeitskreisen.

Grundsätzlich dürften die Informationen bereits in der Personalabteilung der Unternehmung vorliegen. In der Finanzbuchhaltung werden die hier geforderten Informationen zwar nicht unmittelbar erfasst, die Beschäftigten werden dem Grunde nach jedoch vollständig im Rahmen der Ermittlung der Personalaufwendungen erfasst. Die geforderten Angaben zu Geschlecht und Alter, ggf. Minderheitenzugehörigkeit und Kategorisierung können anhand von personenbezogenen Nachweisen, wie Arbeitsverträgen oder Personalakten, nachvollzogen werden.

Schließlich kann eine Abstimmung mit der Gesamtzahl der Beschäftigten i.S.d. § 285 Nr. 7 HGB durchgeführt werden[992].

Das inhärente Risiko wird mangels Ermessensspielräumen und nicht komplexer Aussagenermittlung als gering eingestuft.

2.4.6 Geschlechtsneutrale Entlohnung

2.4.6.1 Ratio of basic salary and remuneration of women to men by employee category, by significant locations of operation

Nach dem Indikator G4-LA13[993] ist über das Verhältnis des Grundgehalts von Frauen zum Grundgehalt von Männern, differenziert nach Tätigkeitskreisen,

---

992 Siehe hierzu die Ausführungen zum Indikator G4-LA9, Abschnitt C.2.4.4.1.

sowie nach wesentlichen Standorten, zu berichten[994]. Die zugrunde gelegte Definition der Wesentlichkeit ist offenzulegen[995].

Das Grundgehalt (bzw. der Lohn) wird definiert als der an Beschäftigte gezahlte Betrag vor der Berücksichtigung von zusätzlichen Entlohnungen, wie bspw. für Überstunden oder leistungsabhängige Boni[996]. Es wird undifferenziert, d.h. altersunabhängig, unabhängig von der Berufserfahrung oder Zugehörigkeit zur Unternehmung, jeweils ein Durchschnittswert für Männer und Frauen der jeweiligen Tätigkeitskreise gebildet, die zueinander ins Verhältnis gesetzt werden.

In den Berichten der DAX-30 finden sich wenn, dann zumeist Worthülsen zur Gleichbehandlung von Frauen und Männern bei der Entlohnung[997]. Aus diesem Grund wird kein Beispiel zur Berichterstattung angeführt.

Grundsätzlich liegen die geforderten Informationen bereits in der Finanzbuchhaltung in Form von Personalaufwendungen vor. Lediglich die geschlechtsspezifische und tätigkeitsbezogene Differenzierung sowie die Isolierung der Grundgehälter (bzw. der Löhne) sind aufzubereiten. Aufbauend auf der Berechnung der Unternehmung könnte die Datenbasis unter Rückgriff auf Nachweise wie Arbeitsverträge, Personalakten, Lohn- und Gehaltsabrechnungen oder Kollektivvereinbarungen mit Bezug zur Entlohnung abgestimmt werden. Zudem könnte anhand der weiteren Entgeltbestandteile eine Überleitung auf die Personalaufwendungen (ohne von der Unternehmung getragene Sozialaufwendungen) vorgenommen werden.

Zur Prüfung der Einbeziehung sämtlicher als wesentlich eingestufter Standorte könnten die Erkenntnisse aus der Gewinnung eines Verständnisses der Geschäftstätigkeit der Unternehmung, in Verbindung mit der zugrunde gelegten Definition der Wesentlichkeit der Standorte genutzt werden. Zudem könnte die Definition der Wesentlichkeit inhaltlich auf Plausibilität und die rechnerische Ermittlung der Durchschnittswerte und Quoten geprüft werden.

---

993 Gegenüber dem Indikator LA14 nach den G 3.1 ist die Pflicht hinzugekommen, über die zugrunde gelegte Definition der Wesentlichkeit zu berichten, vgl. **GRI** (2011d), S. 21 i.V.m. **GRI** (2013b), S. 166.

994 Vgl. **GRI** (2013b), S. 166. Zur Messung von geschlechtsspezifischer Ungleichbehandlung durch Einkommensdifferentiale siehe z.B. **Lorenz** (1988), S. 9.

995 Vgl. **GRI** (2013b), S. 166.

996 Vgl. **GRI** (2013b), S. 245.

997 Siehe z.B. **Henkel AG & Co. KGaA** (2013), S. 36; **RWE** (2013), S. 108.

Das inhärente Risiko wird aufgrund fehlender Ermessensspielräume sowie wenig komplexer Berechnungen als gering eingestuft.

2.4.7 Lieferantenauswahl nach Arbeitspraktiken

2.4.7.1 Percentage of new suppliers that were screened using labor practices criteria

Der Indikator G4-LA14[998] betrifft die Berichterstattung über den Anteil neuer Lieferanten oder Dienstleister, die hinsichtlich ihrer Arbeitspraktiken beurteilt worden sind[999]. Die Beurteilung muss als formaler oder dokumentierter Prozess ausgestaltet sein[1000]. Lediglich in Erwägung gezogene Lieferanten und Dienstleister, die schließlich nicht als Vertragspartner ausgewählt wurden, sind ebenfalls in der Verhältniszahl der neuen Lieferanten und Dienstleister zu berücksichtigen[1001]. Zur Konkretisierung der Kriterien zur Beurteilung der Arbeitspraktiken werden bspw. Einstellungsmethoden, Entlohnungsniveau sowie Gesundheits- und Sicherheitsstandards genannt[1002].

Da der Indikator – abgesehen von den zugrunde zu legenden Kriterien bei der Untersuchung[1003] – , inhaltsgleich mit dem Indikator G4-EN32 zur Umweltbeurteilung neuer Lieferanten und Dienstleister ist, wird auf die Prüfungshandlungen und Schlussfolgerungen dort verwiesen[1004].

2.4.7.2 Significant actual and potential negative impacts for labor practices in the supply chain and actions taken

Der Indikator G4-LA15[1005] behandelt wesentliche negative Auswirkungen bezogen auf Arbeitspraktiken, die in der Lieferkette der Unternehmung identifiziert

---

998 In den G 3.1 existiert kein Pendant zum Indikator G4-LA14. Das Berichterstattungsbeispiel entfällt daher.
999 Vgl. **GRI** (2013b), S. 169.
1000 Vgl. **GRI** (2013b), S. 253.
1001 Vgl. **GRI** (2013b), S. 169.
1002 Vgl. **GRI** (2013b), S. 169.
1003 Durch die Beurteilung hinsichtlich Arbeitspraktiken einerseits und Umweltauswirkungen andererseits ergeben sich keine Auswirkungen auf die Prüfungshandlungen und Schlussfolgerungen.
1004 Siehe Abschnitt C.2.3.10.1.
1005 In den G 3.1 existiert kein Pendant zu dem hier behandelten Indikator. Aus diesem Grund entfällt wiederum das Beispiel zur Berichterstattung.

worden sind[1006]. Beispiele für solche Auswirkungen können sich u.a. auf Einstellungsmaßnahmen, Gesundheits- und Sicherheitsstandards, Entlohnung oder Arbeitsstunden beziehen[1007]. Folgende Angaben werden nach dem Indikator verlangt[1008]:

- Anzahl der Lieferanten oder Dienstleister, die hinsichtlich ihrer Auswirkungen bzgl. Arbeitspraktiken beurteilt worden sind,
- Anzahl der Lieferanten oder Dienstleister, die gemäß der vorgenommenen Überprüfung wesentliche negative Auswirkungen haben,
- Art der wesentlichen negativen Auswirkungen, die aus den vorgenommenen Beurteilungen hervorgehen,
- Anteil der identifizierten Lieferanten oder Dienstleister mit wesentlichen negativen Auswirkungen, mit denen Maßnahmen zur Reduzierung der Auswirkungen vereinbart worden sind und
- Anteil der identifizierten Lieferanten oder Dienstleister mit wesentlichen negativen Auswirkungen, mit denen die Geschäftsbeziehung aufgrund der vorgenommenen Überprüfung beendet worden ist und der Grund hierfür.

Konkrete Anforderungen an den Beurteilungsprozess und die Bestimmung der Wesentlichkeit von Auswirkungen werden nicht vorgegeben.

Da nach dem Indikator G4-EN33 die hier beschriebenen Informationen gefordert werden, mit der inhaltlichen Unterscheidung der Art der negativen Auswirkungen – bezogen auf die Umwelt vs. Arbeitspraktiken[1009] –, wird auf die Prüfungshandlungen und Schlussfolgerungen dort verwiesen[1010].

1006 Vgl. **GRI** (2013b), S. 170.
1007 Vgl. **GRI** (2013b), S. 170.
1008 Vgl. **GRI** (2013b), S. 170.
1009 Hieraus werden keine Einflüsse auf die Prüfungshandlungen und mögliche Schlussfolgerungen erwartet.
1010 Siehe Abschnitt C.2.3.10.2.

2.4.8 Arbeitspraktiken-Beschwerdemechanismen

2.4.8.1 Number of grievances about labor practices filed, addressed, and resolved through formal grievance mechanisms

Der Indikator G4-LA16[1011] bezieht sich auf die Berichterstattung über Beschwerden in Bezug auf Arbeitspraktiken, die durch formale Beschwerdemechanismen bzw. -prozesse[1012] aufgedeckt worden sind[1013]. Folgende Informationen sind offenzulegen[1014]:

- Gesamtzahl der im Berichtsjahr eingereichten Beschwerden,

  davon bearbeitet,

  davon abgeschlossen und

- Gesamtzahl der im Berichtsjahr abgeschlossenen Beschwerden, die in Vorjahren eingereicht wurden.

Zu möglichen Prüfungshandlungen und Schlussfolgerungen wird auf die Ausführungen zum Indikator G4-EN34 verwiesen, da ähnliche Informationen zu berichten sind, die sich lediglich in dem Inhalt der Beschwerde unterscheiden[1015].

2.4.9 Investitions- und Beschaffungspraktiken

2.4.9.1 Total number and percentage of significant investment agreements and contracts that include human rights clauses or that underwent human rights screening

Im Rahmen des Indikators G4-HR1[1016] ist über die Gesamtzahl der im Berichtsjahr abgeschlossenen wesentlichen Investitionsvereinbarungen[1017] zu berichten, die Menschenrechtsaspekte beinhalten oder bereits bestehende Investitionsver-

---

1011 Mit den G4 neu eingeführter Indikator, insofern entfällt das Berichtbeispiel.

1012 An die Ausgestaltung werden analog die Anforderungen gestellt, die bereits im Rahmen des Indikators G4-EN34 gezeigt wurden, siehe Abschnitt C.2.3.11.1.

1013 Vgl. **GRI** (2013b), S. 172.

1014 Vgl. **GRI** (2013b), S. 172.

1015 Zum Indikator G4-EN34 siehe Abschnitt C.2.3.11.1.

1016 Identisch mit dem Indikator HR1 nach den G 3.1, vgl. **GRI** (2011e), S. 3 i.V.m. **GRI** (2013b), S. 176.

1017 Als Investitionsvereinbarungen gelten nach den G4 Verträge, die der berichterstattenden Unternehmung das rechtliche Eigentum an einer dritten Unternehmung verschaffen, vgl. **GRI** (2013b), S. 176.

einbarungen, die diesbezüglich in der Berichtsperiode untersucht worden sind[1018]. Zudem ist der prozentuale Anteil dieser Vereinbarungen an der Gesamtzahl der wesentlichen Investitionsvereinbarungen aufzuzeigen[1019]. Die zugrunde gelegte Definition der Wesentlichkeit ist offenzulegen[1020].

Der Integrierte Bericht der LANXESS AG für das Geschäftsjahr 2012 enthält hierzu die Aussage, dass allen Akquisitionen eine Prüfung auf die Einhaltung von Menschenrechten vorangeht[1021]. Damit wird lediglich implizit die geforderte Quote berichtet, sofern in der Vergangenheit alle Akquisitionen tatsächlich diesem Prozess unterlegen haben. Die tatsächliche Gesamtzahl der als wesentlich eingestuften Investitionsvereinbarungen geht aus der Angabe indes nicht hervor.

Aufgrund der Definition der Investitionsvereinbarungen als Verträge, die rechtliches Eigentum an einer Unternehmung verschaffen[1022], besteht eine unmittelbare Verknüpfung zu finanzwirtschaftlichen Informationen, da es sich Vermögensgegenstände handelt, die je nach Zweckbestimmung[1023] im Anlage- oder Umlaufvermögen bilanziert werden. Insofern besteht bereits aus der Jahresabschlussprüfung hinreichende Sicherheit bezüglich der Vollständigkeit der Grundgesamtheit bzw. der im Berichtsjahr neu geschlossenen Vereinbarungen.

Zur Prüfung der Gesamtzahl der wesentlichen Investitionsvereinbarungen, die Menschenrechtsaspekte beinhalten, könnten die Vereinbarungen einzelfallbezogen eingesehen und mit den Aussagen der Unternehmung abgestimmt werden. Analog kann die Gesamtzahl der auf Menschenrechte untersuchten Vereinbarungen geprüft werden. Da als Anforderung an die Untersuchung ein formaler oder dokumentierter Prozess gestellt wird[1024], können einzelfallbezogen dokumentierte Beurteilungen zur Prüfung herangezogen werden.

Die Prüfung der Einbeziehung der wesentlichen Investitionsvereinbarungen knüpft an die von der Unternehmung getroffene Definition der Wesentlichkeit

---

1018 Vgl. **GRI** (2013b), S. 176. Als Anforderung an die Untersuchung wird gestellt, dass diese als formaler oder dokumentierter Prozess ausgestaltet sein muss, vgl. **GRI** (2013b), S. 248.
1019 Vgl. **GRI** (2013b), S. 176.
1020 Vgl. **GRI** (2013b), S. 176.
1021 Vgl. **LANXESS AG** (2013), S. 210.
1022 Siehe Fn. 1017.
1023 Vgl. z.B. **Schubert/F. Huber**, in: Förschle/Grottel/Schmidt/Winkeljohann (2014), § 247 Rz. 356 f.
1024 Siehe Fn. 1018.

an. Diese kann inhaltlich auf Plausibilität geprüft werden und es kann nachvollzogen werden, ob sämtliche die Definition erfüllenden Investitionsvereinbarungen in der Berichterstattung berücksichtigt worden sind.

Die Angabe des Anteils der wesentlichen Investitionsvereinbarungen, die Menschenrechtsaspekte beinhalten oder hierauf untersucht worden sind, kann schließlich unter Rückgriff auf die Gesamtzahl der wesentlichen Investitionsvereinbarungen, die sich unmittelbar als Teilmenge aus bereits vorliegenden geprüften Informationen (oben genannte Vermögensgegenstände) ergibt, abgestimmt werden.

Das inhärente Risiko wird als niedrig eingestuft, da geringe Ermessensspielräume bestehen und die Ermittlung der Aussage als nicht komplex angesehen wird.

2.4.9.2 Total hours of employee training on human rights policies or procedures concerning aspects of human rights that are relevant to operations, including the percentage of employees trained

Nach dem Indikator G4-HR2[1025] ist über die Gesamtzahl Stunden zu berichten, die Beschäftigte im Berichtsjahr zum Thema Menschenrechte geschult worden sind[1026]. Weiterhin ist darüber zu berichten, wie hoch der Anteil der im Berichtsjahr zum Thema Menschenrechte geschulten Beschäftigten an der Gesamtbelegschaft ist[1027]. Es ist jedoch nur über solche Schulungen zum Thema Menschenrechte zu berichten, die einen Bezug zur Tätigkeit der Unternehmung aufweisen[1028].

Im Integrierten Bericht der Deutsche Börse AG für das Jahr 2012 wird ausgeführt, dass im Jahr 2012 „acht Schulungstage à acht Stunden stattgefunden" haben, die zur gruppenweiten Umsetzung der Themen Menschenrechte, Arbeitsnormen, Umweltschutz und Anti-Korruption beitragen sollen, „an denen in Summe 92 Mitarbeiter teilnahmen"[1029].

1025 Unverändert gegenüber dem Indikator HR3 nach den G 3.1, vgl. **GRI** (2011d), S. 5 i.V.m. **GRI** (2013b), S. 177.
1026 Vgl. **GRI** (2013b), S. 177. Aus welchem Grund die absolute Stundenanzahl bezogen auf die gesamte Unternehmung einer mitarbeiterbezogenen Größe vorgezogen wurde, ist nicht unmittelbar ersichtlich.
1027 Vgl. **GRI** (2013b), S. 177.
1028 Vgl. **GRI** (2013b), S. 177. Bspw. könnte das Thema Kinderarbeit in der Textilbranche der Definition entsprechen.
1029 **Deutsche Börse AG** (2013), S. 151.

Die Überleitung der gesamten Stundenanzahl aus den getätigten Angaben kann problemlos vorgenommen werden. Wie viele Stunden jedoch dem hier relevanten Thema Menschenrechte zugeordnet werden, bleibt unbekannt[1030]. Ferner wird die geforderte Angabe zum prozentualen Anteil der geschulten Beschäftigten an der Gesamtbelegschaft unterlassen, obschon diese unter Rückgriff auf die Anhangangabe i.S.d. § 285 Nr. 7 HGB hergeleitet werden könnte, sofern keine Doppelzählung einzelner Beschäftigter in der oben zitierten Summe erfolgte.

Grundsätzlich ist die im Rahmen des Indikators G4-HR2 geforderte Angabe eine Teilmenge des Indikators G4-LA9[1031]. Insofern könnten die diesbezüglich vorliegenden Informationen herangezogen werden. Zu möglichen Prüfungshandlungen und Schlussfolgerungen wird daher auf die Ausführungen zum Indikator G4-LA9 verwiesen[1032]. Daran anknüpfend ist lediglich die Stundenanzahl zu isolieren, die auf Schulungen zum Thema Menschenrechte entfällt. Anhand der Zusammenstellung der Unternehmung könnten Nachweise, wie bspw. Schulungsnachweise oder Schulungsunterlagen, eingesehen werden, um den inhaltlichen Bezug zum Thema Menschenrechte und die Stundenanzahl zu bestätigen. Die Quote der geschulten Beschäftigten könnte wiederum unter Rückgriff auf die bereits vorliegende Angabe i.S.d. § 285 Nr. 7 HGB zur Anzahl Beschäftigter geprüft werden[1033].

Der geforderte Zusammenhang der Schulung zur Geschäftstätigkeit der Unternehmung könnte unter Rückgriff auf die Erkenntnisse aus der Gewinnung eines Verständnisses der Geschäftstätigkeit der Unternehmung geprüft werden.

Das inhärente Risiko wird als gering eingeschätzt, da die Ermittlung nicht als komplex angesehen wird und Ermessensspielräume lediglich bei der Zuteilung von Schulungsstunden zum Thema Menschenrechte bestehen dürften, wenn diese nicht expressis verbis in Schulungsnachweisen oder anderen Nachweisen ausgewiesen werden, sowie bei der Beurteilung des Zusammenhangs der Schulungen zur Geschäftstätigkeit der Unternehmung.

1030 Der Standard lässt es explizit zu, dass auch Module zum Thema Menschenrechte innerhalb von Schulungen berücksichtigt werden, vgl. **GRI** (2013b), S. 177. Dies dürfte jedoch nur unter der Voraussetzung gelten, dass anteilig die Stunden zum Thema Menschenrechte isolierbar sind.
1031 So nennt auch der Standard als mögliche Informationsquelle den Indikator G4-LA9, vgl. **GRI** (2013b), S. 177.
1032 Siehe Abschnitt C.2.4.4.1.
1033 Siehe analog Fn. 480.

2.4.10 Gleichbehandlung

2.4.10.1 Total number of incidents of discrimination and corrective actions taken

Der Indikator G4-HR3[1034] betrifft die Berichterstattung über die Gesamtzahl im Berichtsjahr aufgetretener Vorfälle von Diskriminierung und die dagegen ergriffenen Maßnahmen[1035]. Diskriminierung wird nach den G4 definiert als Ungleichbehandlung aufgrund der ethnischen Herkunft, der Hautfarbe, des Geschlechts, der Religion, der politischen Ansichten, der nationalen oder sozialen Herkunft oder anderen Gründen, die als diskriminierend angesehen werden[1036]. Zu berichten ist nur über solche Vorfälle, die Gegenstand eines Rechtsstreits[1037] sind oder waren, oder durch Beschwerdemechanismen oder ähnliche durch die Unternehmung installierte formale Prozesse aufgedeckt worden sind[1038].

Zur Konkretisierung der ergriffenen Maßnahmen ist die Angabe nach folgender Kategorisierung vorzunehmen[1039]:

- Vorfall wird geprüft,
- Abhilfemaßnahmen werden umgesetzt,
- Abhilfemaßnahmen wurden umgesetzt und die Ergebnisse wurden geprüft,
- Vorfall abgeschlossen.

Der Integrierte Bericht der LANXESS AG für das Geschäftsjahr 2012 enthält hierzu die Aussage, dass keine Hinweise für systematische Diskriminierung bei der LANXESS AG vorliegen, einzelne Fälle jedoch gemeldet worden sind[1040]. Ferner berichtet die LANXESS AG, dass die zugrunde liegenden Verfehlungen, sofern nachweisbar, nicht toleriert und stets zu Sanktionen bis hin zur Kündigung führen würden[1041]. Die explizit geforderten Angaben zur Gesamtzahl der

---

1034 Im Vergleich zum Indikator HR4 nach den G 3.1 unverändert, vgl. **GRI** (2011e), S. 6 i.V.m. **GRI** (2013b), S. 179.
1035 Vgl. **GRI** (2013b), S. 179.
1036 Vgl. **GRI** (2013b), S. 179, 247.
1037 Relevant wäre bspw. ein Verstoß gegen § 7 Abs. 1 i.V.m. § 1 AGG.
1038 Vgl. **GRI** (2013b), S. 249.
1039 Vgl. **GRI** (2013b), S. 179.
1040 Vgl. **LANXESS AG** (2013), S. 210.
1041 Vgl. **LANXESS AG** (2013), S. 210.

gemeldeten Vorfälle sowie dem Status der einzelnen Vorfälle enthält der Bericht indes nicht.

Zur Prüfung der gemeldeten Vorfälle kann grundsätzlich zwischen zwei Ansätzen unterschieden werden. Vorfälle, die bereits Gegenstand eines Rechtsstreits sind bzw. zu denen Rechtsberatung eingeholt wurde, könnten unter Rückgriff auf Informationen aus der Finanzbuchhaltung geprüft werden. So könnte die Rückstellungsbildung im Berichtsjahr Hinweise auf Vorfälle von Diskriminierung enthalten. Ferner könnten Aufwandskonten wie „Rechts- und Beratungskosten" und weitere Nachweise, wie z.B. Rechtsanwaltsbestätigungen, Anhaltspunkte für solche Vorfälle enthalten und zur Bestätigung der Aussagen der Unternehmung genutzt werden[1042]. Der Status der jeweiligen Beschwerde könnte aus den Nachweisen, ggf. ergänzt durch Befragungen der Beteiligten, ermittelt werden.

Vorfälle, die durch Beschwerdemechanismen aufgedeckt worden sind, könnten unmittelbar unter Rückgriff auf die Erkenntnisse aus der Prüfung des Indikators G4-HR12 untersucht werden[1043].

Das inhärente Risiko wird mangels Ermessensspielräumen und wenig komplexer Aussagenermittlung als gering eingeschätzt.

2.4.11 Vereinigungsfreiheit und Recht auf Kollektivverhandlungen

2.4.11.1 Operations and suppliers identified in which the right to exercise freedom of association and collective bargaining may be violated or at significant risk, and measures taken to support these rights

Der Indikator G4-HR4[1044] beinhaltet die Berichterstattung über Verletzungen bzw. wesentliche Gefährdungen von Verletzungen des Rechts auf Vereinigungsfreiheit und Kollektivverhandlungen an Standorten der Unternehmung und bei Lieferanten und Dienstleistern der Unternehmung[1045]. Die Angabe kann sich entweder auf die Art der Geschäftstätigkeit beziehen, wie z.B. die Produktion bei Lieferanten, oder auf Länder oder geographische Gebiete, in denen Men-

---

1042 Analog könnte die interne Rechtsabteilung konsultiert werden.
1043 Siehe Abschnitt C.2.4.18.1.
1044 Im Vergleich zum Indikator HR5 nach den G 3.1 werden alle Lieferanten und Dienstleister betrachtet, und nicht wie zuvor nur als wesentlich eingestufte, vgl. **GRI** (2011e), S. 7 i.V.m. **GRI** (2013b), S. 181.
1045 Vgl. **GRI** (2013b), S. 181.

schenrechte grundsätzlich als gefährdet angesehen werden[1046]. Zudem ist anzugeben, wie die Unternehmung die zuvor genannten Rechte der Arbeitnehmer versucht zu schützen[1047].

Im Integrierten Bericht der BASF SE für das Geschäftsjahr 2012 wird hierzu angegeben, dass 93 % der Mitarbeiter in Gesellschaften beschäftigt sind, in denen Arbeitnehmervertretungen existieren, und 87 % der Mitarbeiter in Gesellschaften beschäftigt sind, in denen die Arbeitsbedingungen durch Kollektivverträge festgelegt werden[1048]. Ferner sei 1 % der Mitarbeiter in Staaten tätig, in denen die Rechte auf Versammlungsfreiheit und Kollektivverhandlungen durch nationales Recht eingeschränkt ist[1049]. Zur Identifizierung von relevanten Lieferanten i.S.d. oben genannten Gefährdungen lässt sich die BASF SE Fragebögen beantworten und zieht bei Verdachtsmomenten externe Audits hinzu[1050]. Konkrete Angaben zu identifizierten Rechtsverstößen oder der Gefährdung der hier betrachteten Rechte sind dem Bericht nicht zu entnehmen.

Zur Beurteilung der Prüfung kann zunächst zwischen den Aussagen zu Standorten der Unternehmung und Aussagen zu Lieferanten und Dienstleistern der Unternehmung unterschieden werden. Die Standorte der Unternehmung könnten – anknüpfend an die Erkenntnisse aus der Gewinnung eines Verständnisses der Geschäftstätigkeit der Unternehmung – mit Berichten[1051] und Datenbanken[1052] der ILO[1053] über den Stand der Ratifizierungen der Übereinkommen Nr. 87 (Vereinigungsfreiheit und Schutz des Vereinigungsrechtes) sowie Übereinkommen Nr. 98 (Vereinigungsrecht und das Recht zu Kollektivverhandlungen) abgeglichen werden, um Hinweise auf potentiell gefährdete geographische Gebiete zu erhalten, und so zwischen risikobehafteten und risikoarmen Standorten diffe-

---

1046 Vgl. **GRI** (2013b), S. 181.
1047 Vgl. **GRI** (2013b), S. 181.
1048 Vgl. **BASF SE** (2013), S. 43.
1049 Vgl. **BASF SE** (2013), S. 43.
1050 Vgl. **BASF SE** (2013), S. 92.
1051 Siehe hierzu **ILO** (2008), abrufbar unter http://www.ilo.org, S. 96 ff.
1052 So enthält „NORMLEX" einen ständig aktualisierten Stand über die Ratifizierungen der genannten Übereinkommen; demnach haben z.B. China, Indien und Katar die Übereinkommen gegenwärtig nicht ratifiziert und sind im Sinne des Indikators als risikobehaftet einzuordnen, vgl. **ILO** (2014a), abrufbar unter http://www.ilo.org.
1053 Die International Labour Organisation (ILO) wurde 1919 gegründet und ist eine Organisation der Vereinten Nationen, vgl. **Weiß** (2009), S. 137.

renzieren zu können. Weitere Prüfungshandlungen könnten an Befragungen von Beschäftigten an den verschiedenen Standorten und der Einsichtnahme in interne Richtlinien oder Verfahrensanweisungen anknüpfen. Hinweise für konkrete Rechtsverstöße könnten sich ferner aus der Rückstellungsbildung, Aufwandskonten wie „Rechts- und Beratungskosten" und Rechtsanwaltsbestätigungen[1054] ergeben.

Die Prüfung der Aussagen zu Lieferanten und Dienstleistern kann auf bereits in der Finanzbuchhaltung vorliegende Informationen zurückgreifen. So ist die Grundgesamtheit der Lieferanten und Dienstleister, mit denen im Berichtszeitraum Liefer- und Leistungsbeziehungen vorhanden waren, unmittelbar anhand der Jahresverkehrszahlen der Kreditoren zu ersehen. Anhand der wertmäßigen Höhe der getätigten Umsätze oder des Standorts des Lieferanten oder Dienstleisters könnten Lieferanten oder Dienstleister isoliert werden, die darauf aufbauend mittels weiterer Nachweise (Verträge mit Bezug zu o.g. Rechten, konkrete Verdachtsmomente aufgrund eigener Recherchen, Abgleich der geographischen Lage mit bereits genannten Datenbanken bzw. Berichten, Bestätigungen der Lieferanten bzw. Dienstleister über die Einhaltung der o.g. Rechte, Fragebögen) geprüft werden könnten.

Sofern Sachverständige Prüfungen der Standorte der Unternehmung oder der Standorte der Lieferanten bzw. Dienstleister hinsichtlich der Einhaltung der hier relevanten Rechte durchgeführt haben, könnten die Berichte eingesehen werden[1055]. Zudem könnten eigene, unangekündigte Standortbesichtigungen bzw. Besichtigungen von Standorten der Lieferanten bzw. Dienstleister, sofern eingewilligt, vorgenommen und Beschäftigte befragt werden.

Des Weiteren könnten sich Hinweise auf Rechtsverstöße oder Gefährdungen der hier betrachteten Rechte aus den Indikatoren G4-HR10, G4-HR11 und G4-HR12 ergeben[1056].

Sofern die Unternehmung Maßnahmen zur Stärkung der Rechte auf Vereinigungsfreiheit und Kollektivvereinbarungen ergreift, können diese einzelfallbezogen, bspw. durch Vereinbarungen, Vertragsanpassungen oder Hinzuziehung Dritter, geprüft werden.

1054 Bzw., sofern zutreffend, der internen Rechtsabteilung.
1055 Vgl. zu den Anforderungen der Verwertung der Arbeiten von Sachverständigen ausführlich Abschnitt B.4.3.3.3.
1056 Siehe zu den Indikatoren Abschnitte C.2.4.17.1, C.2.4.17.2 und C.2.4.18.1.

Das inhärente Risiko wird auf einem mittleren Niveau gesehen, da zwar keine Ermessensspielräume vorliegen, die Aussagenermittlung dennoch als komplex eingestuft wird.

2.4.12 Kinderarbeit

2.4.12.1 Operations and suppliers identified as having significant risk for incidents of child labor, and measures taken to contribute to the effective abolition of child labor

Der Indikator G4-HR5[1057] behandelt die Berichterstattung über Standorte der Unternehmung und Lieferanten sowie Dienstleister der Unternehmung, die ein wesentliches Risiko bezüglich der Beschäftigung von Kindern aufweisen[1058]. Kinder sind in diesem Sinne grundsätzlich alle Beschäftigten, die das 14. Lebensjahr nicht vollendet haben[1059]. Die geforderten Angaben zum Risiko von Kinderarbeit können sich wiederum auf die Art der Geschäftstätigkeit, wie z.B. die Produktion, oder auf Länder bzw. geographische Regionen beziehen[1060]. Sofern in der Berichtsperiode Maßnahmen gegen Kinderarbeit ergriffen worden sind, ist hierüber zu berichten[1061].

Der Integrierte Bericht der LANXESS AG für das Geschäftsjahr 2012 enthält hierzu die Aussage, dass die LANXESS AG keine Kinder beschäftigt und Lieferanten sich mit einem Verhaltenskodex gegen die Beschäftigung von Kindern verpflichten[1062]. Informationen über das Risiko von möglicher Kinderarbeit gehen aus dem Bericht nicht hervor.

Grundsätzlich kann auf die bereits im Rahmen des Indikators G4-HR4 formulierten Prüfungshandlungen und die abgeleiteten Schlussfolgerungen verwiesen werden, da die Indikatoren sich lediglich im Untersuchungsgegenstand unter-

---

1057 Im Vergleich zum Indikator HR6 nach den G 3.1 ist die Einschränkung auf wesentliche Lieferanten und Dienstleister entfallen, vgl. **GRI** (2011e), S. 8 i.V.m. **GRI** (2013b), S. 183.
1058 Vgl. **GRI** (2013b), S. 183.
1059 Vgl. **GRI** (2013b), S. 246. Ausnahmen existieren einerseits für Entwicklungsländer (hier wird das Mindestalter auf 14 herabgesetzt) sowie andererseits für Länder, die eine Schulpflicht vorschreiben, die über das 15. Lebensjahr hinausgeht (maßgeblich für die Einstufung ist hier das Ende der Schulpflicht), vgl. **ebenda**. Die Schulpflicht dauert bspw. im Bundesland Bremen grundsätzlich 12 Jahre gem. § 54 Abs. 1 BremSchulG (Bremisches Schulgesetz).
1060 Vgl. **GRI** (2013b), S. 183.
1061 Vgl. **GRI** (2013b), S. 183.
1062 Vgl. **LANXESS AG** (2013), S. 210.

scheiden[1063]. Die hier relevanten Normen der ILO sind das Übereinkommen Nr. 138 (Mindestalter) und das Übereinkommen Nr. 182 (Verbot und unverzügliche Maßnahmen zur Beseitigung der schlimmsten Formen der Kinderarbeit), deren Ratifizierung mit den bereits genannten Datenbanken geprüft werden kann[1064].

Zusätzlich könnten aufgrund der besonderen Eigenschaft der Kinderarbeit – sie kann durch persönliche Inaugenscheinnahme bestätigt oder widerlegt werden – als besonders relevant eingestufte Standorte oder Lieferanten bzw. Dienstleister, sofern eingewilligt, unangekündigt vor Ort untersucht werden[1065].

2.4.13 Zwangs- und Pflichtarbeit

2.4.13.1 Operations and suppliers identified as having significant risk for incidents of forced or compulsory labor, and measures taken to contribute to the effective elimination of all forms of forced or compulsory labor

Im Rahmen des Indikators G4-HR6[1066] ist über Standorte der Unternehmung und Lieferanten bzw. Dienstleister der Unternehmung zu berichten, die ein wesentliches Risiko von Zwangs- oder Pflichtarbeit aufweisen[1067]. Die geforderten Angaben können geschäftstätigkeitsbezogen, wie bspw. die Produktion, oder bezogen auf Länder oder geographische Regionen erfolgen[1068]. Sofern Maßnahmen zur Beseitigung der Zwangs- oder Pflichtarbeit ergriffen worden sind, ist hierüber ebenfalls zu berichten[1069].

1063 Zum Indikator G4-HR4 siehe Abschnitt C.2.4.11.1.

1064 Die Übereinkommen zur Kinderarbeit wurden z.B. nicht durch Indien ratifiziert, Cuba und Eritrea ratifizierten lediglich eines der beiden Übereinkommen, vgl. **ILO** (2014a), abrufbar unter http://www.ilo.org.

1065 Die sog. „Überraschungsprüfung" wird z.B. auch bei Unterschlagungsprüfungen empfohlen, vgl. **Marten/Quick/Ruhnke** (2011), S. 748.

1066 Im Vergleich zum Indikator HR7 nach den G 3.1 wird der Kreis der zu berücksichtigenden Lieferanten und Dienstleister nicht mehr auf wesentliche beschränkt, vgl. **GRI** (2011e), S. 9 i.V.m. **GRI** (2013b), S. 185.

1067 Vgl. **GRI** (2013b), S. 185. Zwangs- und Pflichtarbeit ist im Sinne der G4 solche Arbeit, die unter Androhung von Strafen verlangt und nicht auf freiwilliger Basis verrichtet wird, vgl. **GRI** (2013b), S. 428.

1068 Vgl. **GRI** (2013b), S. 185.

1069 Vgl. **GRI** (2013b), S. 185.

Die BASF SE berichtet hierzu im Integrierten Bericht für das Geschäftsjahr 2012, dass alle Arbeitsverträge auf freiwilliger Basis geschlossen wurden und alle Mitarbeiter das Recht auf einseitige Kündigung besitzen[1070]. Zur Beurteilung des Risikos von Zwangs- und Pflichtarbeit bei Lieferanten verweist die BASF SE auf Fragebögen, die Lieferanten beantworten müssten, und die Durchführung von externen Audits[1071]. Das konkret beurteilte Risiko von Zwangs- und Pflichtarbeit auf Ebene der BASF SE bzw. ihrer Lieferanten und Dienstleister geht aus den Aussagen nicht hervor.

Zu möglichen Prüfungshandlungen und ableitbaren Schlussfolgerungen wird auf die Ausführungen zum Indikator G4-HR4 verwiesen, da sich die Indikatoren lediglich anhand des betrachteten Rechtsverstoßes bzw. des Risikos eines Rechtsverstoßes unterscheiden[1072]. Die relevanten Normen der ILO sind das Übereinkommen Nr. 29 (Zwangsarbeit) und das Übereinkommen Nr. 105 (Abschaffung der Zwangsarbeit). Die Ratifizierung kann wiederum mittels der bereits genannten Datenbanken ermittelt werden[1073].

2.4.14 Sicherheitspraktiken

2.4.14.1 Percentage of security personnel trained in the organization's human rights policies or procedures that are relevant to operations

Nach dem Indikator G4-HR7[1074] ist darüber zu berichten, wie hoch der Anteil des bei der Unternehmung angestellten Sicherheitspersonals ist, das im Berichtsjahr zu Richtlinien oder Verfahrensanweisungen zu Menschenrechten geschult worden ist[1075]. Daneben ist anzugeben, ob von dritten Unternehmungen bereitgestelltes Sicherheitspersonal Schulungsanforderungen unterliegt[1076]. Sicher-

---

1070 Vgl. **BASF SE** (2013), S. 43.
1071 Vgl. **BASF SE** (2013), S. 92.
1072 Zum Indikator G4-HR4 siehe Abschnitt C.2.4.11.1. Der Verstoß gegen die ILO-Normen wird als Rechtsverstoß interpretiert.
1073 Die Übereinkommen zur Zwangs- und Pflichtarbeit wurden z.B. nicht durch Myanmar, Osttimor und Brunei ratifiziert, vgl. **ILO** (2014a), abrufbar unter http://www.ilo.org. Die ILO geht weltweit von rd. 21 Mio. Betroffenen von Zwangs- und Pflichtarbeit aus, mehrheitlich in der Asien-Pazifik-Region, vgl. **ILO** (2014b), abrufbar unter http://www.ilo.org, S. 17.
1074 Im Vergleich zum Indikator HR8 nach den G 3.1 unverändert, vgl. **GRI** (2011e), S. 10 i.V.m. **GRI** (2013b), S. 187.
1075 Vgl. **GRI** (2013b), S. 187.
1076 Vgl. **GRI** (2013b), S. 187.

heitspersonal i.S.d. G4 sind Beschäftigte, die zu folgenden Zwecken angestellt sind[1077]:

- Das Eigentum der Unternehmung zu überwachen,
- Menschenansammlungen zu kontrollieren,
- Schäden vorzubeugen oder
- Personen, Waren oder Wertsachen beim Transport zu begleiten.

Es dürfte zweckmäßig sein, lediglich solche Beschäftigte als Sicherheitspersonal einzustufen, die im Wesentlichen die genannten Leistungen erbringen.

Im Integrierten Bericht der BASF SE für das Geschäftsjahr 2012 wird hierzu angegeben, dass Menschenrechtsaspekte Teil der globalen Qualifizierungsanforderungen an das eigene Sicherheitspersonal seien, deren Umsetzung 2012 in allen Regionen überprüft worden ist[1078]. Weiterhin wird ausgeführt, dass alle Neuverträge mit Dienstleistern im Sicherheitsbereich die Beachtung von Menschenrechten enthalten[1079]. Beide Informationen dürften der Anforderung des Standards nicht entsprechen, da aus der Information über globale Qualifizierungsanforderungen nicht hervorgeht, wie hoch der Anteil geschulten Sicherheitspersonals ist, und aus der Angabe über Neuverträge nicht ersichtlich ist, ob dritte Unternehmungen ihr Sicherheitspersonal zu Menschenrechtsthemen schulen.

Bezogen auf die Angabe der geschulten eigenen Beschäftigten kann auf die Ausführungen zum Indikator G4-LA9 verwiesen werden, da es sich um eine Teilmenge des dort beschriebenen Indikators handelt[1080].

Informationen über die Schulungsanforderungen von Dienstleistern der Unternehmung könnten anhand von Vertragsunterlagen, internen Verfahrensanweisungen oder Richtlinien sowie dokumentierten Prüfungen auf Einhaltung der Schulungsanforderungen nachvollzogen werden. Daneben könnten Bestätigungen der betroffenen Unternehmungen eingeholt werden.

Das inhärente Risiko wird aufgrund geringer Ermessensspielräume und geringer Komplexität der Aussagenermittlungen als niedrig eingeschätzt.

1077 Vgl. **GRI** (2013b), S. 252.
1078 Vgl. **BASF SE** (2013), S. 97.
1079 Vgl. **BASF SE** (2013), S. 97.
1080 Zum Indikator G4-LA9 siehe Abschnitt C.2.4.4.1.

2.4.15 Rechte der Ureinwohner

2.4.15.1 Total number of incidents of violations involving rights of indigenous peoples and actions taken

Im Rahmen des Indikators G4-HR8[1081] ist über die Gesamtzahl von Verstößen gegen die Rechte von indigenen Völkern und die daraufhin von der Unternehmung ergriffenen Maßnahmen zu berichten[1082]. Indigene Völker i.S.d. G4 bezeichnen eine Minderheit, die sich von der sich in der Mehrheit befindenden nationalen Gesellschaft in sozialen, kulturellen, politischen oder ökonomischen Aspekten unterscheidet[1083]. Zudem fallen Bevölkerungsgruppen unter die Definition, deren Vorfahren vor einer Eroberung, Kolonisation oder Gründung eines Staates durch andere Völker in einer bestimmte Region lebten und bis heute eigene gesellschaftliche, kulturelle, wirtschaftliche oder politische Institutionen beibehalten haben[1084]. Zu möglichen Rechtsverstößen wird auf die Übereinkommen Nr. 107 (indigene und in Stämmen lebende Völker in unabhängigen Staaten) und Nr. 169 (Eingeborene und in Stämmen lebende Völker in unabhängigen Staaten) der ILO verwiesen, wonach z.B. gem. Art. 14 Nr. 1 des Übereinkommens Nr. 169 die Rechte bezogen auf in der Vergangenheit durch Minderheiten besiedeltes Land besonders zu schützen sind. Es ist nur über solche Vorfälle zu berichten, die auf einem Rechtsstreit basieren, durch einen Beschwerdemechanismus oder durch einen anderen von der Unternehmung installierten formalen Prozess aufgedeckt worden sind[1085].

Zur Konkretisierung der Maßnahmen, die von der Unternehmung als Reaktion auf den Vorfall ergriffen worden sind, ist die geforderte Quantifizierung innerhalb der folgenden Kategorien vorzunehmen[1086]:

- Vorfall geprüft,
- Abhilfemaßnahmen werden umgesetzt,

1081 Unverändert gegenüber dem Indikator HR9 nach den G 3.1, vgl. **GRI** (2011e), S. 11 i.V.m. **GRI** (2013b), S. 189.
1082 Vgl. **GRI** (2013b), S. 189.
1083 Vgl. **GRI** (2013b), S. 249.
1084 Vgl. **GRI** (2013b), S. 249.
1085 Vgl. **GRI** (2013b), S. 249.
1086 Vgl. **GRI** (2013b), S. 189.

- Abhilfemaßnahmen wurden umgesetzt und die Ergebnisse wurden geprüft,
- Vorfall abgeschlossen.

Im Nachhaltigkeitsbericht der Merck KGaA für das Geschäftsjahr 2012 wird hierzu ausgeführt, dass es im Berichtsjahr keine wesentlichen Fälle dieser Art gegeben habe[1087]. Aus welchem Grund – entgegen der Standardvorgabe – eine Differenzierung in wesentliche und unwesentliche Vorfälle vorgenommen wird, und mit Verweis auf unwesentliche Vorfälle eine Quantifizierung unterbleibt, ist nicht ersichtlich.

Aufgrund der Tatsache, dass sich der hier betrachtete Indikator lediglich in dem im Fokus stehenden Verstoß vom Indikator G4-HR3 unterscheidet, wird auf die Prüfungshandlungen und Schlussfolgerungen dort verwiesen[1088].

2.4.16 Beurteilungen

2.4.16.1 Total number and percentage of operations that have been subject to human rights reviews or impact assessments

Der Indikator G4-HR9[1089] bezieht sich auf die Berichterstattung über die Gesamtzahl und über den Anteil der Standorte der Unternehmung, die hinsichtlich menschenrechtlicher Aspekte untersucht worden sind[1090]. Konkrete inhaltliche Anforderungen an die Untersuchung werden dabei nicht gestellt, es muss sich lediglich um einen formalen oder dokumentierten und auf ausgewählten Kriterien basierenden Prozess handeln[1091].

Im Nachhaltigkeitsbericht der Merck KGaA für das Geschäftsjahr 2012 wird hierzu angegeben, dass im Berichtsjahr 40 Standorte in 35 Ländern von der internen Revision geprüft wurden[1092]. Die relative Angabe geht aus dem Bericht nicht unmittelbar hervor.

1087 Vgl. **Merck KGaA** (2013), S. 131.
1088 Siehe zum Indikator G4-HR3 Abschnitt C.2.4.10.1.
1089 Unverändert gegenüber dem Indikator HR10 nach den G 3.1, vgl. **GRI** (2011e), S. 12 i.V.m. **GRI** (2013b), S. 191.
1090 Vgl. **GRI** (2013b), S. 191.
1091 Vgl. **GRI** (2013b), S. 249.
1092 Vgl. **Merck KGaA** (2013), S. 14.

Zur Prüfung der Angabe der untersuchten Standorte könnten Nachweise zu den einzelnen Untersuchungen, wie z.B. Prüfberichte, herangezogen und es könnten die Personen befragt werden, die die Untersuchungen durchgeführt haben. Die Gesamtzahl der Standorte, die für die Angabe des Anteils der untersuchten Standorte benötigt wird, kann mit den Erkenntnissen aus der Gewinnung eines Verständnisses der Geschäftstätigkeit der Unternehmung abgestimmt werden. Schließlich könnte die Untersuchung inhaltlich, insbesondere die zugrunde gelegten Kriterien, gewürdigt werden.

Das inhärente Risiko wird als gering eingeschätzt, da keine Ermessensspielräume vorliegen und die Aussagenermittlung nicht als komplex angesehen wird.

2.4.17 Lieferantenauswahl nach Beachtung von Menschenrechten

2.4.17.1 Percentage of new suppliers that were screened using human rights criteria

Im Rahmen des Indikators G4-HR10[1093] ist über den Anteil neuer Lieferanten bzw. Dienstleister zu berichten, die hinsichtlich der Einhaltung von Menschenrechten untersucht worden sind[1094]. An die Untersuchung wird dabei die Anforderung gestellt, dass sie als formaler oder dokumentierter Prozess ausgestaltet sein muss[1095]. In die Ermittlung der Gesamtzahl neuer Lieferanten bzw. Dienstleister sind auch solche einzubeziehen, die lediglich in Erwägung gezogen, jedoch nicht tatsächlich Vertragspartner geworden sind[1096]. Als Konkretisierungen der Einhaltung von Menschenrechten werden unter anderem Kinderarbeit, Zwangs- und Pflichtarbeit und das Recht auf Vereinigung und Kollektivverhandlungen genannt[1097].

Da der Indikator sich lediglich in dem Untersuchungsgegenstand vom Indikator G4-EN32 unterscheidet – Umweltauswirkungen vs. Einhaltung von Menschenrechten – wird auf die Ausführungen zu Prüfungshandlungen und Schlussfolgerungen dort verwiesen[1098].

1093 In den G 3.1 existiert kein Pendant zum Indikator G4-HR10. Daher entfällt das Berichtsbeispiel.
1094 Vgl. **GRI** (2013b), S. 194.
1095 Vgl. **GRI** (2013b), S. 253.
1096 Vgl. **GRI** (2013b), S. 194.
1097 Vgl. **GRI** (2013b), S. 194.
1098 Zum Indikator G4-EN32 siehe Abschnitt C.2.3.10.1.

2.4.17.2 Significant actual and potential negative human rights impacts in the supply chain and actions taken

Der Indikator G4-HR11[1099] betrifft die Berichterstattung über negative Auswirkungen bezogen auf Menschenrechte, die in der Lieferkette der Unternehmung identifiziert worden sind, sowie damit zusammenhängende Maßnahmen der Unternehmung[1100]. Zur Konkretisierung der negativen Auswirkungen werden u.a. Kinderarbeit, Zwangsarbeit, Versammlungsfreiheit und Rechte von indigenen Völkern genannt[1101]. Folgende Informationen sind in diesem Zusammenhang zu berichten[1102]:

- Anzahl der Lieferanten oder Dienstleister, die hinsichtlich ihrer Auswirkungen bezogen auf Menschenrechte beurteilt worden sind,

- Anzahl der Lieferanten oder Dienstleister, die gemäß der vorgenommenen Beurteilung wesentliche negative Auswirkungen haben,

- Art der wesentlichen negativen Auswirkungen, die aus den vorgenommenen Beurteilungen hervorgehen,

- Anteil der identifizierten Lieferanten oder Dienstleister mit wesentlichen negativen Auswirkungen bezogen auf Menschenrechte, mit denen Maßnahmen zur Reduzierung der Auswirkungen vereinbart worden sind und

- Anteil der identifizierten Lieferanten oder Dienstleister mit wesentlichen negativen Auswirkungen bezogen auf Menschenrechte, mit denen die Geschäftsbeziehung aufgrund der vorgenommenen Beurteilung beendet worden ist und der Grund hierfür.

Zu möglichen Prüfungshandlungen und Schlussfolgerungen wird auf die Ausführungen zum Indikator G4-EN33 verwiesen, da die geforderten Informationen, mit Ausnahme der Art der Auswirkungen, identisch sind[1103].

1099 Der Indikator wurde durch die G4 eingeführt, daher entfällt das Berichtsbeispiel.
1100 Vgl. **GRI** (2013b), S. 195.
1101 Vgl. **GRI** (2013b), S. 195.
1102 Vgl. **GRI** (2013b), S. 195.
1103 Siehe zum Indikator G4-EN33 Abschnitt C.2.3.10.2.

2.4.18 Menschenrechte-Beschwerdemechanismen

2.4.18.1 Number of grievances about human rights impacts filed, addressed, and resolved through formal grievance mechanisms

Der Indikator G4-HR12[1104] behandelt die Berichterstattung über Beschwerden aufgrund von Menschenrechtsverstößen, die durch formale Beschwerdemechanismen der Unternehmung aufgedeckt worden sind[1105]. Folgende Angaben sind in diesem Zusammenhang zu tätigen[1106]:

- Gesamtzahl der im Berichtsjahr eingereichten Beschwerden,

    davon bearbeitet,

    davon abgeschlossen und

- Gesamtzahl der im Berichtsjahr abgeschlossenen Beschwerden, die in Vorjahren eingereicht wurden.

Im Nachhaltigkeitsbericht der BMW AG für das Geschäftsjahr 2012 wird hierzu ausgeführt, dass fünf Anfragen über die interne „Helpline BMW Group Human Rights Contact" eingegangen sind[1107]. Alle Anfragen seien im Rahmen eines vorab festgelegten Bearbeitungsprozesses bearbeitet worden, ohne dabei Verletzungen von Menschenrechten festgestellt zu haben[1108].

Aufgrund der Überschneidungen mit dem Indikator G4-EN34 – lediglich der Inhalt der Beschwerde unterscheidet sich zum hier betrachteten Indikator – wird auf die Ausführungen zu Prüfungshandlungen und Schlussfolgerungen dort verwiesen[1109].

1104 Im Vergleich zum Indikator HR11 nach den G 3.1 ist die Pflicht entfallen, die Beschwerdesteller kategorisiert nach Kriterien, wie z.B. dem Geschlecht, näher zu beschreiben, vgl. **GRI** (2011e), S. 13 i.V.m. **GRI** (2013b), S. 197.

1105 Vgl. **GRI** (2013b), S. 197. Analog zur Interpretation nach den Indikatoren G4-EN34 und G4-LA16 sind Beschwerdemechanismen dann formal ausgestaltet, wenn ihnen ein klarer, transparenter und vorab festgelegter Prozess zur Bearbeitung und Lösung von Beschwerden zugrunde liegt, vgl. **GRI** (2013b), S. 248.

1106 Vgl. **GRI** (2013b), S. 197.

1107 Vgl. **BMW AG** (2013), S. 16. Zitat **ebenda**.

1108 Vgl. **BMW AG** (2013), S. 16.

1109 Siehe zum Indikator G4-EN34 Abschnitt C.2.3.11.1.

2.4.19 Lokale Gemeinschaften

2.4.19.1 Percentage of operations with implemented local community engagement, impact assessments, and development programs

Nach dem Indikator G4-SO1[1110] ist über den prozentualen Anteil der Standorte zu berichten, an denen sich die Unternehmung für die lokale Gemeinschaft[1111] engagiert, Wirkungsanalysen durchführt und Entwicklungsprogramme[1112] umsetzt[1113]. Unter das Engagement, die Wirkungsanalysen und Entwicklungsprogramme fallen die folgenden Maßnahmen[1114]:

- Soziale Wirkungsanalysen basierend auf partizipativen Prozessen,

- Umweltverträglichkeitsprüfungen einschließlich kontinuierlicher Überwachungen,

- Veröffentlichung der Ergebnisse von sozialen Wirkungsanalysen und Umweltverträglichkeitsprüfungen,

- Entwicklungsprogramme zur Förderung der lokalen Gemeinschaft unter Berücksichtigung ihrer spezifischen Bedürfnisse,

- Plan zur Einbeziehung von Stakeholdern,

- Prozesse zur Kommunikation mit lokalen Gemeinschaften,

- Betriebsräte, Arbeitsschutzausschüsse und andere Formen der Arbeitnehmervertretung, die die Auswirkungen der Unternehmung auf die lokale Gemeinschaft behandeln und

---

1110 Unverändert gegenüber dem Indikator SO1 nach den G 3.1, vgl. **GRI** (2011f), S. 3 f. i.V.m. **GRI** (2013b), S. 200 f.

1111 Als lokale Gemeinschaft i.S.d. Indikators G4-SO1 gilt eine Gruppe natürlicher Personen, die von den wirtschaftlichen, sozialen oder ökologischen Auswirkungen der Unternehmung am jeweiligen Standort betroffen ist, vgl. **GRI** (2013b), S. 249.

1112 Dabei sind nur solche Entwicklungsprogramme relevant, die sich auf die Auswirkungen der Unternehmung beziehen und negative Auswirkungen vermindern oder positive Auswirkungen verstärken sollen, vgl. **GRI** (2013b), S. 246.

1113 Vgl. **GRI** (2013b), S. 200. In den folgenden Ausführungen zu sozialen Indikatoren wurde die Übersetzung aus dem Englischen unter Rückgriff auf die deutsche Übersetzung der sozialen Indikatoren in der Version G 3.0, **GRI** (2006f), vorgenommen; siehe analog Fn. 454.

1114 Vgl. **GRI** (2013b), S. 200.

- Formale Beschwerdeverfahren hinsichtlich der Auswirkungen auf lokale Gemeinschaften.

Die RWE AG führt hierzu im Nachhaltigkeitsbericht 2012 aus, dass der Kernenergieausstieg und die Abschaltung des Kernkraftwerks Biblis zum Arbeitsplatzabbau führt und der lokalen Wirtschaft Aufträge sowie der Gemeinde Gewerbesteuererlöse entgehen würden[1115]. Zur Abmilderung der Auswirkungen in dieser Region hat die RWE AG die Bürgerstiftung Biblis mit 500.000 Euro unterstützt[1116]. Wie hoch der prozentuale Anteil der Standorte i.S.d. Indikators G4-SO1 ist, geht aus den Ausführungen nicht hervor.

Zur Prüfung der Aussage kann zunächst auf die Erkenntnisse aus der Gewinnung eines Verständnisses der Geschäftstätigkeit der Unternehmung zurückgegriffen werden, aus der die Kenntnis über sämtliche Standorte der Unternehmung hervorgeht. Aufbauend auf der Grundgesamtheit könnten einzelfallbezogen Nachweise zu jedem Standort geprüft werden, zu dem die Unternehmung angibt, Maßnahmen durchgeführt zu haben. Dies setzt voraus, dass die durchgeführten Wirkungsanalysen bzw. Entwicklungsprogramme sowie das Engagement von der Unternehmung dokumentiert werden. Bspw. könnten soziale oder ökologische Wirkungsanalysen, Protokolle der Sitzungen von Ausschüssen oder dokumentierte Verfahrensrichtlinien für formale Beschwerdemechanismen eingesehen und inhaltlich auf Plausibilität untersucht werden. Zudem könnten Bestätigungen von Vertretern der lokalen Gemeinschaften über durchgeführte Maßnahmen eingeholt werden. Daneben könnten Beschäftigte befragt werden und es könnten, sofern sich finanzielle Auswirkungen ergeben, Aufwandskonten und ggf. daran anknüpfend Rechnungen, Verträge o.ä. Nachweise eingesehen werden. Schließlich könnte eine Abstimmung mit den zur Prüfung des Indikators G4-SO11 eingeholten Informationen erfolgen[1117].

Das inhärente Risiko wird mangels Ermessensspielräumen und geringer Komplexität der Aussagenermittlung als gering angesehen.

1115 Vgl. **RWE AG** (2013), S. 132.

1116 Vgl. **RWE AG** (2013), S. 132.

1117 Der Indikator G4-SO11 beinhaltet Beschwerdemechanismen hinsichtlich der Auswirkungen auf die Gesellschaft, siehe Abschnitt C.2.4.25.1.

2.4.19.2 Operations with significant actual or potential negative impacts on local communities

Der Indikator G4-SO2[1118] beinhaltet die Berichterstattung über Standorte der Unternehmung, von denen wesentliche tatsächliche oder potenzielle negative Auswirkungen auf die lokale Gemeinschaft ausgehen[1119]. Die Standorte und ihre wesentlichen tatsächlichen oder potenziellen negativen Auswirkungen sind explizit zu benennen[1120]. Als wesentliche Auswirkungen gelten solche, die isoliert betrachtet oder in Verbindung mit Charakteristika der lokalen Gemeinschaft einen überdurchschnittlich starken Einfluss auf das soziale, ökonomische oder ökologische Wohlbefinden tatsächlich ausüben oder potenziell ausüben könnten. Beispielhaft werden die Nutzung von gefährlichen Substanzen, insbesondere bezogen auf die Fertilität, Umweltverschmutzung, Verbrauch natürlicher Ressourcen und Landnutzungsveränderungen genannt[1121].

Die BASF SE führt hierzu in ihrem Integrierten Bericht 2012 aus, dass ihre Lieferanten – nach Kenntnisstand der BASF SE – ihre Mineralien nicht aus der Demokratischen Republik Kongo oder aus Nachbarländern beziehen (sog. Konfliktmineralien)[1122]. Welche tatsächlichen oder potenziellen negativen Auswirkungen von Standorten der BASF SE auf die lokalen Gemeinschaften ausgehen, geht aus der Aussage nicht hervor.

Die Prüfung der Aussage erscheint nur dann als möglich, wenn zu sämtlichen Standorten der Unternehmung eine (dokumentierte) Wirkungsanalyse vorgenommen wurde, die sodann als Grundlage für die Prüfung der Aussagen genutzt werden kann. Diese sollte unter Einbeziehung der betroffenen lokalen Stakeholder erfolgen, da ausschließlich sie in der Lage sind, über die individuelle Wesentlichkeit der Auswirkungen zu urteilen. Gemäß der Vorgabe der G4 sind die individuellen Charakteristika der Betroffenen bei der Definition der Wesentlichkeit zu berücksichtigen, daher erscheint die einzig zweckmäßige Lösung die Einbeziehung der Stakeholder und die Bestimmung der Wesentlichkeit durch sie. Durch ihre Einbeziehung scheint ferner das Problem lösbar, dass ansonsten

---

1118 Im Vergleich zum Indikator SO9 nach den G 3.1 unverändert, vgl. **GRI** (2011f), S. 5 i.V.m. **GRI** (2013b), S. 202.
1119 Vgl. **GRI** (2013b), S. 202.
1120 Vgl. **GRI** (2013b), S. 202.
1121 Vgl. **GRI** (2013b), S. 202.
1122 Vgl. **BASF SE** (2013), S. 93.

eine nicht überschaubare Anzahl Auswirkungen durch die Unternehmung bei der Wirkungsanalyse berücksichtigt werden müsste. Durch Einbeziehung der Stakeholder könnte erreicht werden, dass relevante Auswirkungen aufgedeckt werden.

Als Prüfungshandlung könnten die zuvor beschriebenen Wirkungsanalysen inhaltlich auf Plausibilität untersucht werden, z.B. unter Rückgriff auf die Erkenntnisse aus der Gewinnung eines Verständnisses der Geschäftstätigkeit der Unternehmung. Zudem könnten in sämtlichen G4-Indikatoren Auswirkungen enthalten sein, die Hinweise auf Auswirkungen auf die lokale Gemeinschaft enthalten, und insoweit zur Abstimmung herangezogen werden könnten. Schließlich könnte untersucht werden, ob sämtliche Stakeholder einbezogen worden sind, die von Auswirkungen der Unternehmung an einzelnen Standorten betroffen sein könnten.

Das inhärente Risiko wird aufgrund der komplexen Aussagenermittlung und vorliegender Ermessensspielräume als hoch eingeschätzt.

2.4.20 Korruption

2.4.20.1 Total number and percentage of operations assessed for risks related to corruption and the significant risks identified

Der Indikator G4-SO3[1123] bezieht sich auf die Berichterstattung über die Gesamtzahl und den Anteil der Standorte der Unternehmung, die auf Risiken von Korruption untersucht worden sind[1124]. Weiterhin sind wesentliche Risiken, die im Rahmen der Untersuchungen identifiziert worden sind, zu benennen[1125]. Als Korruption definieren die G4 grundsätzlich den Missbrauch einer Vertrauensstellung, um einen persönlichen Vorteil zu erlangen[1126]. Beispielhaft werden u.a. Bestechung, Betrug, Erpressung, Geldwäsche und die Annahme von Geld- oder Sachgeschenken in Verbindung mit dem Anreiz oder moralischen Druck zu ei-

---

1123 Im Vergleich zum Indikator SO2 nach den G 3.1 wurde die Definition der „Korruption" ergänzt und die Berichterstattung über wesentliche Risiken hinzugefügt, die im Rahmen der Untersuchung identifiziert worden sind, vgl. **GRI** (2011f), S. 8 i.V.m. **GRI** (2013b), S. 206.
1124 Vgl. **GRI** (2013b), S. 206, 250.
1125 Vgl. **GRI** (2013b), S. 206.
1126 Vgl. **GRI** (2013b), S. 246.

ner bestimmten Handlung genannt[1127]. An die Untersuchung werden keine hohen Anforderungen gestellt. Sie ist lediglich als formaler Prozess zur Risikobewertung oder als Risikofaktor innerhalb eines Risikomanagements auszugestalten[1128].

Im Nachhaltigkeitsbericht der RWE AG für das Geschäftsjahr 2012 wird hierzu ausgeführt, dass für alle direkt an die RWE AG berichtenden Konzerngesellschaften ein Risikoprofil zur Korruption erstellt worden ist[1129]. Die geforderte Angabe der Gesamtzahl der untersuchten Standorte ergibt sich nicht unmittelbar aus der berichteten Information. Die Benennung der identifizierten Risiken ist hingegen nicht zu beanstanden, da die Pflicht hierzu erst durch die G4 eingeführt worden ist.

Zur Prüfung des Indikators kann auf den Indikator G4-HR9 verwiesen werden, da die beiden Indikatoren sich lediglich in dem Inhalt der Untersuchung unterscheiden – Menschenrechte vs. Korruption -[1130]. Ergänzend könnte, sofern eine Prüfung des Risikofrüherkennungssystems vorgenommen wurde, auf die Erkenntnisse hieraus zurückgegriffen werden[1131]. Zudem könnte ein Abgleich der Standorte mit dem Korruptionsindex von Transparency International vorgenommen werden, um risikobehaftete Standorte zu identifizieren[1132].

1127 Vgl. **GRI** (2013b), S. 246. Die kodifizierten Korruptionsdelikte wie z.B. die Bestechung nach § 299 StGB oder die Vorteilsannahme nach § 331 StGB, siehe ausführlich **Melcher** (2009), S. 91 f., werden demnach von der Definition erfasst, sind jedoch nur als Teilmenge möglicher Korruptionsarten i.S.d. G4 zu interpretieren.

1128 Vgl. **GRI** (2013b), S. 206.

1129 Vgl. **RWE AG** (2013), S. 37.

1130 Siehe zum Indikator G4-HR9 Abschnitt C.2.4.16.1.

1131 So sind börsennotierte Aktiengesellschaften gem. § 317 Abs. 1 HGB dazu verpflichtet, ihr Risikofrüherkennungssystem prüfen zu lassen. Siehe ausführlich zur Prüfung z.B. **Marten/Quick/Ruhnke** (2011), S. 284 ff.

1132 Zum aktuellsten Index siehe **Transparency International** (2013), abrufbar unter http://www.transparency.org.

2.4.20.2 Communication and training on anti-corruption policies and procedures

Im Rahmen des Indikators G4-SO4[1133] ist über die Kommunikation und Weiterbildung mit dem Ziel der Vermeidung von Korruption zu berichten[1134]. Folgende Informationen sind zu benennen[1135]:

- Gesamtzahl und Prozentsatz der leitenden Angestellten, denen Maßnahmen und Verfahren zur Korruptionsbekämpfung kommuniziert worden sind, getrennt nach Regionen,
- Gesamtzahl und Prozentsatz der Beschäftigten, denen Maßnahmen und Verfahren zur Korruptionsbekämpfung kommuniziert worden sind, getrennt nach Tätigkeitskreisen und Regionen,
- Gesamtzahl und Prozentsatz der Geschäftspartner, denen Maßnahmen und Verfahren zur Korruptionsbekämpfung kommuniziert worden sind, getrennt nach Arten der Geschäftspartner[1136] und Regionen,
- Gesamtzahl und Prozentsatz der leitenden Angestellten, die Weiterbildungen zum Thema Korruptionsbekämpfung erhalten haben, getrennt nach Regionen und
- Gesamtzahl und Prozentsatz der Beschäftigten, die Weiterbildungen zum Thema Korruptionsbekämpfung erhalten haben, getrennt nach Tätigkeitskreisen und Regionen.

Im Integrierten Bericht der BASF SE für das Geschäftsjahr 2012 wird hierzu ausgeführt, dass im Berichtsjahr mehr als 49.000 Mitarbeiter an Schulungen zu diversen Themen teilgenommen haben[1137]. Wie viele Mitarbeiter zum Thema Korruption geschult worden sind bzw. wie hoch der Anteil der Mitarbeiter ist, sind der Angabe nicht zu entnehmen. Da die Berichterstattung durch die G4 um-

---

1133 Im Vergleich zum Indikator SO3 nach den G 3.1 wurden die Berichterstattung über die Kommunikation von Maßnahmen und Verfahren zur Korruptionsbekämpfung, die Berichterstattung über Geschäftspartner sowie die tätigkeitskreisbezogene Angabe bezüglich der Beschäftigten ergänzt, vgl. **GRI** (2011f), S. 9 i.V.m. **GRI** (2013b), S. 207.
1134 Vgl. **GRI** (2013b), S. 207.
1135 Vgl. **GRI** (2013b), S. 207.
1136 Die G4 nennen beispielhaft u.a. Lieferanten, Kunden, Franchisenehmer und –geber und Großhändler, vgl. **GRI** (2013b), S. 245.
1137 Vgl. **BASF SE** (2013), S. 129.

fangreich ausgeweitet wurde, können die fehlenden weiteren Angaben nicht beanstandet werden.

Die Aussagen zur Kommunikation an die leitenden Angestellten und übrigen Beschäftigten könnten z.b. durch unterschriebene Empfangsbestätigungen und Befragungen nachvollzogen werden. Sofern die Informationen mit Beginn der Arbeitsverhältnisse ausgehändigt werden, könnten interne Bearbeitungslisten herangezogen werden, die über ausgehändigte Materialien informieren. Zur Prüfung der jeweiligen Quoten könnte auf die Gesamtzahl der Beschäftigten zurückgegriffen werden, die im Anhang gem. § 285 Nr. 7 HGB zu berichten ist. Zudem könnten Abstimmungen mit weiteren Indikatoren erfolgen, wie G4-LA9 und G4-LA12 zur Gesamtzahl der Beschäftigten und der Zuweisung von Tätigkeitskreisen und Regionen.

Zur Prüfung der Aussagen zu Geschäftspartnern könnte zunächst die vorgenommene Einteilung unter Rückgriff auf Informationen aus der Finanzbuchhaltung untersucht werden. So könnte z.b. anhand des Buchungsweges (Materialaufwands-, Personalaufwandskonten oder sonstige Aufwendungen sowie Umsatzerlöse oder sonstige betriebliche Erträge oder aktivierte Vermögensgegenstände) einzelner Transaktionen nachvollzogen werden, welche Art der Geschäftsbeziehung ausschließlich oder im Wesentlichen mit einem Geschäftspartner vorliegt, ggf. ergänzt durch einzelfallbezogene Nachweise wie Rechnungen oder Verträge. Konkrete Hinweise zur kommunizierten Korruptionsbekämpfung könnten z.B. Rahmenverträge, Absichtserklärungen oder Verhaltensvereinbarungen enthalten. Ferner könnten Empfangsbestätigungen der Geschäftspartner herangezogen werden. Der prozentuale Anteil der Geschäftspartner könnte ebenfalls unter Rückgriff auf Informationen aus der Finanzbuchhaltung geprüft werden, indem die Gesamtzahl aktiver Geschäftspartner mit den Jahresverkehrszahlen in der Berichtsperiode abgeglichen wird.

Die Informationen zu Weiterbildungsmaßnahmen werden bereits für den Indikator G4-LA9 stundenbezogen erfasst, sodass im Rahmen des hier betrachteten Indikators lediglich eine Überleitung auf die Anzahl vorzunehmen ist, die insofern nachvollzogen werden könnte.

Die regionale Einteilung der Aussagen könnte unter Rückgriff auf die Informationen erfolgen, die sich aus der Gewinnung eines Verständnisses der Geschäftstätigkeit der Unternehmung sowie der Prüfung der Personalaufwendungen ergeben. In der Regel sollten sich hieraus ausreichende Informationen über die Personalzuteilung zu einzelnen Standorten ergeben, die sodann mit der vorgenommenen Zuteilung der Unternehmung abgeglichen werden könnte.

Das inhärente Risiko wird als gering eingeschätzt, da keine Ermessensspielräume vorliegen und die Ermittlung der Aussagen als nicht komplex angesehen wird.

2.4.20.3 Confirmed incidents of corruption and actions taken

Der Indikator G4-SO5[1138] betrifft die Berichterstattung über begründete Korruptionsfälle[1139] und die daraufhin von der Unternehmung getroffenen Maßnahmen[1140]. Als begründet gelten Korruptionsfälle, die einerseits nicht mehr Gegenstand einer Untersuchung sind, und andererseits im Rahmen der Untersuchung als substanziiert eingestuft worden sind[1141]. Folgende Angaben sind in diesem Zusammenhang zu tätigen[1142]:

- Gesamtzahl und Art der bestätigten Korruptionsfälle,

- Gesamtzahl der bestätigten Korruptionsfälle, die eine Kündigung oder Disziplinarmaßnahmen für Beschäftigte zur Folge hatten,

- Gesamtzahl der bestätigten Korruptionsfälle, die eine Beendigung der Geschäftsbeziehung mit einem Geschäftspartner zur Folge hatten und

- Im Berichtsjahr wegen Korruption begonnene oder abgeschlossene Gerichtsverfahren gegen die Unternehmung oder Beschäftigte und deren Ergebnis.

Im Nachhaltigkeitsbericht der Volkswagen AG für das Geschäftsjahr 2012 wird hierzu ausgeführt, dass zwei externe Rechtsanwälte mit der Entgegennahme von Hinweisen auf Korruption beauftragt waren[1143]. Basierend auf eingegangenen Hinweisen und der weiteren Nachverfolgung sei es 2012 zu personellen Maß-

---

1138 Gegenüber dem Indikator SO4 nach den G 3.1 ist die Angabe der Gesamtzahl und Art der begründeten Korruptionsfälle hinzugekommen. Zudem ist nicht mehr nur über abgeschlossene Gerichtsverfahren, sondern auch über im Berichtsjahr begonnene Verfahren zu berichten, vgl. **GRI** (2011f), S. 10 i.V.m. GRI (2013b), S. 208.
1139 Zum Begriff der Korruption i.S.d. G4 siehe die Erläuterungen zu G4-SO3 in Abschnitt C.2.4.20.1.
1140 Vgl. GRI (2013b), S. 208.
1141 Vgl. GRI (2013b), S. 246.
1142 Vgl. GRI (2013b), S. 208.
1143 Vgl. **Volkswagen AG** (2013), S. 45.

nahmen bei insgesamt 24 Mitarbeitern gekommen, wovon bei 13 Mitarbeitern das Arbeitsverhältnis gekündigt wurde[1144]. Zudem wurden laut der Volkswagen AG vereinzelt Verträge mit Geschäftspartnern aufgrund von Korruptionsfällen beendet[1145]. Die explizit geforderte Anzahl der beendeten Vertragsbeziehungen wird nicht genannt, ferner werden keine Gerichtsverfahren benannt respektive die Existenz negiert.

Die Angabe zur Gesamtzahl der bestätigten Korruptionsfälle ist Teilmenge der bekannt gewordenen Korruptionsverdachtsfälle. Diese könnten bei externer Beauftragung von Ombudsmännern, wie im obigen Beispiel der Volkswagen AG, mit Bestätigungen Dritter abgestimmt werden. Ferner könnten Korruptionsverdachtsfälle eingesehen werden, um das Ergebnis der Prüfung auf Plausibilität zu untersuchen. Sofern die Hinweisgebung ausschließlich oder zusätzlich intern stattfindet, könnten Verfahrensanweisungen oder interne Handbücher zur Qualitätskontrolle eingesehen werden, und es könnten Beschäftigte befragt werden. Daran anschließend könnten einzelfallbezogene Nachweise zu bestätigten und unbestätigten Fällen untersucht werden. Zudem könnten sich aus den Indikatoren G4-SO8 zu finanziellen und nichtfinanziellen Strafen aufgrund von Rechtsverstößen[1146] und G4-SO11 zum Beschwerdemechanismus aufgrund von Auswirkungen auf die Gesellschaft[1147] Anhaltspunkte für bestätigte oder unbestätigte Korruptionsfälle ergeben. Die übrigen geforderten Angaben zur Art der Korruptionsfälle und zu den getroffenen Maßnahmen können mit einzelfallbezogenen Nachweisen zu einzelnen Korruptionsfällen abgestimmt werden. Kündigungen aufgrund von Korruptionsfällen könnten ferner durch Kündigungsschreiben und der Entwicklung der Personalaufwendungen bestätigt werden. Aussagen zur Beendigung von Geschäftsverhältnissen können ferner unter Berücksichtigung des Zeitpunkts der Beendigung mit finanzwirtschaftlichen Informationen, wie den Jahresverkehrszahlen mit dem jeweiligen Geschäftspartner in der Finanzbuchhaltung, abgestimmt werden.

Zur Prüfung der Aussagen zu begonnenen und abgeschlossenen Gerichtsverfahren könnte unmittelbar auf Nachweise zurückgegriffen werden, die sich aus der

---

1144 Vgl. **Volkswagen AG** (2013), S. 46.
1145 Vgl. **Volkswagen AG** (2013), S. 46.
1146 Siehe zur Einordnung der Korruption als Rechtsverstoß Fn. 1127.
1147 Korruption könnte als Beschwerde wegen negativer Auswirkungen auf die Gesellschaft innerhalb des Beschwerdemechanismus i.S.d. G4-SO11 vorkommen. Zum Indikator G4-SO11 siehe Abschnitt C.2.4.25.1 und zum Indikator G4-SO8 Abschnitt C.2.4.23.1.

2 Analyse der Möglichkeiten und Grenzen der Prüfung der Leistungsindikatoren nach den G4

Jahresabschlussprüfung ergeben. Aufgrund möglicher finanzieller Abflüsse dürften die hier relevanten Gerichtsverfahren Gegenstand der Rückstellungsbildung, oder zumindest hierfür in Erwägung gezogen worden sein. Darauf aufbauend können die zu berichtenden Informationen mit Nachweisen zu den einzelnen Gerichtsverfahren abgestimmt werden, wie bspw. Korrespondenz mit Anwälten oder Prozessunterlagen. Ferner könnte eine Abstimmung mit den im Rahmen der Prüfung des Indikators G4-SO8 hinsichtlich finanzieller und nichtfinanzieller Strafen aufgrund von Rechtsverstößen erlangten Erkenntnissen vorgenommen werden. Weitere Anhaltspunkte könnten sich ergeben aus Aufwandskonten, wie z.B. „Rechts- und Beratungskosten", aus Rechtsanwaltsbestätigungen[1148] sowie aus der Steuererklärung und der Deklaration der nicht abzugsfähigen Betriebsausgaben[1149].

Das inhärente Risiko wird als gering eingestuft, da keine Ermessensspielräume bestehen und die Ermittlung der Aussagen nicht als komplex angesehen wird.

2.4.21 Politik

2.4.21.1 Total value of political contributions by country and recipient/beneficiary

Der Indikator G4-SO6[1150] behandelt die Berichterstattung über den Gesamtwert der finanziellen Zuwendungen und Sachzuwendungen[1151] an politische Parteien oder einzelne Politiker bzw. Kandidaten[1152]. Hierzu zählen auch Zuwendungen, die mittelbar vorgenommen werden, z.B. an Lobbyisten oder Verbände, die Parteien unterstützen[1153]. Die Angabe ist getrennt nach Ländern und Empfängern

---

1148 Alternativ könnte die interne Rechtsabteilung konsultiert werden.
1149 Siehe hierzu bereits die Ausführungen zum Indikator G4-EN29, Abschnitt C.2.3.8.1.
1150 Im Gegensatz zum Indikator SO6 nach den G 3.1 besteht die Pflicht, den Empfänger bzw. Begünstigten der Zuwendung zu benennen; die zuvor bestehende Einschränkung der länderspezifischen Angaben auf solche Zuwendungen, die als wesentlich eingestuft worden sind, ist entfallen, vgl. **GRI** (2011f), S. 12 i.V.m. **GRI** (2013b), S. 210.
1151 Der Begriff wird nicht näher erläutert, stattdessen werden beispielhaft u.a. Werbung, Nutzungsrechte und Beratungsleistungen genannt, vgl. **GRI** (2013b), S. 251.
1152 Vgl. **GRI** (2013b), S. 210.
1153 Vgl. **GRI** (2013b), S. 210, 249.

bzw. Begünstigten vorzunehmen[1154]. Sofern über Sachzuwendungen berichtet wird, sind die der Bewertung zugrunde gelegten Methoden zu nennen[1155].

Der Nachhaltigkeitsbericht der Daimler AG für das Geschäftsjahr 2012 enthält hierzu die Aussage, dass im Berichtsjahr ausschließlich in Deutschland Zuwendungen an politische Parteien vorgenommen worden sind[1156]. Von insgesamt 435.000 Euro erhielten die CDU und SPD jeweils 150.000 Euro, sowie die FDP, CSU und BÜNDNIS 90/DIE GRÜNEN je 45.000 Euro[1157].

Zur Prüfung der Aussagen ist zunächst zwischen direkten und indirekten Zuwendungen zu unterscheiden. Direkte Zuwendungen an politische Parteien, die den Wert von 50.000 Euro übersteigen, sind in Deutschland gem. § 25 Abs. 3 S. 3 PartG[1158] durch die Partei gegenüber dem Bundestagspräsidenten offenzulegen. Zudem sind sie gem. § 25 Abs. 3 S. 3 PartG als Bundestagsdrucksache zu veröffentlichen. Im obigen Beispiel der Daimler AG finden sich die einzelnen Spenden in der BT-Drs. 17/9893 vom 11.06.2012[1159] und können somit unmittelbar nachvollzogen werden. Zuwendungen, die den Wert von 50.000 Euro unterschreiten, unterliegen grundsätzlich[1160] nicht den in § 25 Abs. 3 S. 3 PartG genannten Pflichten. Als Anhaltspunkt für die Prüfung dieser Zuwendungen könnten z.B. die im Rahmen der Steuererklärung zu deklarierenden nicht abzugsfähigen Betriebsausgaben genutzt werden, denn Zuwendungen an politische Parteien sind nur bei der Einkommensermittlung natürlicher Personen abzugsfähig[1161]. Zusätzlich könnten Konten in der Finanzbuchhaltung untersucht werden, auf denen nicht abzugsfähige Betriebsausgaben erfasst werden. Die Ausführungen gelten sowohl für finanzielle Zuwendungen, als auch für Sachzuwendungen. Indirekte Zuwendungen können ebenfalls mittels der zuvor beschriebenen Ansatzpunkte in der Finanzbuchhaltung geprüft werden. Zudem könnten Bestätigungen der Empfänger eingeholt werden.

1154 Vgl. **GRI** (2013b), S. 210.
1155 Vgl. **GRI** (2013b), S. 210.
1156 Vgl. **Daimler AG** (2013), S. 84.
1157 Vgl. **Daimler AG** (2013), S. 84.
1158 Gesetz über die politischen Parteien (Parteiengesetz).
1159 Vgl. BT-Drs. 17/9893 vom 11.06.2012, S. 1.
1160 Hiermit soll auf die Möglichkeit der Zusammenfassung von Stückelungen zu einer Einzelspende hingewiesen werden, vgl. **Saliger** (2005), S. 538.
1161 Die steuerliche Berücksichtigung wurde zum 1.1.1994 abgeschafft, um Missbrauch durch Mehrfachnutzung der Höchstbeträge zu unterbinden, vgl. **Lambrecht**, in: Gosch (2009), § 9 Rz. 3.

Das inhärente Risiko wird als gering eingestuft, da keine Ermessensspielräume vorliegen und die Ermittlung der Aussagen nicht als komplex angesehen wird.

2.4.22 Wettbewerbswidriges Verhalten

2.4.22.1 Total number of legal actions for anti-competitive behavior, anti-trust, and monopoly practices and their outcomes

Der Indikator G4-SO7[1162] beinhaltet die Berichterstattung über die Gesamtzahl von Klagen gegen die Unternehmung wegen wettbewerbswidrigen Verhaltens und Verstößen gegen kartell- und monopolrechtliche Vorschriften, die im Berichtsjahr anhängig sind oder beendet wurden[1163]. Zu im Berichtsjahr abgeschlossenen Gerichtsverfahren sind zudem die Ergebnisse offenzulegen[1164].

Als wettbewerbswidriges Verhalten definieren die G4 Handlungen der Unternehmung bzw. der Beschäftigten, mit der Absicht, die durch Wettbewerb eintretenden Effekte zu begrenzen, wie bspw. durch Preisabsprachen oder Angebotsbeschränkungen[1165]. Als Beispiele für kartell- und monopolbildende Handlungen nennen die G4 u.a. die Ausnutzung der Marktposition und Preisabsprachen zum Zwecke der Wettbewerbseinschränkung[1166].

Im Nachhaltigkeitsbericht der Merck KGaA für das Geschäftsjahr 2012 wird darauf verwiesen, dass die Merck KGaA gegenwärtig in zwei kartellrechtliche Verfahren involviert ist[1167].

Zur Prüfung der Aussagen kann unmittelbar auf Informationen zurückgegriffen werden, die sich aus der Jahresabschlussprüfung ergeben. Aufgrund der möglichen finanziellen Auswirkungen der Klagen, könnte die Rückstellungsbildung in der Berichtsperiode sowie früheren Perioden bzw. der Rückstellungsverbrauch in der Berichtsperiode Hinweise enthalten. Zudem könnten Aufwandskonten zu

---

1162 Unverändert gegenüber dem Indikator SO7 nach den G 3.1, vgl. **GRI** (2011f), S. 13 i.V.m. **GRI** (2013b), S. 212.
1163 Vgl. **GRI** (2013b), S. 212.
1164 Vgl. **GRI** (2013b), S. 212.
1165 Vgl. **GRI** (2013b), S. 245. Ähnlich wird in Deutschland der Tatbestand der Kartellabsprache definiert: Verhinderung, Einschränkung oder Verfälschung des Wettbewerbs, vgl. **Lammich**, RIW 1991, S. 541 i.V.m. § 1 GWB (Gesetz gegen Wettbewerbsbeschränkungen).
1166 Vgl. **GRI** (2013b), S. 245.
1167 Vgl. **Merck KGaA** (2013), S. 132.

Rechts- und Beratungskosten und Rechtsanwaltsbestätigungen[1168] herangezogen werden. Zur Prüfung der Aussagen zum Ergebnis abgeschlossener Gerichtsverfahren könnten die dokumentierten Urteile zu den jeweiligen Verfahren herangezogen werden.

Das inhärente Risiko wird als gering angesehen, da keine Ermessensspielräume vorliegen und die Ermittlung der Aussage als nicht komplex eingestuft wird.

2.4.23 Einhaltung von Gesetzen

2.4.23.1 Monetary value of significant fines and total number of non-monetary sanctions for non-compliance with laws and regulations

Nach dem Indikator G4-SO8[1169] sind die Summe wesentlicher Bußgelder sowie die Anzahl sich finanziell nicht auswirkender Sanktionen aufgrund von Rechtsverstößen offenzulegen[1170]. Weiterhin ist anzugeben, wie viele der Rechtsverstöße aus Streitbeilegungsmechanismen offenkundig wurden[1171]. Sind im Berichtsjahr keine Rechtsverstöße bekannt geworden, ist dies zu nennen[1172]. Des Weiteren ist anzugeben, auf welchen Gesetzen die Rechtsverstöße beruhen[1173]. Die unter den Indikatoren G4-EN29 (Umweltgesetze) und G4-PR9 (Produkthaftung) erfassten Sachverhalte dürfen nicht in die Ermittlung eingehen[1174].

Im Integrierten Bericht der BASF SE für das Jahr 2012 wird hierzu unter anderem berichtet, dass in den Jahren 2011 und 2012 diverse Verfahren wegen Verletzung kartellrechtlicher Vorschriften durch angebliche Preisabsprachen durch Vergleiche in Höhe von über 100 Millionen US-Dollar beendet worden sind[1175]. Weiterhin wird angegeben, dass die BASF SE und ihre Beteiligungsgesellschaften Beklagte bzw. Beteiligte in weiteren Klageverfahren und behördlichen Ver-

---

1168 Bzw. könnte die interne Rechtsabteilung konsultiert werden.
1169 Während der Indikator SO8 nach den G 3.1 lediglich die Empfehlung zur Angabe der wesentlich betroffenen Themen der Rechtsverstöße beinhaltete, verlangt der Indikator G4-SO8 diese Angabe, vgl. **GRI** (2011f), S. 14 i.V.m. **GRI** (2013b), S. 214.
1170 Vgl. **GRI** (2013b), S. 214.
1171 Vgl. **GRI** (2013b), S. 214.
1172 Vgl. **GRI** (2013b), S. 214.
1173 Vgl. **GRI** (2013b), S. 214.
1174 Vgl. **GRI** (2013b), S. 214.
1175 Vgl. **BASF SE** (2013), S. 196.

2 Analyse der Möglichkeiten und Grenzen der Prüfung der Leistungsindikatoren nach den G4   245

fahren sind, die jedoch keinen erheblichen Einfluss auf die wirtschaftliche Lage haben[1176].

Zunächst offenbart sich, wie bereits im Rahmen des Indikators G4-EN29 angeführt, die Schwäche aus der fehlenden Wesentlichkeitsdefinition im Standard bzw. der fehlenden Pflicht zur Offenlegung der zugrunde gelegten Definition. Ohne die Kenntnis über die zugrunde gelegte Wesentlichkeit ist der Nutzen der Angabe fragwürdig. Ferner wird im Beispiel für zwei Jahre (2011 und 2012) berichtet und es wird die absolute Angabe der sich finanziell nicht auswirkenden Gesetzesverstöße gänzlich unterlassen; stattdessen wird auf die den Adressaten unbekannte Unwesentlichkeit verwiesen.

Aufgrund unwesentlicher Unterscheidungen zum Indikator G4-EN29 – lediglich die Ausführungen zur Meldepflicht bei Umweltauswirkungen sind nicht analog anwendbar – wird auf die Ausführungen dort verwiesen[1177].

Ergänzend könnte eine Abstimmung mit den Indikatoren betreffend Beschwerdemechanismen (G4-LA16, -HR12 und -SO11) vorgenommen werden.

2.4.24 Lieferantenauswahl nach Auswirkungen auf die Gesellschaft

2.4.24.1 Percentage of new suppliers that were screened using criteria for impacts on society

Im Rahmen des Indikators G4-SO9[1178] ist anzugeben, wie hoch der prozentuale Anteil neuer Lieferanten und Dienstleister ist, die auf ihre Auswirkungen auf die Gesellschaft beurteilt worden sind[1179]. An die Untersuchung neuer Lieferanten bzw. Dienstleister werden zwar keine konkreten Anforderungen gestellt, der Prozess muss jedoch formal ausgestaltet sein oder dokumentiert werden[1180]. Auswirkungen auf die Gesellschaft können sich z.B. durch Bestechung oder Korruption, Beteiligung an der politischen Willensbildung oder Monopolbildung ergeben[1181]. Zur Gesamtzahl der neuen Lieferanten bzw. Dienstleister zählen

---

1176 Vgl. **BASF SE** (2013), S. 196.
1177 Siehe zum Indikator G4-EN29 Abschnitt C.2.3.8.1.
1178 In den G 3.1 existiert kein Pendant zum Indikator G4-SO9, daher entfällt das Berichtsbeispiel.
1179 Vgl. **GRI** (2013b), S. 217.
1180 Vgl. **GRI** (2013b), S. 253.
1181 Vgl. **GRI** (2013b), S. 253 i.V.m. **GRI** (2006f), S. 2.

auch solche, die lediglich in Erwägung gezogen aber letztlich nicht Vertragspartner geworden sind[1182].

Da die Berichterstattung nach dem Indikator G4-EN32 unwesentlich von der hier betrachteten Berichterstattung abweicht – abgesehen von den zu beurteilenden Kriterien (Umwelt vs. Gesellschaft) - wird auf die Ausführungen dort verwiesen[1183].

2.4.24.2 Significant actual and potential negative impacts on society in the supply chain and actions taken

Der Indikator G4-SO10[1184] betrifft die Berichterstattung über wesentliche negative Auswirkungen auf die Gesellschaft, die in der Lieferkette der Unternehmung identifiziert worden sind, und die daraufhin eingeleiteten Maßnahmen[1185]. Zur Konkretisierung der Auswirkungen wird auf die Unterkategorien der gesellschaftlichen Indikatoren verwiesen, wie z.B. Korruption, Einflussnahme auf die politische Willensbildung und wettbewerbswidriges Verhalten[1186].

Folgende Angaben werden in diesem Zusammenhang verlangt[1187]:

- Anzahl der Lieferanten oder Dienstleister, die hinsichtlich ihrer Auswirkungen auf die Gesellschaft beurteilt worden sind,

- Anzahl der Lieferanten oder Dienstleister, die gemäß der vorgenommenen Beurteilungen wesentliche negative Auswirkungen auf die Gesellschaft haben,

- Art der wesentlichen negativen Auswirkungen auf die Gesellschaft, die aus den vorgenommenen Beurteilungen hervorgehen,

- Anteil der identifizierten Lieferanten oder Dienstleister mit wesentlichen negativen Auswirkungen auf die Gesellschaft, mit denen Maßnahmen zur Reduzierung der Auswirkungen vereinbart worden sind und

- Anteil der identifizierten Lieferanten oder Dienstleister mit wesentlichen negativen Auswirkungen auf die Gesellschaft, mit denen die Geschäftsbe-

---

1182 Vgl. **GRI** (2013b), S. 217.
1183 Zum Indikator G4-EN32 siehe Abschnitt C.2.3.10.1.
1184 Mit den G4 neu eingeführter Indikator, insofern entfällt das Berichtbeispiel.
1185 Vgl. **GRI** (2013b), S. 218.
1186 Vgl. **GRI** (2013b), S. 218. Zu den Unterkategorien siehe Abbildung 9.
1187 Vgl. **GRI** (2013b), S. 218.

ziehung aufgrund der vorgenommenen Beurteilung beendet worden ist und der Grund hierfür.

Aufgrund der Tatsache, dass die hier geforderten Angaben mit denen übereinstimmen, die nach dem Indikator G4-EN33 berichtet werden – mit der Ausnahme der Art der Auswirkungen (Umwelt vs. Gesellschaft) -, wird auf die Ausführungen dort verwiesen[1188].

2.4.25 Beschwerdemechanismen für Auswirkungen auf die Gesellschaft

2.4.25.1 Number of grievances about impacts on society filed, addressed, and resolved through formal grievance mechanisms

Der Indikator G4-SO11[1189] bezieht sich auf die Berichterstattung über Beschwerden wegen der Auswirkungen der Unternehmung auf die Gesellschaft, die durch formale bzw. dokumentierte Beschwerdemechanismen[1190] der Unternehmung aufgedeckt worden sind[1191]. Folgende Angaben sind in diesem Zusammenhang zu tätigen[1192]:

- Gesamtzahl der im Berichtsjahr eingereichten Beschwerden,

    davon bearbeitet,

    davon abgeschlossen und

- Gesamtzahl der im Berichtsjahr abgeschlossenen Beschwerden, die in Vorjahren eingereicht wurden.

Hinsichtlich möglicher Prüfungshandlungen und ableitbarer Schlussfolgerungen wird auf den Indikator G4-EN34 verwiesen, da dieser sich zum hier betrachteten Indikator lediglich in dem Grund der Beschwerde (Umweltauswirkungen vs. Auswirkungen auf die Gesellschaft) unterscheidet[1193].

1188 Siehe zum Indikator G4-EN33 Abschnitt C.2.3.10.2.
1189 Neu eingeführt im Vergleich zu den G 3.1, daher entfällt das Berichtsbeispiel.
1190 Formal ausgestaltet sind nach den G4 Beschwerdemechanismen dann, wenn sie einem klaren, transparenten und vorab definierten Prozess zur Bearbeitung und Lösung von Beschwerden zugrunde liegen, vgl. **GRI** (2013b), S. 248.
1191 Vgl. **GRI** (2013b), S. 220.
1192 Vgl. **GRI** (2013b), S. 220.
1193 Zum Indikator G4-EN34 siehe Abschnitt C.2.3.11.1.

2.4.26 Kundengesundheit und -sicherheit

2.4.26.1 Percentage of significant product and service categories for which health and safety impacts are assessed for improvement

Der Indikator G4-PR1[1194] beinhaltet die Berichterstattung darüber, wie hoch der Anteil wesentlicher Produkt- und Dienstleistungskategorien ist, die auf ihre Auswirkungen auf Gesundheit und Sicherheit untersucht worden sind, um Verbesserungspotenziale zu ermitteln[1195]. Produkt- und Dienstleistungskategorien zeichnen sich durch die „spezifische Bedürfnisbefriedigung" aus, die bereits im Rahmen des Indikators G4-EN28 erläutert wurde[1196].

Der Nachhaltigkeitsbericht der K+S AG für das Geschäftsjahr 2012 enthält hierzu die Aussage, dass alle Produkte auf Risiken für Gesundheit und Sicherheit überprüft werden[1197].

Zur Prüfung der Aussagen kann zunächst auf die Erkenntnisse aus der Gewinnung eines Verständnisses der Geschäftstätigkeit der Unternehmung zurückgegriffen werden. Aus der Kenntnis über die angebotenen Produkte und Dienstleistungen, ergänzt durch Erkenntnisse aus der Prüfung der Umsatzerlöse und u.U. der sonstigen betrieblichen Erträge, kann die von der Unternehmung ermittelte Ausgangsbasis zur Zusammenfassung von Produkt- und Dienstleistungskategorien abgestimmt werden. Die darauf aufbauende Zusammenfassung kann inhaltlich auf Plausibilität untersucht werden. Aufbauend auf der gewählten Wesentlichkeitsdefinition kann die Selektion der wesentlichen Kategorien geprüft werden. Weiterhin kann die Definition inhaltlich auf Plausibilität geprüft werden und es könnte eine Abstimmung mit Erlösgrößen vorgenommen werden, um die Wesentlichkeitsdefinition zu bestätigen. Zudem kann eine Abstimmung mit der Selektion nach dem Indikator G4-EN28 vorgenommen werden.

1194 Im Vergleich zum Indikator PR1 nach den G 3.1 ist die Pflicht entfallen, zu jeder einzelnen Lebenszyklusphase anzugeben, ob Untersuchungen bzgl. der Gesundheit und Sicherheit vorgenommen worden sind, vgl. **GRI** (2011g), S. 3 i.V.m. **GRI** (2013b), S. 223.

1195 Vgl. **GRI** (2013b), S. 223. In den folgenden Ausführungen zu den Indikatoren zur Produktverantwortung wurde die Übersetzung aus dem Englischen unter Rückgriff auf die deutsche Übersetzung der Indikatoren zur Produktverantwortung in der Version G 3.0, **GRI** (2006g), vorgenommen; siehe analog Fn. 454.

1196 Vgl. **GRI** (2013b), S. 251 und zum Indikator G4-EN28 Abschnitt C.2.3.7.2.

1197 Vgl. **K+S AG** (2013), S. 43.

Die Angabe des Anteils der Kategorien, die auf Auswirkungen auf Gesundheit und Sicherheit untersucht worden sind, könnte mittels der Dokumentation zu einzelnen Untersuchungen geprüft werden. Daneben könnten die beteiligten Mitarbeiter konsultiert werden. Sofern vorhanden, könnten ferner Nachweise von Dritten über durchgeführte Untersuchungen eingeholt werden.

Schließlich könnten Informationen zu Verstößen gegen gesetzlich geforderte Gesundheits- und Sicherheitsanforderungen aus Rechtsanwaltsbestätigungen, der Rückstellungsbildung bzw. der -verbräuche, sowie Aufwendungen in diesem Zusammenhang Hinweise dafür enthalten, dass einzelne Produkte oder Dienstleistungen nicht überprüft wurden. Ergänzend könnte der Indikator G4-PR2 zur Abstimmung herangezogen werden. Die rechnerische Ermittlung der Quote könnte sodann nachvollzogen werden.

Das inhärente Risiko wird als gering eingestuft, da es sich nicht um eine komplexe Aussagenermittlung handelt und geringe Ermessensspielräume bestehen.

2.4.26.2 Total number of incidents of non-compliance with regulations and voluntary codes concerning the health and safety impacts of products and services during their life cycle, by type of outcomes

Der Indikator G4-PR2[1198] behandelt die Berichterstattung über die Gesamtzahl von Verstößen gegen Gesetze oder freiwillige Verhaltensregeln, die die Auswirkungen der angebotenen Produkte und Dienstleistungen während der Nutzungsphase auf die Gesundheit und Sicherheit zum Gegenstand haben[1199]. Die Angabe ist getrennt nach folgenden Kategorien vorzunehmen[1200]:

- Verstöße, die zu einer Geldbuße oder Strafzahlung geführt haben,
- Verstöße, die zu einer Verwarnung geführt haben und
- Verstöße gegen freiwillige Verhaltensregeln.

Sofern keine derartigen Verstöße identifiziert worden sind, ist dies zu nennen[1201].

1198 Unverändert gegenüber dem Indikator PR2 nach den G 3.1, vgl. **GRI** (2011g), S. 4 i.V.m. **GRI** (2013b), S. 224, 254.
1199 Vgl. **GRI** (2013b), S. 224.
1200 Vgl. **GRI** (2013b), S. 224.
1201 Vgl. **GRI** (2013b), S. 224.

Im Nachhaltigkeitsbericht der Linde AG 2012 wird hierzu auf den Jahresabschluss 2012 verwiesen, der die folgenden Ausführungen enthält[1202]: Tochterunternehmen in den Vereinigten Staaten sind als Beklagte an verschiedenen Gerichtsverfahren wegen angeblicher Gesundheitsschäden durch die Produktverwendung beteiligt[1203]. Die Linde AG geht jedoch davon aus, dass keine „nennenswerten nachteiligen Auswirkungen auf die Finanz- oder Ertragslage entstehen"[1204]. Daneben existieren weitere Rechtsverfahren, die aufgrund ihrer Unwesentlichkeit nicht näher beschrieben werden[1205]. Weshalb mit Verweis auf die Unwesentlichkeit, die der Standard explizit nicht zulässt, Angaben unterlassen werden, ist nicht ersichtlich.

Zur Prüfung des Indikators kann zunächst zwischen den Teilaussagen zu Verstößen, die zu einer Geldbuße oder Strafzahlung geführt haben, Verwarnungen und Verstößen gegen freiwillige Verhaltensregeln unterschieden werden. Aufgrund der finanziellen Auswirkungen von Bußgeldern besteht eine unmittelbare Verknüpfung zur Finanzbuchhaltung. So könnten z.B. Aufwandskonten zur Abstimmung herangezogen werden. Die Rückstellungsbildung der Vorperioden und der Rückstellungsverbrauch der Berichtsperiode können ebenfalls Hinweise auf solche Rechtsverstöße enthalten. Zudem könnten sich aufgrund der Nichtabzugsfähigkeit der Bußgelder Anhaltspunkte aus der Steuererklärung ergeben[1206]. Zur Prüfung von Strafzahlungen ist aufgrund der Haftungsüberwälzung auf die gesetzlichen Vertreter gem. § 14 Abs. 1 StGB auf eine Bestätigung der gesetzlichen Vertreter über Strafzahlungen innerhalb der Berichtsperiode zur Prüfung der Aussagen zurückzugreifen. Daneben könnten Rechtsanwaltsbestätigungen eingesehen werden[1207].

Rechtsverstöße, die eine Verwarnung zur Folge hatten, können mittelbar mit Informationen geprüft werden, die bereits im Rahmen der Jahresabschlussprüfung vorliegen. So könnte die Rückstellungsbildung der Vergangenheit Anhaltspunkte für solche Gesetzesverstöße enthalten, da zumindest aufgrund der möglichen finanziellen Auswirkung die Rückstellungsbildung in Erwägung hätte gezogen werden müssen. Zudem können Rechtsanwaltsbestätigungen Hinweise auf sol-

---

1202 Vgl. **Linde AG** (2013a), S. 81.
1203 Vgl. **Linde AG** (2013b), S. 59.
1204 Vgl. **Linde AG** (2013b), S. 59. Zitat **ebenda**.
1205 Vgl. **Linde AG** (2013b), S. 59.
1206 Siehe hierzu bereits die Ausführungen zum Indikator G4-EN29, Abschnitt C.2.3.8.1.
1207 Bzw. könnte die interne Rechtsabteilung konsultiert werden.

che Rechtsverstöße enthalten, die keine finanziellen Auswirkungen zur Folge haben[1208].

Verstöße gegen freiwillige Verhaltensregeln lassen sich indes nicht mit bereits vorliegenden Informationen abstimmen. Sofern der Hinweis auf den Verstoß bzw. die daran anschließende Reaktion der Unternehmung dokumentiert wurde, kann hierdurch die Aussage nachvollzogen werden. Daneben könnte eine Inventur der relevanten freiwilligen Verhaltensregeln erfolgen, die sodann einzelfallbezogen auf Einhaltung untersucht werden könnten.

Das inhärente Risiko wird aufgrund der nicht komplexen Aussagenermittlung sowie nicht vorhandener Ermessensspielräume als gering eingestuft.

2.4.27 Kennzeichnung von Produkten und Dienstleistungen

2.4.27.1 Type of product and service information required by the organization's procedures for product and service information and labeling, and percentage of significant product and service categories subject to such information requirements

Nach dem Indikator G4-PR3[1209] ist darüber zu berichten, ob Produkte und Dienstleistungen Kennzeichnungspflichten (auch durch Selbstverpflichtung) unterliegen, die zu internen Verfahrensanweisungen führen, die folgende Aspekte beinhalten[1210]:

- Herkunft der Komponenten der Produkte oder Dienstleistungen,

---

1208 Siehe analog Fn. 1207.
1209 Im Vergleich zum Indikator PR3 nach den G 3.1 wurde eine Konkretisierung der „Kennzeichnung" vorgenommen, die die nähere Beschreibung von Produkten und Dienstleistungen betrifft, vgl. **GRI** (2011g), S. 5 i.V.m. **GRI** (2013b), S. 226, 251.
1210 Zwar beziehen sich die G4 auf die allgemeine Berücksichtigung der genannten Informationen in den Verfahrensanweisungen der Unternehmung. Aus der Umschreibung des Indikators („information (…) is necessary for customers and end users", **GRI** (2013b), S. 226) und der Begriffsdefinition („(…) describe communication delivered with the product or service", **GRI** (2013b), S. 251) wird übereinstimmend mit der Interpretation durch die Berichterstattungspraxis (z.B. „Kennzeichnung von Produkten und Dienstleistungen", **Merck KGaA** (2013), S. 132 und „Gesetzlich vorgeschriebene Informationen über Produkte und Dienstleistungen", **LANXESS AG** (2013), S. 211) davon ausgegangen, dass nur über solche Informationsanforderungen in der Unternehmung zu berichten ist, die auf einer Kennzeichnungspflicht (auch: Selbstverpflichtung) der Produkte und Dienstleistungen basieren.

- Verwendete Inhaltsstoffe, insbesondere hinsichtlich ihrer Auswirkungen auf die Umwelt oder Gesellschaft,
- Sichere Verwendung der Produkte oder Dienstleistungen,
- Entsorgung der Produkte und Auswirkungen auf die Umwelt oder Gesellschaft und[1211]
- andere Kennzeichnungspflichten.

Zudem ist anzugeben, wie hoch der Anteil der wesentlichen Produkt- und Dienstleistungskategorien ist, die auf die tatsächliche Einhaltung der Verfahrensanweisungen untersucht werden[1212].

Im Nachhaltigkeitsbericht der Daimler AG für das Geschäftsjahr 2012 wird hierzu lediglich ausgeführt, dass sie die Benutzer ihrer Produkte über den Gebrauch und die Risiken im Umgang damit zu unterrichten hat, und verpflichtet ist, ihre Produkte zu kennzeichnen[1213]. Intern würden diese Anforderungen u.a. durch die Produktsicherheitsrichtlinie beschrieben[1214]. Die Nennung von Kennzeichnungspflichten und daraufhin umgesetzte interne Verfahrensrichtlinien zur Umsetzung, wie z.B. § 1 Abs. 1 Pkw-EnVKV[1215] hinsichtlich Kraftstoffverbrauch, CO_2-Emissionen und ggf. Stromverbrauch, sind dem Bericht nicht zu entnehmen. Die geforderte Angabe zum Anteil der auf Einhaltung geprüften Verfahrensanweisungen ist den Ausführungen der Daimler AG ebenfalls nicht zu entnehmen.

Zur Prüfung der Aussagen zu den Kennzeichnungspflichten könnte, aufbauend auf der Kenntnis über die angebotenen Produkte und Dienstleistungen[1216], eine

---

1211 Statt auf die Entsorgung einzugehen, verweist die deutsche Übersetzung der G4 in diesem Zusammenhang fälschlich doppelt auf die „Sichere Nutzung des Produkts oder der Dienstleistung", siehe **GRI** (2013c), S. 229.
1212 Vgl. **GRI** (2013b), S. 226. Zur Definition der Produkt- und Dienstleistungskategorien wird auf die Ausführungen zum Indikator G4-PR1 verwiesen, siehe Abschnitt C.2.4.26.1.
1213 Vgl. **Daimler AG** (2013), S. 59.
1214 Vgl. **Daimler AG** (2013), S. 59.
1215 Zur Langform siehe Fn. 1217.
1216 Diese ergibt sich aus der Gewinnung eines Verständnisses der Geschäftstätigkeit der Unternehmung, sowie ergänzend den Erkenntnissen aus der Prüfung der Umsatzerlöse und ggf. der sonstigen betrieblichen Erträge.

Abstimmung mit einschlägigen Gesetzesgrundlagen[1217] über Kennzeichnungspflichten sowie schriftlicher Selbstverpflichtungen bzw. tatsächlicher Durchführungen der Kennzeichnungen erfolgen. Die internen Verfahrensanweisungen zur Bereitstellung der notwendigen Informationen könnten sodann daraufhin untersucht werden, ob die von der Unternehmung genannten Informationsanforderungen tatsächlich enthalten sind.

Die Prüfung des Anteils der auf Einhaltung untersuchten Verfahrensanweisungen setzt zunächst voraus, dass der Begriff der Wesentlichkeit definiert wird. Die von der Unternehmung gewählte Definition der Wesentlichkeit und die Auswahl von Produkt- und Dienstleistungskategorien kann analog nach den Ausführungen zum Indikator G4-PR1 geprüft werden[1218]. Die von der Unternehmung durchgeführten Untersuchungen könnten sodann mittels der Dokumentationen der Untersuchungen und Befragungen der beteiligten Mitarbeiter erfolgen. Schließlich könnte die Quote rechnerisch nachvollzogen werden. Zudem könnte eine Abstimmung mit dem Indikator G4-PR4 erfolgen.

Das inhärente Risiko wird als niedrig eingestuft, da geringe Ermessensspielräume bestehen und die Aussagenermittlung nicht als komplex angesehen wird.

2.4.27.2 Total number of incidents of non-compliance with regulations and voluntary codes concerning product and service information and labeling, by type of outcomes

Im Rahmen des Indikators G4-PR4[1219] ist über die Gesamtzahl Verstöße gegen Gesetze oder freiwillige Verhaltensregeln zu berichten, die die Kennzeichnung von Produkten oder Dienstleistungen betreffen[1220]. Die Gesamtzahl ist nach der folgenden Kategorisierung zu differenzieren[1221]:

- Verstöße, die zu einer Geldbuße oder Strafzahlung geführt haben,

---

1217 Wie z.B. die bereits genannte Pkw-Energieverbrauchskennzeichnungsverordnung (Pkw-EnVKV), die Lebensmittel-Kennzeichnungsverordnung (LMKV) oder das Textilkennzeichnungsgesetz (TextilKennzG).
1218 Siehe Abschnitt C.2.4.26.1 zum Indikator G4-PR1.
1219 Identisch mit dem Indikator PR4 nach den G 3.1, vgl. **GRI** (2011g), S. 6 i.V.m. **GRI** (2013b), S. 227. Es wurde lediglich die bereits im Rahmen des Indikators PR3 angeführte Begriffskonkretisierung ergänzt, siehe Fn. 1209.
1220 Vgl. **GRI** (2013b), S. 227, 251.
1221 Vgl. **GRI** (2013b), S. 227.

- Verstöße, die zu einer Verwarnung geführt haben und
- Verstöße gegen freiwillige Verhaltensregeln.

Sofern keine Verstöße identifiziert worden sind, ist dieser Umstand zu nennen[1222].

Der Integrierte Bericht der BASF SE für das Geschäftsjahr 2012 verweist hierzu auf diverse Klagen wegen Verletzungen kartellrechtlicher Vorschriften sowie erlittener und drohender Gesundheitsschäden früherer Beschäftigter[1223]. Darüber hinaus sei die BASF SE Beklagte in diversen weiteren Verfahren, die jedoch als unwesentlich für die wirtschaftliche Lage der BASF SE eingestuft werden[1224]. Ob die im Rahmen des Indikators relevanten Verfahren Teil der „unwesentlichen" Verfahren sind, die geforderte Kategorisierung und die Quantifizierung sind dem Bericht nicht zu entnehmen. Ferner wird ohne weitere Begründung eine nicht gestattete Differenzierung anhand der Wesentlichkeit der Vorfälle vorgenommen.

Zu möglichen Prüfungshandlungen und Schlussfolgerungen wird auf die Ausführungen zum Indikator G4-PR2 verwiesen, da die Berichterstattung im Rahmen beider Indikatoren sich lediglich anhand des Inhalts der Verstöße gegen Gesetze oder freiwillige Verhaltensregeln unterscheidet (Sicherheit und Gesundheit vs. Kennzeichnung)[1225].

2.4.27.3 Results of surveys measuring customer satisfaction

Der Indikator G4-PR5[1226] bezieht sich auf die Berichterstattung über die Ergebnisse bzw. die wesentlichen Schlussfolgerungen von im Berichtsjahr durchgeführten Befragungen zur Kundenzufriedenheit[1227]. Der Kreis der berichtspflichtigen Befragungen wird auf solche eingeschränkt, die aufgrund ausreichenden Stichprobenumfangs als statistisch signifikant eingestuft werden können und

---

1222 Vgl. **GRI** (2013b), S. 227.
1223 Vgl. **BASF SE** (2013), S. 196.
1224 Vgl. **BASF SE** (2013), S. 196.
1225 Zum Indikator G4-PR2 siehe Abschnitt C.2.4.26.2.
1226 Im Vergleich zum Indikator PR5 nach den G 3.1 ist nicht mehr über die internen Verfahrensanweisungen zur Messung der Kundenzufriedenheit zu berichten, vgl. **GRI** (2011g), S. 7 i.V.m. **GRI** (2013b), S. 228.
1227 Vgl. **GRI** (2013b), S. 228.

sich entweder auf die gesamte Unternehmung, wesentliche Produkt- oder Dienstleistungskategorien oder Standorte beziehen[1228].

Im Nachhaltigkeitsbericht der Deutsche Bank AG für das Geschäftsjahr 2012 wird hierzu berichtet, dass 44 % der Kunden die Qualität der Beratungsleistung mit „ausgezeichnet" oder „sehr gut" bewerteten[1229].

Zur Prüfung der Aussage könnten die Dokumentationen zu den Umfragen einzelfallbezogen untersucht werden. So könnte zunächst geprüft werden, ob der Stichprobenumfang ausreichend zur Erlangung einer statistischen Signifikanz[1230] ist. Die getroffenen Aussagen könnten sodann mit den Dokumentationen abgestimmt werden. Zudem können die durchgeführten Umfragen inhaltlich auf Plausibilität geprüft werden. Zur Differenzierung der Umfragen in Produkt- oder Dienstleistungskategorien wird auf die Ausführungen zum Indikator G4-PR1 verwiesen[1231].

Das inhärente Risiko wird als gering eingestuft, da keine Ermessensspielräume vorliegen und die Ermittlung der Aussage nicht als komplex angesehen wird.

2.4.28 Werbung

2.4.28.1 Sale of banned or disputed products

Nach dem Indikator G4-PR6[1232] ist über von der Unternehmung angebotene Produkte zu berichten, deren Verkauf in bestimmten Märkten verboten ist oder die von Stakeholdern oder der Öffentlichkeit diskutiert werden[1233]. Zudem ist darüber zu berichten, wie die Unternehmung darauf reagiert hat[1234].

Im Nachhaltigkeitsbericht der Bayer AG für das Geschäftsjahr 2012 wird hierzu über das mögliche Verkaufsverbot von neonikotinoidhaltigen Insektiziden in der

---

1228 Vgl. **GRI** (2013b), S. 228. Die Definition der Kategorien kann analog nach den Ausführungen zum Indikator G4-PR1 vorgenommen werden, siehe hierzu Abschnitt C.2.4.26.1.
1229 Vgl. **Deutsche Bank AG** (2013), S. 23.
1230 Zur Bedeutung des Stichprobenumfangs siehe z.B. **Poddig/Dichtl/Petersmeier** (2008), S. 184.
1231 Zum Indikator G4-PR1 siehe Abschnitt C.2.4.26.1.
1232 Im Vergleich zum Indikator PR7 nach den G 3.1 ist die Pflicht entfallen, über etwaige Verfahrensrichtlinien zur Marktkommunikation zu berichten, vgl. **GRI** (2011g), S. 8 i.V.m. **GRI** (2013b), S. 230.
1233 Vgl. **GRI** (2013b), S. 230.
1234 Vgl. **GRI** (2013b), S. 230.

EU aufgrund der möglichen Auswirkungen auf Bienenvölker berichtet[1235]. Dass über die Reaktion der Unternehmung nicht berichtet wird, könnte darauf zurückzuführen sein, „dass es keine überzeugenden Argumente gegen den Einsatz dieser Produkte gibt", so die Bayer AG mit Verweis auf wissenschaftliche Einschätzungen[1236]. Die Europäische Kommission geht hingegen für bestimmte Kulturen von einem hohen Risiko für Bienen aus und hat daher ein Verbot für bestimmte Anwendungsbereiche, beginnend mit dem 1. Dezember 2013, erlassen[1237].

Aufgrund der potentiellen Konsequenzen, die aus dem Verkaufsverbot in bestimmten Märkten bzw. der Diskussion über Produkte resultieren könnten, ist davon auszugehen, dass die hier zu berichtenden Informationen sich bereits im Rahmen der Gewinnung eines Verständnisses der Geschäftstätigkeit der Unternehmung ergeben, denn abhängig von der Relevanz einzelner Produkte (z.B. basierend auf Ergebnisbeiträgen) könnten sich erhebliche Auswirkungen auf die wirtschaftliche Lage der Unternehmung ergeben. Die Reaktion der Unternehmung auf Verkaufsverbote oder Diskussionen über Produkte dürfte sich ebenfalls unmittelbar aus dem zuvor genannten Informationsermittlungsprozess ergeben. Insoweit können die im Rahmen des Indikators G4-PR6 getroffenen Aussagen unmittelbar mit bereits vorliegenden Informationen abgestimmt werden.

Das inhärente Risiko wird als gering eingeschätzt, da keine Ermessensspielräume bestehen und die Ermittlung der Aussage nicht als komplex angesehen wird.

2.4.28.2 Total number of incidents of non-compliance with regulations and voluntary codes concerning marketing communications, including advertising, promotion, and sponsorship, by type of outcomes

Der Indikator G4-PR7[1238] beinhaltet die Berichterstattung über die Gesamtzahl von Rechtsverstößen und Verstößen gegen freiwillige Verhaltensregeln, die Marktkommunikation betreffen[1239]. Als Marktkommunikation werden dabei sämtliche Aktivitäten verstanden, die zur Förderung der Reputation der Unter-

---

1235 Vgl. **Bayer AG** (2013), S. 43.
1236 Vgl. **Bayer AG** (2013), S. 43. Zitat **ebenda**.
1237 Siehe Erwägungsgrund Nr. 6 und Artikel Nr. 2 und 5 der VO (EU) Nr. 485/2013.
1238 Unverändert gegenüber dem Indikator PR7 nach den G 3.1, vgl. **GRI** (2011g), S. 9 i.V.m. **GRI** (2013b), S. 231.
1239 Vgl. **GRI** (2013b), S. 231.

nehmung, einzelner Produkte, Dienstleistungen oder Marken vorgenommen werden, wie bspw. Anzeigen, Verkaufsförderungen oder Sponsoring[1240]. Die zuvor genannten Verstöße sind anhand der folgenden Kategorien zu differenzieren[1241]:

- Verstöße, die zu einer Geldbuße oder Strafzahlung geführt haben,
- Verstöße, die zu einer Verwarnung geführt haben und
- Verstöße gegen freiwillige Verhaltensregeln.

Sofern keine Verstöße identifiziert worden sind, genügt ein Hinweis auf diesen Umstand[1242].

Im Nachhaltigkeitsbericht der Deutsche Post AG für das Geschäftsjahr 2012 wird darauf hingewiesen, dass es im Berichtsjahr keine wesentlichen Vorfälle gab[1243]. Aus welchem Grund die Berichterstattung mit Verweis auf unwesentliche Vorfälle unterbleibt, ist nicht ersichtlich.

Zu möglichen Prüfungshandlungen und ableitbaren Schlussfolgerungen wird auf die Ausführungen zum Indikator G4-PR2 verwiesen, da der hier betrachtete Indikator sich lediglich in dem Inhalt des Verstoßes (Sicherheit und Gesundheit vs. Marktkommunikation) von dem Indikator G4-PR2 unterscheidet[1244].

2.4.29 Schutz von Kundendaten

2.4.29.1 Total number of substantiated complaints regarding breaches of customer privacy and losses of customer data

Im Rahmen des Indikators G4-PR8[1245] ist über die Gesamtzahl begründeter Beschwerden aufgrund von Verstößen gegen Datenschutzvorschriften[1246] zu berichten und über die Gesamtzahl identifizierter Vorfälle von Datenpannen sowie

---

1240 Vgl. **GRI** (2013b), S. 250.
1241 Vgl. **GRI** (2013b), S. 231.
1242 Vgl. **GRI** (2013b), S. 231.
1243 Vgl. **Deutsche Post AG** (2013), S. 89.
1244 Zum Indikator G4-PR2 siehe Abschnitt C.2.4.26.2.
1245 Unverändert gegenüber dem Indikator PR8 nach den G 3.1, vgl. **GRI** (2011g), S. 10 i.V.m. **GRI** (2013b), S. 233.
1246 Interpretiert i.S.d. jeweiligen Jurisdiktion und ggf. freiwilliger Verhaltensregeln, vgl. **GRI** (2013b), S. 245. In Deutschland sind dies das Bundesdatenschutzgesetz (BDSG) sowie die einschlägigen Landesgesetze (wie bspw. das BremDSG – Bremisches Datenschutzgesetz).

Verlust bzw. Diebstahl von Kundendaten[1247]. Begründet sind Beschwerden dann, wenn sie auf einer schriftlichen Erklärung einer Aufsichtsbehörde[1248] basieren oder, sofern nicht von einer Aufsichtsbehörde stammend, als begründet von der Unternehmung eingestuft werden[1249]. Die Angabe ist anhand des Beschwerdeführers zu differenzieren in solche, die von einer öffentlichen Behörde ausgehen, und übrige Beschwerdeführer[1250]. Sofern keine begründeten Beschwerden identifiziert worden sind, ist hierauf hinzuweisen[1251]

Der Integrierte Bericht der SAP AG für das Geschäftsjahr 2012 enthält hierzu die Aussage, dass es im Berichtsjahr zu keinen wesentlichen Datenverlusten oder Verstößen gegen Datenschutz gekommen ist[1252]. Der Aussage ist nicht zu entnehmen, ob es im Berichtsjahr zu begründeten Beschwerden gekommen ist. Zudem ist nicht ersichtlich, aus welchem Grund die quantitative Aussage mit Verweis auf die Wesentlichkeit unterbleibt.

Zur Prüfung der Aussagen zu begründeten Beschwerden kann, sofern Zahlungsmittelabflüsse unmittelbar damit zusammenhängen, auf Informationen aus der Finanzbuchhaltung zurückgegriffen werden. So könnten sich Anhaltspunkte in Aufwandskonten (wie z.B. Rechts- und Beratungskosten) oder in der Rückstellungsbildung bzw. in Rückstellungsverbräuchen finden. Ferner könnten Rechtsanwaltsbestätigungen Hinweise auf Beschwerden enthalten[1253]. Sofern keine Zahlungsmittelabflüsse mit den Beschwerden zusammenhängen, können die schriftlichen Beschwerden der Aufsichtsbehörden bzw. die dokumentierten Beschwerdebearbeitungen nachvollzogen werden.

Ausführungen zu Datenpannen und dem Verlust bzw. Diebstahl von Kundendaten könnten unter Rückgriff auf Informationen erfolgen, die im Rahmen der Gewinnung eines Verständnisses der Geschäftstätigkeit der Unternehmung gewonnen werden. Zudem könnten sich Anhaltspunkte in der Finanzbuchhaltung finden, sofern sich Reaktionen auf die Vorfälle (z.B. Neuprogrammierung einer

---

1247 Vgl. **GRI** (2013b), S. 233.
1248 So ist z.B. die Aufsichtsbehörde für das Bundesland Bremen die Landesbeauftragte für Datenschutz und Informationsfreiheit der Freien Hansestadt Bremen, vgl. **BfDI** (2014), abrufbar unter http://www.bfdi.bund.de.
1249 Vgl. **GRI** (2013b), S. 252.
1250 Vgl. **GRI** (2013b), S. 233.
1251 Vgl. **GRI** (2013b), S. 233.
1252 Vgl. **SAP AG** (2013), abrufbar unter http://www.sapintegratedreport.com.
1253 Bzw. könnte analog die interne Rechtsabteilung konsultiert werden.

Software zur Behebung eines Datenlecks) finanziell auswirken. Da u.U. Gesetzesverstöße vorliegen, können ferner die bereits im Rahmen der begründeten Beschwerden genannten Ansatzpunkte Hinweise auf Datenpannen u.Ä. enthalten.

Weiterhin könnte ggf. der sog. Beauftragte für Datenschutz i.S.d. § 4f BDSG konsultiert werden.

Das inhärente Risiko wird als mittel eingeschätzt, da Ermessensspielräume bei der Beurteilung der Beschwerden vorliegen, die Aussagenermittlung jedoch nicht als komplex angesehen wird.

2.4.30 Einhaltung von Gesetzesvorschriften

2.4.30.1 Monetary value of significant fines for non-compliance with laws and regulations concerning the provision and use of products and services

Der Indikator G4-PR9[1254] betrifft die Berichterstattung über die Summe wesentlicher Bußgelder aufgrund von Verstößen gegen Vorschriften zum Inverkehrbringen und zur Nutzung von Produkten und Dienstleistungen[1255]. Sofern keine wesentlichen Bußgelder identifiziert worden sind, ist hierüber zu berichten[1256]. Eine Definition der Wesentlichkeit enthält der Standard nicht, ferner ist die zugrunde gelegte Definition nicht offenzulegen.

Im Nachhaltigkeitsbericht der Daimler AG für das Geschäftsjahr 2012 wird die Aussage getätigt, dass keine Verstöße gegen Gesetzesvorschriften bezüglich der Bereitstellung und der Nutzung von Produkten festgestellt worden sind[1257].

Da die Berichterstattung über Bußgelder bereits Gegenstand des Indikators G4-EN29 ist, wird auf die Ausführungen dort verwiesen[1258]. Die Indikatoren unterscheiden sich lediglich in dem Gesetzesverstoß, der zum Bußgeld führt (Umweltvorschriften vs. Inverkehrbringen und Nutzung von Produkten und Dienstleistungen).

1254 Unverändert gegenüber dem Indikator PR9 nach den G 3.1, vgl. **GRI** (2011g), S. 11 i.V.m. **GRI** (2013b), S. 235.

1255 Vgl. **GRI** (2013b), S. 235. Diese werden z.B. in Deutschland durch das Produkthaftungsgesetz (ProdHaftG) erfasst.

1256 Vgl. **GRI** (2013b), S. 235.

1257 Vgl. **Daimler AG** (2013), S. 59.

1258 Siehe zum Indikator G4-EN29 Abschnitt C.2.3.8.1.

D Erkenntnisse aus der Analyse der Prüfung der Leistungsindikatoren nach den G4

1 Zusammengefasste Erkenntnisse aus der Analyse und Zwischenfazit

Die folgende Abbildung veranschaulicht zusammengefasst die Möglichkeiten der Prüfung der Leistungsindikatoren nach den G4 bezogen auf ihre Verknüpfung mit finanzwirtschaftlichen Informationen sowie die Grenzen der Prüfung, die durch die Notwendigkeit der Hinziehung von Sachverständigen ausgedrückt werden. Eine unmittelbare Verknüpfung bedeutet, dass die nichtfinanziellen Informationen unmittelbar mit finanzwirtschaftlichen Informationen abgestimmt werden können. Die mittelbare Verknüpfung wird durch das Vorhandensein von systematischen Zusammenhängen mit finanzwirtschaftlichen Informationen, der Verknüpfung zu Informationen aus der Gewinnung eines Verständnisses der Geschäftstätigkeit der Unternehmung, oder Verknüpfungen zu Informationen, die sich aus der Jahresabschlussprüfung ergeben, charakterisiert. Sofern keine mittelbaren oder unmittelbaren Verknüpfungen vorhanden sind, konnten dennoch zu jedem Indikator Nachweise ermittelt werden, die zur Prüfung herangezogen werden könnten. Lediglich bei Indikatoren, zu denen die Hinziehung von Sachverständigen empfohlen wurde, offenbarten sich keine anderweitigen Nachweise zur Prüfung.

Abbildung 7: Verknüpfung zu finanzwirtschaftlichen Informationen

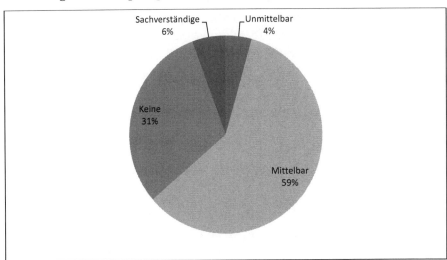

Quelle: Eigene Darstellung, zusammengefasste Datenquelle siehe Anhang.

Von den untersuchten 91 Indikatoren können somit unmittelbar unter Rückgriff auf finanzwirtschaftliche Informationen 4 Indikatoren bzw. 4 % geprüft werden. Hierbei handelt es sich ausschließlich um Indikatoren, die unmittelbar ökonomische Informationen betreffen, wie z.B. „Coverage of the organization's defined benefit plan obligations" oder „Financial assistance received from government". Eine mittelbare Verknüpfung zu finanzwirtschaftlichen Informationen findet sich in 54 bzw. 59 % der Indikatoren. Dies sind zum einen Indikatoren, die auf ökonomischen Informationen beruhen und lediglich einer Aufbereitung bedürfen, wie z.B. „Ratios of basic salary and remuneration of women to men by employee category, by significant locations of operations" oder „Total value of political contributions by country and recipient/beneficiary". Zum anderen sind dies Indikatoren, die einen Zusammenhang zu ökonomischen Informationen aufweisen, wie z.B. „Materials used by weight or volume", „Energy consumption within the organization" oder „Direct greenhouse gas (GHG) emissions (Scope 1)". Zudem werden hier Indikatoren ausgewiesen, die unter Rückgriff auf Informationen aus der Gewinnung eines Verständnisses der Geschäftstätigkeit der Unternehmung geprüft werden können, wie z.B. der Indikator „Sale of banned or disputed products". Zusammengefasst könnten demnach 58 bzw. 63 % der Indikatoren unter Rückgriff auf finanzwirtschaftliche Informationen untersucht werden. Keine Verknüpfung zu finanzwirtschaftlichen Informationen weisen 28 bzw. 31 % der Indikatoren auf, dennoch können ausreichend Nachweise, unter anderem auch durch gesetzliche Vorschriften, wie dies z.B. bei dem Indikator „Weight of transported, imported, exported, or treated waste deemed hazardous under the terms of the Basel Convention Annex I, II, III and VIII, and percentage of transported waste shipped internationally", der Fall ist, zur Prüfung erlangt werden. Lediglich 5 bzw. 6 % der Indikatoren entziehen sich der Prüfbarkeit und bedingen die Hinzuziehung von Sachverständigen. Dies trifft insbesondere auf solche Indikatoren zu, die sich auf die Biodiversität von Lebensräumen beziehen und inhaltliche Ausführungen hierzu verlangen, wie z.B. der Indikator „Identity, size and protected status, and biodiversity value of water bodies and related habitats significantly affected by the organization's discharges of water and runoff".

Die allgemeine Akzeptanz der Richtlinien der GRI deutet darauf hin, dass es sich um „gute" Kriterien zur Berichterstattung über nichtfinanzielle Informationen handelt. Aus der Analyse der einzelnen Indikatoren offenbarten sich keine gegenteiligen Informationen, wenngleich in Ausnahmefällen Probleme der Informationsvermittlung identifiziert wurden. Die Analyse zeigte jedoch auch, dass geprüfte Berichte teilweise offensichtliche Fehler enthalten, die im Rahmen der Prüfung nicht korrigiert worden sind[1259]. Für eine Qualitätserhöhung könnten eine zunehmende Standardisierung des Prüfungsprozesses sowie eine unabhängige Prüfstelle für die Berichterstattung sorgen[1260]. Hintergrund könnte die Absicht der Gewinnmaximierung sein, wonach der Wirtschaftsprüfer mit abnehmendem Zeiteinsatz höhere Gewinne aus der Prüfung erzielen kann.

Aus der Ausarbeitung der Analyse ging ferner hervor, dass die kombinierte oder integrierte Berichterstattung weniger Zeitaufwand in der Informationsbeschaffung verursacht, als einzelne Berichte, die aufeinander verweisen.

Eine Mehrheit der Indikatoren kann unter Rückgriff auf finanzwirtschaftliche Informationen bzw. Informationen, die sich aus der Jahresabschlussprüfung ergeben, untersucht werden. Für die Vornahme der Prüfung von nichtfinanziellen Informationen durch Wirtschaftsprüfer ist zu konstatieren, dass diese vergleichsweise viele Anknüpfungspunkte zu Informationen nutzen können, die ihnen bereits vertraut sind. Zudem könnten Effizienzvorteile erzielt werden, wenn die finanziellen und nichtfinanziellen Informationen durch den Wirtschaftsprüfer geprüft werden, da bei der Prüfung nichtfinanzieller Informationen auf Erkenntnisse aufgebaut werden kann, die unter hohem Zeitaufwand erlangt werden, wie die allgemeine Risikoanalyse und die Systemprüfungen im Rahmen der Jahresabschlussprüfung. Daneben könnten Effizienzgewinne durch zeitgleiche Informationsbeschaffung (z.B. Belege für sonstige betriebliche Aufwendungen, die zugleich als Belege für nichtfinanzielle Informationen genutzt werden können) resultieren.

Der Wirtschaftsprüfer erscheint ferner angesichts institutioneller Aspekte geeignet für die Prüfung nichtfinanzieller Informationen. Aufgrund umfangreicher gesetzlicher Anforderungen an den Berufsstand, wie die fachliche Kompetenz, die z.B. mit Zulassung zum Examen geprüft wird, die persönliche Eignung, die mit Bestellung untersucht wird, die einzuhaltenden Berufsgrundsätze und das hierzu vorzuhaltende Qualitätssicherungssystem, welches wiederum der Prüfung durch einen externen Wirtschaftsprüfer unterliegen kann, und schließlich der Berufsaufsicht durch die Wirtschaftsprüferkammer und der staatlichen Aufsicht

---

1259 Zu ähnlichen Ergebnissen vgl. auch **Eiselt**, KoR 2014, S. 377.
1260 Die Standardisierung könnte zudem zur Reduktion der sog. Erwartungslücke beitragen, vgl. hierzu **Naumann/Feld**, WPg 2013, S. 643.

durch das BMWi, kann davon ausgegangen werden, dass diverse notwendige Bedingungen für die Abgabe eines vertrauenswürdigen Urteils geschaffen sind. Ergänzend könnte die berufliche Ausbildung und Weiterbildung um fachliche Kompetenzen in ökologischen und sozialen Bereichen erweitert werden[1261].

Neben institutionellen Aspekten sind auch funktionale Aspekte zu erwähnen. Der Berufsstand beschäftigt sich seit Jahrzehnten mit der Prüfung von betriebswirtschaftlichen Informationen. Der Prozess der Prüfung wurde in seine einzelnen Bestandteile gegliedert und analysiert. Die Planung der Prüfung, die insbesondere die vorläufige Risikoanalyse beinhaltet, die Systemprüfungen und aussagebezogenen Prüfungshandlungen und die Handhabe von Bestätigungen Dritter können beispielhaft angeführt werden. Die gesetzliche Jahresabschlussprüfung könnte als „Vorzeigeprüfung" bezeichnet werden, die Schritt für Schritt kontinuierlich verbessert und angepasst wurde und sich auch weiterhin in diesem Verbesserungs- und Anpassungsprozess befindet. Eine Übertragung dieser bewährten Vorgehensweise auf die Prüfung von nichtfinanziellen Informationen erscheint insofern naheliegend. Hier könnten wiederum Effizienzgewinne erzielt werden, da dem Berufsstand die funktionalen Aspekte der Prüfung bereits vertraut sind. Diese könnten partiell modifiziert werden, z.B. durch die Schwerpunktsetzung auf die Stakeholderinklusion im Rahmen der Risikoanalyse und die Identifikation von Sachverhalten, die die Hinzuziehung von Sachverständigen bedingen. Analog zur Jahresabschlussprüfung sollte auch bei der Prüfung von nichtfinanziellen Informationen dem Wirtschaftsprüfer die volle Verantwortung für das vertrauenswürdige Urteil obliegen. Zur Legitimation der Prüfung von nichtfinanziellen Informationen durch einen Wirtschaftsprüfer haben diese im Rahmen ihrer gewissenhaften Berufsausübung die die Jahresabschlussprüfung betreffenden Normen zwingend auch bei der Prüfung von nichtfinanziellen Informationen zu beachten, sofern diese inhaltlich anwendbar sind. Nur unter dieser Voraussetzung kann gewährleistet werden, dass die Adressaten des Ur-

---

[1261] Analog wurde mit zunehmender Digitalisierung der Geschäftsprozesse gefordert, dass Wirtschaftsprüfer über angemessene IT-Kenntnisse verfügen, um die Glaubwürdigkeit des Berufsstandes zu erhalten, vgl. **McKee/Quick**, WPg 2003, S. 541, 547. Zur Praxisrelevanz der Aus- und Weiterbildung kann auf eine Befragung in der Schweiz verwiesen werden, nach der die Fachkompetenz des Prüfers bei der Wahl des Prüfers maßgeblich sei, vgl. **Schmitz**, IRZ 2014, S. 165. Zur Forderung im Kontext der Lageberichterstattung siehe bereits **Brebeck/Horst**, WPK-Mitt. 2002, S. 24.

teils die Idealvoraussetzungen der Jahresabschlussprüfung auch für die Prüfung der nichtfinanziellen Informationen würdigen.

Eine Vielzahl der Informationen weist ferner einen Bezug zu gesetzlichen Dokumentations- oder Mitteilungspflichten auf, die wiederum teilweise einen Bezug zur Jahresabschlussprüfung haben. Da sich der Berufsstand im Rahmen der Berufsausübung mit heterogenen Gesetzesmaterialien auseinandersetzt, ist davon auszugehen, dass auch in diesem Bereich eine Eignung des Wirtschaftsprüfers für die Prüfung der Informationen gegeben ist.

Die Indikatoren, die sich der Prüfbarkeit aufgrund der Spezifität der zu berichtenden Informationen durch den Wirtschaftsprüfer entziehen, können durch Hinzuziehung von Sachverständigen untersucht werden. Auch hier scheint der Wirtschaftsprüfer geeignet zu sein, vorausgesetzt, entsprechende Normen werden auch bei der Prüfung von nichtfinanziellen Informationen beachtet, da im Rahmen der Jahresabschlussprüfung die „Verwertung" der Arbeiten Dritter, z.B. i.S.d. IDW PS 322 n.F. zur Bewertung von Pensionsrückstellungen oder der Rückstellungen für Altlasten, kein Novum darstellt.

2 Entwicklung der DAX-30-Berichterstattung zum Geschäftsjahr 2013

In der Analyse wurde auf die DAX-30-Berichte für das Geschäftsjahr 2012 Bezug genommen, die auf dem Standard der GRI in der Version 3.0 oder 3.1 beruhen, während das Analyseobjekt die Standards in der Version 4 sind. Im Folgenden soll daher untersucht werden, ob sich bezogen auf das Geschäftsjahr 2013 eine Änderung hinsichtlich der Analyse ergäbe. Dies wäre der Fall, wenn die Unternehmen mehrheitlich in der Version 4 berichten würden.

Folgende Übersichten zeigen die Unternehmungen, die im Rahmen der Analyse die Gesamtpopulation für die DAX-30-Berichterstattung 2012 begründen, und die Entwicklung hinsichtlich ihrer Nachhaltigkeitsberichterstattung bezogen auf das darauffolgende Geschäftsjahr 2013:

Tabelle 21: Berichterstattung der DAX-30 2012 und 2013 (1)

Unternehmung	Nachhaltigkeitsbericht		Version der Guidelines	
	2012	2013	2012	2013
1. adidas	x	x	3.1	3.1
2. Allianz	x	x	3.1	3.1
3. BASF	x	x	3.1	3.1
4. Bayer	x	x	3.1	3.1
5. Beiersdorf	x	x	3.1	3.1
6. BMW	x	x	3.1	3.1
7. Commerzbank	x	/	3.0	/
8. Continental	x	x	3.0	3.0
9. Daimler	x	x	3.1	4
10. Deutsche Bank	x	x	3.0	3.0
11. Deutsche Börse	x	x	3.1	3.1
12. Deutsche Lufthansa	x	x	keine Angabe	dito
13. Deutsche Post	x	x	3.0	3.1
14. Deutsche Telekom	x	x	3.0	3.0
15. E.ON	x	x	3.1	3.1
16. Fresenius	/	/	/	/
17. Fresenius Med care	/	/	/	/
18. HeidelbergCement	x	/	3.1	/
19. Henkel	x	x	3.0	3.0
20. Infineon	/	x	/	3.1
21. K+S	x	x	3.0	3.0
22. Lanxess	x	x	3.1	3.1
23. Linde	x	x	3.1	3.1
24. Merck	x	x	3.1	3.1
25. Munich RE	x	x	3.0	3.0
26. RWE	x	x	3.0	3.0
27. SAP	x	x	3.1	4
28. Siemens	x	x	3.0	3.0
29. ThyssenKrupp	x	x	3.1	3.1
30. Volkswagen	x	x	3.0	3.0

Quelle: Eigene Darstellung.

Wie die Übersicht zeigt, berichten in 2012 27 von 30 (bzw. 90 %) und 2013 26 von 30 (bzw. 87 %) Unternehmungen über nichtfinanzielle Informationen. Bis auf die Deutsche Lufthansa erstellten sämtliche Unternehmungen ihre Berichte für 2012 auf Basis der Standards der GRI, was einem Anteil von 96 % entspricht. Im Vergleich zu 2012 berichten in 2013 lediglich zwei Unternehmungen (Daimler und SAP) auf Basis der G4. Die übrigen Unternehmungen (92 %) berichten weiterhin nach den alten Standards. Insofern ist festzuhalten, dass eine repräsentative Analyse der DAX-30-Berichte, basierend auf den G4, frühestens für das Geschäftsjahr 2014 erfolgen kann.

Bezüglich der Form der Berichterstattung (separater Bericht: „Stand-alone", inkludiert in einem Geschäftsbericht oder „integrierten" Bericht: „One Report", ausschließlich Internet: „Internet") zeigt sich folgende Entwicklung:

Tabelle 22: Berichterstattung der DAX-30 2012 und 2013 (2)

Unternehmung	Berichtsform 2012	Berichtsform 2013
1. adidas	Stand-alone	Stand-alone
2. Allianz	Stand-alone	Internet
3. BASF	One Report	One Report
4. Bayer	Stand-alone	One Report
5. Beiersdorf	Stand-alone	Stand-alone
6. BMW	Stand-alone	Stand-alone
7. Commerzbank	Stand-alone	kein Bericht
8. Continental	Stand-alone	Stand-alone
9. Daimler	Stand-alone	Stand-alone
10. Deutsche Bank	Stand-alone	Stand-alone
11. Deutsche Börse	One Report	One Report
12. Deutsche Lufthansa	Stand-alone	Stand-alone
13. Deutsche Post	Stand-alone	Stand-alone
14. Deutsche Telekom	Stand-alone	Stand-alone
15. E.ON	Stand-alone	Stand-alone
16. Fresenius	kein Bericht	kein Bericht
17. Fresenius Med care	kein Bericht	kein Bericht
18. HeidelbergCement	Stand-alone	kein Bericht
19. Henkel	Stand-alone	Stand-alone
20. Infineon	kein Bericht	One Report
21. K+S	Stand-alone	One Report
22. Lanxess	One Report	One Report
23. Linde	Stand-alone	Stand-alone
24. Merck	Stand-alone	Internet
25. Munich RE	Stand-alone	Stand-alone
26. RWE	Stand-alone	Stand-alone
27. SAP	Internet	Internet
28. Siemens	Stand-alone	One Report
29. ThyssenKrupp	Internet	Internet
30. Volkswagen	Stand-alone	Stand-alone

Quelle: Eigene Darstellung.

Während in 2012 noch 22 von 27 Unternehmungen (bzw. 81 %) einen eigenständigen Bericht („Stand-alone") veröffentlichten, ist die Zahl in 2013 auf be-

2 Entwicklung der DAX-30-Berichterstattung zum Geschäftsjahr 2013

reinigt[1262] 15 von 26 (bzw. 58 %) zurückgegangen, was auf die zunehmende Veröffentlichung im Internet zurückzuführen ist. Eine steigende Tendenz zeigt sich bei der integrierten und kombinierten Berichterstattung, die sich von drei in 2012 auf sieben in 2013 mehr als verdoppelte.

Bezüglich der Prüfung der Berichtsinformationen zeigt sich folgende Entwicklung:

1262 Die Unternehmungen, die in 2012 einen separaten Bericht veröffentlichten und für 2013 noch keinen Bericht publizierten, wurden nicht berücksichtigt (Commerzbank und HeidelbergCement).

Tabelle 23: Berichterstattung der DAX-30 2012 und 2013 (3)

Unternehmung	Sicherheitsniveau der Prüfung		Prüfungsdienstleister	
	2012	2013	2012	2013
1. adidas	keine Prüfung	keine Prüfung	/	/
2. Allianz	Limited	Limited	KPMG	KPMG
3. BASF	Limited	Limited	KPMG	KPMG
4. Bayer	Limited	Limited	PwC	PwC
5. Beiersdorf	keine Prüfung	keine Prüfung	/	/
6. BMW	Limited	Limited	PwC	PwC
7. Commerzbank	keine Prüfung	kein Bericht	/	/
8. Continental	Limited; nur CO_2	analog zum VJ	KPMG	KPMG
9. Daimler	Limited	Limited	PwC	PwC
10. Deutsche Bank	Limited; nur CO_2	analog zum VJ	ERM CVS	ERM CVS
11. Deutsche Börse	Limited	Limited	KPMG	KPMG
12. Deutsche Lufthansa	keine Angabe	keine Angabe	/	/
13. Deutsche Post	Limited	Limited	PwC	PwC
14. Deutsche Telekom	Limited	Limited	PwC	PwC
15. E.ON	Limited	Limited	PwC	PwC
16. Fresenius	kein Bericht	kein Bericht	/	/
17. Fresenius Med care	kein Bericht	kein Bericht	/	/
18. HeidelbergCement	Limited	kein Bericht	PwC	/
19. Henkel	keine Prüfung	keine Prüfung	/	/
20. Infineon	kein Bericht	Limited	/	KPMG
21. K+S	keine Prüfung	keine Prüfung	/	/
22. Lanxess	Limited	Limited	PwC	PwC
23. Linde	Limited	Limited	KPMG	KPMG
24. Merck	Limited	Limited	KPMG	KPMG
25. Munich RE	intransparent	intransparent	unbekannt	unbekannt
26. RWE	Limited	Limited	PwC	PwC
27. SAP	Limited	Limited	KPMG	KPMG
28. Siemens	Limited	Limited	EY	EY
29. ThyssenKrupp	intransparent	intransparent	unbekannt	unbekannt
30. Volkswagen	Limited	Limited	PwC	PwC

Quelle: Eigene Darstellung.

Von den 27 in 2012 berichterstattenden Unternehmungen haben lediglich sechs Unternehmungen (bzw. 22 %) keinerlei externe Prüfung durchführen lassen[1263]. Bis auf zwei Prüfungen, die aufgrund begrenzt vorliegender Informationen als „intransparent" eingestuft wurden, sind alle Prüfungen im Hinblick auf eine begrenzte Sicherheit („Limited") durchgeführt worden. Im Vergleich zum Jahr 2013 haben sich keine Änderungen ergeben, sofern Unternehmungen außer Betracht gelassen werden, die in einem der beiden Jahre keinen Bericht veröffentlichen. Bis auf die Deutsche Bank (und die zuvor als „intransparent" eingestuften Prüfungen) wurden sämtliche Berichte in beiden Jahren von großen Wirtschaftsprüfungsgesellschaften geprüft.

Aus der Analyse der DAX-30-Berichterstattung geht hervor, dass die Mehrheit der Unternehmungen Berichte über nichtfinanzielle Informationen bereitstellt und auch prüfen lässt, wobei lediglich eine Prüfung nicht durch einen Wirtschaftsprüfer vorgenommen worden ist. Dies stützt die These der Notwendigkeit der Bereitstellung der Informationen sowie die These der Notwendigkeit der Prüfung der Informationen.

Eine Reduktion des Sicherheitsniveaus auf „begrenzt" oder „limited", die - wie die Analyse zeigte - weit verbreitet ist, erscheint vor dem Hintergrund der Erwartungslücke als wenig sinnvoll. Die Jahresabschlussprüfung, die als „Vorzeigeprüfung" weitestgehend standardisiert ist, weist auch heute noch eine Erwartungslücke auf. Bei der weit weniger standardisierten Prüfung von nichtfinanziellen Informationen und der Begrenzung des Sicherheitsniveaus auf eine frei interpretierbare begrenzte Sicherheit, die keine klaren Anforderungen mit sich bringt, wird die Entstehung einer neuen Erwartungslücke gefördert und könnte zu einem Vertrauensverlust der Adressaten führen.

1263 Die Deutsche Lufthansa wird als nicht geprüft gewertet.

E Zusammenfassung und Ausblick

Wirtschaftliches Handeln mit gleichberechtigter Berücksichtigung von sozialen, ökonomischen und ökologischen Aspekten ist erstrebenswert, es kann jedoch angenommen werden, dass der Fokus wirtschaftlichen Handelns gegenwärtig zum Teil ausschließlich auf ökonomischen Aspekten liegt. Hieraus könnte eine Übernutzung der Umwelt und des Humankapitals folgen. Unternehmungen berichten freiwillig oder aufgrund gesetzlicher Verpflichtungen umfangreich über finanzwirtschaftliche Auswirkungen ihrer Geschäftstätigkeit im Rahmen der Finanzberichterstattung. Die Notwendigkeit der Berichterstattung über nichtfinanzielle Informationen und der Prüfung der berichteten Informationen wurden durch Ansätze der Neuen Institutionenökonomik aufgezeigt.

Als Adressat der Berichterstattung wurde der Eigenkapitalgeber in der Konstellation einer Prinzipal-Agenten-Beziehung gewählt. Dies erfolgte vor dem Hintergrund der Prämisse, dass Eigenkapitalgeber langfristige Konsequenzen aus der Geschäftstätigkeit, auch ökologische und soziale, berücksichtigen müssen, um ihren Nutzen aus Investitionen zu maximieren. Hierzu werden glaubhafte Informationen über nichtfinanzielle Sachverhalte benötigt.

Schließlich soll darauf verwiesen werden, dass auch die Adressaten des Jahresabschlusses nicht an vergangenheitsbasierten Informationen interessiert sind, sondern an künftigen Erfolgserwartungen, welche sich jedoch besser einschätzen lassen, wenn zumindest vergangenheitsbasierte Informationen vorliegen[1264]. Daran anknüpfend sollen die vergangenheitsbasierten Informationen über soziale und ökologische Sachverhalte, die im Rahmen der Analyse untersucht wurden, einen Beitrag zur Einschätzung künftiger Erfolgserwartungen leisten[1265].

Es wird davon ausgegangen, dass Unternehmungen sich zunehmend mit der Erfassung und Verarbeitung von nichtfinanziellen Informationen auseinandersetzen werden. Hierzu werden sie Informationsverarbeitungssysteme etablieren, die eine zuverlässige Erfassung der nichtfinanziellen Sachverhalte dem Grunde und der Höhe nach ermöglichen. Diese könnten sich in die bereits bestehenden elektronischen Datenverarbeitungssysteme integrieren lassen, um so Informationen

---

1264 Vgl. **Moxter** (1962), S. 203. Zum Rückgriff auf vergangenheitsbasierte Informationen bei der Einschätzung zukünftiger Erfolgserwartungen im Rahmen der Unternehmensbewertung siehe auch **von Ahsen/de Witt** (2009), S 143.

1265 Übereinstimmend **Coenenberg/Fink**, in: FS Ballwieser (2014), S. 67.

miteinander verknüpfen und auswerten zu können. Durch die Informationsverarbeitungssysteme wird sodann die Grundlage für ein Controlling geschaffen, welches künftig nicht mehr im Wesentlichen anhand von finanzwirtschaftlichen Informationen operiert. Gleichzeitig werden Handlungsfelder für externe Berater geschaffen, die bei der Zielerreichung nichtfinanzieller Kennzahlen unterstützen.

Aus regulatorischer Sicht wird erwartet, dass national oder unionsrechtlich eine umfangreiche Berichterstattung, z.B. nach den G4, über nichtfinanzielle Informationen eingeführt werden wird, flankiert durch die Pflicht zur Prüfung durch einen unabhängigen Dritten, wie z.B. einen Wirtschaftsprüfer. Diese könnte das Überschreiten von Größenklassen voraussetzen, die neben ökonomischen auch soziale und ökologische Kriterien beinhalten.

Zur Legitimation der Prüfung durch einen Wirtschaftsprüfer wird der Berufsstand sich mit der Standardisierung der Prüfung auseinandersetzen und dies kommunizieren. Standards, die im Rahmen der Jahresabschlussprüfung zu verwenden sind, werden daraufhin untersucht werden, ob sie für nichtfinanzielle Informationen analog anwendbar sind und werden sodann als Bestandteil gewissenhafter Berufsausübung verstanden werden. Diese Entwicklung wird sich national und international vollziehen. Effizienzsteigerungen wird der Berufsstand dadurch erzielen, dass Prüfungshandlungen im Rahmen der Jahresabschlussprüfung auf ihre Anwendbarkeit auch auf nichtfinanzielle Informationen analysiert werden. Die Qualität der Berichterstattung und Abschlussprüfung könnte durch öffentliche Institutionen gewährleistet werden, die unabhängig die Berichterstattung einerseits sowie die durchgeführte Prüfung andererseits inspizieren.

Langfristig wird sich eine Form der Integrierten Berichterstattung durchsetzen, die Eigenkapitalgeber ganzheitlich und glaubhaft über die ökonomischen, sozialen und ökologischen Auswirkungen der Geschäftstätigkeit unterrichtet.

Die Arbeit abschließend sei angemerkt, dass vor Einführung der verpflichtenden Jahresabschlussprüfung für Aktiengesellschaften im Jahr 1931 der 34. und 35. Deutsche Juristentag in den Jahren 1926 und 1928 mehrheitlich der Ansicht war, dass die Prüfung von Jahresabschlüssen durch Sachverständige nicht möglich sei[1266].

1266 Vgl. **Leffson** (1988), S. 5.

E Zusammenfassung und Ausblick

Zu den im Rahmen der Arbeit ungeklärten Forschungsfragen zählt unter anderem die Erörterung der Wesentlichkeit von fehlerhaften Informationen. Ist die Unterlassung einer Berichterstattung über Kinderarbeit wesentlich, wenn ein internationaler Konzern mit 50.000 Beschäftigten lediglich ein einziges Kind beschäftigt[1267]? Monetäre Informationen, wie z.B. Informationen über Spenden, können analog zur Vorgehensweise im Rahmen der Jahresabschlussprüfung über eine prozentuale Schwelle einer Bezugsgröße beurteilt werden. Derart könnte auch mit Informationen verfahren werden, die sich auf quantitative Umweltsachverhalte, wie bspw. Emissionen, beziehen. Die Lösung der Frage im Bereich der bereits angeführten Kinderarbeit oder Zwangsarbeit dürfte indes differenzierter zu betrachten sein. Hier könnte z.B. ein Werturteil einfließen oder eine Hinzuziehung von Stakeholdern vorgenommen werden. Zudem könnte die Geschäftstätigkeit der Unternehmung (z.B. Textilindustrie) und die öffentliche Platzierung der Unternehmung („es werden keine Kinder beschäftigt") zur Frage der Wesentlichkeit beitragen.

Weiterhin bleibt die konkrete Ausgestaltung eines Soll-Objekts zur Systemprüfung ungeklärt. Hier könnten künftige Forschungen an der Ausarbeitung von Soll-Objekten ansetzen, die wiederum mittels der Fragebogentechnik operationalisiert werden könnten.

Offen bleibt ferner die Zusammenfassung von Leistungsindikatoren zu Prüffeldern, wodurch Effizienzgewinne erreicht und ggf. eine höhere Prüfungssicherheit erzielt werden könnte.

Auch mögliche Herausforderungen und Reaktionen diesbezüglich aus der Prüfung von international agierenden Konzernen könnten Ansatzpunkt für künftige Forschungsarbeiten sein. Zudem wurde die Frage des „Fraud", also der betrügerischen oder dolosen Handlung, im Zusammenhang mit nichtfinanziellen Informationen nicht untersucht.

1267 Frage i.A.a. **Marten/Quick/Ruhnke** (2011), S. 727.

Anhang

Tabelle 24: Erkenntnisse aus der Analyse der G4-Leistungsindikatoren

Indikatorbezeichnung	Verknüpfung zu finanzwirtschaftlichen Informationen		Hinzuziehung von Sachverständigen
	Unmittelbar	Mittelbar	
G4-EC1: Direct economic value generated and distributed	x		
G4-EC2: Financial implications and other risks and opportunities for the organization's activities due to climate change		x	
G4-EC3: Coverage of the organization's defined benefit plan obligations	x		
G4-EC4: Financial assistance received from government	x		
G4-EC5: Ratios of standard entry level wage by gender compared to local minimum wage at significant locations of operation		x	
G4-EC6: Proportion of senior management hired from the local community at significant locations of operations		x	
G4-EC7: Development and impact of infrastructure investments and services supported		x	
G4-EC8: Significant indirect economic impacts, including the extent of impacts		x	

Indikatorbezeichnung	Verknüpfung zu finanzwirtschaftlichen Informationen		Hinzuziehung von Sachverständigen
	Unmittelbar	Mittelbar	
G4-EC9: Proportion of spending on local suppliers at significant locations of operation	x		
G4-EN1: Materials used by weight or volume		x	
G4-EN2: Percentage of materials used that are recycled input materials		x	
G4-EN3: Energy consumption within the organization		x	
G4-EN4: Energy consumption outside of the organization		x	
G4-EN5: Energy intensity		x	
G4-EN6: Reduction of energy consumption			
G4-EN7: Reductions in energy requirements of products and services			
G4-EN8: Total water withdrawal by source			
G4-EN9: Water sources significantly affected by withdrawal of water			x
G4-EN10: Percentage and total volume of water recycled and reused			
G4-EN11: Operational sites owned, leased, managed in, or adjacent to, protected areas of high biodiversity value outside protected areas			
G4-EN12: Description of significant impacts of activities, products, and services on biodiversity in protected areas and areas of high biodiversity value outside protected areas			x
G4-EN13: Habitats protected or restored			x

Indikatorbezeichnung	Verknüpfung zu finanzwirtschaftlichen Informationen		Hinzuziehung von Sachverständigen
	Unmittelbar	Mittelbar	
G4-EN14: Total number of IUCN red list species and national conservation list species with habitats in areas affected by operations, by level of extinction risk			x
G4-EN15: Direct greenhouse gas (GHG) emissions (Scope 1)		x	
G4-EN16: Energy indirect greenhouse gas (GHG) emissions (Scope 2)		x	
G4-EN17: Other indirect greenhouse gas (GHG) emissions (Scope 3)		x	
G4-EN18: Greenhouse gas (GHG) emissions intensity		x	
G4-EN19: Reduction of greenhouse gas (GHG) emissions		x	
G4-EN20: Emissions of ozone-depleting substances (ODS)		x	
G4-EN21: NO_X, SO_X, and other significant air emissions		x	
G4-EN22: Total water discharge by quality and destination			
G4-EN23: Total weight of waste by type and disposal method		x	
G4-EN24: Total number and volume of significant spills		x	
G4-EN25: Weight of transported, imported, exported, or treated waste deemed hazardous under the terms of the Basel Convention Annex I, II, III and VIII, and percentage of transported waste shipped internationally			
G4-EN26: Identity, size, protected status, and biodiversity value of water bodies and related habitats significantly affected by the organization's discharges of water and runoff			x

Indikatorbezeichnung	Verknüpfung zu finanzwirtschaftlichen Informationen		Hinzuziehung von Sachverständigen
	Unmittelbar	Mittelbar	
G4-EN27: Extent of impact mitigation of environmental impacts of products and services			
G4-EN28: Percentage of products sold and their packaging materials that are reclaimed by category		x	
G4-EN29: Monetary value of significant fines and total number of non-monetary sanctions for non-compliance with environmental laws and regulations		x	
G4-EN30: Significant environmental impacts of transporting products and other goods and materials for the organization's operations, and transporting members of the workforce		x	
G4-EN31: Total environmental protection expenditures and investments by type		x	
G4-EN32: Percentage of new suppliers that were screened using environmental criteria		x	
G4-EN33: Significant actual and potential negative environmental impacts in the supply chain and actions taken		x	
G4-EN34: Number of grievances about environmental impacts filed, addressed, and resolved through formal grievance mechanisms			
G4-LA1: Total number and rates of new employee hires and employee turnover by age group, gender, and region		x	
G4-LA2: Benefits provided to full-time employees that are not provided to temporary or part-time employees, by significant locations of operations		x	

Anhang

Indikatorbezeichnung	Verknüpfung zu finanzwirtschaftlichen Informationen		Hinzuziehung von Sachverständigen
	Unmittelbar	Mittelbar	
G4-LA3: Return to work and retention rates after parental leave, by gender		x	
G4-LA4: Minimum notice periods regarding operational changes, including whether these are specified in collective agreements			
G4-LA5: Percentage of total workforce represented in formal joint management-worker health and safety committees that help monitor and advise on occupational health and safety programs			
G4-LA6: Type of injury and rates of injury, occupational diseases, lost days, and absenteeism, and total number of work-related fatalities, by region and by gender			
G4-LA7: Workers with high incidence or high risk of diseases related to their occupation			
G4-LA8: Health and safety topics covered in formal agreements with trade unions			
G4-LA9: Average hours of training per year per employee by gender, and by employee category		x	
G4-LA10: Programs for skills management and lifelong learning that support the continued employability of employees and assist them in managing career endings		x	
G4-LA11: Percentage of employees receiving regular performance and career development reviews, by gender and by employee category			

Indikatorbezeichnung	Verknüpfung zu finanzwirtschaftlichen Informationen		Hinzuziehung von Sachverständigen
	Unmittelbar	Mittelbar	
G4-LA12: Composition of governance bodies and breakdown of employees per employee category according to gender, age group, minority group membership, and other indicators of diversity			
G4-LA13: Ratio of basic salary and remuneration of women to men by employee category, by significant locations of operation		x	
G4-LA14: Percentage of new suppliers that were screened using labor practices criteria		x	
G4-LA15: Significant actual and potential negative impacts for labor practices in the supply chain and actions taken		x	
G4-LA16: Number of grievances about labor practices filed, addressed, and resolved through formal grievance mechanisms			
G4-HR1: Total number and percentage of significant investment agreements and contracts that include human rights clauses or that underwent human rights screening		x	
G4-HR2: Total hours of employee training on human rights policies or procedures concerning aspects of human rights that are relevant to operations, including the percentage of employees trained		x	
G4-HR3: Total number of incidents of discrimination and corrective actions taken		x	
G4-HR4: Operations and suppliers identified in which the right to exercise freedom of association and collective bargaining may be violated or at significant risk, and measures taken to support these rights			

Indikatorbezeichnung	Verknüpfung zu finanzwirtschaftlichen Informationen		Hinzuziehung von Sachverständigen
	Unmittelbar	Mittelbar	
G4-HR5: Operations and suppliers identified as having significant risk for incidents of child labor, and measures taken to contribute to the effective abolition of child labor			
G4-HR6: Operations and suppliers identified as having significant risk for incidents of forced or compulsory labor, and measures taken to contribute to the effective elimination of all forms of forced or compulsory labor			
G4-HR7: Percentage of security personnel trained in the organization's human rights policies or procedures that are relevant to operations		x	
G4-HR8: Total number of incidents of violations involving rights of indigenous peoples and actions taken		x	
G4-HR9: Total number and percentage of operations that have been subject to human rights reviews or impact assessments			
G4-HR10: Percentage of new suppliers that were screened using human rights criteria		x	
G4-HR11: Significant actual and potential negative human rights impacts in the supply chain and actions taken		x	
G4-HR12: Number of grievances about human rights impacts filed, addressed, and resolved through formal grievance mechanisms			
G4-SO1: Percentage of operations with implemented local community engagement, impact assessments, and development programs			

Indikatorbezeichnung	Verknüpfung zu finanzwirtschaftlichen Informationen		Hinzuziehung von Sachverständigen
	Unmittelbar	Mittelbar	
G4-SO2: Operations with significant actual or potential negative impacts on local communities			
G4-SO3: Total number and percentage of operations assessed for risks related to corruption and the significant risks identified			
G4-SO4: Communication and training on anti-corruption policies and procedures		x	
G4-SO5: Confirmed incidents of corruption and actions taken		x	
G4-SO6: Total value of political contributions by country and recipient/beneficiary		x	
G4-SO7: Total number of legal actions for anti-competitive behavior, anti-trust, and monopoly practices and their outcomes		x	
G4-SO8: Monetary value of significant fines and total number of non-monetary sanctions for non-compliance with laws and regulations		x	
G4-SO9: Percentage of new suppliers that were screened using criteria for impacts on society		x	
G4-SO10: Significant actual and potential negative impacts on society in the supply chain and actions taken		x	
G4-SO11: Number of grievances about impacts on society filed, addressed, and resolved through formal grievance mechanisms			

Anhang

Indikatorbezeichnung	Verknüpfung zu finanzwirtschaftlichen Informationen		Hinzuziehung von Sachverständigen
	Unmittelbar	Mittelbar	
G4-PR1: Percentage of significant product and service categories for which health and safety impacts are assessed for improvement			
G4-PR2: Total number of incidents of non-compliance with regulations and voluntary codes concerning the health and safety impacts of products and services during their life cycle, by type of outcomes		x	
G4-PR3: Type of product and service information required by the organization's procedures for product and service information and labeling, and percentage of significant product and service categories subject to such information requirements			
G4-PR4: Total number of incidents of non-compliance with regulations and voluntary codes concerning product and service information and labeling, by type of outcomes		x	
G4-PR5: Results of surveys measuring customer satisfaction			
G4-PR6: Sale of banned or disputed products		x	
G4-PR7: Total number of incidents of non-compliance with regulations and voluntary codes concerning marketing communications, including advertising, promotion, and sponsorship, by type of outcomes		x	
G4-PR8: Total number of substantiated complaints regarding breaches of customer privacy and losses of customer data			

Indikatorbezeichnung	Verknüpfung zu finanzwirtschaftlichen Informationen		Hinzuziehung von Sachverständigen
	Unmittelbar	Mittelbar	
G4-PR9: Monetary value of significant fines for non-compliance with laws and regulations concerning the provision and use of products and services		x	

Quelle: Eigene Darstellung.

Literaturverzeichnis

A4S, Connected Reporting: A practical guide with worked examples , abrufbar unter http://www.accountingforsustainability.org/wp-content/uploads/ 2011/10/Connected-Reporting.pdf, letzter Abruf: 18.02.2015 (zitiert als A4S (2009), abrufbar unter http://www.accountingforsustainability.org).

A4S, Achievements to date, abrufbar unter http://www.accountingfor sustainability.org/about-us/project-history, letzter Abruf: 18.02.2015 (zitiert als A4S (2014), abrufbar unter http://www.accounting forsustainability.org).

Adler/Düring/Schmaltz, Rechnungslegung und Prüfung der Unternehmen, Kommentar, Teilband 7, 6. Auflage, Stuttgart 2000.

AICPA, AU Section 312 – Audit Risk and Materiality in Conducting an Audit, abrufbar unter http://www.aicpa.org/Research/Standards/AuditAttest/ DownloadableDocuments/AU-00312.pdf, letzter Abruf: 18.02.2015 (zitiert als AICPA, AU 312).

Akerlof, George A., The Market for „Lemons": Quality Uncertainty and the Market Mechanism, Q. J. Econ. 1970, S. 488-500.

Ankele, Kathrin, Die EG-Öko-Audit-Verordnung – eine neue Qualität der europäischen Umweltpolitik?, in: Umweltberichterstattung von Unternehmen, hrsg. v. Lehmann, Sabine/Clausen, Jens, Berlin 1992, S. 84-95.

Arricale, Jeffrey W./Bell, Timothy B./Solomon, Ira/Wessels, Susan, Strategic-Systems Auditing: Systems Viability and Knowledge Acquisition, in: Theorie und Praxis der Wirtschaftsprüfung II, hrsg. v. Richter, Martin, Berlin 1999, S. 11-34.

Aust, Eberhard/Burkhard, Bittner, Stöchiometrie – Chemisches Rechnen, 5. Auflage, Pegnitz 2011.

Azuma, Kentaro, Ökobilanzierung und Periodisierung, Berlin 2007.

Backes, Marcus, Die Insolvenz des Versicherungsunternehmens, Karlsruhe 2003.

Baetge, Jörg/Fischer, Thomas R./Paskert, Dierk, Der Lagebericht, Stuttgart 1989.

Baetge, Jörg/Kirsch, Hans-Jürgen/Thiele, Stefan, Bilanzen, 12. Auflage, Düsseldorf 2012.

Baetge, Jörg/Schmidt, Matthias, Nachhaltigkeit – eine Angelegenheit für den CFO?, IRZ 2010, S. 293-294.

Baetge, Jörg/Wollmert, Peter/Kirsch, Hans-Jürgen/Oser, Stefan/Bischof, Stefan, Rechnungslegung nach IFRS, Kommentar auf der Grundlage des deutschen Bilanzrechts, Loseblatt, 2. Auflage, Stuttgart 2002 (Stand 24. Ergänzungslieferung September 2014).

Ballou, Brian/Heitger, Dan L./Landes, Charles E., The Future of Corporate Sustainability Reporting, JAC 2006, S. 65-74.

Bartusch, Hauke/Fernández Alcalde, Ana María/Fröhling, Magnus/Schultmann, Frank/Schwaderer, Frank, Erhöhung der Energie- und Ressourceneffizienz und Reduzierung der Treibhausgasemissionen in der Eisen-, Stahl- und Zinkindustrie (ERESTRE), Karlsruhe 2013.

Bassen, Alexander, Ein Schritt zu mehr Verbindlichkeit in der Nachhaltigkeitsberichterstattung, CFB 2011, Editorial Heft 6.

Bassen, Alexander, Nachhaltigkeitsberichterstattung, in: Zukunft der Unternehmensberichterstattung, Bericht zum 27. Münsterischen Tagesgespräch vom 10.05.2012 an der WWU Münster, KoR 2012, S. 298-304, hier: S. 301-302 (zitiert als Bassen, KoR 2012).

Baumbach, Adolf/Hopt, Klaus J., Handelsgesetzbuch, Kommentar, 35. Auflage, München 2012.

Becker, Wolfgang/Holzmann, Robert, Verhaltensannahmen betriebswirtschaftlicher Theorien und Wirtschaftskriminalität – Theoriebasierte Typisierung wirtschaftskriminellen Verhaltens, zfwu 2011, S. 354-376.

Behncke, Nicolette/Hoffmann, Tim/Wulf, Inge, DRS 20: Auf dem Weg zum Integrated Reporting?, BB 2012, S. 3063-3068.

Beiersdorf, Kati, Nachhaltigkeit in der Unternehmensberichterstattung, Marburg 2012.

Beiersdorf, Kati/Schwedler, Kristina, Nachhaltigkeitsberichterstattung, in: Erfolgsfaktor Rechnungswesen, hrsg. v. Eppinger, Christoph/Zeyer, Fedor, Wiesbaden 2012, S. 44-54.

Berndt, Thomas/Bilolo, Céline/Müller, Ludwig, International Integrated Reporting Framework: Leitfaden für eine moderne Unternehmensberichterstattung?, BB 2014, S. 363-367.

Beyer, Jürgen/Höpner, Martin, The Disintegration of Organised Capitalism: German Corporate Governance in the 1990s, West Eur. Polit. 2003, S. 179-198.

Beyhs, Oliver/Barth, Daniela, Integrated Reporting – Aktuelle Entwicklungen auf dem Weg zu einer integrierten Unternehmensberichterstattung, DB 2011, S. 2857-2863.

Bieg, Hartmut/Kußmaul, Heinz/Petersen, Karl/Waschbusch, Gerd/ Zwirner, Christian, Bilanzrechtsmodernisierungsgesetz, München 2009.

Blümich, Kommentar zum EStG, KStG, GewStG, Loseblatt, 16. Auflage, München 1998 (Stand 122. Ergänzungslieferung März 2014).

BMU, Umweltwirtschaftsbericht 2011 – Daten und Fakten für Deutschland, Berlin 2011.

BMU/BDI, Produktbezogene Klimaschutzstrategien, Berlin 2012.

Bohn, Michael/Ratzinger-Sakel, Nicole V. S., Integrated Reporting – Relevanz und Nutzen für mittelständische Unternehmen, WPg 2014, S. 881-886.

Bolsenkötter, Heinz, Bestätigungsvermerk, in: Handwörterbuch der Revision (HWR), hrsg. v. Coenenberg, Adolf G./von Wysocki, Klaus, 2. Auflage, Stuttgart 1992, Sp. 210-224.

Borglund, Tommy/Frostenson, Magnus/Windell, Karolina, Increasing responsibility through transparency?, hrsg. v. Schwedisches Wirtschaftsministerium, Stockholm 2010.

Bormann, Michael, Unabhängigkeit des Abschlussprüfers: Aufgabe und Chance für den Berufsstand, BB 2002, S. 190-197.

Böcking, Hans-Joachim/Dutzi, Andreas, Neugestaltung der Berufsaufsicht für Wirtschaftsprüfer, BFuP 2006, S. 1-21.

Böcking, Hans-Joachim/Dutzi, Andreas/Müßig, Anke, Ökonomische Funktion des Prüfungsausschusses im deutschen Corporate Governance-System, BFuP 2004, S. 417-440.

Böhm, Annika, Bilanzrecht: Zustimmung des Europäischen Parlaments zu Richtlinie zur Offenlegung von nichtfinanziellen Informationen, EuZW 2014, S. 445.

Bönkhoff, Franz J., Prüfungsplanung, in: Handwörterbuch der Revision (HWR), hrsg. v. Coenenberg, Adolf G./von Wysocki, Klaus, 2. Auflage, Stuttgart 1992, Sp. 1519-1526.

Brand, Johann Gottfried, Tabellarische Uibersicht über die Grundsätze der Staatsrechnungswissenschaft, Wien 1790.

Braun, Inga, Discounted Cashflow-Verfahren und der Einfluss von Steuern, Wiesbaden 2005.

Braun, Sabine/Poppe, Peter, Integriertes Reporting, in: GoingPublic Magazin 2011, Sonderbeilage „Geschäftsberichte & Trends 2011/2012", S. 28-30 (zitiert als Braun/Poppe (2011)).

Brebeck, Frank/Horst, Dieter, Die Nachhaltigkeitsdebatte und die „EU-Empfehlung zur Berücksichtigung von Umweltaspekten im Lagebericht": Indizien für eine Erweiterung des Tätigkeitsbereichs der Wirtschaftsprüfer?, WPK-Mitt. 2002, S. 20-24.

Breycha, Ottokar, Saldenbestätigungen, in: Handwörterbuch der Revision (HWR), hrsg. v. Coenenberg, Adolf G./von Wysocki, Klaus, 2. Auflage, Stuttgart 1992, Sp. 1733-1740.

Buchner, Robert, Wirtschaftliches Prüfungswesen, 2. Auflage, München 1997.

Bundesbeauftragte für den Datenschutz und die Informationsfreiheit (BfDI), Datenschutz Bremen, abrufbar unter http://www.bfdi.bund.de /SharedDocs/Adressen/AufsichtsbehoerdenNichtOeffentlicherBereich/Au fsichtsbehoerdeBremen.html;jsessionid=3B7B3C4CDF2A034B4CB9627 3CBEAE7A2.1_cid344?nn=408908, letzter Abruf: 18.02.2015 (zitiert als BfDI (2014), abrufbar unter http://www.bfdi.bund.de).

Bundesregierung, Nationale Nachhaltigkeitsstrategie: Fortschrittsbericht 2012, Berlin 2012.

Burschel, Carlo/Losen, Dirk/Wiendl, Andreas, Betriebswirtschaftslehre der Nachhaltigen Unternehmung, München 2004.

Busse von Colbe, Walther, Die Entwicklung des Jahresabschlusses als Informationsinstrument, in: Ökonomische Analyse des Bilanzrechts, zfbf Sonderheft 32 / 93, hrsg. v. Wagner, Franz W., Düsseldorf 1993, S. 11-29.

Clausen, Jens/Loew, Thomas, Mehr Glaubwürdigkeit durch Testate?, Internationale Analyse von Testaten in der Umwelt- und Nachhaltigkeitsberichterstattung, Hannover und Berlin 2005.

Clausen, Jens/Loew, Thomas, Leitlinien und Standards der Nachhaltigkeitsberichterstattung, in: Handbuch Nachhaltigkeitskommunikation, hrsg. v. Michelsen, Gerd/Godemann, Jasmin, 2. Auflage, München 2007, S. 614-622.

Coase, Ronald H., The nature of the firm, Economica 1937, S. 386-405.

Coase, Ronald H., The Problem of Social Cost, J.L. & Econ. 1960, S. 1-44.

Coenenberg, Adolf G./Fink, Christian, Analyseeignung des DRS 20 „Konzernlagebericht", in: Rechnungslegung, Prüfung und Unternehmensbewertung, Festschrift zum 65. Geburtstag von Wolfgang Ballwieser, hrsg. v. Dobler, Michael/Hachmeister, Dirk/Kuhner, Christoph/Rammert, Stefan, Stuttgart 2014, S. 53-72.

Danish Business Authority, Corporate Social Responsibility and Reporting in Denmark, abrufbar unter http://csrgov.dk/file/374342/csr_rapport_2011.pdf, letzter Abruf: 18.02.2015 (zitiert als Danish Business Authority (2013)).

Daub, Claus-Heinrich, Stand und Entwicklungstendenzen in der Nachhaltigkeitsberichterstattung, in: Internetbasierte Nachhaltigkeitsberichterstattung, hrsg. v. Isenmann, Ralf/Marx Gómez, Jorge, Berlin 2008, S. 83-97.

Dauses, Handbuch des EU-Wirtschaftsrechts, Loseblatt, 35. Auflage, München 2014 (Stand 35. Ergänzungslieferung Februar 2014).

Davis, James H./Schoorman, F. David/Donaldson, Lex, Davis, Schoorman and Donaldson Reply: The Distinctiveness of Agency Theory and Stewardship Theory, Acad. Manage. Rev. 1997, S. 611-613.

Deloitte, Nachhaltigkeit: Warum CFOs auf Einsparungen und Strategie setzen, abrufbar unter http://www.deloitte.com/assets/Dcom-Germany/Local%20Assets/Documents/18_Growth%20Platforms/CFO-Services/DE_CFO Program_Sustainability_CFO.pdf, letzter Abruf: 18.02.2015 (zitiert als Deloitte (2012), abrufbar unter http://www.deloitte.com).

Demsetz, Harold, Towards a Theory of Property Rights, AER 1967, S. 347-359.

Deutscher Bundestag, Veröffentlichung von Spenden, die im Einzelfall die Höhe von 50 000 Euro übersteigen (§ 25 Absatz 3 Satz 3 Parteiengesetz), BT-Drs. 17/9893 vom 11.06.2012.

Dierkes, Meinolf, Die Sozialbilanz, Frankfurt am Main 1974.

Dierkes, Meinolf, Sozialbilanzen – Einige Gedanken zur konzeptionellen und politischen Entwicklung, in: Sozialbilanzen in der Bundesrepublik Deutschland, hrsg. v. Pieroth, Elmar, Wien u.a. 1978, S. 202-221.

Dietrich, Anita/Krakuhn, Joachim/Sierleja, Lukas, Berücksichtigung von Prinzipal-Agenten-Beziehungen im Rahmen der Abgrenzung des Konsolidierungskreises nach IFRS 10, IRZ 2011, S. 519-524.

Donaldson, Lex/Davis, James H., Stewardship Theory or Agency Theory: CEO Governance and Shareholder Returns, Aust. J. Manag. 1991, S. 49-65.

Dörner, Dietrich, Risikoorientierte Abschlußprüfung, in: Risiken erkennen, Risiken bewältigen. Eine Aufgabe für Unternehmen, Berater und Prüfer, Bericht über die IDW-Fachtagung vom 26.-28.10.1988 in Hamburg, Düsseldorf 1989, S. 339-350.

Dörner, Dietrich, Audit Risk, in: Handwörterbuch der Revision (HWR), hrsg. v. Coenenberg, Adolf G./von Wysocki, Klaus, 2. Auflage, Stuttgart 1992, Sp. 81-96.

Dörner, Dietrich, Inwieweit schließen sich Erstellung, Beratung und Prüfung von Jahresabschlüssen gegenseitig aus?, in: Steuerberatung im Spannungsfeld von Betriebswirtschaft und Recht, Festschrift zum 75. Geburtstag von Heinz Stehle, hrsg. v. Wagner, Franz W., Stuttgart u.a. 1997, S. 81-102.

Dörner, Dietrich, Die Einführung der externen Qualitätskontrolle für Wirtschaftsprüfer in Deutschland, in: Bilanzierung und Besteuerung, Festschrift zum 70. Geburtstag von Herbert Brönner, hrsg. v. Poll, Jens, Stuttgart 2000, S. 93-107.

Dörner, Dietrich, Prüfungsansatz, risikoorientierter, in: Handwörterbuch der Rechnungslegung und Prüfung (HWRP), hrsg. v. Ballwieser, Wolfgang/Coenenberg, Adolf G./von Wysocki, Klaus, 3. Auflage, Stuttgart 2002, Sp. 1744-1762.

Dörner, Dietrich/Oser, Peter, Erfüllen Aufsichtsrat und Wirtschaftsprüfer ihre Aufgaben? – Zugleich ein Plädoyer für eine bessere Zusammenarbeit von Aufsichtsrat und Wirtschaftsprüfern, DB 1995, S. 1085-1093.

Drexl, Andreas, Planung des Ablaufs von Unternehmensprüfungen, Stuttgart 1990.

Drewnowski, Jan, On Measuring and Planning the Quality of Life, Den Haag 1974.

DRSC, Entwurf eines Deutschen Rechnungslegungs Standards Nr. 27 (E-DRS 27) zum Konzernlagebericht, abrufbar unter http://www.drsc.de/ docs/press_releases/2011/111214_LB_E-DRS27_website2.pdf, letzter Abruf: 18.02.2015.

DRSC, Deutscher Rechnungslegungs Standard Nr. 20 (DRS 20), Konzernlagebericht, Bekanntmachung durch das BMJ am 4. Dezember 2012.

Dumay, John/Guthrie, James/Farneti, Federica, Gri Sustainability Reporting Guidelines For Public And Third Sector Organizations, PMR 2010, S. 531-548.

Dyckerhoff, Christian, Entwicklungstendenzen bei der Abschlussprüfung, in: Der Wirtschaftsprüfer und sein Umfeld zwischen Tradition und Wandel zu Beginn des 21. Jahrhunderts, Festschrift zum 75. Geburtstag von Hans-Heinrich Otte, hrsg. v. Boysen, Kurt/Dyckerhoff, Christian/Otte, Holger Düsseldorf 2001, S. 111-127.

Eberlein, Jana, Betriebliches Rechnungswesen und Controlling, 2. Auflage, München 2010.

Eccles, Robert G./Krzus, Michael P., One Report, Hoboken 2010.

Egner, Henning, Betriebswirtschaftliche Prüfungslehre, Berlin u.a. 1980.

Ehlers, Harald, Anforderungen an die Fortführungsprognose, NZI 2011, S. 161-166.

Eichhorn, Peter, Gesellschaftsbezogene Unternehmensrechnung: Ein neuer Ansatz, in: Sozialbilanzen in der Bundesrepublik Deutschland, hrsg. v. Pieroth, Elmar, Wien u.a. 1978, S. 74-84.

Eiselt, Andreas, Empirischer Vergleich der Nachhaltigkeitsberichterstattung am Beispiel ausgewählter deutscher Energieversorger, KoR 2014, S. 372-377.

Eiselt, Andreas/Kaspereit, Thomas, Nachhaltigkeitsberichterstattung als Instrument der Kapitalmarktkommunikation, KoR 2010, S. 379-384.

Eisenhardt, Patrick/Wader, Dominic, Vorschläge zur Fortentwicklung der Abschlussprüfung – Das Grünbuch der EU-Kommission, DStR 2010, S. 2532-2538.

Ekkenga, Jens, Anlegerschutz, Rechnungslegung und Kapitalmarkt, Tübingen 1998.

Elkart, Wolfgang/Schmidt, Gerd, Aus- und Fortbildung des Prüfers, in: Handwörterbuch der Rechnungslegung und Prüfung (HWRP), hrsg. v. Ballwieser, Wolfgang/Coenenberg, Adolf G./von Wysocki, Klaus, 3. Auflage, Stuttgart 2002, Sp. 176-184.

Elschen, Rainer, Principal-Agent, in: Lexikon des Rechnungswesens, hrsg. v. Busse von Colbe, Walther/Crasselt, Nils/Pellens, Bernhard, 5. Auflage, München 2011 (zitiert als Elschen (2011)).

Epple, Bernd/Leithner, Reinhard/Linzer, Wladimir/Walter, Heimo, Simulation von Kraftwerken und wärmetechnischen Anlagen, Wien 2009.

Erbs/Kohlhaas, Strafrechtliche Nebengesetze, Loseblatt, 5. Auflage, München 1996 (Stand 195. Ergänzungslieferung Juli 2013).

Europäische Kommission, Europäische Rahmenbedingungen für die soziale Verantwortung der Unternehmen – Grünbuch, Brüssel 2001.

Europäische Kommission, Towards a Single Market Act – For a highly competitive social market economy, 27.10.2010, COM(2010) 608 final, Brüssel 2010.

Europäische Kommission, Communication from the Commission to the European Parliament, the Council, the European Economic and Social Committee and the Committee of the Regions, A renewed EU strategy 2011-14 for Corporate Social Responsibility, 25.10.2011, COM(2011) 681 final, Brüssel 2011.

Europäische Kommission, Summary Report of the responses received to the public consultation on disclosure of non-financial information by companies, Brüssel 2011.

Europäische Kommission, Pressemitteilung vom 26. Februar 2014, abrufbar unter http://europa.eu/rapid/press-release_STATEMENT-14-29_en.htm?locale=en, letzter Abruf: 18.02.2015 (zitiert als Europäische Kommission (2014a), abrufbar unter http://europa.eu).

Europäische Kommission, Texts adopted – Part V – at the sitting of Tuesday 15 April 2014, abrufbar unter http://www.europarl.europa.eu/sides/getDoc.do?pubRef=-//EP//NONSGML+TA+20140415+SIT-05+DOC+PDF+V0//EN&language=EN, letzter Abruf: 18.02.2015 (zitiert als Europäische Kommission (2014c), abrufbar unter http://www.europaparl.europa.eu).

Europäische Kommission, Pressemitteilung vom 29. September 2014, abrufbar unter http://www.consilium.europa.eu/uedocs/cms_Data/docs/pressdata/en/intm/144945.pdf, letzter Abruf: 18.02.2015 (zitiert als Europäische Kommission (2014b), abrufbar unter http://europa.eu).

Ewelt-Knauer, Corinna, Der Konzernabschluss als Berichtsinstrument der wirtschaftlichen Einheit, Münster 2010.

Ewert, Ralf, Rechnungslegung, Wirtschaftsprüfung, rationale Akteure und Märkte, zfbf 1993, S. 715-747.

Ewert, Ralf, Unabhängigkeit und Unbefangenheit, in: Handwörterbuch der Rechnungslegung und Prüfung (HWRP), hrsg. v. Ballwieser, Wolfgang/Coenenberg, Adolf G./von Wysocki, Klaus, 3. Auflage, Stuttgart 2002, Sp. 2387-2394.

Ewert, Ralf/Ulrike, Stefani, Wirtschaftsprüfung, in: Jost, Peter-J., Die Prinzipal-Agenten-Theorie in der Betriebswirtschaftslehre, Stuttgart 2001.

Fama, Eugene F./Jensen, Michael C., Separation of Ownership and Control, J.L. & Econ. 1983, S. 301-325.

Farr, Wolf-Michael/Niemann, Walter, Qualitätssicherung in der WP-/vBP-Praxis, DStR 2006, S. 1242-1247.

Fassin, Yves, SMEs and the fallacy of formalising CSR, Bus. Ethics Eur. Rev. 2008, S. 364-378.

Fink, Christian/Kajüter, Peter/Winkeljohann, Norbert, Lageberichterstattung, Stuttgart 2013.

Fischer, Marc, Agency-Theorie, WiSt 1995, S. 320-322.

Fischer, Marc/Hüser, Annette/Mühlenkamp, Claudia/Schade, Christian/ Schott, Eberhard, Marketing und neuere ökonomische Theorie: Ansätze zu einer Systematisierung, BFuP 1993, S. 444-479.

Fonk, Christian Friedrich, Europäische Luftqualitätsziele und nationale Erfüllungsverantwortung, Bonn 2008.

Förschle, Gerhart, Umweltberichte, in: Handwörterbuch der Rechnungslegung und Prüfung (HWRP), hrsg. v. Ballwieser, Wolfgang/Coenenberg, Adolf G./von Wysocki, Klaus, 3. Auflage, Stuttgart 2002, Sp. 2374-2386.

Förschle, Gerhart/Grottel, Bernd/Schmidt, Stefan/Schubert, Wolfgang J./Winkeljohann, Norbert, Beck'scher Bilanz-Kommentar, 9. Auflage, München 2014.

Franken, Lorenz, Nachhaltigkeitsstandards und ihre Vereinbarkeit mit WTO-Recht, ZUR 2010, S. 66-73.

Freeman, R. Edward, The Stakeholder Approach Revisited, zfwu 2004, S. 228-241.

Freeman, R. Edward, Strategic Management – A Stakeholder Approach, Cambridge u.a. 2010.

Freeman, R. Edward/Harrison, Jeffrey S./Wicks, Andrew C./Parmar, Bidhan L./De Colle, Simone, Stakeholder Theory – The state of the art, Cambridge u.a. 2010.

Freiling, Jörg, Entrepreneurship, München 2006.

Friedman, Milton, The Social Responsibility of Business Is to Increase Its Profits, New York Times Magazine vom 13. September 1970.

Fries, Jessica/McCulloch, Karen/Webster, Will, The Prince's Accounting for Sustainability Project: Creating 21st-Century Decision-Making and Reporting Systems to Respond to 21st-Century Challenges and Opportunities, in: Accounting for Sustainability, hrsg. v. Hopwood, Anthony/Unerman, Jeffrey/Fries, Jessica, London 2010, S. 29-45.

Gans, Christian, Betriebswirtschaftliche Prüfungen als heuristische Suchprozesse, Bergisch Gladbach u.a. 1986.

Gebauer, Jana/Glahe, Julia, Praxis der Nachhaltigkeitsberichterstattung in deutschen Großunternehmen, Berlin 2011.

Gmelin, Hans Jörg, Die Darstellung des Prüfungsergebnisses durch den Abschlussprüfer nach der Vierten Gesellschaftsrechtlichen Richtlinie des Rates der Europäischen Gemeinschaften, in: Wirtschaftsprüfung und Wirtschaftsrecht, Beiträge zum 75jährigen Bestehen der Treuhand-Vereinigung Aktiengesellschaft, hrsg. v. Treuhandvereinigung/Coopers & Lybrand/Karoli-Wirtschaftsprüfung, Stuttgart 1980, S. 137-163.

Gosch, Dietmar, Körperschaftsteuergesetz, Kommentar, 2. Auflage, München 2009.

Göbel, Stefan, Risikoorientierte Abschlußprüfung, in: Theorie und Praxis der Wirtschaftsprüfung, hrsg. v. Richter, Martin, Berlin 1997, S. 41-59.

Graumann, Mathias, Wirtschaftliches Prüfungswesen, Herne 2007.

GRI, Leitfaden zur Nachhaltigkeitsberichterstattung, Version 3.0, Amsterdam 2006 (a).

GRI, Indikatorprotokollsatz Ökonomische Indikatoren (EC), Version 3.0, Amsterdam 2006 (b).

GRI, Indikatorprotokollsatz Ökologische Indikatoren (EN), Version 3.0, Amsterdam 2006 (c).

GRI, Indikatorprotokollsatz Arbeitspraktiken & Menschenwürdige Beschäftigung (LA), Version 3.0, Amsterdam 2006 (d).

GRI, Indikatorprotokollsatz Menschenrechte (HR), Version 3.0, Amsterdam 2006 (e).

GRI, Indikatorprotokollsatz Gesellschaft (SO), Version 3.0, Amsterdam 2006 (f).

GRI, Indikatorprotokollsatz Produktverantwortung (PR), Version 3.0, Amsterdam 2006 (g).

GRI, Sustainability Reporting Guidelines, Version 3.1, Amsterdam 2011 (a).

GRI, Indicator Protocols Set Economic (EC), Version 3.1, Amsterdam 2011 (b).

GRI, Indicator Protocols Set Environmental (EN), Version 3.1, Amsterdam 2011 (c).

GRI, Indicator Protocols Set Labor Practices and Decent Work (LA), Version 3.1, Amsterdam 2011 (d).

GRI, Indicator Protocols Set Human Rights (HR), Version 3.1, Amsterdam 2011 (e).

GRI, Indicator Protocols Set Society (SO), Version 3.1, Amsterdam 2011 (f).

GRI, Indicator Protocols Set Product Responsibility (PR), Version 3.1, Amsterdam 2011 (g).

GRI, G4 Sustainability Reporting Guidelines: Reporting Principles And Standard Disclosures, Amsterdam 2013 (a).

GRI, G4 Sustainability Reporting Guidelines: Implementation Manual, Amsterdam 2013 (b).

GRI, G4 Leitlinien zur Nachhaltigkeitsberichterstattung: Umsetzungsanleitung, Amsterdam 2013 (c).

GRI, An Overview of GRI, abrufbar unter https://www.globalreporting.org/information/about-gri/what-is-GRI/Pages/default.aspx, letzter Abruf: 18.02.2015 (zitiert als GRI (2014a), abrufbar unter http://www.globalreporting.org).

GRI, Über Global Reporting Initiative, abrufbar unter https://www.globalreporting.org/languages/german/Pages/default.aspx, letzter Abruf: 18.02.2015 (zitiert als GRI (2014b), abrufbar unter http://www.globalreporting.org).

GRI, Sustainability data is foundation stone of Integrated Reporting, says GRI as <IR> Framework is unveiled, Pressemitteilung vom 9. Dezember 2013, abrufbar unter https://www.globalreporting.org/information/news-and-press-center/Pages/Sustainability-data-is-foundation-stone-of-Integrated-Reporting-says-GRI-as-IR-Framework-is-unveiled.aspx, letzter Abruf: 18.02.2015 (zitiert als GRI (2014c), abrufbar unter http://www.global reporting.org).

Gross, Gerhard, Überlegungen zum Bestätigungsvermerk und zur Bescheinigung bei freiwilligen Abschlußprüfungen, in: Der Wirtschaftsprüfer im Schnittpunkt nationaler und internationaler Entwicklungen, Festschrift zum 60. Geburtstag von Klaus von Wysocki, hrsg. v. Gross, Gerhard, Düsseldorf 1985, S. 269-282.

Grunwald, Guido/Hennig, Philipp, Beiträge der REACH-Umsetzung zur CSR-Strategie, zfwu 2012, S. 82-91.

Gutenberg, Erich, Grundlagen der Betriebswirtschaftslehre, Erster Band: Die Produktion, 24. Auflage, Berlin u.a. 1983.

Günther, Edeltraud, Ökologieorientiertes Management, Stuttgart 2008.

Günther, Edeltraud/Hoppe, Holger, Global Reporting Initiative, WiSt 2008, S. 507-508.

Haar, Brigitte, Die Personengesellschaft im Konzern, Tübingen 2006.

Haarlaender, Gerd, Beispiel Shell AG: Sozialbilanz – Show oder nützliche Information?, in: Sozialbilanzen in der Bundesrepublik Deutschland, hrsg. v. Pieroth, Elmar, Wien u.a. 1978, S. 289-298.

Haegert, Lutz, Der Grundsatz der Prozeßunabhängigkeit des Abschlußprüfers – Soll und Ist, in: Der Wirtschaftsprüfer im Schnittpunkt nationaler und internationaler Entwicklungen, Festschrift zum 60. Geburtstag von Klaus von Wysocki, hrsg. v. Gross, Gerhard, Düsseldorf 1985, S. 201-219.

Hallay, Hendric/Osterod, Stefan, Die Ökobilanz, Berlin 1990.

Haller, Axel/Ernstberger, Jürgen, Global Reporting Initiative – Internationale Leitlinien zur Erstellung von Nachhaltigkeitsberichten, BB 2006, S. 2516-2524.

Haller, Axel/Fuhrmann, Christiane, Die Entwicklung der Lageberichterstattung in Deutschland vor dem Hintergrund des Konzepts des „Integrated Reporting", KoR 2012, S. 461-469.

Haller, Axel/Schnabel, Johann/Koch, Manuela, Behandlung nichtfinanzieller Leistungsindikatoren in der Unternehmensberichterstattung nichtkapitalmarktorientierter Konzerne, DB 2014, S. 2541-2546.

Haller, Axel/Zellner, Paul, Integrated Reporting – ein Vorschlag zur Neugestaltung der Unternehmensberichterstattung, KoR 2011, S. 523-529.

Haller, Axel/Zellner, Paul, Das Integrated Reporting Framework – kurz vor der Zielgeraden, DB 2013, S. 1125-1132.

Haller, Axel/Zellner, Paul, Integrated Reporting Framework – eine neue Basis für die Weiterentwicklung der Unternehmensberichterstattung, DB 2014, S. 253-258.

Handwörterbuch unbestimmter Rechtsbegriffe im Bilanzrecht des HGB, hrsg. von Leffson, Ulrich/Rückle, Dieter/Großfeld, Bernhard, Köln 1986.

Hardes, Heinz-Dieter/Uhly, Alexandra, Grundzüge der Volkswirtschaftslehre, 9. Auflage, München 2007.

Heberle, Florian, Untersuchungen zum Einsatz von zeotropen Fluidgemischen im Organic Rankine Cycle für die geothermische Stromerzeugung, Berlin 2013.

Hecker, Andreas/Peters, Marc, Der Deutsche Nachhaltigkeitskodex, NZG 2012, S. 55-58.

Heese, Klaus, Der risiko-, prozess- und systemorientierte Prüfungsansatz, WPg-Sonderheft 2003, S. S223-S230.

Heininger, Klaus/Bertram, Klaus, System der externen Qualitätskontrolle – Erste praktische Erfahrungen und Hinweise für kleinere und mittlere Wirtschaftsprüferpraxen -, WPg 2003, S. 1051-1057.

Henderson-Sellers, Ann/McGuffie, Kendal, The Future of the World's Climate, 2. Auflage, Amsterdam 2012.

Hense, Burkard/Ulrich, Dieter, WPO Kommentar, 2. Auflage, Düsseldorf 2013.

Hentze, Joachim/Thies, Björn, Nachhaltigkeitsmanagement und –berichterstattung, WiSt 2014, S. 414-421.

Herrmann, Günter, Fernsehen und Hörfunk in der Verfassung der Bundesrepublik Deutschland, Tübingen 1975.

Herzig, Christian/Schaltegger, Stefan, Nachhaltigkeitsberichterstattung von Unternehmen, in: Handbuch Nachhaltigkeitskommunikation, hrsg. v. Michelsen, Gerd/Godemann, Jasmin, 2. Auflage, München 2007, S. 579-593.

Herzig, Norbert/Watrin, Christoph, Obligatorische Rotation des Wirtschaftsprüfers – ein Weg zur Verbesserung der externen Unternehmenskontrolle?, zfbf 1995, S. 775-804.

Hillegrand, Uwe, Stöchiometrie, 2. Auflage, Berlin u.a. 2007.

Hillmer, Hans-Jürgen, Nachhaltiges Wirtschaften und Nachhaltigkeitsberichterstattung, KoR 2011, S. 432-435.

Hillmer, Hans-Jürgen, Zusammenfassung des Berichts zur DAI-Konferenz vom 19.03.2014, in: Offenlegung nicht-finanzieller Informationen, Bericht zur DAI-Konferenz vom 19.03.2014, KoR 2014, S. 280-284, hier: S. 284 (zitiert als Hillmer, KoR 2014).

Hoffmann, Tim, Unternehmerische Nachhaltigkeitsberichterstattung, Köln 2011.

Hommel, Michael/Berndt, Thomas, Das Realisationsprinzip – 1884 und heute, BB 2009, S. 2190-2194.

Hopt, Klaus J., Die Haftung des Wirtschaftsprüfers – Rechtsprobleme zu § 323 HGB (§ 168 AktG a.F.) und zur Prospekt- und Auskunftshaftung (Teil II), WPg 1986, S. 498-506.

Hopt, Klaus J., Haftung bei Rechnungslegung und Prüfung, in: Handwörterbuch der Rechnungslegung und Prüfung (HWRP), hrsg. v. Ballwieser, Wolfgang/Coenenberg, Adolf G./von Wysocki, Klaus, 3. Auflage, Stuttgart 2002, Sp. 1071-1084.

Horváth, Péter, Internes Kontrollsystem, allgemein, in: Handwörterbuch der Revision (HWR), hrsg. v. Coenenberg, Adolf G./von Wysocki, Klaus, 2. Auflage, Stuttgart 1992, Sp. 882-896.

Hömberg, Reinhold, Revision: Prüfung, in: Lexikon der Betriebswirtschaftslehre, hrsg. v. Corsten, Hans/Gössinger, Ralf, 5. Auflage, München 2008, S. 712-715.

Höschen, Nicole/Vu, Annette, Möglichkeiten und Herausforderungen der Prüfung von Nachhaltigkeitsberichten, WPg 2008, S. 378-387.

IAASB, International Standard on Auditing 315 (Revised), Identifying and assessing the risks of material misstatement through understanding the entity and its environment (ISA 315), New York 2012.

IAASB, International Standard on Assurance Engagements 3410, Assurance Engagements on Greenhouse Gas Statements (ISAE 3410), New York 2012.

IASB, IASB Meeting – Project: Integrated Reporting, abrufbar unter http://www.ifrs.org/Meetings/MeetingDocs/IASB/2013/January/8%20-%20Integrated%20Reporting.pdf, letzter Abruf: 18.02.2015 (zitiert als IASB (2013), abrufbar unter http://www.iasb.org).

IFAC, Membership, abrufbar unter http://www.ifac.org/about-ifac/membership, letzter Abruf: 18.02.2015 (zitiert als IFAC (2014), abrufbar unter http://www.ifac.org).

IFRS Foundation, Conceptual Framework for Financial Reporting 2010, London 2010.

IIRC, Professor Mervyn E. King, IIRC, abrufbar unter http://www.theiirc.org /2012/03/08/professor-mervyn-e-king/, letzter Abruf: 18.02.2015 (zitiert als IIRC (2012), abrufbar unter http://www.theiirc.org).

IIRC, Consultation Draft of the International <IR> Framework, abrufbar unter http://www.theiirc.org/wp-content/uploads/Consultation-Draft/Consultation-Draft-of-the-InternationalIRFramework.pdf, letzter Abruf: 18.02.2015.

IIRC, The International <IR> Framework, abrufbar unter http://www.theiirc .org/wp-content/uploads/2013/12/13-12-08-THE-INTERNATIONAL-IR-FRAMEWORK-2-1.pdf, letzter Abruf: 18.02.2015 (zitiert als IIRC (2013), abrufbar unter http://www.theiirc.org).

ILO, ILO Convention No. 169, Indigenous and Tribal Peoples Convention, Genf 1989.

ILO, Ratifications of fundamental Conventions and Protocols by country, abrufbar unter http://www.ilo.org/dyn/normlex/en/f?p=1000:10011:0:: NO:10011:P10011_DISPLAY_BY,P10011_CONVENTION_TYPE_CO DE:1,F, letzter Abruf: 18.02.2015 (zitiert als ILO (2014a), abrufbar unter http://www.ilo.org).

ILO, Profits and Poverty: The Economics of Forced Labour, abrufbar unter http://www.ilo.org/wcmsp5/groups/public/---ed_norm/---declaration/docu ments/publication/wcms_243391.pdf, letzter Abruf: 18.02.2015 (zitiert als ILO (2014b), abrufbar unter http://www.ilo.org).

ILO, Gesamtbericht im Rahmen der Folgemaßnahmen zur Erklärung der IAO über grundlegende Prinzipien und Rechte der Arbeit, abrufbar unter http://www.ilo.org/wcmsp5/groups/public/@ed_norm/@relconf/document s/meetingdocument/wcms_091726.pdf, letzter Abruf: 18.02.2015 (zitiert als ILO (2008), abrufbar unter http://www.ilo.org).

Institut der deutschen Wirtschaft Köln, Firmen denken an morgen, in: iw-dienst Nr. 24 vom 14. Juni 2012, S. 8.

Institut der Wirtschaftsprüfer in Deutschland e.V., IDW Prüfungsstandard: Ziele und allgemeine Grundsätze der Durchführung von Abschlussprüfungen (IDW PS 200), Düsseldorf 2000.

Institut der Wirtschaftsprüfer in Deutschland e.V., IDW Prüfungsstandard: Grundsätze für die prüferische Durchsicht von Abschlüssen (IDW PS 900), Düsseldorf 2002.

Institut der Wirtschaftsprüfer in Deutschland e.V., IDW Prüfungsstandard: Kenntnisse über die Geschäftstätigkeit sowie das wirtschaftliche und rechtliche Umfeld des zu prüfenden Unternehmens im Rahmen der Abschlussprüfung (IDW PS 230), Düsseldorf 2005.

Institut der Wirtschaftsprüfer in Deutschland e.V., IDW Prüfungsstandard: Grundsätze ordnungsmäßiger Prüfung oder prüferischer Durchsicht von Berichten im Bereich der Nachhaltigkeit (IDW PS 821), Düsseldorf 2008.

Institut der Wirtschaftsprüfer in Deutschland e.V., IDW Prüfungsstandard: Die Prüfung von geschätzten Werten in der Rechnungslegung einschließlich von Zeitwerten (IDW PS 314 n.F.), Düsseldorf 2009.

Institut der Wirtschaftsprüfer in Deutschland e.V., IDW Prüfungsstandard: Erklärungen der gesetzlichen Vertreter gegenüber dem Abschlussprüfer (IDW PS 303 n.F.), Düsseldorf 2009.

Institut der Wirtschaftsprüfer in Deutschland e.V., IDW Prüfungsstandard: Rechnungslegungs- und Prüfungsgrundsätze für die Abschlussprüfung (IDW PS 201), Düsseldorf 2009.

Institut der Wirtschaftsprüfer in Deutschland e.V., IDW Prüfungsstandard: Grundsätze der Planung von Abschlussprüfungen (IDW PS 240), Düsseldorf 2010.

Institut der Wirtschaftsprüfer in Deutschland e.V., IDW Prüfungsstandard: Prüfung von Eröffnungsbilanzwerten im Rahmen von Erstprüfungen (IDW PS 205), Düsseldorf 2010.

Institut der Wirtschaftsprüfer in Deutschland e.V., IDW Prüfungsstandard: Grundsätze ordnungsmäßiger Prüfung von Compliance Management Systemen (IDW PS 980), Düsseldorf 2011.

Institut der Wirtschaftsprüfer in Deutschland e.V., WP-Handbuch – Wirtschaftsprüfung, Rechnungslegung, Beratung, Band I, 14. Auflage, Düsseldorf 2012 (zitiert als IDW (2012)).

Institut der Wirtschaftsprüfer in Deutschland e.V., IDW Prüfungsstandard: Grundsätze für die ordnungsmäßige Erteilung von Bestätigungsvermerken bei Abschlussprüfungen (IDW PS 400), Düsseldorf 2012.

Institut der Wirtschaftsprüfer in Deutschland e.V., IDW Prüfungsstandard: Besondere Grundsätze für die Durchführung von Konzernabschlussprüfungen (einschließlich der Verwertung der Tätigkeit von Teilbereichsprüfern) (IDW PS 320 n.F.), Düsseldorf 2012.

Institut der Wirtschaftsprüfer in Deutschland e.V., IDW Prüfungsstandard: Zur Aufdeckung von Unregelmäßigkeiten im Rahmen der Abschlussprüfung (IDW PS 210), Düsseldorf 2012.

Institut der Wirtschaftsprüfer in Deutschland e.V., IDW Prüfungsstandard: Feststellung und Beurteilung von Fehlerrisiken und Reaktionen des Abschlussprüfers auf die beurteilten Fehlerrisiken (IDW PS 261 n.F.), Düsseldorf 2012.

Institut der Wirtschaftsprüfer in Deutschland e.V., IDW Prüfungsstandard: Verwertung der Arbeit von Sachverständigen (IDW PS 322 n.F.), Düsseldorf 2013.

Institut der Wirtschaftsprüfer in Deutschland e.V., IDW Prüfungsstandard: Analytische Prüfungshandlungen (IDW PS 312), Düsseldorf 2013.

Institut der Wirtschaftsprüfer in Deutschland e.V., IDW Prüfungsstandard: Prüfungsnachweise im Rahmen der Abschlussprüfung (IDW PS 300), Düsseldorf 2013.

Institut der Wirtschaftsprüfer in Deutschland e.V., IDW Prüfungsstandard: Bestätigungen Dritter (IDW PS 302 n.F.), Düsseldorf 2014.

International Organization for Standardization, ISO 14064-1, Greenhouse gases – Part 1: Specification with guidance at the organization level for quantification and reporting of greenhouse gas emissions and removals, Genf 2006.

International Organization for Standardization, ISO 14064-2, Greenhouse gases – Part 2: Specification with guidance at the project level for quantification, monitoring and reporting of greenhouse gas emission reductions or removal enhancements, Genf 2006.

International Organization for Standardization, ISO 14064-3, Greenhouse gases – Part 3: Specification with guidance for the validation and verification of greenhouse gas assertions, Genf 2006.

IPCC, IPCC Fifth Assessment Synthesis Report, Approved Summary for Policymakers, abrufbar unter http://www.ipcc.ch/pdf/assessment-report/ar5/syr/SYR_AR5_SPM.pdf, letzter Abruf: 18.02.2015 (zitiert als IPCC (2014), abrufbar unter http://www.ipcc.ch).

Isaac-Kesseli, Yvonne/Ziltener, Andreas, Nachhaltigkeitsbericht nach Global-Reporting-Initiative, ST 2012, S. 455-458.

Jacobs, Otto H., Zur Frage der Vereinbarkeit von Jahresabschlußprüfung und Beratung, DB 1975, S. 2237-2241.

Janke, Günter, Öko-Auditing, Berlin 1995.

Jensen, Michael C./Meckling, William H., Theory of the firm: Managerial behaviour, agency costs and ownership structure, J. Financ. Econ 1976, S. 305-360.

Jessen, Ulf/Haaker, Andreas, Implikationen der neuen Rechnungslegungsrichtlinie für die Fortentwicklung des deutschen Bilanzrechts, DB 2013, S. 1617-1622.

Jonker, Jan/Stark, Wolfgang/Tewes, Stefan, Corporate Social Responsibility und nachhaltige Entwicklung, Berlin 2011.

Jost, Peter-J., Organisation und Motivation – Eine ökonomisch-psychologische Einführung, 2. Auflage, Wiesbaden 2008.

Kajüter, Peter, Das Rahmenkonzept des IIRC zum Integrated Reporting, DStR 2014, S. 222-226.

Kajüter, Peter, Nachhaltigkeitsberichterstattung nach den G4-Leitlinien der GRI, WPg 2014, S. 599-607.

Kaltschmitt, Martin/Hartmann, Hans/Hofbauer, Hermann, Energie aus Biomasse, 2. Auflage, Heidelberg u.a. 2009.

Kämpfer, Georg/Hoffmann, Tim, Integrated Reporting - Quo vadis?, in: Rechnungslegung, Prüfung und Unternehmensbewertung, Festschrift zum 65. Geburtstag von Wolfgang Ballwieser, hrsg. v. Dobler, Michael/Hachmeister, Dirk/Kuhner, Christoph/Rammert, Stefan, Stuttgart 2014, S. 387-404.

Kittner, Michael/Mehrens, Klaus, Gesellschaftsbezogene Rechnungslegung: Kritik und Möglichkeit, in: Sozialbilanzen in der Bundesrepublik Deutschland, hrsg. v. Pieroth, Elmar, Wien u.a. 1978, S. 85-108.

Knop, Wolfgang, Eine Prüfungsstrategie zur Prüfung des Internen Kontrollsystems (IKS) einer Unternehmung durch den Abschlußprüfer (Teil I), WPg 1984, S. 313-319.

Knop, Wolfgang, Eine Prüfungsstrategie zur Prüfung des Internen Kontrollsystems (IKS) einer Unternehmung durch den Abschlußprüfer (Teil II), WPg 1984, S. 348-355.

Koenig, Ulrich, Abgabenordnung, Kommentar, 3. Auflage, München 2014.

Kormaier, Benedikt, Externe Unternehmensberichterstattung nicht kapitalmarktorientierter Unternehmen, München 2008.

Kosiol, Erich, Bilanzreform und Einheitsbilanz, 3. Auflage, Gernsbach 1999.

Kotulla, Michael, Wasserhaushaltsgesetz, Kommentar, 2. Auflage, Stuttgart 2011.

KPMG, KPMG International Survey of Corporate Responsibility Reporting 2011, abrufbar unter http://www.kpmg.com/GR/en/IssuesAndInsights/ArticlesPublications/Sustainability/Documents/ss-KPMG-International-Survey-of-CR-Reporting-2011-Nov-2011-web.pdf, letzter Abruf: 18.02.2015 (zitiert als KPMG (2011)).

KPMG, The KPMG Survey of Corporate Responsibility Reporting 2013, abrufbar unter http://www.kpmg.com/Global/en/IssuesAndInsights/ArticlesPublications/corporate-responsibility/Documents/corporate-responsibility-reporting-survey-2013.pdf, letzter Abruf: 18.02.2015 (zitiert als KPMG (2013a)).

KPMG, Carrots and Sticks – Sustainability reporting policies worldwide, abrufbar unter https://www.globalreporting.org/resourcelibrary/carrots-and-sticks.pdf, letzter Abruf: 18.02.2015 (zitiert als KPMG (2013b)).

Krommes, Werner, Prüfungsziele und Prüfungstechnik als strategische Einheiten in der Abschlussprüfung, DB 2012, S. 585-591.

Kroneberger, Wolf, Die Auswertung des Internen Kontrollsystems im Rahmen der Jahresabschlussprüfung, in: Wirtschaftsprüfung und Wirtschaftsrecht, Beiträge zum 75jährigen Bestehen der Treuhand-Vereinigung Aktiengesellschaft, hrsg. v. Treuhandvereinigung/Coopers & Lybrand/Karoli-Wirtschaftsprüfung, Stuttgart 1980, S. 201-234.

Krzus, Michael P., Integrated reporting: if not now, when?, IRZ 2011, S. 271-276.

Kuhndt, Michael/Tuncer, Burcu/Snorre Andersen, Kristian/Liedtke, Christa, Responsible Corporate Governance, in: Wuppertal Paper No. 139, hrsg. v. Wuppertal Institut für Klima, Umwelt, Energie, Wuppertal 2003.

Kullbach, Werner, Mengenberechnungen in der Chemie, Winheim u.a. 1980.

Küting, Karlheinz/Lam, Siu, Bilanzierungspraxis in Deutschland – Theoretische und empirische Überlegungen zum Verhältnis von HGB und IFRS, DStR 2011, S. 991-996.

Küting, Karlheinz/Lam, Siu, Der Zukunftsbezug in der Rechnungslegung nach HGB und IFRS im Vergleich, DB 2013, S. 1737-1745.

Küting, Karlheinz/Pfitzer, Norbert/Weber, Claus-Peter, Handbuch der Rechnungslegung – Einzelabschluss, Loseblatt, 5. Auflage, Stuttgart 2002 (Stand 19. Ergänzungslieferung Mai 2014).

Lackmann, Julia, Die Auswirkungen der Nachhaltigkeitsberichterstattung auf den Kapitalmarkt, Wiesbaden 2010.

Lackmann, Julia/Stich, Michael, Nicht-finanzielle Leistungsindikatoren und Aspekte der Nachhaltigkeit bei der Anwendung von DRS 20, KoR 2013, S. 236-242.

Lammich, Klaus, Die Vereinbarkeit der Preisbildung im Güterkraftverkehr und in der Binnenschiffahrt mit EG-Wettbewerbsrecht, RIW 1991, S. 538-542.

Lamson, Robert W., Corporate accounting for environmental effects, in: Corporate Social Accounting, hrsg. v. Dierkes, Meinolf/Bauer, Raymond A., New York u.a. 1973, S. 230-247.

Lanfermann, Georg, EU-Richtlinienvorschlag zur Offenlegung von nicht-finanziellen Informationen: Ist eine Pflicht notwendig?, BB 2013, S. 1323-1325.

Lanfermann, Josef, Stichprobenprüfung, bewußte Auswahl, in: Handwörterbuch der Revision (HWR), hrsg. v. Coenenberg, Adolf G./von Wysocki, Klaus, 2. Auflage, Stuttgart 1992, Sp. 1855-1862.

Leffson, Ulrich, Die Grundsätze ordnungsmäßiger Buchführung, 7. Auflage, Düsseldorf 1987.

Leffson, Ulrich, Wirtschaftsprüfung, 4. Auflage, Wiesbaden 1988.

Lehwald, Klaus-Jürgen, Die Einrichtung eines dokumentierten Qualitätssicherungssystems als Berufspflicht für alle Wirtschaftsprüfer und vereidigten Buchprüfer, Stbg 2005, S. 507-520.

Leipert, Christian, Gesellschaftliche Berichterstattung, Berlin u.a. 1978.

Leuering, Dieter/Stein, Phillip, Auf dem Weg zum Deutschen Nachhaltigkeitskodex, NJW-Spezial 2011, S. 719-720.

Leug, Barbara, Ökonomik des Handels mit Umweltrechten, Frankfurt am Main 2010.

Loitlsberger, Erich, Treuhand- und Revisionswesen, 2. Auflage, Stuttgart 1966.

Loitlsberger, Erich, Das Testat des Wirtschaftsprüfers im Spannungsfeld zwischen Berufsverständnis und Öffentlichkeitserwartung, JfB 1985, S. 156-168.

Loitlsberger, Erich, Geschichte der Prüfung, in: Handwörterbuch der Rechnungslegung und Prüfung (HWRP), hrsg. v. Ballwieser, Wolfgang/Coenenberg, Adolf G./von Wysocki, Klaus, 3. Auflage, Stuttgart 2002, Sp. 933-948.

Lorenz, Wilhelm, Geschlechtsspezifische Einkommensdifferenzen und Diskriminierung, Hannover 1988.

Louven, Christoph/Ingwersen, Malte, Wie nachhaltig muss die Vorstandsvergütung sein?, BB 2013, S. 1219-1222.

Ludewig, Rainer, Berufsgrundsätze des Wirtschaftsprüfers, in: Handwörterbuch der Rechnungslegung und Prüfung (HWRP), hrsg. v. Ballwieser, Wolfgang/Coenenberg, Adolf G./von Wysocki, Klaus, 3. Auflage, Stuttgart 2002, Sp. 279-290.

Ludewig, Rainer, Das berufswürdige Verhalten des Wirtschaftsprüfers, in: Rechnungslegung und Wirtschaftsprüfung, Festschrift zum 70. Geburtstag von Jörg Baetge, hrsg. v. Kirsch, Hans-Jürgen/Thiele, Stefan, Düsseldorf 2007, S. 985-1001.

Luttermann, Claus, Neue Bilanzrichtlinie: Europäisches Bewertungsrecht in prozessualer Praxis, NZG 2013, S. 1128-1133.

Lück, Wolfgang, Wirtschaftsprüfung und Treuhandwesen, 2. Auflage, Stuttgart 1991.

Lück, Wolfgang, Prüfung der Rechnungslegung, München 1999.

Maniora, Janine, Integrated Reporting – Vom Diskussionspapier zum Konsultationsentwurf des IIRC, KoR 2013, S. 360-369.

Markus, Hugh Brian, Der Wirtschaftsprüfer, München 1996.

Marten, Kai-Uwe, Empirische Analyse des Prüferwechsels im Kontext der Agency- und Signalling-Theorie, ZfB 1995, S. 703-727.

Marten, Kai-Uwe/Köhler, Annette G., Durchführung externer Qualitätskontrollen in der Wirtschaftsprüferpraxis, WPg 2002, S. 241-251.

Marten, Kai-Uwe/Köhler, Annette G., Erwartungslücke, in: Handwörterbuch der Rechnungslegung und Prüfung (HWRP), hrsg. v. Ballwieser, Wolfgang/Coenenberg, Adolf G./von Wysocki, Klaus, 3. Auflage, Stuttgart 2002, Sp. 703-712.

Marten, Kai-Uwe/Köhler, Annette G./Klaas, Helmut, Zugangswege zum Beruf des Wirtschaftsprüfers im europäischen Vergleich, WPg 2001, S. 1117-1138.

Marten, Kai-Uwe/Maccari-Peukert, Daniela/Ratzinger-Sakel, Nicole V. S., Qualitätssicherung: Ja, aber wie? Eine Studie zur Wahrnehmung externer Qualitätssicherungsmaßnahmen durch Prüfungsausschuss- und Aufsichtsratsvorsitzende, WPg 2012, S. 967-977.

Marten, Kai-Uwe/Quick, Reiner/Ruhnke, Klaus, Wirtschaftsprüfung, 4. Auflage, Stuttgart 2011.

Matthes, Alexandra, Die Wirkung von Vertrauen auf die Ex-Post-Transaktionskosten in Kooperation und Hierarchie, Wiesbaden 2007.

Marx, Franz Jürgen, Steuerliche Nebenleistungen im handelsrechtlichen Jahresabschluß, DB 1996, S. 1149-1152.

Marx, Franz Jürgen, Steuern in der externen Rechnungslegung, Herne u.a. 1998.

Marx, Franz Jürgen, Der Wesentlichkeitsgrundsatz in der steuerlichen Gewinnermittlung, FR 2011, S. 267-272.

Marx, Franz Jürgen, Unschärfen bei der Abbildung von Ansammlungsrückstellungen nach EStG, HGB und IFRS, BB 2012, S. 563-567.

Marx, Franz Jürgen, Irrungen und Wirrungen bei der Bilanzierung öffentlich-rechtlicher Anpassungsverpflichtungen, FR 2013, S. 969-974.

Marx, Franz Jürgen/Dallmann, Holger, Problembereiche und Anwendungsfragen der außerbilanziellen Ausschüttungssperre des § 268 Abs. 8 HGB, Stbg 2010, S. 453-464.

Marx, Franz Jürgen/Löffler, Christoph, Die bilanzielle Abbildung besonderer Entgelte beim Franchising, DB 2012, S. 1337-1342.

McKee, Thomas E./Quick, Reiner, IT-Kenntnisse der wirtschaftsprüfenden Berufsstände, WPg 2003, S. 541-547.

Melcher, Thorsten, Aufdeckung wirtschaftskrimineller Handlungen durch den Abschlussprüfer, Lohmar 2009.

Meuche, Thomas, Die Bedeutung des Umwelt-Audits für Banken, in: Öko-Audit und Öko-Controlling gemäß ISO 14000 ff und EG-Verordnung Nr. 1836/93, hrsg. v. Schimmelpfeng, Lutz/Machmer, Dietrich, Taunusstein 1996, S. 141-156.

Mirtschink, Daniel J., Die Haftung des Wirtschaftsprüfers gegenüber Dritten, Berlin 2006.

Moxter, Adolf, Der Einfluß von Publizitätsvorschriften auf das unternehmerische Verhalten, Köln und Obladen 1962.

Moxter, Adolf, Fundamentalgrundsätze ordnungsmäßiger Rechenschaft, in: Bilanzfragen, Festschrift zum 65. Geburtstag von Ulrich Leffson, hrsg. v. Baetge, Jörg/Moxter, Adolf/Schneider, Dieter, Düsseldorf 1976, S. 89-100.

Moxter, Adolf, Bilanzlehre, Band I: Einführung in die Bilanztheorie, 3. Auflage, Wiesbaden 1984.

Moxter, Adolf, Bilanzlehre, Band II: Einführung in das neue Bilanzrecht, 3. Auflage, Wiesbaden 1986.

Moxter, Adolf, Sinn und Zweck des handelsrechtlichen Jahresabschlusses nach neuem Recht, in: Bilanz- und Konzernrecht, Festschrift zum 65. Geburtstag von Reinhard Goerdeler, hrsg. v. Havermann, Hans, Düsseldorf 1987, S. 361-374.

Moxter, Adolf, Entwicklung der Theorie der handels- und steuerrechtlichen Gewinnermittlung, in: Ökonomische Analyse des Bilanzrechts, zfbf Sonderheft 32 / 93, hrsg. v. Wagner, Franz W., Düsseldorf 1993, S. 61-84.

Moxter, Adolf, Grundsätze ordnungsgemäßer Rechnungslegung, Düsseldorf 2003.

Murphy, Craig N./Yates, JoAnne, The International Organization for Standardization (ISO), Abingdon 2009.

Muzzu, Andreas/Prystav, Fabian/Stein, Stefan, Rechtliche Anforderungen an die Publizität von Finanzinformationen – Versetzt die normierte Informationsqualität überhaupt zu externer Kontrolle in die Lage?, DStR 2013, S. 1300-1307.

Mühlbacher, Axel, Die Ausgestaltung von Versorgungsverträgen: Eine vertragstheoretische Analyse, in: Jahrbücher für Nationalökonomie und Statistik, hrsg. v. Franz, Wolfgang/Kleinhanz, Gerhard/Smolny, Werner u.a., Stuttgart 2007, S. 765-786.

Müller, Stefan/Stawinoga, Martin, Unternehmensberichterstattung: Finanz-, Nachhaltigkeits- und integrierte Berichterstattung im Vergleich, Stbg 2013, S. 461-466.

Müller-Christ, Georg, Umweltmanagement, München 2001.

Müller-Wenk, Ruedi, Die ökologische Buchhaltung, Frankfurt am Main 1978.

Naumann, Klaus-Peter/Feld, Klaus-Peter, Die Anwendung der International Standards on Auditing (ISA) in Deutschland - Ziele, Bedeutung und Nutzen, WPg 2013, S. 641-649.

Niehus, Rudolf J., Peer Review, in: Handwörterbuch der Revision (HWR), hrsg. v. Coenenberg, Adolf G./von Wysocki, Klaus, 2. Auflage, Stuttgart 1992, Sp. 1339-1351.

Niehus, Rudolf J., Die Qualitätskontrolle in der Abschlußprüfung, Düsseldorf 1993.

Niehus, Rudolf J., Peer Review in der deutschen Abschlussprüfung, DB 2000, S. 1133-1142.

Niemann, Walter, Grundsätze ordnungsmäßiger Durchführung von Abschlussprüfungen im Umbruch?, DStR 2003, S. 1454-1460.

Niemann, Walter, Aktuelles für den Wirtschaftsprüfer aus dem Mittelstand, DStR 2006, S. 812-816.

Niemann, Walter, Jahresabschlussprüfung, 3. Auflage, München 2008.

Nietsch, Cornelia/Weiffenbach, Hermann, Wie kann ethisches Verhalten in Unternehmen nachhaltig integriert werden?, OrganisationsEntwicklung 2011, Heft Nr. 2, S. 66-73.

Nimwegen, Sebastian/Sanne, Stefan, Ganzheitliches Sanierungscontrolling als Voraussetzung für nachhaltige Unternehmenssanierung, DB 2012, S. 1821-1824.

Nolden, Peter/Richter, Nicole, Schließt Integrated Reporting die Erwartungslücke der herkömmlichen Unternehmensberichterstattung und -prüfung?, WPg 2012, S. 978-987.

Noodt, Andreas/Grede, Jessica, Die Welt ändert sich – die Rechnungslegung auch, DB 2013, S. 714-717.

Noodt, Andreas/Lohmann, Gerd-Markus, Die 5. Novelle der Verpackungsverordnung und ihre Auswirkungen auf die Prüfung der Meldung von Entsorgungsentgelten für Verkaufsverpackungen und der neuen „Vollständigkeitserklärung" für Verkaufsverpackungen gemäß § 10 VerpackV, WPg 2009, S. 452-461.

North, Douglass C., Institutional Change and Economic History, JITE 1989, S. 238-245.

Oberdörster, Tatjana, Finanzberichterstattung und Prognosefehler von Finanzanalysten, Wiesbaden 2009.

Orth, Christian/Müller, Klaus R., Abschlussprüfung, in: Das neue deutsche Bilanzrecht, hrsg. v. Küting, Karlheinz/Pfitzer, Norbert/Weber, Claus-Peter, 2. Auflage, Stuttgart 2009.

Ossadnik, Wolfgang, Grundsatz und Interpretation der „Materiality", WPg 1993, S. 617-629.

Paulitschek, Patrick, Aufsicht über den Berufsstand der Wirtschaftsprüfer in Deutschland, Wiesbaden 2009.

Peemöller, Volker H., Direkte und indirekte Prüfung, in: Handwörterbuch der Revision (HWR), hrsg. v. Coenenberg, Adolf G./von Wysocki, Klaus, 2. Auflage, Stuttgart 1992, Sp. 343-348.

Pellens, Bernhard/Fülbier, Rolf Uwe/Gassen, Joachim/Sellhorn, Thorsten, Internationale Rechnungslegung, 9. Auflage, Stuttgart 2014.

Pelka, Jürgen/Niemann, Walter, Jahres- und Konzernabschluss nach Handels- und Steuerrecht, Band B, 13. Auflage, München 2010.

Penno, Mark, Informational Issues in the Financial Reporting Process, JAR 1985, S. 240-255.

Pfeifer, Wolfgang, Etymologisches Wörterbuch des Deutschen, Band 1: A-G, Berlin 1989.

Pfitzer, Norbert/Schmidt, Gerd, Systemprüfung, in: Handwörterbuch der Rechnungslegung und Prüfung (HWRP), hrsg. v. Ballwieser, Wolfgang/Coenenberg, Adolf G./von Wysocki, Klaus, 3. Auflage, Stuttgart 2002, Sp. 2336-2350.

Pfitzer, Norbert/Schneiß, Ulrich, Die Sicherung und Überwachung der Qualität in der Wirtschaftsprüferpraxis, in: Rechnungslegung und Wirtschaftsprüfung, Festschrift zum 70. Geburtstag von Jörg Baetge, hrsg. v. Kirsch, Hans-Jürgen/Thiele, Stefan, Düsseldorf 2007, S. 1085-1125.

Pfriem, Reinhard, Ökologische Unternehmensführung, Berlin 1989.

Pfriem, Reinhard, Für die Normierung externer Umweltberichterstattung von Unternehmen, in: Umweltberichterstattung von Unternehmen, hrsg. v. Lehmann, Sabine/Clausen, Jens, Berlin 1992, S. 50-63.

Phillip, Caroline/Grießhammer, Nicole, Die Umsatzsteuer im Rahmen der Jahresabschlussprüfung im Lichte des neuen Steuerverkürzungsbekämpfungsgesetzes, DStR 2003, S. 46-48.

Pieroth, Elmar, Wozu wir Sozialbilanzen brauchen und wozu nicht, in: Sozialbilanzen in der Bundesrepublik Deutschland, hrsg. v. Pieroth, Elmar, Wien u.a. 1978, S. 7-11.

Plath, Rainer, Aktuelle Entwicklungen in der Abschlussprüfung, WPg 2012, S. 173-176.

Poddig, Thorsten/Dichtl, Hubert/Petersmeier, Kerstin, Statistik, Ökonometrie, Optimierung, 4. Auflage, Bad Soden 2008.

Porter, Michael E., Wettbewerbsvorteile, 7. Auflage, Frankfurt am Main 2010.

Pottgießer, Gaby/Velte, Patrick/Weber, Stefan C., Ermessensspielräume im Rahmen des Impairment-Only-Approach, DStR 2005, S. 1748-1752.

Pougin, Erwin, Die Entwicklung des Internen Kontrollsystems und ihre Auswirkungen auf die Grundsätze ordnungsmäßiger Abschlußprüfung, in: Der Wirtschaftsprüfer im Schnittpunkt nationaler und internationaler Entwicklungen, Festschrift zum 60. Geburtstag von Klaus v. Wysocki, hrsg. v. Gross, Gerhard, Düsseldorf 1985, S. 221-238.

Pufé, Iris, Nachhaltigkeit, 2. Auflage, Konstanz u.a. 2014.

Quick, Reiner, Die Risiken der Jahresabschlußprüfung, Düsseldorf 1996.

Quick, Reiner, Prüfungsrisikomodelle, WiSt 1998, S. 244-248.

Quick, Reiner, Prüfungsmethoden im Spiegel der Forschung, in: Theorie und Praxis der Wirtschaftsprüfung II, hrsg. v. Richter, Martin, Berlin 1999, S. 177-234.

Quick, Reiner, Zivilrechtliche Verantwortlichkeit europäischer und amerikanischer Abschlußprüfer, BFuP 2000, S. 525-548.

Quick, Reiner, Prüfung, Beratung und Unabhängigkeit des Abschlußprüfers – Eine Analyse der neuen Unabhängigkeitsnormen des HGB im Lichte empirischer Forschungsergebnisse, BFuP 2006, S. 42-61.

Quick, Reiner, Maßnahmen zur Stärkung der Unabhängigkeit des Abschlussprüfers, in: Rechnungslegung und Wirtschaftsprüfung, Festschrift zum 70. Geburtstag von Jörg Baetge, hrsg. v. Kirsch, Hans-Jürgen/Thiele, Stefan, Düsseldorf 2007, S. 1127-1154.

Quick, Reiner/Monroe, Gary S./Ng, Juliana K. L./Woodliff, David R., Risikoorientierte Jahresabschlußprüfung und inhärentes Risiko, BFuP 1997, S. 209-228.

Quick, Reiner/Solmecke, Henrik, Gestaltung der Abschlussprüferhaftung – Implikationen theoretischer Modelle, JfB 2007, S. 137-182.

Rabbe, Stephanie, Strategisches Nachhaltigkeitsmanagement in der deutschen Stahlindustrie, Frankfurt am Main 2010.

Ramsar Convention, History of the Ramsar Convention, abrufbar unter http://www.ramsar.org/about/history-of-the-ramsar-convention, letzter Abruf: 18.02.2015 (zitiert als Ramsar Convention (2014), abrufbar unter http://www.ramsar.org).

Riedel, Silke, Ratingagenturen, Polit. Ökol. 2008, Heft 112-113, S. 48-51.

Rieger, Wilhelm, Einführung in die Privatwirtschaftslehre, 3. Auflage, Erlangen 1964.

Rieth, Lothar, Global Governance und Corporate Social Responsibility, Opladen u.a. 2009.

Richter, Martin, Entwicklungslinien, Nutzen und Grenzen der Forschung im Prüfungswesen, in: Theorie und Praxis der Wirtschaftsprüfung, hrsg. v. Richter, Martin, Berlin 1997, S. 11-40.

Richter, Martin/Bahr, Andreas, Das Examen zum Wirtschaftsprüfer, in: Bilanzierung und Besteuerung der Unternehmen, Festschrift zum 70. Geburtstag von Herbert Brönner, hrsg. v. Poll, Jens, Stuttgart 2000, S. 337-360.

Richter, Rudolf, Sichtweise und Fragestellungen der Neuen Institutionenökonomik, ZWS 1990, S. 571-591.

Richter, Rudolf/Furubotn, Eirik G., Neue Institutionenökonomik, 4. Auflage, Tübingen 2010.

RNE, Unternehmerische Verantwortung in einer globalisierten Welt, Berlin 2006.

Roloff, Martin, Nachhaltigkeitsberichterstattung entsprechend der GRI G4, KoR 2014, S. 203-210.

Ruhnke, Klaus, Internationale Normen der Abschlußprüfung, in: Theorie und Praxis der Wirtschaftsprüfung, hrsg. v. Richter, Martin, Berlin 1997, S. 109-152.

Ruhnke, Klaus, Normierung der Abschlussprüfung, Stuttgart 2000.

Ruhnke, Klaus, Geschäftsrisikoorientierte Abschlussprüfung – Revolution im Prüfungswesen oder Weiterentwicklung des risikoorientierten Prüfungsansatzes?, DB 2002, S. 437-443.

Ruhnke, Klaus, Internationale Einflüsse auf die deutsche Prüfungspraxis, KoR 2002, S. 155-165.

Ruhnke, Klaus, Business Audit, DBW 2002, S. 697-699.

Ruhnke, Klaus, Nutzen von Abschlussprüfungen: Bezugsrahmen und Einordnung empirischer Studien, zfbf 2003, S. 250-280.

Ruhnke, Klaus, Business Risk Audits: State of the Art und Entwicklungsperspektiven, JfB 2006, S. 189-218.

Ruhnke, Klaus, Prüfung von Jahresabschlüssen nach internationalen Prüfungsnormen, DB 2006, S. 1169-1175.

Ruhnke, Klaus, Geschäftsrisikoorientierte Prüfung von IFRS-Abschlüssen, KoR 2007, S. 155-166.

Ruhnke, Klaus/Böhm, Wolfgang P./Lebe, Timo, Der Zugang zum Beruf des Wirtschaftsprüfers unter besonderer Berücksichtigung des Common-Content-Projekts – auf dem Weg zu einer neuen Generation von Wirtschaftsprüfern? (Teil 1), WPg 2010, S. 1099-1105.

Ruhnke, Klaus/Böhm, Wolfgang P./Lebe, Timo, Der Zugang zum Beruf des Wirtschaftsprüfers unter besonderer Berücksichtigung des Common-Content-Projekts – auf dem Weg zu einer neuen Generation von Wirtschaftsprüfern? (Teil 2), WPg 2010, S. 1151-1160.

Ruhnke, Klaus/Deters, Eric, Die Erwartungslücke bei der Abschlußprüfung, ZfB 1997, S. 923-945.

Ruhnke, Klaus/Lubitzsch, Kay, Abschlussprüfung und das neue Aussagen-Konzept der IFAC: Darstellung, Beweggründe und Beurteilung, WPg 2006, S. 366-375.

Ruhnke, Klaus/Pronobis, Paul/Michel, Moritz, Entscheidungsnützlichkeit von Wesentlichkeitsinformationen im Rahmen von Kreditvergabeentscheidungen – Ergebnisse einer Befragung deutscher Bankenvertreter, WPg 2013, S. 1076-1083.

Ruhnke, Klaus/Schmiele, Catharina/Schwind, Jochen, Die Erwartungslücke als permanentes Phänomen der Abschlussprüfung – Definitionsansatz, empirische Untersuchung und Schlussfolgerungen, zfbf 2010, S. 394-421.

Ruhnke, Klaus/Schmidt, Martin, Überlegung zur Prüfung von beizulegenden Zeitwerten, WPg 2003, S. 1037-1051.

Ruhnke, Klaus/Schmidt, Martin, Fair Value und Wirtschaftsprüfung, in: Fair Value – Bewertung in Rechnungswesen, Controlling und Finanzwirtschaft, hrsg. v. Bieg, Hartmut/Heyd, Reinhard, München 2005, S. 575-597.

Rusch, Horst, Die Verwendung von Prüfungsergebnissen und Untersuchungen Dritter, in: Der Wirtschaftsprüfer im Schnittpunkt nationaler und internationaler Entwicklungen, Festschrift zum 60. Geburtstag von Klaus von Wysocki, hrsg. v. Gross, Gerhard, Düsseldorf 1985, S. 253-267.

Saliger, Frank, Parteiengesetz und Strafrecht, Tübingen 2005.

Samuelson, Paul A., Aspects of Public Expenditure Theories, Rev. Econ. Stat. 1958, S. 332-338.

Schauf, Malcolm/Malsbender, Sabine, Nachhaltigkeitsstrategien von Adidas und Puma – Ein Vorbild auch für Mittelständler?, in: Schriften zur angewandten Mittelstandsforschung (SMf) 6/2011, hrsg. v. Schauf, Malcolm/Schmittmann, Jens M., München und Mering 2011, S. 1-13.

Schellhorn, Mathias, Umweltrechnungslegung, Wiesbaden 1995.

Scherrer, Gerhard, Konzernrechnungslegung nach HGB, 3. Auflage, München 2012.

Schlacke, Sabine, Der Weltklimarat (IPCC) in der Kritik – zu Recht?, ZUR 2010, S. 225-226.

Schmalenbach, Eugen, Dynamische Bilanz, 13. Auflage, Köln u.a. 1962.

Schmidheiny, Stephan/BCSD, Kurswechsel: Globale unternehmerische Perspektiven für Entwicklung und Umwelt, München 1992.

Schmidt, Gerd, Stichprobenprüfung mit bewusster Auswahl, in: Handwörterbuch der Rechnungslegung und Prüfung (HWRP), hrsg. v. Ballwieser, Wolfgang/Coenenberg, Adolf G./von Wysocki, Klaus, 3. Auflage, Stuttgart 2002, Sp. 2279-2287.

Schmidt, Matthias, Möglichkeiten und Grenzen einer integrierten Finanz- und Nachhaltigkeitsberichterstattung, Düsseldorf 2012.

Schmidt, Matthias, Integrierte Berichterstattung – Weckruf für die Finanzberichterstattung, IRZ 2012, S. 137-138.

Schmitz, Daniela, Prüfung von Nachhaltigkeitsberichten, Genf 2013.

Schmitz, Daniela, Prüfung von Nachhaltigkeitsberichten, IRZ 2014, S. 161-168.

Schneider, Dieter, Bilanzen im Rechtssinne, in: Bilanzrecht und Kapitalmarkt, Festschrift zum 65. Geburtstag von Adolf Moxter, hrsg. v. Ballwieser, Wolfgang, Düsseldorf 1994, S. 1149-1174.

Schneider, Dieter, Betriebswirtschaftslehre Bd. 1, 2. Auflage, München 1995.

Schneider, Dieter, Betriebswirtschaftslehre Bd. 2, 2. Auflage, München 1997 (a).

Schneider, Dieter, Betriebswirtschaftslehre Bd. 3, München 1997 (b).

Schneider, Dieter, Betriebswirtschaftslehre Bd. 4, München 2001.

Schneider, Dieter, Geschichte der Rechnungslegung, in: Handwörterbuch der Rechnungslegung und Prüfung (HWRP), hrsg. v. Ballwieser, Wolfgang/ Coenenberg, Adolf G./von Wysocki, Klaus, 3. Auflage, Stuttgart 2002, Sp. 950-956.

Schneider, Dieter/Bareis, Peter/Rückle, Dieter/Siegel, Theodor/Sigloch, Jochen, Die Qualität des Wirtschaftsprüfers und die Betriebswirtschaftslehre im Wirtschaftsprüfer-Examen, WPg 2002, S. 397-403.

Scholz, Christian/Stein, Volker, Bilder von Universitäten – Ein transaktionsanalytisch-agenturtheoretischer Ansatz, BFuP 2010, S. 129-149.

Schultes, Michael, Abgasreinigung – Verfahrensprinzipien, Berechnungsgrundlagen, Verfahrensvergleich, Heidelberg u.a. 1996.

Schulze, Mike, Berücksichtigung von Nachhaltigkeitsaspekten in der strategischen Unternehmensplanung und -steuerung, BC 2013, S. 338-344.

Scott, William R., Financial Accounting Theory, 7. Auflage, Ontario 2014.

Selchert, Friedrich W., Zur Diskussion um das Erkenntnisobjekt des Betriebswirtschaftlichen Prüfungswesens, WiSt 1972, S. 103-107.

Selchert, Friedrich W./Erhardt, Martin, Internationale Rechnungslegung, 3. Auflage, München 2003.

Sieben, Günter/Bretzke, Wolf-Rüdiger, Zur Typologie betriebswirtschaftlicher Prüfungssysteme, BFuP 1973, S. 625-630.

Sieben, Günter/Russ, Wolfgang, Unabhängigkeit und Unbefangenheit, in: Handwörterbuch der Revision (HWR), hrsg. v. Coenenberg, Adolf G./von Wysocki, Klaus, 2. Auflage, Stuttgart 1992, Sp. 1973-1986.

Siebert, Horst, Ökonomische Theorie der Umwelt, Tübingen 1978.

Siepe, Günter, Quality Control, in: Handwörterbuch der Revision (HWR), hrsg. v. Coenenberg, Adolf G./von Wysocki, Klaus, 2. Auflage, Stuttgart 1992, Sp. 1579-1586.

Simon, Herbert A., Administrative Behaviour, 4. Auflage, New York 1997.

Simon, Herman Veit, Die Bilanzen der Aktiengesellschaften und der Kommanditgesellschaften auf Aktien, Berlin 1899.

Simon-Heckroth, Ellen, Risikoorientierte Abschlußprüfung, in: Theorie und Praxis der Wirtschaftsprüfung, hrsg. v. Richter, Martin, Berlin 1997, S. 61-70.

Simon-Heckroth, Ellen, Nachhaltigkeitsberichterstattung und Integrated Reporting – Neue Anforderungen an den Berufsstand, WPg 2014, S. 311-325.

Slater, Alyson/Gilbert, Sean, The Evolution of Business Reporting: Make Room for Sustainability Disclosure, EQM 2004, S. 41-48.

Slotta, Armin, Integrated reporting, in: Zukunft der Unternehmensberichterstattung, Bericht zum 27. Münsterischen Tagesgespräch vom 10.05.2012 an der WWU Münster, KoR 2012, S. 298-304, hier: S. 302-303 (zitiert als Slotta, KoR 2012).

Smith, Adam, The theory of moral sentiments, first published 1759, reprint of the new edition London 1853, New York 1966.

Spence, Michael, Job Market Signaling, Q. J. Econ. 1973, S. 355-374.

Sperl, Andreas, Prüfungsplanung, Düsseldorf 1978.

Spitzeck, Heiko, Moralische Organisationsentwicklung – Was lernen Unternehmen durch Kritik von Nichtregierungsorganisationen?, St. Gallen 2008.

Stawinoga, Martin, Nachhaltigkeitsberichterstattung im Lagebericht, Berlin 2013.

Steven, Marion, Umwelt als Produktionsfaktor?, ZfB 1991, S. 509-523.

Stiglitz, Joseph E., The Theory of "Screening", Education and the Distribution of Income, AER 1975, S. 283-300.

Strieder, Thomas, Zeitpunkt und Unterzeichnung von Vollständigkeitserklärungen, BB 2000, S. 298-300.

Stibi, Eva, Prüfungsrisikomodell und Risikoorientierte Abschlußprüfung, Düsseldorf 1995.

Streck, Monica/Demisch, Daniel, Integrierte Unternehmens-Berichterstattung als Abbild einer konsequent umgesetzten Nachhaltigkeits-Strategie, zfwu 2012, S. 92-97.

Thomson Reuters Corporation, Norway fund drops Rio Tinto on ethical grounds, abrufbar unter http://www.reuters.com/article/2008/09/09/us-norway-fund-riotinto-idUSL872852220080909, letzter Abruf: 18.02.2015 (zitiert als Thomson Reuters (2008), abrufbar unter http://www.reuters.com).

Thurm, Ralph, Zukunftsperspektiven der Nachhaltigkeitsberichterstattung aus Sicht der Global Reporting Initiative, in: Internetbasierte Nachhaltigkeitsberichterstattung, hrsg. v. Isenmann, Ralf/Marx Gómez, Jorge, Berlin 2008, S. 217-229.

Toebe, Marc/Lorson, Peter, Die Festlegung von wertmäßigen Wesentlichkeitsgrenzen in der Rechnungslegung und Abschlussprüfung unter Berücksichtigung wissenschaftlicher Studien, WPg 2012, S. 1200-1206.

Transparency International, Corruption Perceptions Index 2013, abrufbar unter http://files.transparency.org/content/download/700/3007/file/2013 _CPIBrochure_EN.pdf, letzter Abruf: 18.02.2015 (zitiert als Transparency International (2014), abrufbar unter http://www.transparency.org).

United Nations, Framework Convention on Climate Change, Doha amendment to the Kyoto Protocol, abrufbar unter http://unfccc.int/files/kyoto_ protocol/application/pdf/kp_doha_amendment_english.pdf, letzter Abruf: 18.02.2015 (zitiert als United Nations (2012), abrufbar unter: http://unfccc.int).

United States Environmental Protection Agency (EPA), Original list of hazardous air pollutants, The Clean Air Act Amendments of 1990: List of Hazardous Air Pollutants, abrufbar unter http://www.epa.gov/ttn/ atw/orig189.html, letzter Abruf: 18.02.2015 (zitiert als EPA (2013), abrufbar unter http://www.epa.gov).

VCI e.V., Das Unternehmen in der Gesellschaft, DB 1975, S. 161-173.

Velte, Patrick, Stewardship-Theorie, ZP 2010, S. 285-293.

Velte, Patrick, Unabhängigkeit des Abschlussprüfers, WiSt 2011, S. 289-294.

Velte, Patrick, Reform der Abschlussprüfung nach der Richtlinie 2014/56/EU und der Verordnung (EU) Nr. 537/2014: Unabhängigkeit und Berichterstattung des Abschlussprüfers sowie Tätigkeit von Prüfungsausschüssen, DStR 2014, S. 1688-1694.

Veltins, Michael A., Verschärfte Unabhängigkeitsanforderungen an Abschlussprüfer, DB 2004, S. 445-452.

von Ahsen, Helge Bernd/de Witt, Bernhard, Analyseschritte zur Ermittlung des Zukunftserfolgs, in: Praxishandbuch Unternehmensbewertung, hrsg. v. Schacht, Ulrich/Fackler, Matthias, 2. Auflage, Wiesbaden 2009, S. 139-168.

von Carlowitz, Hans Carl, Sylvicultura oeconomica, Nachdruck der Ausgabe Leipzig 1713, bearbeitet von Klaus Irmer und Angela Kießling, Freiberg 2000.

von Hauff, Michael/Kleine, Alexandro, Nachhaltige Entwicklung, München 2009.

von Münch, Ingo/Kunig, Philip, Grundgesetz-Kommentar: GG, 6. Auflage, München 2012.

von Wysocki, Klaus, Das Unternehmen in seiner Umwelt: Möglichkeiten und Grenzen der Sozialbilanz, in: Sozialbilanzen in der Bundesrepublik Deutschland, hrsg. v. Pieroth, Elmar, Wien u.a. 1978, S. 15-33.

von Wysocki, Klaus, Sozialbilanzen, Stuttgart u.a. 1981.

von Wysocki, Klaus, Grundlagen des betriebswirtschaftlichen Prüfungswesens, 3. Auflage, München 1988.

von Wysocki, Prüfungstheorie, meßtheoretischer Ansatz, in: Handwörterbuch der Revision (HWR), hrsg. v. Coenenberg, Adolf G./von Wysocki, Klaus, 2. Auflage, Stuttgart 1992, Sp. 1545-1557.

von Wysocki, Klaus, Zur Objektivierbarkeit von Prüfungsurteilen im Bereich der Abschlussprüfung – Anmerkungen zur Neufassung der Grundsätze ordnungsmäßiger Abschlussprüfung, DStR 2002, S. 370-376.

von Wysocki, Klaus/Wohlgemuth, Michael/Brösel, Gerrit Konzernrechnungslegung, 5. Auflage, Konstanz und München 2014.

Wagner, Bernd, Vom Öko-Audit zur betrieblichen Öko-Bilanz, in: Umweltberichterstattung von Unternehmen, hrsg. v. Lehmann, Sabine/Clausen, Jens, Berlin 1992, S. 3-31.

Walz, Rainer W., Ökonomische Regulierungstheorien vor den Toren des Bilanzrechts, in: Ökonomische Analyse des Bilanzrechts, zfbf Sonderheft 32 / 93, hrsg. v. Wagner, Franz W., Düsseldorf 1993, S. 85-106.

Wanik, Otto, Internes Kontrollsystem, Prüfung, in: Handwörterbuch der Revision (HWR), hrsg. v. Coenenberg, Adolf G./von Wysocki, Klaus, 2. Auflage, Stuttgart 1992, Sp. 896-908.

WCED, Our Common Future, Oxford 1987.

Weimann, Matthias, Zeitwertbilanzierung und Wirtschaftsprüfung, Wiesbaden 2013.

Weiß, Norman, Kompetenzlehre internationaler Organisationen, Dordrecht u.a. 2009.

Welbergen, J. C., Unternehmensziele und Sozialbilanz, ZfB 1978, S. 610-616.

Wenkebach, Hans H., Die gesellschaftsbezogene Berichterstattung der Unternehmen – Möglichkeiten und Grenzen der Sozialbilanzen, Köln 1979.

Westhoff, André O., Glaubwürdigkeit des Jahresabschlusses: Brauchen wir eine Kontrolle der Kontrolleure bezogen auf die Abschlussprüfer und wenn ja, welche? (Teil I), DStR 2003, S. 2086-2092.

Weyershaus, Hans Adolf, Personalaufwendungen, Prüfung der, in: Handwörterbuch der Revision (HWR), hrsg. v. Coenenberg, Adolf G./von Wysocki, Klaus, 2. Auflage, Stuttgart 1992, Sp. 1352-1361.

Wiedmann, Harald, Der risikoorientierte Prüfungsansatz, WPg 1993, S. 13-25.

Wiedmann, Harald, Ansätze zur Fortentwicklung der Abschlußprüfung, WPg 1998, S. 338-350.

Wieland, Josef, Corporate Citizenship-Management, in: Corporate Citizenship, hrsg. von Wieland, Josef/Conradi, Walter, 2. Auflage, Marburg 2005, S. 9-22.

Williamson, Oliver E., Markets and Hierarchies: Analysis and Antitrust Implications, New York 1975

Williamson, Oliver E., Transaction-Cost Economics: The Governance of Contractual Relations, J.L. & Econ. 1979, S. 233-261.

Williamson, Oliver E., The Economic Institutions of Capitalism, New York u.a. 1985.

Wirtschaftsprüferkammer KöR, Ergebnisse der Wirtschaftsprüferprüfung I/2014 – Gesamtergebnis, abrufbar unter http://www.wpk.de/uploads/tx_templavoila/WPK--Ergebnisse_WP-Pruefung_I-2014.pdf, letzter Abruf: 18.02.2015 (zitiert als WPK (2014a), abrufbar unter http://www.wpk.de).

Wirtschaftsprüferkammer KöR, Mitgliederstatistik der WPK, Stand 1. Juli 2014, abrufbar unter http://www.wpk.de/uploads/tx_templavoila/WPK-Statistiken_Juli_2014.pdf, letzter Abruf: 18.02.2015 (zitiert als WPK (2014b), abrufbar unter http://www.wpk.de).

Wolz, Matthias, Wesentlichkeit im Rahmen der Jahresabschlussprüfung, Düsseldorf 2003.

Wöhe, Günter/Döring, Ulrich, Einführung in die Allgemeine Betriebswirtschaftslehre, 25. Auflage, München 2013.

WRI/WBCSD, The Greenhouse Gas Protocol, A Corporate Accounting and Reporting Standard – Revised Edition, Washington 2004.

WRI/WBCSD, Greenhouse Gas Protocol, Corporate Value Chain (Scope 3) Accounting and Reporting Standard, Supplement to the GHG Protocol Corporate Accounting and Reporting Standard, Washington 2011.

WRI/WBCSD, Required Greenhouse Gases in Inventories, abrufbar unter http://www.ghgprotocol.org/files/ghgp/NF3-Amendment_052213.pdf, letzter Abruf: 18.02.2015 (zitiert als WRI/WBCSD (2013)).

WRI/WBCSD, About the GHG Protocol, abrufbar unter http://www.ghgprotocol.org/about-ghgp, letzter Abruf: 18.02.2015 (zitiert als WRI/WBCSD (2014a), abrufbar unter http://www.ghgprotocol.org).

WRI/WBCSD, About WRI and WBCSD, abrufbar unter http://www.ghg protocol.org/about-ghgp/about-wri-and-wbcsd, letzter Abruf: 18.02.2015 (zitiert als WRI/WBCSD (2014b), abrufbar unter http://www.ghgprotocol.org).

Zapf, Wolfgang, Sozialberichterstattung: Möglichkeiten und Probleme, Göttingen 1976.

Ziehm, Cornelia, Vollzugsdefizite im Bereich des Klimaschutzrechts, ZUR 2010, S. 411-418.

Ziehm, Friedrich, Gesellschaftsbezogene Unternehmensrechnung – Eine Darstellung ihrer Probleme und der realisierbaren Lösungen, in: Sozialbilanzen in der Bundesrepublik Deutschland, hrsg. v. Pieroth, Elmar, Wien u.a. 1978, S. 111-148.

Zimmermann, Gebhard, Grundzüge der Kostenrechnung, 7. Auflage, München 1998.

Zwirner, Christian, Neue Rechnungslegungsvorschriften ab 2016, DStR 2014, S. 439-445.

Entscheidungsregister

BGH, Urteil vom 06.04.2006   III ZR 256/04   DStR 2006   S. 1464

BGH, Urteil vom 10.12.2009   VII ZR 42/08   DStR 2010   S. 340

Verzeichnis der Unternehmensveröffentlichungen

Adidas AG, Sustainability Progress Report 2013, abrufbar unter http://www.adidas-group.com/media/filer_public/2014/04/14/2013_sustainability_progress_report_fair_play_final_en.pdf, letzter Abruf: 18.02.2015.

Adidas AG, Sustainability Progress Report 2012, abrufbar unter http://www.adidas-group.com/media/filer_public/2013/08/13/adidas_spr2012_full.pdf, letzter Abruf: 18.02.2015.

Allianz SE, Nachhaltigkeitsbericht 2013, abrufbar unter https://www.allianz.com/de/nachhaltigkeit/index.html, letzter Abruf: 18.02.2015.

Allianz SE, Sustainability Factbook 2012, abrufbar unter https://www.allianz.com/v_1363290088000/media/responsibility/documents/ALLIANZ_Sustainability_Factbook.pdf, letzter Abruf: 18.02.2015.

BASF SE, BASF Bericht 2013 – Ökonomische, ökologische und gesellschaftliche Leistung, Ludwigshafen 2014.

BASF SE, BASF Bericht 2012 – Ökonomische, ökologische und gesellschaftliche Leistung, Ludwigshafen 2013.

Bayer AG, Geschäftsbericht 2013, Leverkusen 2014.

Bayer AG, Bayer-Nachhaltigkeitsbericht 2012, Leverkusen 2013.

Beiersdorf AG, Nachhaltigkeitsbericht 2013, abrufbar unter http://assets.beiersdorf.de/~/media/Beiersdorf/local/de/sustainability/Unsere%20Verantwortung/Download%20Area/2013/Beiersdorf_Nachhaltigkeitsbericht_2013_4-23.pdf?download=true, letzter Abruf: 18.02.2015.

Beiersdorf AG, Nachhaltigkeitsbericht 2012, abrufbar unter http://assets.beiersdorf.de/~/media/Beiersdorf/local/de/sustainability/Unsere%20Verantwortung/Download%20Area/2012/Beiersdorf-Nachhaltigkeitsbericht-2012.pdf?download=true, letzter Abruf: 18.02.2015.

BMW AG, Sustainable Value Report 2013, abrufbar unter http://www.bmwgroup.com/com/de/_common/pdf/BMW_Group_SVR2013_DE.pdf, letzter Abruf: 18.02.2015.

BMW AG, Sustainable Value Report 2012, München 2013.

Commerzbank AG, Bericht zur unternehmerischen Verantwortung 2013, abrufbar unter https://www.commerzbank.de/media/nachhaltigkeit/ viii__daten___fakten/berichte/CR-Bericht_2013_de_pp.pdf, letzter Abruf: 18.02.2015.

Continental AG, GRI-Bericht 2013 und Fortschrittsmitteilung an den UN Global Compact, abrufbar unter http://www.continental-corporation.com/www/download/csr_com_de/themen/downloads/download/gri_bericht_2013_de.pdf, letzter Abruf: 18.02.2015.

Continental AG, GRI-Bericht 2012 und Fortschrittsmitteilung an den UN Global Compact, abrufbar unter http://www.continental-corporation.com/www/download/csr_com_de/themen/downloads/download/gri_bericht_2012_de.pdf, letzter Abruf: 18.02.2015.

Daimler AG, Nachhaltigkeitsbericht 2013, Stuttgart 2014.

Daimler AG, Nachhaltigkeitsbericht 2012, Stuttgart 2013.

Deutsche Bank AG, Unternehmerische Verantwortung – Bericht 2013, Frankfurt am Main 2014.

Deutsche Bank AG, Unternehmerische Verantwortung – Bericht 2012, Frankfurt am Main 2013.

Deutsche Börse AG, Unternehmensbericht 2013, Frankfurt am Main 2014.

Deutsche Börse AG, Unternehmensbericht 2012, Frankfurt am Main 2013.

Deutsche Lufthansa AG, Balance – Das Wichtigste zum Thema Nachhaltigkeit in der Lufthansa Group, Frankfurt am Main 2014.

Deutsche Lufthansa AG, Balance – Das Wichtigste zum Thema Nachhaltigkeit in der Lufthansa Group, Frankfurt am Main 2013.

Deutsche Post AG, Bericht zur Unternehmensverantwortung 2013, Bonn 2014.

Deutsche Post AG, Bericht zur Unternehmensverantwortung 2012, Bonn 2013.

Deutsche Telekom AG, Corporate Responsibility Report 2013, abrufbar unter http://www.cr-bericht.telekom.com/site14/sites/default/files/pdf/corporate_responsibility_bericht_2013-individuell.pdf, letzter Abruf: 18.02.2015.

Deutsche Telekom AG, Corporate Responsibility Report 2012, abrufbar unter http://www.cr-bericht.telekom.com/site13/sites/default/files/pdf/corporate_responsibility_bericht_2012-individuell.pdf, letzter Abruf: 18.02.2015.

E.ON SE, Nachhaltigkeitsbericht 2013, abrufbar unter http://www.eon .com/content/dam/eon-com/Nachhaltigkeit/CS-Bericht_2013/Downloads /E.ON_Nachhaltigkeitsbericht_2013.pdf, letzter Abruf: 18.02.2015.

E.ON SE, Nachhaltigkeitsbericht 2012, abrufbar unter http://www.eon .com/content/dam/eon-com/Nachhaltigkeit/CS%20Report%202012/ Download-Dokumente/E.ON_CS-Bericht2012.pdf, letzter Abruf: 18.02.2015.

HeidelbergCement AG, Fundamente – Nachhaltigkeitsbericht 2011/2012, abrufbar unter http://www.heidelbergcement.com/de/system/files_force /assets/document/10/8f/nachhaltigkeitsbericht_2011_2012.pdf?download =1, letzter Abruf: 18.02.2015.

Henkel AG & Co. KGaA, Nachhaltigkeitsbericht 2013, Düsseldorf 2014.

Henkel AG & Co. KGaA, Nachhaltigkeitsbericht 2012, Düsseldorf 2013.

Infineon Technologies AG, Geschäftsbericht 2013, Neubiberg/München 2014.

K+S AG, Unternehmens- und Nachhaltigkeitsbericht 2013, Kassel 2014.

K+S AG, Nachhaltigkeitsbericht 2012, Kassel 2013.

LANXESS AG, Geschäftsbericht 2013, Leverkusen 2014.

LANXESS AG, Geschäftsbericht 2012, Leverkusen 2013.

Linde AG, Corporate Responsibility Bericht 2013, abrufbar unter http://corporateresponsibility.linde.de/cr-bericht/2013/serviceseiten/down loads/files/gesamt_linde_crb2013.pdf, letzter Abruf: 18.02.2015.

Linde AG, Corporate Responsibility Bericht 2012, abrufbar unter http://corporateresponsibility.linde.de/cr-bericht/2012/serviceseiten/down loads/files/Linde_CR_Bericht_2012.pdf, letzter Abruf: 18.02.2015 (zitiert als Linde AG (2013a)).

Linde AG, Geschäftsbericht 2012, München 2013 (b).

Merck KGaA, Corporate Resonsibility Bericht – Update 2013, abrufbar unter http://berichte.merck.de/2013/cr-bericht/serviceseiten/willkommen.html, letzter Abruf: 18.02.2015.

Merck KGaA, Corporate Responsibility Bericht 2012, abrufbar unter http://berichte.merck.de/2012/cr-bericht/serviceseiten/downloads/files/download.php?file=gesamt_merck_crb12.pdf&cat=b, letzter Abruf: 18.02.2015.

Münchener Rückversicherungs-Gesellschaft Aktiengesellschaft in München, Corporate Responsibility Bericht 2012/2013, abrufbar unter http://www.munichre.com/site/corporateresponsibility-root/get/documents_E-1136802646/mr/assetpool.shared/Documents/4_Corporate%20Responsibility/Downloads/Corporate-Responsibility-Bericht-2013-2014.pdf, letzter Abruf: 18.02.2015.

Münchener Rückversicherungs-Gesellschaft Aktiengesellschaft in München, Corporate Responsibility Bericht 2012/2013, abrufbar unter http://www.munichre.com/site/corporateresponsibility-root/get/documents_E-414042502/mr/assetpool.shared/Documents/4_Corporate%20Responsibility/Downloads/corporate-responsibility-report-2012-2013-de.pdf, letzter Abruf: 18.02.2015.

RWE AG, Unsere Verantwortung. Bericht 2013, abrufbar unter http://www.rwe.com/web/cms/mediablob/de/2368902/data/0/7/CR-Bericht-2013.pdf, letzter Abruf: 18.02.2015.

RWE AG, Unsere Verantwortung. Bericht 2012, abrufbar unter http://www.rwe.com/web/cms/mediablob/de/1888352/data/316928/3/rwe/verantwortung/berichterstattung/aktuelle-berichte/archiv-cr-berichte/RWE-CR-Bericht-2012.pdf, letzter Abruf: 18.02.2015.

SAP AG, Integrierter Bericht 2013, abrufbar unter http://www.sapintegratedreport.com/2013/de/, letzter Abruf: 18.02.2015.

SAP AG, Zusammengefasster Konzernlagebericht, abrufbar unter http://www.sapintegratedreport.com/2012/unternehmensleistung/produkt-loesungs-und-serviceportfolio/sicherheit-und-datenschutz.html, letzter Abruf: 18.02.2015 (zitiert als SAP (2013), abrufbar unter http://www.sapintegratedreport.com).

SAP AG, Integrierter Bericht 2012, abrufbar unter http://www.sapintegratedreport.com/2012/de/, letzter Abruf: 18.02.2015.

Siemens AG, Jahresbericht 2013, München 2014.

Siemens AG, Nachhaltigkeitsbericht 2012, abrufbar unter http://www.siemens .com/about/sustainability/pool/de/nachhaltigkeitsreporting/siemens-nb 2012.pdf, letzter Abruf: 18.02.2015.

ThyssenKrupp AG, Nachhaltigkeit, abrufbar unter http://www.thyssenkrupp .com/de/nachhaltigkeit/index.html, letzter Abruf: 18.02.2015.

Volkswagen AG, Nachhaltigkeitsbericht 2013, Wolfsburg 2014.

Volkswagen AG, Nachhaltigkeitsbericht 2012, Wolfsburg 2013.

Verzeichnis der Gesetze u.a. Rechtsquellen der EG/EU

Allgemeines Gleichbehandlungsgesetz (AGG) vom 14. August 2006 (BGBl. I S. 1897), zuletzt geändert durch Art. 8 SEPA-BegleitG vom 03.04.2013 (BGBl. I S. 610).

Basler Übereinkommen über die Kontrolle der grenzüberschreitenden Verbringung gefährlicher Abfälle und ihrer Entsorgung vom 22. März 1989 (BGBl. 1994 II S. 2703, ABl. 1994 Nr. L 39 S. 3), zuletzt geändert durch Zweite ÄndVO vom 28.09.2005 (BGBl. II S. 1122).

Betriebsverfassungsgesetz (BetrVG) in der Fassung der Bekanntmachung vom 25. September 2001 (BGBl. I S. 2518), zuletzt geändert durch Art. 3 Abs. 4 Gesetz zur Umsetzung des Seearbeitsübereinkommens 2006 der Internationalen Arbeitsorganisation vom 20.04.2013 (BGBl. I S. 868).

Bremisches Schulgesetz (BremSchulG) vom 28. Juni 2005 (Brem. GBl. S. 260), zuletzt geändert durch Art. 2 Gesetz zur Änderung des PrivatschulG und weiterer schulrechtlicher Gesetze vom 22.07.2014 (Brem. GBl. S. 362).

Bremisches Wassergesetz (BremWG) vom 12. April 2011 (Brem. GBl. S. 262), zuletzt geändert durch Art. 1 Gesetz zur Änderung von Zuständigkeiten im Hafenbereich vom 23.04.2013 (Brem. GBl. S. 131).

Bundesdatenschutzgesetz (BDSG) in der Fassung der Bekanntmachung vom 14. Januar 2003 (BGBl. I S. 66), zuletzt geändert durch Art. 1 Gesetz zur Änderung datenschutzrechtlicher Vorschriften vom 14.08.2009 (BGBl. I S. 2814).

Durchführungsverordnung (EU) Nr. 485/2013 der Kommission vom 24. Mai 2013 zur Änderung der Durchführungsverordnung (EU) Nr. 540/2011 hinsichtlich der Bedingungen für die Genehmigung der Wirkstoffe Clothianidin, Thiamethoxam und Imidacloprid sowie des Verbots der Anwendung und des Verkaufs von Saatgut, das mit diesen Wirkstoffen enthaltenden Pflanzenschutzmitteln behandelt wurde (ABl. EU Nr. L 139 S. 12).

Einkommensteuergesetz (EStG) in der Fassung der Bekanntmachung vom 8. Oktober 2009 (BGBl. I S. 3366, ber. S. 3862), zuletzt geändert durch Art. 4 und 5 Gesetz zur Anpassung der Abgabenordnung an den Zollkodex der Union und zur Änderung weiterer steuerlicher Vorschriften vom 22.12.2014 (BGBl. I S. 2417).

Empfehlung 2001/453/EG der Europäischen Kommission vom 30. Mai 2001 zur Berichterstattung von Umweltaspekten in Jahresabschluss und Lagebericht von Unternehmen: Ausweis, Bewertung und Offenlegung (ABl. EG Nr. L 156 S. 33) (zitiert als Empfehlung 2001/453/EG).

Entwurf eines Gesetzes zur Einführung internationaler Rechnungslegungsstandards und zur Sicherung der Qualität der Abschlussprüfung (Bilanzrechtsreformgesetz – BilReG) vom 24.06.2004, BT-Drs. 15/3419.

Gesetz gegen Wettbewerbsbeschränkungen (GWB) in der Fassung der Bekanntmachung vom 26. Juni 2013 (BGBl. I S. 1750, ber. S. 3245), zuletzt geändert durch Art. 5 Gesetz zur grundlegenden Reform des EEG und zur Änderung weiterer Bestimmungen des Energiewirtschaftsrechts vom 21.07.2014 (BGBl. I S. 1066).

Gesetz über Betriebsärzte, Sicherheitsingenieure und andere Fachkräfte für Arbeitssicherheit (ASiG) vom 12. Dezember 1973 (BGBl. I S. 1885), zuletzt geändert durch Art. 3 Abs. 5 Gesetz zur Umsetzung des Seearbeitsübereinkommens 2006 der Internationalen Arbeitsorganisation vom 20.04.2013 (BGBl. I S. 868).

Gesetz über die Elektrizitäts- und Gasversorgung (Energiewirtschaftsgesetz – EnWG) vom 7. Juli 2005 (BGBl. I S. 1970, ber. S. 3621), zuletzt geändert durch Art. 6 Gesetz zur grundlegenden Reform des EEG und zur Änderung weiterer Bestimmungen des Energiewirtschaftsrechts vom 21.07.2014 (BGBl. I S. 1066).

Gesetz über die politischen Parteien (Parteiengesetz – PartG) in der Fassung der Bekanntmachung vom 31. Januar 1994 (BGBl. I S. 149), zuletzt geändert durch Art. 1 Gesetz zur Änderung des PartG und des AbgeordnetenG vom 23.08.2011 (BGBl. I S. 1748, ber. S. 3141).

Gesetz über die Zahlung des Arbeitsentgelts an Feiertagen und im Krankheitsfall (Entgeltfortzahlungsgesetz – EntgFG) vom 26. Mai 1994 (BGBl. I S. 1014), zuletzt geändert durch Art. 1a Gesetz zur Änderung des TransplantationsG vom 21.07.2012 (BGBl. I S. 1601).

Gesetz über eine Berufsordnung der Wirtschaftsprüfer (Wirtschaftsprüferordnung – WPO) in der Fassung der Bekanntmachung vom 5. November 1975 (BGBl. I S. 2803), zuletzt geändert durch Art. 19 Gesetz zur Änderung des Prozesskostenhilfe- und Beratungshilferechts vom 31.08.2013 (BGBl. I S. 3533).

Gesetz über Naturschutz und Landschaftspflege (Bundesnaturschutzgesetz – BNatSchG) vom 29. Juli 2009 (BGBl. I S. 2542), zuletzt geändert durch Art. 2 Abs. 124, Art. 4 Abs. 100 Gesetz zur Strukturreform des Gebührenrechts des Bundes vom 07.08.2013 (BGBl. I S. 3154).

Gesetz zum Elterngeld und zur Elternzeit (Bundeselterngeld- und Elternzeitgesetz – BEEG) in der Fassung der Bekanntmachung vom 27.01.2015 (BGBl. I S. 33).

Gesetz zum Schutz vor schädlichen Umwelteinwirkungen durch Luftverunreinigungen, Geräusche, Erschütterungen und ähnliche Vorgänge (Bundes-Immissionsschutzgesetz – BImSchG), in der Fassung der Bekanntmachung vom 17. Mai 2013 (BGBl. I S. 1274), zuletzt geändert durch Art. 1 Zwölftes ÄndG vom 20.11.2014 (BGBl. I S. 1740).

Gesetz zur Förderung der Kreislaufwirtschaft und Sicherung der umweltverträglichen Bewirtschaftung von Abfällen (Kreislaufwirtschaftsgesetz – KrWG) vom 24. Februar 2012 (BGBl. I S. 212), zuletzt geändert durch § 44 Abs. 4 TiergesundheitsG vom 22.05.2013 (BGBl. I S. 1324).

Gesetz zur Ordnung des Wasserhaushalts (Wasserhaushaltsgesetz – WHG) vom 31. Juli 2009 (BGBl. I S. 2585), zuletzt geändert durch Art. 2 Gesetz zur Änderung des Umweltstatistikgesetzes und des Wasserhaushaltsgesetzes vom 15.11.2014 (BGBl. I S. 1724).

Gesetz zur Regelung eines allgemeinen Mindestlohns (Mindestlohngesetz – MiLoG) vom 11. August 2014 (BGBl. I S. 1348).

Handelsgesetzbuch (HGB) vom 10.05.1897 (RGBl. 1897, S. 219), zuletzt geändert durch Art. 1 Gesetz zur Umsetzung der Richtlinie 2012/17/EU in Bezug auf die Verknüpfung von Zentral-, Handels- und Gesellschaftsregistern in der EU vom 22.12.2014 (BGBl. I S. 2409).

Hessisches Wassergesetz (HWG) in der Fassung vom 14. Dezember 2010 (GVBl. I S. 548), zuletzt geändert durch Art. 62 Gesetz zur Entfristung und zur Veränderung der Geltungsdauer von befristeten Rechtsvorschriften vom 13.12.2012 (GVBl. S. 622).

Insolvenzordnung (InsO) vom 5. Oktober 1994 (BGBl. I S. 2866), zuletzt geändert durch Art. 6 Gesetz zur Änderung des Prozesskostenhilfe- und Beratungshilferechts vom 31.08.2013 (BGBl. I S. 3533).

Körperschaftsteuergesetz (KStG) in der Fassung der Bekanntmachung vom 15. Oktober 2002 (BGBl. I S. 4144), zuletzt geändert durch Art. 6 Gesetz zur Anpassung der Abgabenordnung an den Zollkodex der Union und zur Änderung weiterer steuerlicher Vorschriften vom 22.12.2014 (BGBl. I S. 2417).

Montrealer Protokoll über Stoffe, die zu einem Abbau der Ozonschicht führen vom 16. September 1987 (BGBl. II 1988, S. 1014) (zitiert als Montrealer Protokoll).

Protokoll von Kyoto zum Rahmenübereinkommen der Vereinten Nationen über Klimaänderungen vom 11. Dezember 1997 (BGBl. II 2002, S. 966) (zitiert als Kyoto-Protokoll).

Prüfungsverordnung für Wirtschaftsprüfer nach §§ 14 und 131l der Wirtschaftsprüferordnung (Wirtschaftsprüferprüfungsverordnung – WiPrPrüfV) vom 20. Juli 2004 (BGBl. I S. 1707), zuletzt geändert durch Art. 3 BerufsaufsichtsreformG vom 03.09.2007 (BGBl. I S. 2178).

Richtlinie 1999/13/EG des Rates vom 11. März 1999 über die Begrenzung von Emissionen flüchtiger Verbindungen, die bei bestimmten Tätigkeiten und in bestimmten Anlagen bei der Verwendung organischer Lösungsmittel entstehen (ABl. Nr. L 85 S. 1, ber. ABl. Nr. L 188 S. 54), zuletzt geändert durch Art. 81 Abs. 1 ÄndRL 2010/75/EU vom 24.11.2010 (ABl. Nr. L 334 S. 17).

Richtlinie 2006/43/EG des Europäischen Parlaments und des Rates vom 17. Mai 2006 über Abschlussprüfungen von Jahresabschlüssen und konsolidierten Abschlüssen, zur Änderung der Richtlinien 78/660/EWG und 83/349/EWG des Rates und zur Aufhebung der Richtlinie 84/253/EWG des Rates (ABl. Nr. L 157 S. 87), zuletzt geändert durch Richtlinie 2013/34/EU des Europäischen Parlaments und des Rates vom 26.06.2013 (ABl. Nr. L 182 S. 19, 49).

Richtlinienvorschlag 2013/0110 (COD) der Europäischen Kommission vom 16. April 2013 zur Änderung der Richtlinien 78/660/EWG und 83/349/EWG des Rates im Hinblick auf die Offenlegung nichtfinanzieller und die Diversität betreffender Informationen durch bestimmte große Gesellschaften und Konzerne (zitiert als Richtlinienvorschlag 2013/0110).

Richtlinie 2013/34/EU des Europäischen Parlaments und des Rates vom 26. Juni 2013 über den Jahresabschluss, den konsolidierten Abschluss und damit verbundene Berichte von Unternehmen bestimmter Rechtsformen und zur Änderung der Richtlinie 2006/43/EG des Europäischen Parlaments und des Rates und zur Aufhebung der Richtlinien 78/660/EWG und 83/349/EWG des Rates (zitiert als EU-Bilanzrichtlinie).

Richtlinie 2014/95/EU des Europäischen Parlaments und des Rates vom 22. Oktober 2014 zur Änderung der Richtlinie 2013/34/EU im Hinblick auf die Angabe nichtfinanzieller und die Diversität betreffender Informationen durch bestimmte große Unternehmen und Gruppen (ABl. Nr. L 330 S. 1).

Siebente Richtlinie 83/349/EWG des Rates vom 13. Juni 1983 aufgrund von Artikel 54 Absatz 3 Buchstabe g) des Vertrages über den konsolidierten Abschluß (ABl. Nr. L 193 S. 1), zuletzt geändert durch Art. 52 Abs. 1 RL 2013/34/EU vom 26.06.2013 (ABl. Nr. L 182 S. 19) (zitiert als Konzernbilanzrichtlinie).

Sozialgesetzbuch (SGB) Fünftes Buch (V) – Gesetzliche Krankenversicherung – vom 20. Dezember 1988 (BGBl. I S. 2477), zuletzt geändert durch Art. 5 Gesetz zur besseren Vereinbarkeit von Familie, Pflege und Beruf vom 23.12.2014 (BGBl. I S. 2462).

Sozialgesetzbuch (SGB) Sechstes Buch (VI) – Gesetzliche Rentenversicherung
– in der Fassung der Bekanntmachung vom 19. Februar 2002 (BGBl. I S.
754, ber. S. 1404, 3384), zuletzt geändert durch Art. 6 Gesetz zur besseren
Vereinbarkeit von Familie, Pflege und Beruf vom 23.12.2014 (BGBl. I S.
2462).

Sozialgesetzbuch (SGB) Siebtes Buch (VII) – Gesetzliche Unfallversicherung –
vom 7. August 1996 (BGBl. I S. 1254), zuletzt geändert durch Art. 7
Gesetz zur besseren Vereinbarkeit von Familie, Pflege und Beruf vom
23.12.2014 (BGBl. I S. 2462).

Stockholmer Übereinkommen über persistente organische Schadstoffe vom 22.
Mai 2001, abrufbar unter http://www.bmub.bund.de/fileadmin/bmu-
import/files/pdfs/allgemein/application/pdf/pop_konvention.pdf, letzter
Abruf: 18.02.2015 (zitiert als Stockholmer Übereinkommen).

Strafgesetzbuch (StGB) in der Fassung der Bekanntmachung vom 13. November
1998 (BGBl. I S. 3322), zuletzt geändert durch Art. 1 Neunundvierzigstes
Strafrechtsänderungsgesetz vom 21.01.2015 (BGBl. I S. 10).

Tarifvertragsgesetz (TVG) in der Fassung der Bekanntmachung vom 25. August
1969 (BGBl. I S. 1323), zuletzt geändert durch Art. 5 Tarifautonomie-
stärkungsgesetz vom 11.08.2014 (BGBl. I S. 1348).

Verordnung (EG) Nr. 1013/2006 des Europäischen Parlaments und des Rates
vom 14. Juni 2006 über die Verbringung von Abfällen (ABl. Nr. L 190, S.
1, ber. ABl. Nr. L 299 S. 50 und ABl. 2008 Nr. L 318 S. 15), zuletzt
geändert durch Art. 1 ÄndVO (EU) 255/2013 vom 20.03.2013 (ABl. Nr.
L 79 S. 19).

Verordnung (EG) Nr. 1005/2009 des Europäischen Parlaments und des Rates
vom 16. September 2009 über Stoffe, die zum Abbau der Ozonschicht
führen (ABl. Nr. L 286 S. 1), zuletzt geändert durch VO (EU) Nr.
1088/2013 der Kommission vom 04.11.2013 (ABl. Nr. L 293 S. 29)
(zitiert als EU-OzonVO).

Verordnung (EU) Nr. 537/2014 des Europäischen Parlaments und des Rates
vom 16. April 2014 über spezifische Anforderungen an die
Abschlussprüfung bei Unternehmen von öffentlichem Interesse und zur
Aufhebung des Beschlusses 2005/909/EG der Kommission (ABl. Nr. L
158 S. 77).

Verordnung über Anforderungen an eine nachhaltige Herstellung von Biokraftstoffen (Biokraftstoff-Nachhaltigkeitsverordnung – Biokraft-NachV) vom 30. September 2009 (BGBl. I S. 3182), zuletzt geändert durch Art. 2 Zwölftes Gesetz zur Änderung des Bundes-Immissionsschutzgesetzes vom 20.11.2014 (BGBl. I S. 1740).

Verordnung über Anforderungen an eine nachhaltige Herstellung von flüssiger Biomasse zur Stromerzeugung (Biomassestrom-Nachhaltigkeitsverordnung – BioSt-NachV) vom 23.07.2009 (BGBl. I S. 2174), zuletzt geändert durch Art. 3 Zwölftes Gesetz zur Änderung des Bundes-Immissionsschutzgesetzes vom 20.11.2014 (BGBl. I S. 1740).

Verordnung über die Nachweisführung bei der Entsorgung von Abfällen (Nachweisverordnung – NachwV) vom 20. Oktober 2006 (BGBl. I S. 2298), zuletzt geändert durch Art. 4 VO zur Fortentwicklung der abfallrechtlichen Überwachung vom 05.12.2013 (BGBl. I S. 4043).

Verordnung über die Vermeidung und Verwertung von Verpackungsabfällen (Verpackungsverordnung – VerpackV) vom 21. August 1998 (BGBl. I S. 2379), zuletzt geändert durch Art. 1 Siebte ÄndVO vom 17.07.2014 (BGBl. I S. 1061).

Verordnung über Stoffe, die die Ozonschicht schädigen (Chemikalien-Ozonschichtverordnung – ChemOzonSchichtV), in der Fassung der Bekanntmachung vom 15. Februar 2012 (BGBl. I S. 409), zuletzt geändert durch Art. 3 VO zur Neuordnung der Straf- und Bußgeldvorschriften bei Zuwiderhandlungen gegen EG- oder EU-Verordnungen auf dem Gebiet der Chemikaliensicherheit vom 24.04.2013 (BGBl. I S. 944).

Verordnung über Verbraucherinformation zu Kraftstoffverbrauch und CO_2-Emissionen und Stromverbrauch neuer Personenkraftwagen (Pkw-Energieverbrauchskennzeichnungsverordnung – Pkw-EnVKV) vom 28. Mai 2004 (BGBl. I S. 1037), zuletzt geändert durch Art. 3 Gesetz zur Neuordnung des Energieverbrauchskennzeichnungsrechts vom 10.05.2012 (BGBl. I S. 1070).

Verordnung zur Sanktionsbewehrung gemeinschafts- oder unionsrechtlicher Verordnungen auf dem Gebiet der Chemikaliensicherheit (Chemikalien-Sanktionsverordnung – ChemSanktionsV) vom 24. April 2013 (BGBl. I S. 944), zuletzt geändert durch Art. 6 Gesetz zur Durchführung der VO (EU) Nr. 528/2012 vom 23.07.2013 (BGBl. I S. 2565).

Vertrag über die Arbeitsweise der Europäischen Union in der Fassung der Bekanntmachung vom 9. Mai 2008 (ABl. Nr. C 115 S. 47), zuletzt geändert durch Art. 2 ÄndBeschl. 2012/419/EU vom 11.07.2012 (ABl. Nr. L 204 S. 131).

Vierte Richtlinie 78/660/EWG des Rates vom 25. Juli 1978 aufgrund von Artikel 54 Absatz 3 Buchstabe g) des Vertrages über den Jahresabschluß von Gesellschaften bestimmter Rechtsformen (ABl. Nr. L 222 S. 11), zuletzt geändert durch Art. 52 Abs. 1 RL 2013/34/EU vom 26.06.2013 (ABl. Nr. L 182 S. 19) (zitiert als Bilanzrichtlinie).

Vierte Verordnung zur Durchführung des Bundes-Immissionsschutzgesetzes (Verordnung über genehmigungsbedürftige Anlagen – 4. BImSchV) vom 2. Mai 2013 (BGBL. I S. 973).